INTERVENCIONES EN PSICOLOGÍA SOCIAL COMUNITARIA

INTERVENCIONES EN PSICOLOGÍA SOCIAL COMUNITARIA

Territorios, actores y políticas sociales

Graciela Zaldúa (coordinadora)

teseo

Intervenciones en psicología social comunitaria : territorios, actores y políticas sociales / Graciela Zaldúa ... [et al.] ; coordinación general de Graciela Zaldúa. – 1a ed. – Ciudad Autónoma de Buenos Aires : Teseo, 2016. 468 p. ; 20 x 13 cm.

ISBN 978-987-723-080-2

1. Psicología Social Comunitaria. 2. Grupos en Situación de Vulnerabilidad. 3. Servicios de Salud Comunitaria . I. Zaldúa, Graciela II. Zaldúa, Graciela, coord.

CDD 361.3

Para sugerencias o comentarios acerca del contenido de esta obra, escríbanos a: **info@editorialteseo.com**

www.editorialteseo.com

ISBN: 9789877230802

Compaginado desde TeseoPress (www.teseopress.com)

Índice

Aclaración

Se ha procurado evitar el lenguaje sexista. Sin embargo, a fin de facilitar la lectura, no se incluyen recursos como la "@" y se trató de limitar el uso de barras "as/os". En aquellos casos en que no se ha podido evitar pluralizar el masculino dada la forma del idioma español para nombrar el plural, deseamos que se tenga en cuenta la intención no sexista del equipo de redacción.

Presentación general

GRACIELA ZALDÚA

Presentar un texto colectivo de docentes investigadores de la universidad pública constituye un desafío que interpela a las producciones implicadas en territorios y con actores comunitarios, que propician procesos de exigibilidad de derechos y justiciabilidad singular y colectiva desde el enfoque de la psicología social comunitaria.

La memoria es fundante de una praxis crítica que, en espacios afectados por la fragmentación y la segmentación de clases, géneros y etnias, apuesta a potenciar deseos, decisiones, exigencias y proyecta estrategias y sueños futuros.

Las diversas partes constitutivas de esta producción dan cuenta de las lógicas diferenciales de implicancia y autonomía en un horizonte de reflexividad crítica que interroga a las políticas públicas, a las instituciones, a los repertorios discursivos y a las significaciones singulares y colectivas sobre las sexualidades, los géneros, la salud mental, las infancias, los territorios y el poder.

Violencias destituyentes y sufrimientos mentales en tiempos de amenazas y de incertidumbres son resignificados en espacios historizantes y en prácticas instituyentes que no resignan el compromiso con la desinstitucionalización, la escucha y las libertades frente a las hegemonías disciplinares e ideológicas.

Las escrituras y los formatos académicos no son obstáculos para la transmisión de una obra de creatividades que resisten a las ideologías dominantes de estigmatización y discriminación del Otro, de topologización del poder y la exclusión. Pero también de resistencias y enunciación subjetivantes en lugares de encuentro, dialogicidad y participación.

Los aportes científico-técnicos de la salud colectiva y el campo de la psicología social comunitaria –enmarcados en un cuestionamiento radical ético y político de las manipulaciones, de los reduccionismos y de las neutralidades encubridoras– permiten no soslayar la necesidad de construir tramas vinculares para el cuidado de sí y de los otros, reconocimientos y lazos sociales potenciadores de transformaciones en territorios de inequidad y desigualdad.

Territorios y actores para una epidemiología participativa

Presentación

MARÍA BELÉN SOPRANSI Y MARÍA PÍA PAWLOWICZ

Los tres capítulos que conforman este eje dan cuenta de los problemas del campo social y comunitario en el que se construyen históricamente los procesos de salud, enfermedad, atención y cuidado. Los escenarios son los territorios de las comunas 3 y 4 de la Ciudad Autónoma de Buenos Aires. Desde una epidemiología participativa que involucra a diversos actores territoriales como clave para la promoción de procesos de concientización y de transformación, se estudia cómo esas praxis complejas generan movimientos de resistencia y construcciones políticas en contextos institucionales y barriales en los que los actores sociales despliegan sus prácticas cotidianas.

Desde una perspectiva dialéctico-crítica se entrecruzan diferentes marcos epistémicos y políticos. Los conceptos de la epidemiología crítica señalan cómo las "desigualdades en salud" generan diferentes oportunidades y posibilidades de acceso a recursos según cuál sea la posición de los sujetos en función de su clase social, de su género, de su territorio o de su etnia. La psicología crítica aporta una concepción vincular y política de los sujetos como agentes de transformación, entendiendo las prácticas sociales como estructurantes y la realidad, como dialéctica.

En el artículo "Exigibilidad y justiciabilidad desde la epidemiología territorial. Una construcción inicial con actores comunales", las autoras referencian las posiciones epistemológicas, teóricas y ético-políticas desde las que se aborda la investigación. Al mismo tiempo, como la producción inicia a modo de pintura, se mapean los actores, el conflicto de los territorios y un análisis preliminar de necesidades, demandas, problemas y prioridades elaborado colectivamente.

La trama de experiencias y de voces múltiples da cuenta de una significación compleja de los problemas de la salud urbana en territorios y ambientes particulares, así como de las acciones que conforman la praxis colectiva en las que se expresan tensiones y dilemas.

En el segundo capítulo, enmarcado en el contexto del primero y titulado "Vulneración de derechos y alternativas de exigibilidad en salud comunitaria", se analizan cuatro casos de vulneración de derechos de usuarios/as de servicios públicos de salud o de educación. En ellos se describe el modo en que la participación de los actores sociales involucrados facilitó u obstruyó procesos de exigibilidad y de justiciabilidad en salud comunitaria. El acontecer de prácticas instituyentes que tensionan lo instituido, puesto en movimiento por los sujetos y los colectivos a través de la reflexividad y de la participación, promueve el reconocimiento de sus derechos y la elaboración de modos de apelación y de exigibilidad a pesar de transitar territorios donde se multiplican situaciones de vulnerabilidad social.

Finalmente, en el tercer artículo, "La participación social en salud desde la perspectiva de las organizaciones populares", Sopransi interroga el concepto mismo de participación: ¿qué entendemos por participación? El artículo cuestiona este término, con frecuencia banalizado, llamando la atención sobre las diferencias para nada sutiles en la construcción de poder. Remarca la importancia del reconocimiento de las estrategias de autocuidado de la salud construidas por los propios actores-autores a nivel tanto de las intervenciones comunitarias como de los procesos de generación de autonomía y de transformación singular y colectiva.

Como en el resto del libro, nos vincula el proyecto y el compromiso de promover procesos investigativos transformadores y cogestionados con los actores territoriales que produzcan la visibilización y la problematización de las situaciones de desigualdad y que generen colectivamente nuevas producciones de sentido y acciones promocionales y preventivas que garanticen y amplíen los derechos y la autonomía singular y colectiva.

Exigibilidad y justiciabilidad desde la epidemiología territorial[1]

Una construcción inicial con actores comunales

Graciela Zaldúa, María Marcela Bottinelli, Roxana Longo, María Belén Sopransi y María Malena Lenta

Introducción

Este trabajo se centra en la realización de los derechos humanos mediante el entramado de voces múltiples (en sus tensiones, sus vacilaciones, sus dilemas) y en un proceso de cooperación para comprender los problemas, diseñar acciones y evaluar los efectos a partir de una praxis colectiva o "comunidades de prácticas" como señala Wenger (1998).

El propósito de presentar un avance de las caracterizaciones de los procesos subjetivos y colectivos de prácticas instituidas e instituyentes de exigibilidad y de justiciabilidad en salud comunitaria es dar cuenta de la recursividad y de la complejidad de toda instancia investigativa de la salud en colectivos sociales y con ellos. La salud como objeto complejo, multidimensional y dialécticamente determinado está en interdependencia con los conceptos metodológicos y el campo de acción. Esta perspectiva excede a los solos riesgos contingentes o factores externos aislados. Asimismo, las cuestiones epistémicas y metodológicas exigen innovación en las operaciones y las categorías, y la acción

---

[1] Una versión más amplia de este capítulo se encuentra publicada en XIX Anuario de Investigaciones de la Facultad de Psicología, 85: 96.

también requiere transformación de las proyecciones prácticas y de las relaciones de fuerzas movilizadas (Breilh, 2008). Varias experiencias en curso de América Latina permiten registrar el debate y las puestas en práctica de procesos y de experiencias de modos de vida saludables relacionados con el principio del "buen vivir" (*suma k k awsay*).

Partimos del supuesto de que los mecanismos de estigmatización y discriminación –invisibilizados y naturalizados– operan obstaculizando tanto la exigibilidad, la justiciabilidad y la equidad en salud, como las prácticas y las concepciones dominantes en salud.

En diversos documentos de la OMS (2008) y de la Comisión Interamericana de Derechos Humanos (2009) se señala que el derecho a la salud no se limita a estar sano, sino que es un derecho transversal que obliga a los Estados a adoptar medidas de conformidad con el principio de realización progresiva para generar condiciones de vida lo más saludables posible, que garanticen la disponibilidad de servicios de salud, condiciones de trabajo saludables y seguras, vivienda adecuada, medio ambiente sano, acceso al agua potable, suministro de alimentos y condiciones sanitarias adecuadas. Asimismo, afirman que los derechos sexuales y reproductivos y la salud mental requieren especial atención. Estos señalamientos se vinculan con la prevalencia de tasas de mortalidad materna y de fecundidad adolescente y con la estigmatización de los sufrimientos mentales. En presentaciones anteriores (Zaldúa *et al.*, 2010 y 2011), relacionamos los obstáculos al acceso pleno de los derechos sexuales y reproductivos con las discriminaciones de género y clase social, y con la pregnancia de patrones patriarcales en las relaciones vinculares y en las instituciones sanitarias y jurídicas. Por otra parte, la persistencia de modelos manicomiales públicos y privados, a pesar de marcos jurídicos como la Ley N.° 448 de la CABA y la Ley Nacional N.° 26.657 que propician otros modelos de atención, es sostenida por prácticas profesionales instituidas y por intereses corporativos (Zaldúa *et al.*, 2011).

El artículo 75 inciso 22 de la Constitución Nacional otorga jerarquía constitucional a una serie de tratados internacionales, como a la Convención Americana de Derechos Humanos, al Pacto Internacional de Derechos Económicos, Sociales, Culturales, a la Convención sobre los Derechos del Niño, a la Convención sobre la eliminación de todas las formas de discriminación contra la mujer, entre otros. Sin embargo, deudas sanitarias persisten y así lo atestigua el documento de "22 puntos por la salud de la República Argentina en el Bicentenario" del Foro Social de Salud y Medio Ambiente, elaborado por organizaciones sociales, gremiales, políticas, universitarias, entre otras. Desde ese espacio, se propuso una serie de ideas que permitirían orientar el necesario e impostergable debate sobre una reforma del sistema de salud y las políticas vinculadas al proceso salud-enfermedad y sus determinantes sociales, con el propósito de garantizar efectivamente el derecho a la salud para todas y todos en nuestro país. En el punto 1, se señala que la salud colectiva es una construcción que resulta de las determinaciones sociales, económicas, culturales, biológicas y ecológicas, incluidas y atravesadas por los procesos históricos.

El punto 3, referido a la participación popular y al modelo de gestión del sistema de salud, propone la inclusión de usuarios en instancias de diseño gestión, evaluación y control de las políticas públicas. Las instancias de participación y control popular son un núcleo central vinculante en el nivel municipal, provincial, nacional o en cada establecimiento del Estado o la sociedad civil.

En el punto 6, en razón de la crisis del sector público por la fragmentación, el desmantelamiento, la desmotivación y el desfinanciamiento resultante de las políticas neoliberales, se propone desechar los créditos de instituciones financieras internacionales (BM, BID, FMI, BIRF) y las terciarizaciones, intermediaciones, privatizaciones y consultorías que imponen mediante el financiamiento externo de programas los propios organismos de crédito internacional.

El punto 7 enfatiza la estrategia de atención primaria de la salud en un sistema universal de salud orientado a privilegiar la prevención de enfermedades, la protección, la promoción y la vigilancia de la salud, integrado a los otros niveles de complejidad necesarios para dar una respuesta integral a las necesidades colectivas de salud.

El punto 11, referido a la educación y al rol de la universidad pública en la salud colectiva, cuestiona la concepción hegemónica biomédica y aboga por un paradigma que incorpore en la formación de universidades y escuelas las perspectivas de los derechos humanos, la no discriminación, la bioética, la equidad de género, la interculturalidad, y la educación ambiental y popular en las formas de pensar y hacer en la salud colectiva.

El punto 14, referido a la salud mental, considera que la suma de sufrimiento colectivo provocado por las reformas neoliberales de los años noventa y el terrorismo de Estado afecta a la salud individual y colectiva. A su vez, se incluyen los procesos extractivos depredadores de la actualidad, como la minería contaminante y la sojización, que afectan a conjuntos sociales y se acompañan de políticas de desalojo territoriales y de desarraigos que impactan en la salud mental de los pueblos. Se afirma que la atención de la salud mental es altamente desigual en nuestro país y prevalece la centralidad en la enfermedad. Se propone, entre otras cuestiones, salir del paradigma centrado en la enfermedad y la segregación; reconocer la autonomía de los sujetos con problemas de salud mental en su capacidad de decidir sobre lo que les acontece y lo que desean; transversalizar con el arte, la cultura, los deportes; y desmanicomializar respetando los derechos humanos y considerando la internación como un recurso terapéutico excepcional y en hospitales públicos generales.

En el punto 17 relativo a la salud de la mujer, se sostiene que ésta se ve afectada por una vasta cantidad de situaciones a lo largo de la vida agravadas por la desigualdad de clase social, etnia, trabajo, edad, lugar de residencia, racismo, sexismo y otros sistemas de opresión y de discriminación. Se propone en el marco de un Estado laico, democrático y participativo el cuidado integral con perspectiva de género y la igualdad respetando la diversidad sociocultural. La resolución de la cuestión de la posibilidad de las mujeres de decidir sobre sus derechos sexuales y reproductivos se sintetiza en la consigna "Educación sexual para decidir, anticonceptivos para no abortar y aborto legal para no morir".

A su vez, se considera un avance la promulgación en 2010 de la Ley Nacional N.° 26.485 de Protección integral para prevenir, sancionar y erradicar la violencia contra las mujeres en los ámbitos que se desarrollan sus relaciones interpersonales, aunque se exige un presupuesto acorde a las necesidades de aplicación efectiva. Un tema también relevante es la situación de trata de personas que afecta a mujeres, a niñas y a niños. Las víctimas son utilizadas para la prostitución, la explotación sexual, trabajos o servicios forzados, la esclavitud y prácticas análogas. Se denuncia este negocio con cómplices y se afirma que "sin clientes no hay trata".

Por último, seleccionamos el punto 18, referido a la salud de los trabajadores, que insta al Estado a retomar la agenda y no las aseguradoras de riesgo de trabajo (ART), y el 22 que reafirma que es necesaria una nueva Ley de Salud debatida por todos los actores: trabajadores de salud, sindicatos, ONG, movimientos y organizaciones sociales, partidos políticos y la sociedad civil. Con participación popular y voluntad política, "otra salud es posible".

En relación con la accesibilidad al derecho a la salud en la CABA, son significativos los aspectos vinculados con las grupos poblacionales en situación de vulnerabilidad psicosocial señalados por el Ministerio Público Tutelar de la CABA (2010). La vigencia de modelos jurídicos sociales de intervención sobre personas menores y afectadas en su salud mental, vinculadas fuertemente a la noción de incapacidad y, por ello, a las prácticas de control presentadas como formas de protección, exige la necesidad del reemplazo por otros modelos basados en el reconocimiento del estatus de la ciudadanía plena. En el capítulo 5 se relata el proceso de descentralización del Ministerio Público Tutelar a través de las Oficinas por los Derechos de niños, niñas y adolescentes de la Boca, Barracas, Villa Soldati y Nueva Pompeya. La deficiencia de políticas públicas en el marco de la protección integral de derechos se evidencia en las consultas, las solicitudes y los reclamos presentados. Además de dar respuestas individuales, se monitorea la implementación y la aplicación de políticas públicas por parte de las agencias estatales del sur de la ciudad. Se registran mayores demandas por problemáticas habitacionales, alimentación, salud y educación (Dra. Musa, Ministerio Público Tutelar, 2010).

La Ley orgánica de Comunas N.° 1777, en el art. 3, señala la finalidad de facilitar la participación de la ciudadanía en el proceso de toma de decisiones y en el control de los asuntos públicos; mejorar la eficiencia y calidad de las prestaciones que brinda el Gobierno de la ciudad; implementar medidas de equidad, redistribución y compensación de diferencias estructurales a favor de las zonas más desfavorecidas de la ciudad; y consolidar la cultura democrática participativa.

Desde nuestra perspectiva resulta necesario visibilizar que las políticas y las acciones para la salud deben estar diseñadas para abordar el proceso de determinación social de la salud (Breilh, 2009) con el fin de eliminar las causas que repercuten negativamente en el proceso salud-enfermedad-atención. Por ello, nos proponemos analizar y reconocer que las circunstancias sociales, culturales y económicas deficientes afectan la salud durante la vida de las personas, de las comunidades y de las poblaciones.

En este sentido, rescatamos el concepto de "desigualdad en salud" ya que se refiere a las distintas oportunidades y recursos relacionados con la salud que tienen las personas en función de su clase social, de su género, de su territorio o de su etnia. Para la OMS el término "desigualdad" (*inequity*) se refiere a las diferencias en materia de salud que son innecesarias, evitables e injustas; por tanto, incluye una dimensión moral o ética.

Nos interrogamos sobre si es posible que la accesibilidad y la equidad se garanticen sin la participación comunitaria y si en los escenarios territoriales –en particular a nivel de atención primaria– es posible el pasaje de sujetos-objetos del acto de salud a un lugar de protagonismo en las decisiones. Desde nuestro trabajo intentamos rescatar la importancia de la generación de mapeos y diagnósticos comunitarios que favorezcan procesos de empoderamientos locales, pero que también aporten a la generación de políticas públicas, más inclusivas y enfocadas desde el paradigma de promoción los de derechos humanos.

Marco teórico

Epidemiología crítica

Esta perspectiva epidemiológica concibe a la salud-enfermedad como un proceso singular y colectivo, entretejido por una diversidad de dimensiones: condicionantes socioeconómicos; producción sociohistórica de masculinidades-feminidades y sus relaciones; sistemas de valores y creencias en relación con el cuerpo y sus cuidados; modelos científicos de interpretación y de intervención técnico-profesional; y análisis de las prácticas sociales y de la vida cotidiana.

A diferencia de las concepciones positivistas, se asume la historicidad de lo geográfico, de los procesos ecológicos y de la salud en el espacio urbano. En este sentido, la epidemiología crítica supera esa noción restrictiva (biologicista) y propone una construcción innovadora del espacio de la salud urbana retomando los aportes de la teoría crítica sobre el espacio y la geografía, en articulación con la perspectiva de la determinación social de la salud. Se concibe a la salud urbana como objeto de transformación. Es por tanto un proceso complejo y dialéctico (Breilh, 2010a). Teorizar la epidemiología desde un punto de vista público o colectivo para explicar aspectos que son eminentemente sociales y culturales implica considerar las condiciones de vida, el gradiente social, el género, la discriminación y el lugar de residencia, entre otras dimensiones que han venido conformando un campo conocido como "determinantes de la salud y la enfermedad" (Armando Haro, 2010).

Desde la salud colectiva, el territorio aparece así como algo más que un espacio en un mapa, un lugar. Por más difícil que sea una región, por más empobrecida que pueda estar en cualquiera de sus aspectos –recursos materiales, culturales (migraciones recientes o indeseadas, como en el caso de nuevos barrios creados para "erradicar" otros), educacionales (índices elevados de analfabetismo)–, serán siempre las personas que allí viven, que ocupan esos lugares, quienes podrán dar las pistas de las potencialidades escondidas en esas comunidades. Se trata de comprender el territorio como ámbito de la acción, que opera como anclaje en la realidad y es detonado en su contradicción, donde cambiar el mundo es posible, no por ellos (los pobres, los jóvenes, las comunidades) sino con ellos, no de una vez y para siempre sino en cada gesto cotidiano, en la construcción del protagonismo de la propia vida (Onocko, 2008). El territorio se construye; no es estático, sino que es móvil, variable, semantizable y resemantizable como la realidad social que lo envuelve. Incluso, en las zonas urbanas, en el barrio, conviven diversas territorialidades: las entidades, los vecinos, los jóvenes, las instituciones, etc., con intereses, percepciones, valoraciones y actitudes territoriales diferentes, que generan relaciones de complementación, de cooperación, de conflicto, de enfrentamiento. Las distintas clases sociales, cruzadas por relaciones étnicas y por relaciones de poder de género, desarrollan su reproducción social en los barrios. En la interfase de esas relaciones, orientadas por sus intereses y sus posibilidades de clase, se estructuran modos de vida colectivos que delimitan las potencialidades económicas, políticas y culturales de cada una (Breilh, 2010a).

Exigibilidad y justiciabilidad

Cuando nos referimos a justiciabilidad en salud rescatamos dos aspectos: en primer lugar, el actuar con sentido preventivo profundo ahorrando sufrimiento humano y destrucción de la naturaleza, es decir, se trata de un imperativo ético y no de una opción técnica. En segundo lugar, para cumplir ese imperativo ético, es necesario ampliar la noción convencional de la bioética a la noción integral de la ética de la salud (Breilh, 2010b).

Los protagonistas afectados por estos procesos suelen ser los sectores más vulnerables de la población, con dificultades de acceso a las redes de defensa y que en muchos casos cuentan con niveles limitados de alfabetización jurídica. En tal sentido, el acceso a las redes de patrocinio legal es clave: según el grado en que los sujetos se apropien de los procedimientos y desarrollen una conciencia de sí mismos como sujetos de derechos, el desarrollo de habilidades y el empoderamiento serán mayores (Breilh, 2010b). Pero en el campo de la infancia y la adolescencia, la participación en el proceso de exigibilidad de los propios derechos implica una paradoja singular, por los límites intrínsecos a su autorrepresentación en la esfera política.

La psicología crítica

El campo de la psicología crítica se define en el borde de la psicología hegemónica, allí donde la crítica devuelve la mirada del psicólogo o de la psicóloga sobre la disciplina. Como punto de partida, alerta sobre las limitaciones de los desarrollos tecnocráticos o de *mainstream,* en tanto modalidad que anula a los seres humanos al mismo momento que los "descubre". Al considerar las dimensiones simbólicas e históricas de la realidad social, posibilita la construcción de significados compartidos por los grupos. El lenguaje y la cultura productora de dimensiones simbólicas y reales en un campo sociohistórico permiten construir nexos con la epidemiología territorial participativa. Las posibilidades de agenciamiento de nuevos sentidos posibilitan la autonomía y la autodeterminación como actores sociales y permiten potenciar la praxis en salud al aprehender el carácter dialéctico de la realidad, la dialogicidad y el proceso estructurante de las prácticas sociales.

Para Parker (2009), las personas, los grupos o las culturas no se comportan ni piensan como el modelo lo predice y, más aun, el objeto de la psicología –que es en realidad otro sujeto– produce y es producido en el encuentro con el investigador. Los recursos lingüísticos, las prácticas sociales y las representaciones del sí-mismo aparecen en el encuentro con el investigador y promueven transformaciones mutuas. Asimismo la naturaleza humana se cambia a sí misma en la medida en que las personas piensan en quiénes son y en quiénes pueden llegar a ser. Por lo tanto, cualquier intento de fijarnos en un solo sitio está destinado a fracasar. Poner distancia y ver las imágenes del sí-mismo, de la mente y de la conducta que los psicólogos han producido, el tipo de prácticas con que se comprometen y el poder que esas prácticas, que esas "tecnologías del sí-mismo", tienen para fijar límites al cambio, es cuestionar las restricciones y los límites disciplinares impuestos. Las diferencias de género, las peculiaridades raciales, la ansiedad sobre el propio cuerpo o las sexualidades de otros pueblos no son más que los temas que informan a nuestra psicología con mecanismos que reproducen patrones de exclusión, patologías y poder, y cada uno de esos temas nos llegan a través de la cultura psicológica del sentido común (Parker, 2003). A su vez, Parker sostiene que la psicología crítica es el estudio de las formas de vigilancia y de autorregulación de la cotidianeidad, así como el estudio de los caminos por los que la cultura psicológica opera más allá de las fronteras de la práctica profesional y académica. Es centralmente un desafío a la ideología y al poder, y sobre esas bases es posible conectar la diversidad de actividades radicales que hay dentro y fuera del campo disciplinar y construir un campo de debate y de iniciativas.

En este sentido la articulación de enfoques se encuadra en los procesos de reflexividad, que enfrentan la disyuntiva objeto-sujeto y que convocan a pensar y a hacer desde y con el Otro en un horizonte estratégico del porvenir.

Marco metodológico y primer avance de la investigación

El monitoreo de las problemáticas, de las necesidades, de las prácticas y de las alternativas se imbrica además con la perspectiva de la auditoría social, que sostiene los procesos por los cuales los ciudadanos revisan y viabilizan sus exigencias a la administración pública de servicios, acorde a sus demandas y requerimientos así como a los compromisos de desarrollo. Por lo tanto son mecanismos que propenden a garantizar la participación ciudadana y que crean canales de comunicación, en la corresponsabilidad de las partes involucradas en los aspectos de interés de la comunidad, y de este modo favorecen mecanismos para evidenciar y canalizar las necesidades, las demandas y las propuestas que sostengan sus derechos, valorando el funcionamiento de la administración pública, así como la información, la atención de denuncias y la articulación intersectorial (exigibilidad y justiciabilidad) de forma activa, a través del análisis de las acciones sociales en una determinada unidad territorial.

Este primer análisis que aquí presentamos recorta algunos de los aspectos del proceso investigativo realizado en las Comunas 3 y 4 de la CABA, que constituyen las unidades territoriales del universo-población de nuestro trabajo. En dichas comunas se consideran los contextos de los vínculos entre las organizaciones, los servicios y los usuarios, que permiten indagar y coconstruir los problemas y las potencialidades identificadas en la comunidad.

Las Comunas 3 y 4 se encuentran en la zona centro y sur de la CABA. La comuna 3 agrupa los barrios de Balvanera y San Cristóbal. La comuna 4 agrupa los barrios de Nueva Pompeya, Parque Patricios, Barracas y La Boca. Junto con la comuna 1, conforman la Región Sanitaria Este en la que habitan 205.946 personas (93.884 varones y 112.062 mujeres).

La región cuenta con tres hospitales generales de agudos, dos hospitales pediátricos, uno especializado en salud materna e infantil, seis hospitales monovalentes (tres de salud mental), trece centros de salud y acción comunitaria (CeSAC), nueve centros médicos barriales (CMB), dieciséis consultorios de médicos de cabecera, quince consultorios odontológicos, un centro de salud mental, un centro odontológico infantil y tres centros de atención de adicciones.

Asimismo, existen cuatro Defensorías Zonales de Derechos de Niños, Niñas y Adolescentes y participan en el territorio las siguientes organizaciones sociales: Movimiento Territorial de Liberación (MTL), Movimientos de Trabajadores Desocupados (MTD), Colectivos Sociales y de Educación Popular, Pañuelos en Rebeldía: Equipo de Educación Popular, Movimiento de Ocupantes e Inquilinos (MOI), la Asociación de Médicos Generalistas y Médicos del Mundo.

Las unidades de análisis incluyen instituciones (de salud, justicia y organizaciones sociales), trabajadores-dirigentes y usuarios-participantes de esas instituciones. En todos los casos se trata de territorios en los que el equipo de investigación tiene una historia previa vincular, tanto a través de referentes con los que trabajamos en gestión asociada o por la inserción de miembros del equipo en tareas de extensión universitaria. Por lo anterior, y en función del encuadre epistémico metodológico, trabajamos con muestras intencionales basadas en los criterios de pertinencia representatividad, viabilidad y accesibilidad.

Nuestro marco epistémico metodológico se enmarca en la investigación acción participativa (IAP) como práctica alternativa a las formas tradicionales de investigación, en la que la investigación y la participación se constituyen como momentos dentro del mismo proceso de producción de conocimientos colectivo (Fals Borda, 1999), a partir del cual la misma comunidad puede identificar y problematizar sus necesidades y sus demandas (Sirvent, 2003) y el investigador es una herramienta de la investigación que aporta su reflexividad crítica (Bourdieu y Wacquant, 1999) a la vez que una vigilancia epistemológica (Castellanos, 1995).

Desde la IAP, nuestro proyecto de investigación se propone construir dispositivos de problematización, de planificación y de evaluación participativos que tiendan a la coconstrucción de estrategias de reapropiación colectiva. La IAP rescata procesos de participación activa de los sujetos, partiendo de los saberes, los sentidos y las prácticas sociales a través de la implementación de diversas técnicas con las que se pretende generar intercambios constructivos entre investigadores y la comunidad. Se busca facilitar procesos de familiarización, detección de necesidades, sensibilización, priorización, realizaciones y devolución sistemática de la información.

Asimismo incluimos, como parte de nuestras estrategias de análisis de datos en el proyecto de investigación, el análisis crítico del discurso (ACD) para explorar y describir las relaciones dialécticas entre el discurso y las estructuras sociales. Consideramos el discurso como una práctica social históricamente situada que es, por un lado, modelada por las micro- y macroestructuras en las que está inserto, mientras que por otro contribuye creativamente a la construcción y a la transformación del orden social (Stecher, 2010; Fairclough, 2003). En tal sentido el procesamiento, la sistematización y el análisis de la información requieren sucesivas revisiones y un trabajo paralelo y simultáneo al trabajo en terreno que permita reorientar y complejizar las perspectivas, los interrogantes y las conclusiones que se van coconstruyendo dialécticamente desde tres niveles: el análisis lingüístico, el análisis intertextual y el análisis social o contextual.

Dicha tarea nos demandará la triangulación de diferentes fuentes e instrumentos que permitan captar la complejidad de los procesos enunciados. Los instrumentos propuestos en la investigación incluyen: 1) entrevista en profundidad (Andrade, S. y otros, 1987), participativa (Montero, 2006) y relato de vida (Córdova, 1990; Bertaux, 1980; Ferraroti, 1980); 2) grupos focales (Debus y Novelli, 1998); 3) observación participante, no participante (Montero, 2006) y dialéctica (Mora Ninci, 2001); 4) cuestionario epidemiológico colectivo (Breilh, 2003; Castellanos, 1995; Almeida Filho, 2000) y 5) grilla de relevamiento documental y registros de sistematización (Montero, 2006).

Desde este marco presentamos un primer mapeo de actores y análisis preliminar de necesidades, de demandas, de problemas y de prioridades elaborado colectivamente en reuniones con dichos actores de salud de las comunas 3 y 4 de la CABA. Para ello, se retoman registros de relevamiento documental, registros de sistematización de observaciones (participante, no participante y dialéctica) y quince entrevistas en profundidad a informantes clave, trabajadas en las primeras entradas en terreno.

Dichos instrumentos y las perspectivas desde las cuales hemos elegido considerarlos han sido seleccionados en función del posicionamiento epistémico y conceptual que modela nuestro abordaje. Todos ellos constituyen parte de las metodologías que desde una perspectiva dialéctico-crítica reconocen la complejidad de los procesos sociales y la necesidad de seleccionar estrategias y herramientas que permitan integrar los saberes y las prácticas de los diferentes actores sociales involucrados en la delimitación de las problemáticas del campo social y comunitario, entendido procesual e históricamente en sus determinaciones. Asimismo reconocen el lugar central de la reflexión crítica y el posicionamiento ético como inherentes a las decisiones conceptuales y metodológicas y, por tanto, como tensiones que contextúan y posicionan política e ideológicamente la producción de conocimientos.

En función de los interrogantes y objetivos planteados, y del abordaje epistémico metodológico propuesto, los ejes de análisis relevados incluyen la indagación de aspectos relativos a:

- Registro de necesidades y demandas por los efectores
- Identificación de problemas prioritarios en ambas comunas
- Obstáculos, procesos de vulnerabilidad y desprotección

Resultados y discusión: primer avance sobre el territorio, las prácticas y los actores. Diagnóstico preliminar

Comuna 3

La Comuna 3 tiene en su territorio tres marcas catastróficas con cientos de muertos y afectados por las injurias físicas y psíquicas: el atentado a la sede de AMIA (1994), el desastre de Cromañón (2004) y el más reciente, de febrero de 2012, desastre ferroviario de la estación Once. Las víctimas, los familiares y las organizaciones de la sociedad civil siguen insistiendo en la exigibilidad de verdad y justicia, y en los tres casos inscriben con diferentes modalidades espacios de la memoria. Por otra parte, también es un espacio emblemático en la memoria de las víctimas del terrorismo de Estado, expresado en las baldosas en los lugares que vivieron o transitaron, como el bar cercano a la Facultad de Psicología.

Es un espacio territorial socialmente heterogéneo, de residentes de sectores medios y otros en situación de pobreza e indigencia, lugar de tránsito y residencia, de espacios culturales tradicionales, como escuelas, facultades, teatros, museos, y de emergencia de espacios de vulneración de derechos (niñas, niños y adultos en situación de calle, prostitución, mercadeo de sustancias, etc.). La Plaza Miserere, escenario príncipes comunal, nos interpela como un *bricolage* de vidas que transitan con urgencias, con indefensión, con invocaciones religiosas a la salvación, con actos de memoria de las tragedias. Con el uso de material visual, análisis de artefactos materiales-culturales y reflexión sobre las experiencias personales, iniciamos el trabajo de campo con mapeo de actores mediante las narrativas de sus quehaceres.

En la Comuna 3 los actores sociales consultados en la primera etapa del trabajo en terreno fueron integrantes de instituciones públicas de salud y educación, organizaciones de la sociedad civil e informantes clave de la comunidad. Entre las organizaciones consultadas se trabajó con el CeSAC 11 del Área Programática del Hospital Ramos Mejía, la Escuela Media Mariano Acosta, la Asociación Civil La Vereda, la Asociación Civil La Casona de Humahuaca y referentes de la Asociación Vecinal y una enfermera del CeSAC 11 con más de veinte años de trabajo en el barrio. Se realizaron entrevistas iniciales para convocar a participar y luego reuniones de trabajo generalmente focalizadas según la institución o zona, en las que se trabajó conjuntamente en la caracterización de la zona, sus necesidades y demandas, los actores y sus prácticas. De los registros de campo de dichas observaciones, entrevistas y reuniones, se trabajó inicialmente en la identificación de las categorías centrales en función de los objetivos de la investigación. En la emergencia de historias o narrativas de los contextos laborales se fueron construyendo mundos de significados sobre quiénes son "los asistidos", sobre los problemas relevantes, los obstáculos y los desafíos de la exigibilidad y justiciabilidad del derecho a la salud, sobre la organización y la participación comunitaria.

Para esta modalidad investigativa nos basamos en Pearce (1994), quien sostiene que siempre actuamos desde y hacia contextos; así en las diversas instancias de encuentros se facilitó la construcción y la reconstrucción de significados.

La población de referencia de las instituciones es, principalmente, niños, niñas y adolescentes, mujeres jóvenes, travestis y personas migrantes de países limítrofes (fundamentalmente de Bolivia, Perú y Paraguay). Como anticipamos, la comuna está compuesta por una población heterogénea: sectores medios argentinos y varios grupos migrantes que habitan en condiciones de extrema precariedad, generalmente en hoteles y en casas tomadas. Mientras que los sectores medios suelen ser profesionales o con inserciones laborales con mejores condiciones de contratación y con acceso a derechos, el resto de los sectores se caracteriza por tener ocupaciones laborales precarias, como la venta ambulante, el trabajo en talleres textiles o en obras y la prostitución. Se construye en este intercambio de sentidos y metasentidos de la comunidad un relato contextual de barreras o de fronteras entre unos y otros en conflictividad emergente, en el que la inseguridad barrial es un síntoma significativo percibido por los actores comunales.

Entre las instituciones con las que se trabajó en este primer momento, solo en la escuela media aún confluyen todos los sectores sociales:

> desde chicos hijos de profesionales de clase media del barrio, comprometidos con la educación pública y chicos que viven en hoteles o casas tomadas y tienen padres migrantes. También hay un sector que proviene del Gran Buenos Aires (10% aproximadamente) y un sector que concurre por ser hijo o nieto de egresados de la escuela, lo que denota una fuerte identidad de la institución (1-EIC-Dir-EM).

En cambio, en las asociaciones civiles y en el CeSAC el trabajo centralmente es con los sectores más vulnerables de la población.

Entre los problemas generales detectados se destacan la discriminación (incluso entre los propios grupos discriminados) y la violencia percibida en los sectores inmigrantes. El consumo problemático de drogas aparece como relevante entre los sectores medios y los jóvenes. También aparece la problemática del hacinamiento.

Entre las principales problemáticas y alertas de salud detectados en la población se puede señalar:

– La violencia hacia las mujeres, niños y niñas así como las situaciones de abuso sexual infantil son señalados como los "problemas psicosociales más prioritarios" (2-EIC-Dir-CeSAC11).

– La accesibilidad a los derechos de salud sexual es un tema clave entre la población en situación de prostitución para la prevención del VIH, las ITS (infecciones de transmisión sexual) y los embarazos no deseados: "jóvenes en situación de prostitución y travestis en situación de prostitución porque ésta es una zona con muchos lugares ocultos donde se ejerce la prostitución. Y en el centro se hace estrategias para que ellas se puedan llevar anticonceptivos, se vengan a atender. Se las trata por el nombre que ellas quieren y no por el nombre del documento" (3-EIC-Enfermera-Htal.).

– La incidencia de problemas de salud vinculados con las condiciones de vida se observa entre los adultos por el aumento de casos de tuberculosis: "tienen que ver las condiciones de trabajo, de vida por el hacinamiento y el recambio del aire, la nutrición y la propia migración" (4-EIC-TS-La Vereda). Y también se observa entre los niños y niñas por las afectaciones en el desarrollo psicomotriz: "muchos tienen problemas motrices. De escaso desarrollo muy ligado a las condiciones de vida porque en la casa no tienen espacio para caminar. Incluso en los hoteles a veces está prohibido jugar. Y cuando son chiquitos van con sus padres al trabajo que en general es la venta ambulante y por el cuidado a ellos, a que no les pase nada, tienen la movilidad reducida. O están a upa o con un radio para moverse en el piso que es ínfimo" (4-EIC-TS-La Vereda)

– La preocupación por los jóvenes y por el consumo de sustancias es visibilizada centralmente desde la escuela como una problemática que "entra" en la institución y que genera perplejidad entre los adultos: "Hace diez días, encontramos a dos chicos dados vuelta. Uno, aparentemente alcoholizado y el otro con la nariz rosada. Los dos adentro de la escuela, como a las 16 horas. Les preguntamos qué habían hecho y no se podían casi mover. No sabíamos qué hacer" (5-EIC-AP-EM).

Entre las acciones que se realizan, principalmente se cuenta con la red RIOBA que funciona desde 2005 como espacio de articulación entre los profesionales que participan en los diversos espacios para facilitar el abordaje de situaciones problemáticas, la referencia y la accesibilidad a las instituciones y los recursos, así como para proyectar acciones colectivas especialmente en el sector norte de la Comuna (entre las avenidas Rivadavia y Córdoba) (6-EIC-Psi-LCH). En cambio, en el sector sur, el trabajo de articulación está apuntalado por la asociación de vecinos (14-EIC-V-AVB).

Entre los entrevistados, se señala que la participación de la comunidad es gratificante pero a la vez es un objetivo difícil de alcanzar en forma permanente. En la escuela media relatan que: "muchos padres esperan que la escuela resuelva todos los problemas [pero que al mismo tiempo] se nota la solidaridad de los padres y los docentes cuando a fin de año se arma el asado para los egresados" (5-EIC-AP-EM).

A su vez, en el CeSAC 11 se resalta que: "violencia hacia el personal del Centro no se han registrado" (7-EIC-TS-CeSAC11).

Dicha situación aparece significada como relevante en un contexto de violencia social, aunque la población mantiene en buen estado las instalaciones del centro porque allí encuentran reconocimiento y un espacio de cuidado espacialmente dirigido a los sectores de diversidades sexuales –se promueven carteleras específicas trabajadas por profesionales del centro y usuarios–.

Asimismo, existen obstáculos o dificultades para poder viabilizar las acciones de salud o el abordaje de los problemas. Entre ellos se destacan: la falta de insumos en el sector salud o de recursos para realizar una atención integral (falta de vehículo para garantizar la extracción de sangre), desfinanciamiento y desarticulación de programas sociales que dejan a la población sin recursos para el desarrollo y la integración social de niños y niñas (cierre de juegotecas, falta de jardines maternales), problemas en la integración de los sectores inmigrantes en las instituciones y las prácticas discriminatorias sobre los sectores vulnerables, y la problemática de la vivienda como un aspecto que atraviesa la calidad de vida, los vínculos y la salud del gran parte de dicha población.

Respecto de las dificultades de exigibilidad se señalan: la falta de recursos económicos, el desconocimiento de derechos en general (especialmente de inmigrantes, de niños, niñas y adolescentes, y de salud sexual y reproductiva) y de los modos de ejercicio. Asimismo, la sobrecarga y la precariedad del trabajo, los límites de la cobertura de salud pública y las condiciones habitacionales actúan exacerbando la fragmentación social y la tensión entre los propios miembros de la comunidad, lo que afecta el proceso de salud-enfermedad-atención.

Comuna 4

Los actores participantes en esta primera etapa de trabajo en terreno fueron trabajadores de la salud de tres CeSAC y dos Defensorías de Derechos de Niños, Niñas y Adolescentes. El análisis se centró especialmente en entrevistas que corresponden al CeSAC 35 (Barrio Zavaleta – Villa 21-24), a un médico generalista, a una trabajadora social y a dos promotoras de la salud; entrevistas del CeSAC 32[2] (Barrio Charrúa) a un médica generalista, a una trabajadora social, a una médica clínica, a un obstetra y a una enfermera; entrevistas del CeSAC 41 (La Boca) a un médico de familia director del centro y a una Licenciada en Ciencias de la Educación subdirectora; entrevistas a una psicóloga de la Defensoría de Pompeya y a una abogada de la Defensoría de la Villa 21-24-Zavaleta.

Las poblaciones de referencia asistidas son descriptas por los entrevistados como migrantes, pobres y en general mujeres. Si bien reconocen atender una población hete-

---

[2] El Centro de Salud y Acción Comunitaria N.° 32 depende del Área Programática del Hospital J.M. Penna y se encuentra ubicado en el Barrio San Martín. Integra la Región Sanitaria N.° 1 y la Comuna 4. La Comuna 4 presenta el mayor porcentaje de cobertura de salud únicamente estatal registrado en la ciudad (41%) y el promedio de ingreso per cápita más bajo de la Región Sanitaria 1 (Departamento de Epidemiología en base a proyecciones 2007 de la Dirección de Estadísticas y Censos. GCBA).

El barrio General San Martín o barrio Charrúa es un barrio de migrantes bolivianos. Fue primeramente un asentamiento precario –Villa Piolín y después la Villa 12–, para luego conformarse en un barrio. Sus pocas manzanas permiten observar la creación de un paisaje donde la interacción de los habitantes con su espacio físico modeló la fisonomía propia del barrio. Los inmigrantes bolivianos han construido este barrio que se mantiene como un centro de reunión para toda la colectividad boliviana en Buenos Aires e incluso en el país. Desde la década de 1960 el Barrio Charrúa recibe a migrantes provenientes de Bolivia y ha sido considerado "el primer barrio boliviano" de la ciudad (Sassone, 2004). Sus primeros habitantes se asentaban con lo poco que tenían, a escondidas y de noche, y marcaban los límites con piolines como forma de apropiación territorial. Se produjeron varios incendios y, en busca de soluciones duraderas, se trabajó entre los vecinos para contar con viviendas mediante autoconstrucción bajo coordinación de la Comisión Municipal de la Vivienda. Durante sábados, domingos y feriados edificaron las viviendas, todos juntos, ladrillo por ladrillo. En 1968 finalizaron las obras y se procedió al sorteo de las viviendas. Se planificaron unidades unifamiliares a ambos lados de pasillos (en total hay dieciocho pasillos). La tarea demandó años de intenso trabajo hasta lograr que se firmen los boletos de compra de tierra. En 1981 se inauguró la Escuela N.° 13 Presbítero Alberti, en un terreno que los habitantes denominaban "la canchita". A su vez, se fundó la comisión del barrio en 1989, que se llamó Asociación Vecinal de Fomento General San Martín (Sassone, 2004). En el proceso de construcción comunitaria, también construyeron una salita de salud que con los años logró el reconocimiento del Estado, en la actualidad es el CeSAC 32.

rogénea de diferentes barrios y procedencias (argentinos, paraguayos, bolivianos y peruanos), predomina la comunidad migrante principalmente boliviana (en CeSAC32 y Defensoría de Pompeya), paraguaya (en CeSAC 35 y Defensoría de la villa 21-24-Zavaleta) y argentina (en CeSAC 41 y de la villa 21-24-Zavaleta). Si bien hay población de primera migración que mantiene sus tradiciones, los de segunda y tercera generación de migrantes pretenden distanciarse de sus orígenes. Asimismo se trata de una población heterogénea en cuanto provienen de diferentes barrios como Villa 20, Loma Alegre, San Blas y también la Villa 1-11-14. Muchos de los usuarios son descriptos como muy trabajadores, pero cerrados, y se reconoce en los barrios muchas rivalidades y un creciente fenómeno de movilidad de personas (alquilan espacios dentro de sus espacios como otra forma de subsistencia).

Entre los problemas generales detectados se enuncian la mala alimentación, la contaminación ambiental, las viviendas y condiciones de vida precarias, los muy bajos sueldos, las extensas jornadas laborales y las pésimas condiciones de trabajo (por ejemplo, costureras que trabajan sentadas de 8 a 22 y llevan a sus hijos pequeños).

La discriminación a los migrantes es un tema común y se plantean habitualmente rivalidades internas entre los barrios y de grupos al interior de ellos. Si bien toda la población presenta una situación económica desfavorable, se evidencian diferencias que la población misma enuncia, por ejemplo entre pertenecer a "las villas" o vivir en la 1-11-14 que es considerado como "un ascenso social" (12-EIC-TS-CeSAC35).

En cuanto a las principales problemáticas y alertas de salud detectadas en la población asistida, los entrevistados enuncian que, tal como se sostiene en las prácticas habituales de salud, especialmente consultan las mujeres y en general por cuestiones avanzadas. Señalan además que hay poca comunicación: "Persiste la dificultad para hablar (…) persisten mujeres que desconocen su propio cuerpo.

Las relaciones sexuales tienen que ver con la necesidad del varón" (12-EIC-TS-CeSAC35). "Una de las preguntas que generalmente les hago es por la relación con otras mujeres, amigas, etc. Y casi no existe, o con sus vecinas, para ir viendo cuales pueden ser las estrategias frente a casos de violencias, alguien cerca que puede darles un lugar cuando la situación es complicada. La respuesta es no. Más allá del espacio de la casa y la familia, no hay otros espacios" (13-EIC-MG-CeSAC32).

Otro tema significativo es el de la violencia y la vulneración de los derechos de niños, niñas y adolescentes: "el maltrato y el abuso sexual son tremendos. En cinco años han aumentado muchísimo los casos. No sé si es que ahora todo sale a la luz como dicen, pero lo cierto es que aparecen más" (8-EIC-Psi-DefNNyA).

Los problemas relevados son:

- Violencia en sus diferentes planos (física, simbólica, psicológica, social, cultural y económica). Maltratos de larga data en las parejas (desde antes de la migración en particular desde Bolivia); maltrato de nuevas parejas, hacia la mujer y los hijos. Se resalta la poca explicitación de este problema y que las consultas específicas por el tema solo se efectivizan cuando hay agresiones fuertes.
- Controles gestacionales avanzados (en general asociados a la falta de tiempo por trabajo o por la cantidad de hijos o personas a su cuidado).
- Embarazos no planificados, abortos y sus consecuencias, asociados a pautas de género y culturales: "En general te dicen que el varón no se lo quiere poner (al preservativo)" (13-EIC-MG-CeSAC32). También aparece la falta información sobre las formas de cuidado, en particular en los adolescentes.
- Barreras en la atención y en el cumplimiento de derechos. Algunas mujeres se quejan de la cantidad de estudios que les solicitan los médicos para aceptar colo-

carles un DIU o realizar la ligadura de trompas, bajo argumentos que implican muchas veces subestimar las decisiones de las mujeres o amenazas implícitas por ejemplo: "te vas a arrepentir". En el caso de los derechos de niños, niñas y adolescentes la vulneración de derechos es tan grande que: "comienza con la situación de pobreza general en la que viven los chicos y la familia. A veces, ni siquiera en una casa o todos hacinados. Los padres que muchas veces no saben manejarse con las instituciones porque manejan otros códigos porque vienen de otras culturales. Y también el 'vaya y venga', le suspenden una entrevista y la gente se cansa y va dejando de ir" (9-EIC-Abg-DefNNyA).

- Barreras en el acceso a la atención para adolescentes en salud sexual y reproductiva, en particular de varones: "Solo recuerdo una situación (en 7 años) de una parejita de 15 y 16 en el consultorio aprendiendo como era el uso correcto del preservativo. Lo máximo que los chicos se acercan es a la sala de espera y quedan esperando a sus novias que hagan la consulta. La mayoría ni a la sala de espera" (13-EIC-MG-CeSAC32).

- Preocupación por los jóvenes y el consumo: "Yo noto cambios que me preocupan y entristecen, por ejemplo la droga en los jóvenes. Vos antes venías a trabajar a la mañana y veías a los pibes tomando un vino, y ahora ves la droga. Es terrible" (15-EIC-Enfermera-CeSAC35). "El tema de la falopa es tremendo. Cada vez son más chicos chiquitos. Es una realidad que se escapa de las manos y más cuando en el barrio todos venden" (9-EIC-Abg-DefNNyA).

- Graves afectaciones en la salud producto de la contaminación ambiental, fundamentalmente de los habitantes de los márgenes del Riachuelo (La Boca): "Cerca del 40 por ciento de los niños evaluados en el centro tiene altos niveles de plomo en sangre" (10-EIC-Dir-CeSAC41).

- También enuncian otros problemas como trombosis venosa cerebral, pero los asocian siempre a las condiciones económico-sociales: "la gente no tiene tiempo para cuidar su salud. No tiene recursos" (15-EIC-Enfermera-CeSAC35).

Entre las acciones[3] planteadas desde esta perspectiva enuncian que se construyen propuestas en general por los profesionales y la comunidad por asociación voluntaria. Ejemplos exitosos de estas acciones y esfuerzos son las entrevistas conjuntas de al menos dos profesionales que se toman en el CeSAC 32; el grupo de planificación familiar; el trabajo por el tema de desabastecimiento que se realizó con otros centros que dependen del Hospital Penna y del Piñero; el trabajo sobre educación sexual integral realizado en colaboración entre en CeSAC 32, el CeSAC 19 y escuelas de educación media de la zona; el fortalecimiento de la cooperativa de viviendas de La Boca impulsado por el CeSAC 41; y el equipo de promotoras de salud en barrios dependiente del Área Programática del Hospital Argerich: "Por otro lado, desde 2006 con otra compañera que es psiquiatra de otro centro de salud, el 19 y depende del Hospital Piñero, estamos yendo a una escuela de educación media, que es un colegio secundario. No es área nuestra, pero sí va mucha población del barrio. Por lo que te contaba muchos tratan de juntarse con la villa, muchos van a Pompeya o al Centro. Pero muchos van a esa escuela" (12-EIC-TS-CeSAC35).

---

3 Entre las acciones realizadas los CeSAC participan de diferentes programas, pero refieren como aspectos ponderados positivamente la posibilidad de construir prácticas y dispositivos de articulación entre instituciones y con la comunidad, aunque se reconocen las dificultades que plantean en la planificación de ellas no solo de las problemáticas mismas, sino además del trabajo interdisciplinario, intersectorial, interinstitucional y con la comunidad. Reconocen además la potencia que implica un buen clima y un "grupo humano" de trabajo, aunque no en todas las relaciones, ni dentro, ni entre las instituciones se logra.

En todos los casos resaltan el gran apoyo de contar (para poder viabilizar estas acciones) con leyes como la de Salud Sexual y Reproductiva (SSyR) que sostiene la responsabilidad de todos y de la escuela también: "Fuimos cambiando la modalidad, los primeros años trabajábamos con los chicos. Hacíamos una serie de cinco talleres con ellos. Los talleres son sobre salud sexual y reproductiva y géneros en el marco del Programa Nacional de Educación Sexual Integral en el ámbito del Ministerio de Educación, Ciencia y Tecnología [...] Ése es el Tema. Después tenemos dos talleres sobre proyecto de vida, que surgió justamente a partir del tema de la maternidad. (...) Nuestra idea a largo plazo es que el trabajo lo hagan los docentes y no tengamos que ir nosotras y poder hacer lo mismo en otra escuela. Pero cuesta mucho. Que esté la ley de educación sexual ayuda un montón. Vemos un cambio desde que está la ley, porque se puede incluir como una cuestión que es responsabilidad de la escuela" (12-EIC-TS-CeSAC35).

Respecto de la participación de la comunidad reconocen que el trabajo de apertura tiene sus frutos en una mejor comunicación, atención y conocimiento mutuo promoviendo el cumplimiento de los derechos de información, acceso, atención y seguimiento que generan con la comunidad un trabajo conjunto: se conocen, reconocen a los profesionales tanto dentro como fuera de la institución de salud: "La gente te da mucho cariño y valora lo que uno hace" (15-EIC-Enfermera-CeSAC35); "Saludan, te reconocen por los nombres" (11-EIC-Dir-CeSAC41).

Asimismo registran la potencia de la apertura no solo de que la comunidad vaya al centro sino de ir a la comunidad: "Asisten y responden" (12-EIC-TS-CeSAC35); "La gente es muy cumplidora" (10-EIC-Dir-CeSAC41); "Vos podés ir hacia ellos si es que no vienen hacia vos" (11-EIC-Dir-CeSAC41).

Pero también se visibilizan los obstáculos que persisten sobre la inclusión y la participación comunitaria: "hay algunas resistencias (en general en el sistema de salud) a algunas modalidades de atención que tenemos acá que es que se incluya a la gente de la villa" (13-EIC-MG-CeSAC32).

Los resultados de esas acciones se vuelven gratificantes y visibilizan las tareas conjuntas y participativas. Entre sus enunciados se encuentran por ejemplo: buen clima, reconocimiento profesional y de la comunidad, buen seguimiento de tuberculosis, vacunaciones, planificación familiar, y control de embarazo en los casos en que se acercan. También señalan que estas formas de atención demandan mucho trabajo pero generan un mayor acceso a prevención, poder charlar, tener acceso a métodos anticonceptivos (y poder contar y aplicar las leyes de SSyR y derechos de niños, niñas y adolescentes), y resaltan que "da alegría poder hacerlo" y que permite cierta cercanía que no siempre es posible en las grandes ciudades y los centros de salud, por ejemplo el seguimiento de los pacientes o a veces atender en el parto a quien le hiciste controles.

Sin embargo, siguen reconociendo los diversos obstáculos o dificultades para poder viabilizar las acciones de salud o el abordaje de los problemas. Entre otros señalan que algunos insumos llegan en forma discontinua; la falta de condiciones de privacidad en el centro para atender las consultas de SSyR; las discrepancias entre efectores o las tensiones con los centros de referencia, el deterioro de la infraestructura, la falta de recursos y replanificación o la asignación según la demanda y la sobredemanda para la capacidad de atención: "Yo creo que hay lugares que están abandonados. Éste es uno. Yo no te lo puedo explicar en palabras lo tenés que ver desde la imagen, y vos lo ves. Es un abandono. No tenemos infraestructura adecuada. Es un desastre. No valen las palabras, lo que vale es la imagen. Mirá en donde estamos sentadas, acá es dónde trabajo todos los días, no tenemos lugar ni para movernos. Es un lugar abandonado" (15-EIC-Enfermera-CeSAC35).

Entre las dificultades de exigibilidad enuncian particularmente las de información, recursos económicos, desconocimiento de derechos y de cómo ejercerlos (por ejemplo, cómo se hace una denuncia por violencia, otros métodos anticonceptivos que no sean el preservativo, etc.), y remarcan la relación entre las condiciones económicas y su determinación sobre los procesos de acceso, atención y seguimiento de los procesos de salud/enfermedad/atención. Entre otros: efectivizar la cobertura y el acceso a la salud, la alimentación y el trabajo, el cumplimiento de oportunidades y alternativas (por ejemplo, la solicitud de la ligadura de trompas), la prevención y la equidad de derecho a la atención (la población creía que era un centro de salud privado cuando se estaba construyendo, luego otra parte pensaba que se atendían solo migrantes ahí, después demandaban ser atendidos los argentinos). Resaltan la potencia de contar con leyes que sostienen, apoyan y permiten las acciones de salud y señalan la necesidad de articular: brindar información tanto sobre el cuidado como sobre los derechos, a la vez que pensar acciones para que puedan aplicar y ejercer dichos conocimientos: "A mí me parece muy interesante. En sí la ley para mí está muy bien escrita y ampara los derechos de las mujeres, tengan cobertura pre paga, obra social o cobertura pública. En cualquiera de los casos ampara los derechos de las mujeres en relación al acceso a los métodos de las mujeres y de los varones. Después lo dificultoso es que lo utilicen" (13-EIC-MG-CeSAC32).

También señalan las luchas contra el determinismo o la naturalización, como por ejemplo: "en la villa es así [y] el destino de una mujer en la villa es ser madre" (12-EIC-TS-CeSAC35).

A modo de conclusiones iniciales

Esta primera etapa de mapeo de actores, monitoreo de necesidades, de problemas prioritarios y del estado de la cuestión en relación con la exigibilidad y la justiciabilidad facilitó o reactualizó la construcción de procesos dialógicos con los actores de los territorios comunales. Como investigación cogenerativa entre los conocimientos locales y los académicos de procesos complejos, propicia un fortalecimiento de las redes y de los lazos sociales en la perspectiva de una auditoría social facilitadora de cambios. Las dimensiones epistémicas de la epidemiología y la psicología crítica, y la opción metodológica de la IAP, contribuyen a problematizar situaciones naturalizadas o interpretadas ideológicamente como subproductos inevitables del orden social de exclusión y las responsabilidades individuales: violencias, abusos, adicciones, etc. Partimos del análisis de discurso contextuado, analizando dónde, cuándo y desde qué instituciones los sujetos son hablados; y los problemas y obstáculos, registrados. En particular, resemantizamos aquellos espacios de implicancia sobreidentificatoria, en los que el lugar de la precarización y fragilización de algunas vidas y la abyección en relación con la norma heterosexual o los estereotipos socioculturales son constitutivas de nuevas prácticas alternativas en las grietas institucionales. Los desafíos de contextos prefigurados de invisibilización o estigmatización de las diferencias y los nuevos posicionamientos subjetivos interactivos implican prácticas comprometidas desde lo público.

En este primer momento registramos dispositivos y redes desde una ética del cuidado, con modalidades de atención promotoras de subjetividades autónomas, junto a otras tradicionales reduccionistas y descontextuadas con ausencias de acciones preventivas sobre los efectos de discriminación y estigmatización a la diversidad de género, social o cultural. La posibilidad de democratización de las cuestiones públicas a nivel comunal puede potenciar espacios con diversos protagonistas de la sociedad civil y las instituciones en la realización de una auténtica auditoría social. Pero no soslayamos el marco de tensiones por la gestión neoliberal que constriñe financieramente lo público, transfiriendo prestaciones a sectores privados e intentando imponer modelos no interdisciplinarios ni comunitarios, en contradicción con las leyes vigentes. En esta trama de encuentros y desencuentros no abdicamos de coconstruir nuevas interrogaciones sobre las producciones de sentido de la constitución subjetiva y comunitaria y acciones promocionales y preventivas.

Referencias bibliográficas

Almeida Filho, N. (2000). *La ciencia tímida. Ensayos de deconstrucción de la epidemiología*. Buenos Aires: Lugar.

Andrade, S. *et al.* (1987). *Métodos cualitativos para la evaluación de programas. Manual para programas de salud, planificación familiar y servicios sociales*. Massachusetts: The Pathfinder Found.

Armando Haro, J. (2010). "Epidemiología convencional, epidemiología sociocultural y salud colectiva. Requerimientos para un diálogo entre disciplinas". Ponencia presentada en el I Congreso Internacional de Transdisciplinareidad, UABC, Mexicali, 16 de marzo.

Bertaux, D. (1980). *Los relatos de vida en el análisis social. En FLACSO Historia oral e Historia de vida*. Buenos Aires: Cuadernos de Ciencias Sociales.

Bourdieu, P. y Wacquant, L. (2008). *Una invitación a la sociología reflexiva*. Buenos Aires: Siglo XXI.

Breilh, J. (2010a). *Hacia una construcción emancipadora del derecho a la salud*. Quito: Programa Andino de Derechos Humanos, PADH; AbyaYala.

— (2010b). "La epidemiología crítica: una nueva forma de mirar la salud en el espacio urbano". *Revista Salud Colectiva*, vol. 6, núm. 1, Lanús ene./abr.

— (2009). "Hacia una construcción emancipadora del derecho a la salud". En: *¿Estado constitucional de Derechos? Informe sobre derechos humanos*. Quito: Programa Andino de Derechos Humanos, Padh. Ediciones Abya-Yala.

— (2008) *Una perspectiva emancipadora de la investigación y acción, basado en la determinación social de la salud*. México DF: Taller Latinoamericano, ALAMES.

— (2003) *Epidemiología crítica. Ciencia emancipadora e interculturalidad*. Buenos Aires: Lugar.

Castellanos, P.L. (1995). *Lo ecológico en epidemiología aplicado a la salud pública*. Buenos Aires: OPS-OMS.

Comisión Interamericana de Derechos Humanos (2009). *Informe anual*. En http://www.cidh.org/annualrep/2009eng.htm. Revisado el 11/01/2012.

Córdova, V. (1990). *Historias de vida. Una metodología alternativa para Ciencias Sociales*. Caracas: Fondo Ed. Topykos. FACES/U.C.V.

Debus, M. y Novelli, P. (1998). *Manual para Excelencia en la investigación Mediante Grupos Focales*. Traducción del Lic. E. Vásquez del Aguila. Lima: Universidad Católica del Perú.

Fairclough, N. (2003). *Analysing discourse. Textual analysis for social research*. Londres: Rutledge.

Fals Borda, O. (1999). "Orígenes universales y retos actuales de la IAP (investigación acción participativa)". En *Análisis Político*, 38, 71-88.

Ferraroti, F. (1980). *Biografía y ciencias sociales. En FLACSO Historia oral e Historia de vida*. Buenos Aires: Cuadernos de Ciencias Sociales.

Montero, M. (2006). *Hacer para transformar. El método en la psicología comunitaria*. Buenos Aires: Paidós.

Mora Ninci, C. (2001). "La Observación Dialéctica: problemas de método en investigaciones educativas". En *Paulo Freire: la educación latinoamericana en el Siglo XXI*. Buenos Aires: CLACSO.

Musa, L. (2010). *Niñez, adolescencia y salud mental en la ciudad de Buenos Aires. Informe de gestión del ministerio público tutelar*. Período 2010. Buenos Aires: Eudeba.

Onocko, R. (2008). *La planificación en el laberinto. Un viaje hermenéutico*. Buenos Aires: Lugar Editorial.

Organización Mundial de la Salud (OMS) (2008). "Subsanar las desigualdades en una generación. Alcanzar la equidad actuando sobre los determinantes sociales en salud", Comisión Sobre determinantes Sociales en Salud, Ginebra: Ediciones OMS.

Parker, I. (2009). "Psicología crítica: ¿qué es y qué no es?", *Revista Venezolana de Psicología Clínica Comunitaria*, 8, pp. 139-159. Caracas: Universidad Católica Andrés Bello.

— (2003). "Psicología Crítica: conexiones críticas". En Villuendas, M. y Gordo López, A. (coords.). *Relaciones de género en psicología y educación*. Madrid: Consejo de Educación de la Comunidad de Madrid.

Pearce, B.W (1994). Nuevos modelos y metáforas comunicacionales. En Fried Schitman, D. *Nuevos paradigmas, cultura y subjetividad*. Buenos Aires: Paidós.

Sassone, M. (2004). "Identidad cultural y territorio: La construcción del "lugar" en la comunidad de migrantes bolivianos en la Zona Sur de la Ciudad de Buenos Aires". En Dembicz, A. (ed.). *Interculturalidad en América Latina en ámbitos locales y regionales*. Warszawa, Univ. Varsovia – CESLA.

Sirvent, M. T. (2003). "El proceso de investigación, las dimensiones de la metodología y la construcción del dato científico". En *El proceso de Investigación. investigación y estadística I*. Buenos Aires: Cuadernos de la Oficina de Publicaciones de la Facultad de Filosofía y Letras (Opfyl).

Stecher, A. (2010). "El análisis crítico del discurso como herramienta de investigación psicosocial del mundo del trabajo. Discusiones desde América Latina". *Journal Universitas Psychologica*, núm. 2, 93-107.

Wenger, E (1998). *Communities of Practice: Learning, Meaning and Identity*, Cambridge: Cambridge University Press.

Zaldúa, G.; Bottinelli, M.; Sopransi, M. B.; Nabergoi, M.; Lenta, M.; Tisera, A. y Freire, M. (2011). "Cuestiones y desafíos en la viabilidad de la Ley de Salud Mental". En Actas de las IX Jornadas Nacionales de debate interdisciplinario en salud y población, CD.

Zaldúa, G., Pawlowicz, M. P., Longo, R. y Moschella, R. (2011). "Derechos sexuales y reproductivos de las mujeres de CABA. Obstáculos y resistencias". En XVII Anuario de Investigaciones de la Facultad de Psicología – UBA. Buenos Aires.

Zaldúa, G.; Bottinelli, M.; Pawlowicz, M. P.; Nabergoi, M.; Sopransi, M. B.; Pequeño, D.; Longo, R.; Moschella, R.; Bavio, B. y Lenta, M. (2010). "Narrativas de adolescentes en contextos críticos". En XVI Anuario de Investigaciones de la Facultad de Psicología – UBA.

Vulneración de derechos y alternativas de exigibilidad en salud comunitaria[1]

Graciela Zaldúa, María Pía Pawlowicz, Roxana Longo,
María Belén Sopransi y María Malena Lenta

Introducción

En contextos donde se multiplican situaciones de vulnerabilidad social, puede suceder que, a pesar de aquellas, acon-
tezcan prácticas instituyentes de exigibilidad y de justiciabilidad en salud comunitaria. Ante situaciones de vulneración
de derechos, los sujetos y los colectivos atraviesan procesos
de reflexividad y de participación en los que reconocen de
distinto modo sus derechos y buscan mecanismos de apelación, reclamo y reconocimiento.

La exigibilidad del derecho a la salud es comprendida
dentro de las dimensiones histórico-sociales en las que se
desarrollan las relaciones de clase, género, etnia e intergeneracionales, donde la interfase de esas relaciones se estructura en modos de vida colectivos. Esto implica procesos
colectivos de empoderamiento para la realización de acciones de contraloría social y reclamo efectivo de derechos por
parte de un conjunto diverso de actores que constituyen
comunidad (referentes comunitarios, organizaciones de la
sociedad civil, usuarios del sistema de salud y educación,
trabajadores de efectores públicos, entre otros). En ese marco, la justiciabilidad supone el reclamo efectivo frente a la
administración de justicia en los casos de incumplimiento

---

[1]   Una versión más amplia de este capítulo se encuentra publicada en XX
Anuario de Investigaciones de la Facultad de Psicología, 63: 77.

de los derechos por parte del Estado, lo que promueve procesos de accesibilidad a una ciudadanía plena y pone en cuestión las barreras de las inequidades sociales y jurídicas.

En la accesibilidad al derecho a la salud de sujetos y de colectivos están presentes aspectos materiales de producción sociohistórica de masculinidades-femineidades y sus relaciones; sistemas de valores y creencias en relación con los cuerpos y sus cuidados; modelos científicos de interpretación e intervención técnico-profesional; así como el análisis de las prácticas sociales y de la vida cotidiana. Esta lectura de los procesos de accesibilidad al derecho a la salud tiene su asidero en el entrecruzamiento de –centralmente– dos perspectivas ético-políticas transversales que nos habilitan a incursionar en procesos relacionales y potenciadores de autonomías, que se despliegan en escenarios con diversidad de actores, no sin tensiones y conflictos.

En este marco, nos referimos a un campo de confluencia e intersección de sentidos, prácticas y saberes relacionados con el ámbito societal barrial, en el que desarrollamos dispositivos que tienden a develar mecanismos de estigmatización, de opresión y de exclusión, así como estrategias de resistencia y de cambio.

En esa línea teórico-política, el objetivo de este trabajo es elucidar obstáculos y facilitadores en la exigibilidad del derecho a la salud en las comunas 3 y 4 de la Ciudad de Buenos Aires, Argentina, a partir de cuatro casos testigo referidos a las temáticas de salud y educación; salud sexual y reproductiva; salud y hábitat; y salud y salud mental.

Derecho a la salud

Según la Organización Mundial de la Salud (OMS) (2012), el derecho a la salud incluye el acceso a una atención sanitaria oportuna, aceptable, asequible y de calidad satisfactoria. Se trata de un valor intrínsecamente vinculado a la vida y que tiene incidencia nodal en cada uno de los sujetos y en la sociedad como conjunto. Es un bien jurídico de carácter universal, constituyente del núcleo esencial de los derechos humanos y sociales que deben ser protegidos por los Estados con acciones positivas dirigidas al conjunto de la población (Defensoría del Pueblo, 2013).

Los principios de igualdad y no discriminación son elementos fundamentales que destacan la importancia de reconocer las diferencias y de satisfacer las necesidades específicas de aquellos grupos que son más vulnerables ante determinados problemas de salud, como los que derivan en tasas altas de mortalidad o afrontan dificultades específicas en el sector salud (Organización de las Naciones Unidas –ONU– y OMS, 2008). En Argentina, el reconocimiento de este derecho se establece en la Constitución Nacional a partir de la incorporación de tratados internacionales tales como la Declaración Universal de los Derechos Humanos (1948), el Pacto Internacional de Derechos Económicos, Sociales y Culturales (1966), la Convención sobre la eliminación de todas las formas de discriminación contra la mujer (1979) y la Convención Internacional sobre los Derechos del Niño (1989).

Las temáticas actuales del campo de la prevención y la promoción de la salud y del derecho a la salud en poblaciones urbanas requieren una problematización sobre la heterogeneidad espacial en la producción social de problemas o eventos de salud. Junto a nuevas situaciones ventajosas, afloran viejas y nuevas problemáticas, como la escasa visibilidad de los contextos, asociadas a la carencia o la falta de integración de información (Iñiguez Rojas, 2008).

Sin embargo, la crisis capitalista de las últimas décadas y las consecuencias del proceso de globalización generaron nuevas formas crecientes de fragmentación social y de exclusión, lo que restringe el campo de posibilidades de la incorporación ciudadana como garantía de derechos. Pues la hegemonía del individualismo neoliberal que reduce la política a la simple búsqueda de intereses individuales vacía a la ciudadanía de su dimensión pública, colectiva y solidaria, y la subordina a los mercados económicos y financieros (Fleury, 2012).

La acelerada expansión urbana en América Latina, caracterizada por el crecimiento de barrios y de comunidades empobrecidos y vulnerables, conforman territorios-poblaciones con menor calidad de vida y mayor riesgo de enfermedad y muerte. La polarización social, la transición demográfica, la recomposición acelerada de los territorios urbanos y la migración impactan sobre las condiciones de vida y salud de las poblaciones y, a su vez, aumentan la demanda de servicios básicos, de infraestructura y de equipamiento urbano conformando un complejo panorama de necesidades sociales y de salud (López Arellano y Blanco Gil, 1997).

La situación sociocultural y económica (inserción ocupacional, nivel educativo, cobertura de salud, nivel de ingreso, distancias sociales y culturales con los profesionales de la salud, dificultades para el acceso a los centros de atención y redes familiares y sociales) explica gran parte de las desigualdades en salud al determinar percepciones diferenciales de síntomas, enfermedades y conductas frente al cuidado (López *et al.*, 2006). Las desigualdades sociales en salud son aquellas diferencias en salud, injustas y evitables, que aparecen entre grupos de población definidos social, económica, demográfica o geográficamente. Son el resultado de las distintas oportunidades y recursos a los que las personas pueden acceder en función de su clase social, de su género, de su país de nacimiento o de su etnia (Borell *et al.*, 2012).

Desde un abordaje comunitario es necesario generar procesos de transformación relacionales y complejos. Esta posición implica entender el proceso salud/enfermedad/atención/cuidado desde un enfoque que incluya relaciones sociales, que reflexione sobre los modelos vinculares y los contextos particulares, y que permita la concientización crítica de las relaciones de poder en que se entraman las experiencias vividas.

La visión integral de la salud como campo de acción colectiva, derivada de estos enunciados, incluye al derecho a la salud como indisociable de otros derechos (la educación, la vivienda, la alimentación, el agua, el trabajo, la justicia, la seguridad social, la salubridad del hábitat, entre otros). Pensar la salud como campo colectivo lleva a plantear que los problemas de salud no se reducen a fenómenos individuales "porque los hechos que llevan a la gente a enfermar no afectan sólo a una persona o a pocas personas, sino que operan potencialmente sobre toda una comunidad" (Breilh, 2010: 264-265).

Por ello, surge la necesidad de recuperar prácticas colectivas que promuevan lazos solidarios y se inscriban en la esfera pública, permitiendo la construcción de sujetos políticos emancipados. La capacidad colectiva de exigibilidad de derechos promueve, según Fleury (2012), procesos de "subjetivación". Por un lado, esto implica el desarrollo de nuevas identidades singulares y colectivas que rompan y superen las identidades subordinadas y alienadas, mientras que por otro supone procesos de singularización y construcción de una estrategia de transformación social y ruptura de las relaciones percibidas como opresivas.

Situación actual en torno a la vulneración de derechos en salud

En la CABA, las dificultades en el acceso al derecho a la salud aparecen como situaciones cotidianas y sistemáticas. Según un informe de la Defensoría del Pueblo de la Ciudad (2009), en el subsector público se observan situaciones de "inadecuado mantenimiento de las infraestructuras; de la aparatología; en el faltante de insumos; en problemas en la atención a los pacientes; demoras en turnos tanto de atención en consultorio como de tratamientos y estudios diagnósticos y/o intervenciones quirúrgicas; en la falta de personal, en especial de anestesiólogos, de enfermería y administrativos" (Defensoría del Pueblo, 2009: 27).

Entre las principales denuncias presentadas en la Defensoría se resaltan: la falta de recursos humanos especializados, la inexistencia de una red formalmente institucionalizada que permita la derivación intra- e interhospitalaria, el incumplimiento del deber de gratuidad, los obstáculos para la obtención de historias clínicas, las situaciones vinculadas a la bioética como prácticas docentes y de investigación sin consentimiento informado, los malos tratos a los/as usuarios/as por situaciones discriminatorias diversas y el incumplimiento de la Ley N.° 26.657 de Salud Mental, entre otros.

En informes posteriores, la Defensoría del Pueblo (Bloch, 2012) señala como problema de salud relevante de la CABA el incremento de muertes evitables de niños durante sus primeros doce meses de vida. En el análisis sobre un trabajo de la Dirección General de Estadísticas y Censos de la CABA (DGEyC) denominado "La mortalidad infantil en la Ciudad de Buenos Aires 2000-2011", se indica que la tasa de mortalidad infantil (TMI) de 2011 (8,5/1.000nv) superaba en un 27% a la registrada en 2010 (6,7/1.000nv), y era similar a la registrada en 2004 (8,5/1.000nv), que fue la mayor entre los años 2000 y 2011. Este dato resulta relevante para analizar la situación de salud de la CABA pues, como indicador, es útil para apreciar la situación socioeconómica del sitio al que corresponde y para evaluar la eficacia de las acciones que se desarrollan para evitar la muerte de los más pequeños, y se calcula a partir de los certificados de defunción de niños nacidos vivos cuyas madres residen en la jurisdicción. En este caso, si bien la TMI de la CABA en 2011 (8,5/1.000nv) era inferior a la nacional (10,52/1.000nv), aún es muy superior a otras TMI de países como Cuba y Canadá, lo que releva la ineficacia de las políticas en salud, así como las inequidades en el acceso a derechos entre los distintos sectores sociales. Incluso dentro del propio territorio de la CABA, la TMI aumentó en las comunas de la zona sur –fundamentalmente en las Comunas 4, 8, 9 y 10 que se acercan a la TMI nacional– (DGEyC, 2012).

Asimismo, el Ministerio Público Tutelar de la CABA, en su Informe de Gestión 2011 (2012), señala que, durante el periodo informado, las Asesorías Tutelares de Primera Instancia ante el fuero Contencioso, Administrativo y Tributario atendieron 903 consultas y dieron lugar a la apertura de 574 actuaciones extrajudiciales orientadas a promover derechos de niños, niñas y adolescentes o personas afectadas en su salud mental. En estos casos, los derechos involucrados fueron en un 34% vivienda, en un 25% alimentación, en un 16 % salud y en un 12% educación.

En cuanto al derecho a la salud, se resalta especialmente como un retroceso el cierre intempestivo de algunos Centros de Salud y Acción Comunitaria (CeSAC) que atienden especialmente población residente en villas y asentamientos de la CABA (Comunas 1, 4, 8 y 9), así como las deficiencias denunciadas en el servicio que brinda el SAME[2] para la atención en dichos territorios. Además, se menciona como grave falta la insuficiencia de Unidades de Terapia Intensiva Pediátrica en la época invernal (mayo/ agosto) para garantizar la asistencia frente a la epidemia de bronquiolitis y la falta de dispositivos para garantizar la aplicación de la Ley Nacional de Salud Mental y Adicciones, que lleva a internaciones innecesarias e iatrogénicas.

---

2   SAME es la sigla del Sistema de Atención Médica de Emergencia de la Ciudad Autónoma de Buenos Aires.

Territorio y derecho a la salud: dos claves para pensar la exigibilidad y la justiciabilidad

Nuestra perspectiva teórica hace referencia a la psicología crítica (Parker, 2009) que, como punto de partida, alerta sobre las limitaciones de los desarrollos tecnocráticos o de *mainstream* de la psicología. Como *complex psi,* la psicología hegemónica reduce el estudio del psiquismo a estructuras o instancias internas y a-históricas que anulan al sujeto al mismo tiempo que lo "descubren". El hecho de considerar las dimensiones simbólicas e históricas de la realidad social posibilita la construcción de significados compartidos por los grupos. A la par, el lenguaje y la cultura productora de dimensiones simbólicas y reales en un campo sociohistórico permiten construir nexos con la epidemiología crítica. El agenciamiento de nuevos sentidos posibilita la autonomía y la autodeterminación como actores sociales y permite potenciar la praxis en salud al aprehender el carácter dialéctico de la realidad, la dialogicidad y el proceso estructurante de las prácticas sociales.

Desde la epidemiología crítica (Breilh, 2003), el abordaje de la salud como un objeto complejo multidimensional se inscribe dentro de la perspectiva de la determinación social de la salud. La categoría reproducción social permite articular el sistema de contradicciones que se enlazan entre sus tres grandes dominios: el dominio general que corresponde a la lógica estructurante de acumulación de capital, con sus condiciones políticas y culturales; el dominio particular de los modos de vida con sus patrones estructurados grupales de vulnerabilidad; y el dominio singular, de los estilos de vida y el libre albedrío personal incluyendo las condiciones fenotípicas y genotípicas. En correspondencia, se abordan las relaciones de poder como una matriz integrada: clase-género-etnia, y se incorpora la dimensión de la interculturalidad como condición de una objetividad y de una subjetividad innovadas en el conocimiento epidemiológico (Breilh, 2011).

Asimismo, la asunción de lo geográfico como histórico-social entreteje diversas dimensiones de los procesos ecológicos y de la salud en el espacio urbano. En este sentido, la epidemiología crítica supera la noción restrictiva (biologicista) y propone una construcción innovadora del espacio de la salud urbana retomando los aportes de la teoría crítica sobre el espacio y la geografía. Se concibe a la salud urbana como objeto de transformación. Es por tanto un proceso complejo y dialéctico (Breilh, 2010).

Esta mirada territorial, se nutre de los aportes convergentes de la salud colectiva. La vinculación de territorio y salud puede ir mucho más allá de la mera distribución espacial o de las características ambientales físicas que inciden en los perfiles epidemiológicos de colectivos o individuos (Samaja, 2003).

El territorio es una expresión compleja que conjuga el medio y los componentes y procesos que contiene: grupos sociales, relaciones, conflictos, es decir, no se reduce a la complejidad de lo meramente físico-natural, no es la naturaleza ni la sociedad, ni su articulación, sino naturaleza, sociedad y articulaciones juntas, en una espacialidad o formación socio-espacial particular (Bozzano, 2002).

Por lo tanto, el territorio se trata del espacio social producido por las relaciones sociales y las relaciones entre la sociedad y la naturaleza. El territorio se identifica por sus culturas, sus costumbres, sus creencias y sus prácticas sociales. La salud colectiva subraya las dinámicas comunitarias y los procesos de participación comunitaria y resistencias colectivas en salud. Por más difícil que sea una región, por más empobrecida que pueda estar en cualquiera de sus aspectos: los recursos materiales, culturales (migraciones recientes o indeseadas como en el caso de nuevos barrios creados para "erradicar" otros), educacionales, serán siempre las personas que allí viven, que ocupan esos lugares, quienes podrán darnos las pistas de las potencialidades escondidas en esas comunidades (Onocko *et al.*, 2008). En este sentido los barrios, como espacio territorial, son espacios auto-producidos al límite, al margen, desde la exclusión que también pueden promover identidades, construcciones culturales, saberes, formas de organización, de resistencia y de vida (Martínez, 2013).

Acercamiento metodológico

Desde una metodología cualitativa y una perspectiva crítica nos propusimos generar aportes teóricos y categorías en cogestión con actores comunales. Con ese fin empleamos la técnica investigativa de estudio de casos, seleccionando cuatro casos heterogéneos entre sí. Con una estrategia de investigación acción participativa intentamos aportar a los propósitos descriptivos o explicativos partiendo de una selección de situaciones problemáticas.

Como señalan McLaren y Kincheloe (2007), uno de los aspectos más importantes de una investigación cualitativa guiada por la teoría crítica incluye el dominio, muchas veces descuidado, de la interpretación de la información. El acto hermenéutico supone indagar las dinámicas del poder y la justicia dentro de las tramas sociales culturales en contextos sociohistóricos, en un proceso de análisis recursivo entre textos e intérpretes, apostando al encuentro interdisciplinario y a la integración de métodos y de técnicas.

El estudio de casos como metodología de investigación debe contemplar los objetivos que se busca lograr. Como describe Yin (2009), el estudio de casos puede servir para describir un fenómeno dentro de organizaciones, para explorar una situación sobre la que no existe un marco teórico bien definido o para explicar por qué se producen ciertos fenómenos. Ésta es la base para la generación de nuevas teorías, para ilustrar prácticas o para validar propuestas teóricas.

La selección de la unidad de análisis constituye la definición del caso; en esta investigación (usuarios/as de servicios públicos de salud y educación de Comunas 3 y 4) está relacionada con el problema fundamental que los actores definieron en cada espacio institucional-territorial. Y se seleccionaron por una modalidad de muestreo teórico. Se escogieron los casos con más riqueza para el intercambio por sus dimensiones y su mayor potencialidad para la intervención psicosocial. En este sentido podíamos haber optado por el estudio de un caso único por su importancia y significatividad, pero priorizamos la opción de casos múltiples no sólo para la validez interna o la replicación teórica como aspecto de la validez externa, sino para abordar los obstáculos y límites a la exigibilidad de derechos en diversos campos de la complejidad territorial como son los ámbitos de la salud sexual y reproductiva, la salud mental, la salud y el trabajo, y la salud y la educación.

En un primer momento, se implementaron entrevistas en profundidad a informantes clave del territorio (n=12), se realizaron observaciones participantes y se desarrollaron dos talleres de construcción de un diagnóstico epidemiológico en salud de cada una de las comunas considerando la identificación de las problemáticas prioritarias en salud territorial y su georreferencialización a través de la construcción de cartografías sociales (n=36) y talleres de construcción de problemáticas en salud en el ámbito educativo (cuatro talleres con docentes: n=24, y seis talleres con estudiantes, n=160).[3]

En un segundo momento, se trabajó colectivamente en la identificación y en la descripción de casos de vulneración de derechos discutidos en un taller con actores territoriales

---

[3] La sistematización de estas actividades se puede consultar en el capítulo "Exigibilidad y justiciabilidad desde la epidemiología territorial. Una construcción inicial con actores comunales" del presente volumen.

clave (n=14). Del conjunto de los casos elaborados, el taller seleccionó y sintetizó los cuatro casos que se presentan para el análisis.

Los participantes de todas las instancias fueron: trabajadores/as de efectores públicos de salud y educación, referentes de organizaciones de la sociedad civil, estudiantes de escuelas medias, usuarios/as del sistema de salud y participantes de dispositivos sustitutivos en salud mental.

En los siguientes apartados sintetizamos los protocolos que nos permitieron realizar la construcción de datos contemplando los aspectos éticos de confidencialidad, protección y garantía de derechos, intereses y sensibilidades de los sujetos.

Resultados

Breve contextualización de las problemáticas territoriales[4]

Las Comunas 3 y 4 se encuentran en la zona centro y sur de la CABA. La comuna 3 agrupa los barrios de Balvanera y San Cristóbal. La comuna 4 agrupa los barrios de Nueva Pompeya, Parque Patricios, Barracas y La Boca. Junto con la comuna 1, conforman la Región Sanitaria Este.

En la Comuna 3, las principales problemáticas psicosociales relevadas participativamente a través de talleres y cartografías sociales (Villasante, 2013; Diez y Escudero, 2012) han sido: problemas habitacionales tales como convivencia colectiva, inquilinatos, casas tomadas y hacinamiento; problemas de integración de la población migrante, especialmente la presencia de población golondrina. Otros problemas reportados en esa comuna han sido: la

---

[4] El diagnóstico comunitario se puede consultar en el capítulo "Exigibilidad y justiciabilidad desde la epidemiología territorial. Una construcción inicial con actores comunales" del presente volumen.

fragmentación barrial y la situación de niños/as y adultos/
as en situación de calle, los consumos problemáticos de drogas, el embarazo en la adolescencia, los abortos practicados
en condiciones de clandestinidad, la trata de mujeres y la
prostitución, la violencia de género, la vulnerabilidad en
los procesos de cuidado en adolescentes, la violencia entre
pares y, por último, las dificultades de los niños y niñas por
pasar mucho tiempo solos.

En la Comuna 4, relevamos las siguientes problemáticas psicosociales: personas en situación de calle, déficit
habitacional y presencia de "guetos-villas", dificultades particulares de la población migrante como invisibilización de
la presencia de diferentes lenguas, no reconocimiento del
otro como diverso y homogenización cultural; trabajo precario, violencia hacia las mujeres, niños y niñas, aumento
de denuncias de mujeres por violación –jóvenes que no
recuerdan el hecho–, consumos problemáticos de alcohol y
paco, aumentos de cuadros de sufrimiento mental combi-
nados con consumos problemáticos de drogas, aumento de
la medicalización, procesos estigmatizantes –hacia adolescentes de villas, hacia mujeres en situación de prostitución
y hacia personas con discapacidades–.

Con respecto a los efectores de salud y educación de
la comuna, se registraron dificultades para el acceso a la
salud y situaciones de maltrato a los/as usuarios/as en las
guardias de los hospitales, no respeto de la diversidad cultural, reproducción de situaciones de violencia en el sistema de salud y de educación, resistencias institucionales
y discriminación institucional, falta de dispositivos que se
adecuen a la legislación vigente (Ley Nacional N.° 26.657 de
Salud Mental, Ley Nacional N.° 26.378 Convención sobre
los derechos de las personas con discapacidades, Ley Nacional N.° 26.061 de Protección Integral de Derechos de Niños,
Niñas y Adolescentes, entre otras), dificultad en el trabajo
de externación en salud mental, dificultades de los/as propios trabajadores/as de salud y educación por su formación
profesional, y escasos puentes barriales.

Los profesionales efectores del sistema de salud y los docentes de instituciones públicas en ambas comunas plantearon la necesidad de reflexionar críticamente sobre la formación recibida y las demandas actuales, así como sobre las barreras culturales entre profesionales-docentes y usuarios/as.

Los referentes de organizaciones de la sociedad civil (movimientos sociales, red barrial, organizaciones culturales) plantearon que, pese a la gran cantidad de ofertas de servicios públicos como hospitales y centros de salud con los que cuentaban ambas comunas, existían diversas barreras culturales e institucionales en el acceso a la salud.

Casos de vulneración de derechos y posibilidades en torno a la exigibilidad

A continuación se presentarán cuatro casos, dos de los cuales refieren a situaciones acontecidas en la comuna 3 y dos a la comuna 4, y fueron coconstruidos en instancias participativas (reuniones de discusión y elaboración), es decir, se propiciaron estrategias de reapropiación colectiva con efectores de salud, efectores de educación e integrantes de movimientos sociales y culturales, tal como se desarrolló en el apartado metodológico. Participativamente se logró la reflexión sobre procesos de justiciabilidad y de exigibilidad. Bajo esa premisa, en el proceso de trabajo se buscó promover acciones de cogestión en conjunto con los equipos y servicios de salud- educación y la comunidad. Al mismo tiempo, se buscó comprender la lógica de los saberes, los sentidos y las prácticas de los propios actores sociales.

Caso 1: Luis. Vulneración del derecho a una atención en salud adecuada y consensuada, y del derecho a la vivienda. Se trata de Luis[5], varón joven, argentino nativo, que transita por un periodo de internación en el hospital monovalente.

---

5 Se utilizan nombres de fantasía en todos los casos.

Los actores involucrados han sido un dispositivo alternativo de salud mental y arte (trabajadores/as y usuarios/as), el programa Buenos Aires Presente (BAP), el Parador Monteagudo y un hospital monovalente.

Los/as trabajadores/as del dispositivo alternativo enuncian las acciones que fueron emprendidas para favorecer el proceso de externación de Luis: "reuniones permanentes con sus médicos, reconstruir el vínculo con su familia y buscar un lugar alternativo –transitorio para vivir, que no sea dentro del hospital– que permita a nuestro compa solo volver al hospital a tomar su terapia, realizar los talleres con nosotros y en busca de medicación (…) Nos contactamos con diversos paradores donde no fue posible conseguir cama, hasta que desde el Monteagudo logramos conseguir cama. En el transcurso del tiempo que el compa permaneció en el parador, fuimos trabajando con él para que pudiera ir tramitando y resolviendo diferentes cosas, como ser el documento, pensión, entre otras cosas". Se gestionaron a través del programa BAP los traslados al Parador. Con respecto a las acciones en torno a la exigibilidad comentaron: "se reclamó a los jefes de servicio correspondientes, en nuestras producciones artísticas siempre están denunciados este tipo de atropellos". Como respuesta obtenida comentan: "Nos quedamos con la reflexión de la jefa de servicio que preguntó '¿tan bien actúa este muchacho que se preocupan tanto por él?'. Sin palabras por donde se lo quiera entender". Actualmente, Luis pudo llevar adelante su proceso de externación: "El compa participa de nuestros talleres y de otros talleres artísticos que ofrecen en el parador. El tiempo que permaneció en el Parador armó un lindo vínculo con sus nuevos compañeros de convivencia. Luego se fue a vivir, por un tiempo, a la casa de su novia".

Caso 2: Juana. Vulneración del derecho a la salud integral, el derecho a la vivienda y el derecho al trabajo digno. Juana es una mujer joven, migrante y madre soltera, habita una vivienda precaria y trabaja en negro cosiendo bolsas plásticas en su propia casa.

Los actores involucrados en el caso fueron trabajadores/as (enfermeras) y usuarios/as de un CeSAC.

Juana se acerca al CeSAC para consultar por problemas respiratorios. La enfermera que siguió su caso nos relata: "Las enfermeras hablamos con la mujer para que no trabaje en la costura en el mismo lugar donde vive. Las telas plásticas tienen tóxicos y polvillo también que la hacen enfermar. Se puede convertir en una enfermedad crónica que lleva a la muerte de ella y de su hija pequeña. Le explicamos que esto pasa si no hay ventilación". En torno a las acciones de exigibilidad: "Se habló con la trabajadora social para que hiciera una visita domiciliaria a la mujer. Para que hiciera un socio-ambiental y consiguiera otro trabajo o tipo de vivienda". No se obtuvo respuesta: "No hizo nada. No nos prestó atención. Nunca salió a hacer la visita. Los médicos tampoco se interesan por eso". Actualmente Juana "siempre vuelve al centro de salud cuando tiene algún brote alérgico, asma. Ya se ha convertido en una enfermedad respiratoria crónica. La hija también tiene problemas respiratorios".

Caso 3: Jessica. Vulneración del derecho a decidir sobre su propio cuerpo, a la educación sexual y el acceso a la anticoncepción. Es parte de la historia de Jessica, una adolescente que tiene 16 años que atravesó un embarazo no deseado.

Entre los actores involucrados en el caso encontramos un CeSAC, una escuela y un hospital general. La médica generalista del CeSAC relata: "la tutora le cuenta a la profesional que la estaba atendiendo que el año pasado Jessica había quedado embarazada y había intentado abortar con misoprostol, pero como lo había usado incorrectamente, no logró la interrupción del embarazo. Por lo cual, a los cinco meses de embarazo le realizan en un hospital público, un parto por inducción (…) [Cuando se confirma que Jessica está nuevamente embarazada] se le pregunta qué quiere hacer. La adolescente responde que quiere continuar con su embarazo. Se le da un turno con la obstetra del CeSAC para que Jessica realice los controles. Pero Jessica no vuelve al

CeSAC. Desde el CeSAC tratan de contactarla pero no lo logran". No registramos ninguna acción específica en torno a la exigibilidad de los derechos vulnerados de Jessica. El desenlace del caso fue que "tuvo un parto prematuro de seis meses de embarazo y que el bebé prematuro muere a los tres días".

Caso 4: Pedro. Vulneración de derecho a vivir sin violencia y del derecho a la protección de los adultos. Pedro es un varón adolescente escolarizado, maltratado física y psíquicamente por su madre cuando lleva bajas calificaciones de la escuela.

Los actores involucrados en el caso han sido el Departamento de Orientación Escolar de la escuela media a la que asiste el joven, la Defensoría de Niños, Niñas y Adolescentes, y el servicio de psicología de un hospital polivalente.

Entre las acciones emprendidas, la asesora pedagógica enuncia "Entrevistas con el alumno en cuestión, luego con su madre. Comunicación con la Defensoría (abogados y trabajadora social) interviniente y el profesional (psicólogo) del hospital. Otro familiar cercano al alumno. El juez dictamina que le cede la tenencia a un familiar cercano y lo separa del hogar, domiciliándolo en una casa de otro familiar. Continúa concurriendo a la escuela. Se le brinda un espacio de escucha y contención en la escuela, clases de apoyo y metodología de estudio". No se realiza ninguna acción específica en torno a la exigibilidad de los derechos vulnerados. La situación actual de Pedro es que "luego de vivir cerca de un año en la casa del familiar, regresó a su hogar. Continúa asistiendo a clases. Repitió el año escolar. La situación de golpes y violencia por parte de su familia (madre) por ahora ha cesado. Sin embargo continuamos en comunicación con la Defensoría. No así con el hospital ya que, luego de un tiempo, el alumno dejó de asistir. Y con el Departamento de Orientación continúa la asistencia por la metodología de estudio y la asistencia a la escuela para corroborar su actual estado".

Análisis

Obstáculos socioeconómicos

En todos los casos abordados, los obstáculos socioeconómicos están presentes como determinación estructurante de sus condiciones de vida y participan en la producción de una diversidad de afectaciones y limitaciones en la accesibilidad al derecho a la salud. También afectan al conjunto de los derechos políticos, sociales, económicos, culturales y de solidaridad, que incluye los de género, de medio ambiente y de patrimonio histórico.

István Mészáros (2008) afirma que las características definitorias de la crisis estructural del capitalismo actual –como novedad histórica– se ponen de manifiesto en cuatro aspectos principales: 1. su carácter es universal en lugar de restringirse a una esfera particular, como la financiera o que afecte a una única rama de la producción; 2. su cobertura es global en lugar de verse circunscripta a unos países en particular; 3. la escala temporal es extensa, permanente, en lugar de limitada y cíclica; y, 4. su modo de desenvolvimiento se podría clasificar de reptante en contraste con las erupciones y los derrumbes del pasado. La crisis estructural afecta a la totalidad del complejo social, en todas sus relaciones con sus partes o subcomplejos constituyentes, al igual que con otros complejos con los cuales está vinculada. Es una crisis del modo de reproducción metabólica social del capital y se expresa en la crisis de la política y de sus instituciones. En sintonía con este modo de producción y distribución a nivel local, se alientan las inversiones privadas y el lucro, impactando en las áreas de lo público, en particular los servicios de salud y educación.

Estos impactos se visibilizan cuantitativamente en relación con los modos distributivos de los presupuestos, las tasas de morbimortalidad diferenciadas, los cierres y las faltas de alternativas con nuevos dispositivos, etc. Y, cualitativamente, se convierten en obstáculos para la accesibilidad a la atención y el cuidado, la centralidad del respeto a los derechos humanos, en particular de los sujetos con padecimientos psíquicos, los procesos de equidad de género y étnicos, y de autonomía y empoderamiento de los derechos de ciudadanía.

En particular, en el Caso 2: Juana, se puede observar cómo las problemáticas respiratorias que afectan su salud solo pueden aprehenderse considerando las condiciones habitacionales de hacinamiento, el trabajo precario y domiciliario, junto con falta de instituciones como jardines maternales que le permitirían contar con ayuda para lograr la salida del círculo de precariedad.

Obstáculos institucionales

Las instituciones, como señala Enriquez (1989), en tanto sistemas culturales, simbólicos e imaginarios, se presentan como conjuntos englobantes que aspiran a imprimir su sello distintivo en el cuerpo, el pensamiento y la psique de cada uno de sus miembros. Forman parte del sistema cultural brindando atribuciones de lugares, expectativas y roles en conflicto. Los sistemas simbólicos, constituidos por rituales de iniciación, tránsito, mitos y héroes, componen el sistema legitimador de sentido de las prácticas. Además de los sentidos, se expresan los sin sentidos epocales, que encubren la exigibilidad de derechos para usuarios/as y trabajadores/as. La precarización, la flexibilización y las violencias laborales afectan las relaciones, la subjetividad y la vida en el trabajo. Señala Dejours (2013) que las formas de organización del trabajo contemporáneas, después del giro neoliberal se apoyan sobre principios que sugieren sacrificar la subjetividad y el colectivo de trabajo en nombre de la rentabilidad y la competitividad. Afirma, además, que el recurso de las evaluaciones del trabajo, hoy llevadas a los servicios públicos, funciona como una forma más de intimidación y de dominación. A su vez, ello produce mayor distanciamiento en el vínculo con los/as usuarios/as y aumenta la competencia entre personas, equipos y servicios.

En el Caso 4: Pedro, por ejemplo, se puede observar cómo la fragmentación intersectorial (educación, salud y desarrollo social) e interdisciplinaria (dentro de cada uno de esos equipos) dificulta las respuestas integrales a las problemática del joven. Para los profesionales, el desencanto con el propio trabajo o las dificultades en imaginar la transformación de situaciones problemáticas a partir de las prácticas implicadas obstaculiza la posibilidad de realizar el seguimiento de casos así como la generación de movimientos en las propias prácticas institucionales, a partir de los temas y problemas planteados en la propia comunidad de referencia.

Esto puede observarse también en el Caso 2: Juana, cuando las enfermeras señalan que la trabajadora social y los médicos no tomaron ninguna acción porque "no se interesaron" por el caso.

Obstáculos epistémicos

Prejuicios, desconocimientos y etnocentrismos de clase y de género, visiones sesgadas y parciales de problemáticas complejas se conjugan con hegemonías disciplinares que, en el campo de la salud, suelen estar centradas en el modelo biomédico. Pues además de la formación académica teórico-práctica y ética, en los "actos de salud" –retomando el concepto Emerson Merhy– también operan matrices vinculares, afectivas y representacionales. Estas tecnologías blandas "corresponden a las tecnologías relacionales, que permiten al trabajador escuchar, comunicarse, comprender, establecer vínculos, y cuidar del usuario" (Merhy *et al.*, 2006: 151) y son cruciales además de las tecnologías "duras" de las respuestas técnicas.

La zona sur de la CABA es el territorio en el que viven más migrantes de países de la región y se advierte, además de condiciones de vida y salud desfavorables, la presencia de operatorias estigmatizantes que refuerzan las desigualdades sociales. Existen diversos obstáculos que atraviesan los/as usuarios/as en el acceso a servicios de salud. Un elemento condicionante es el encuentro/desencuentro de los migrantes con un contexto sociocultural, lingüístico, simbólico y colectivo diferente al de su origen. El proceso de salud es un componente integral de la migración y no debe ser considerado de manera aislada; por el contrario, requiere de un abordaje comprehensivo que elimine las barreras existentes y promueva un acercamiento, diálogo e interacción que combine e integre el cuidado de la salud de la población migrante (OS, FEIM y OIM, 2009).

A estos obstáculos que podría denominarse "epistémicos", se los puede observar en el Caso 1: Luis, cuando desde el hospital se les pregunta a los integrantes del dispositivo alternativo de salud mental y arte si la preocupación por la calidad de vida de Luis es porque "¿tan bien actúa este muchacho…?".

Entre los obstáculos se observa a la par la dificultad en el reconocimiento de la dimensión de los derechos de los sujetos, así como de la responsabilidad en la búsqueda comprometida de recursos para poder garantizarlos a través de dispositivos que puedan ser rediseñados para dar respuestas adecuadas. En el Caso 3: Jessica, se observa en el hecho de no brindar una respuesta oportuna y atenderla en el momento de esa consulta con la médica obstetra, en lugar de darle un turno para otro día al que nunca acudiría. O también en la vulneración del derecho a la información precisa acerca del uso y del acceso al misoprostol.

Posibilidades: la implicación crítica de actores

La profunda crisis que asiste al paradigma del modo actual del trabajo en salud hace necesario repensar y reactualizar lo constitutivo en la relación entre usuarios/as y profesionales: la escucha, el acogimiento, las prácticas de cuidado, el compromiso, la responsabilización, es decir, todo aquello que apela a la creación de un vínculo humanizador en la atención en salud. En este plano se manifiestan singularidades y expresiones de las subjetividades en acción, base de una actuación con sentido integral del derecho a la salud (Merhy, 1998). El trabajo en equipo implica una serie de dificultades y desafíos en lo cotidiano. Sin embargo, el trabajo conjunto y articulado produce un efecto sinérgico que potencia los efectos de las acciones individuales. Si la acción individual tiene menor capacidad de transformación de la realidad que la acción conjunta, el trabajo en equipo es también una forma de prevenir el sentimiento de impotencia que ello implica para los que trabajamos en salud y sus consecuencias en términos de salud física y mental, identidad profesional y realización personal.

En este proceso, la cooperación se vuelve central y requiere la voluntad de trabajo conjunto y la superación de las brechas entre el trabajo prescrito y el real. Esta cooperación no puede ser obligada sino que exige ser asumida en forma libre y basada en el deseo de cooperar. De ese modo, supone el establecimiento de relaciones de confianza a partir de la construcción ética de acuerdos, normas y "reglas de trabajo" o "reglas de oficio". El deseo de cooperar se vuelve movilización subjetiva ante el desafío que supone la organización del trabajo y se expresa en la puesta en juego de la inteligencia y la propia personalidad de los/as trabajadores/as, que realizan así una contribución irreemplazable y necesaria a la concepción, al ajuste y a la gestión del trabajo. Es de esta contribución de la cual los sujetos reciben la retribución del reconocimiento, necesario en la dinámica de la identidad, así como para el involucramiento de los/as trabajadores/as en la acción (Dejours, 2013).

En este sentido, G. W. de Sousa Campos (2009) denomina a la posibilidad de coproducción como potencia del ser humano para comprender y actuar sobre sí mismo y sobre el mundo. Los factores estructurales, institucionales, culturales o económicos sólo funcionan mediante el agenciamiento de sujetos que los operan a través de redes de poder provenientes de las organizaciones jerarquizadas y el control social, ejercido por instituciones que modelan el comportamiento al producir epistemes y discursos estructurados. Ello produce dominación pero también resistencia.

En este marco, el proceso de trabajo en salud es comprendido como una interacción intersubjetiva, mediada por estructuras e instituciones sociales que son las organizaciones de salud. Por ello, el autor propone alterar las maneras de practicar la clínica y el sanitarismo. Por un lado, plantea la invención de modos de cogestión del acto y del proceso clínico y sanitario, es decir, inventar una organización del trabajo que facilite la construcción del vínculo, la relación horizontal en el tiempo y la clara definición de responsabilidad clínica o sanitaria entre trabajadores/as y usuarios/as. Por el otro, invita a avanzar en el desarrollo de mecanismos para la democratización de las organizaciones de salud, implementando recursos del método Paideia, a saber: cogestión, planificación, consejos y gestión participativa (Sousa Campos, 2009). Inspirado en la rueda de los pedagogos constructivistas y en la rueda del samba, del candomblé y de la ciranda donde cada uno de los participantes entra con su predisposición y habilidad sin alterar el ritmo colectivo, el método Paideia se interroga sobre la posibilidad de inventar mundos, organizaciones e instituciones que produzcan no objetos/sujetados, sino seres con potencial para pensar (reflexionar y analizar) y actuar con algún grado de autonomía en relación con sus determinantes, fueran externos o internos, coyunturales o estructurales.

Se trata, por lo tanto, de una apuesta a la posibilidad de organización social que produzca libertad y autonomía, y no control y dominación. Esto implica la invención de reglas institucionales para combinar dialécticamente la atención de las necesidades sociales con la producción de subjetividades autónomas y libres.

Por ejemplo, en el Caso 1: Luis, podemos ver esta modalidad de funcionamiento como colectivo de trabajo en el dispositivo alternativo de arte y salud, en donde se produce el involucramiento de los sujetos ensayando distintas estrategias para favorecer el proceso de externación de Luis, acompañando, cogestionando y posibilitando niveles de autonomía.

Posibilidades: repensar las redes y sus potencialidades

Para repensar las redes de cuidado en salud y ampliar sus posibilidades, Merhy, Feuerwerker y Silva (2012) proponen ver de un modo diferente el acceso y las barreras, ya no desde la lógica del adentro y el afuera –como pasaje físico de un lugar situado afuera a otro situado dentro del servicio de salud, o desde un nivel del sistema de salud a otro–, sino colocando en escena la tensión acceso/barrera como construcción cotidiana de las redes de cuidado, puntualmente bajo la lógica de producción o inhibición de redes de conexiones existenciales. Éste no es un concepto de aprehensión inmediata, "las redes son el producto del diálogo entre la micropolítica del trabajo vivo y las apuestas de producción de cuidado en salud, en la defensa intransigente de la vida".

Para comprender las redes de conexiones existenciales, los autores las ejemplifican a través del cuidado manicomial que aísla, disciplinariza moralmente y medicaliza a quien considera un "enfermo mental".

En ese proceso, corta las múltiples redes de vínculos existenciales existentes y ofrece como única posibilidad otra red de conexión, que se presenta como más protectora y controlada. Entendemos que con esto 'condena' a alguien a vivir exclusivamente bajo redes de conexiones definidas a partir de la enfermedad como centro de la producción de una vida cualquiera y se prohíben otras formas de vivir que no estén generadas a partir de ese territorio existencial (Merhy *et al.*, 2012: 26).

Al dirigir la producción de redes de conexiones existenciales hacia una única posibilidad de ordenamiento (la enfermedad mental) se estarían impidiendo nuevos sentidos del vivir. En los encuentros entre los/as trabajadores/as de la salud y los/as usuarios/as, es decir, en los actos de salud, operan dispositivos que inhiben o facilitan esas conexiones. Merhy, Feuerwerker y Silva (2012: 28) plantean que "el usuario en general tiene un comportamiento 'nómade' por las redes de cuidado, pues no utiliza sólo los equipos de salud para obtener cuidado; produce otras y nuevas redes-acontecimientos, desterritorializadas, con su modo 'nómade' de andar la vida", es decir, el/la usuario/a es un protagonista activo de la producción de su propio cuidado. Los/as usuarios/as de servicios de salud buscan formas vinculares con distintos territorios posibles de una manera singular, significando esa construcción como algo subjetivante:

> toman para sí, por un lado, el territorio geográfico socialmente constituido como un referencial que para ellos tiene sentido. Así, su barrio y todo lo que existe en él, en términos de equipamientos institucionales, son referencias subjetivas por estar en el campo de sentido territorial. Por otro lado, esa dimensión en sí es también cultural y, como tal, sobrepasa lo geográfico, de tal manera que los usuarios fabrican otra geografía: buscan además otras ofertas que consideran más adecuadas, situadas en otros sitios que no son los de su barrio o de su lugar de trabajo (Merhy *et al.*, 2012: 27).

El objetivo de esta perspectiva es que podamos visibilizar que aunque existe una fuerte territorialización de la prestación de servicios de salud, salud mental y redes de cuidado, los/as usuarios/as –con sus diversos modos de andar la vida– consumen y producen otros lazos, redes de conexiones existenciales no previstas, ni "conocidas en el mundo del cuidado, que escapan a los lugares instituidos como propios por los servicios de salud" (Merhy *et al.*, 2012: 28), es decir, percibir el modo en que los/as usuarios/as construyen otras redes de cuidado, en ocasiones para vencer las barreras de acceso al cuidado. En el Caso 1: Luis, vemos como estas redes de conexiones existenciales son construidas a partir de su vinculación con un dispositivo alternativo de arte y como a partir de allí se hace posible su proceso de externación.

La participación inclusiva y activa de la comunidad en redes conjuntas con los servicios de salud es un elemento esencial del derecho a la salud que permite reconocer a los/as usuarios/as como sujetos activos en el ejercicio de exigibilidad. Esta cuestión marca la importancia de la inclusión de los/as usuarios/as en las redes intra- e interinstitucionales, colaborando a la integración del punto de vista de los/as usuarios/as, facilitando procesos de empoderamiento y aprendizajes sociales y personales-subjetivos. En el Caso 2: Juana, el CeSAC se ha constituido una referencia para Juana, aunque su situación no haya cambiado: "siempre vuelve al centro de salud".

Consideraciones finales

Generar condiciones de equidad en el acceso a las oportunidades en salud, educación, cultura, género y trabajo digno, deviene una prioridad para cualquier política integral de atención y de promoción de la salud y garantía de los derechos humanos. Para ello, son necesarias iniciativas que empoderen a las comunidades como sujetos de derecho, a fin de que desarrollen ampliamente su potencial subjetivo y social. Repensar las prácticas clínicas y sanitarias en sus dimensiones intersubjetivas nos remite a modos que pueden ser más innovadores, como en las experiencias eficaces y de mayor potencia de involucramiento. Facilitar construcciones de vínculos y redes apuesta a relaciones más horizontales, a la definición de responsabilidades entre efectores y usuarios/as y a procesos de democratización de las instituciones que habiliten la participación comunitaria como instancias necesarias para favorecer ejercicios de exigibilidad.

Los casos presentados intentan dar visibilidad a la relación comunidad-territorio-efectores de salud y educación. Esto es, el grado de ajuste entre las características territoriales (recursos y servicios, sentidos y saberes, lógicas de organización), los problemas prioritarios de la propia comunidad y las modalidades de los recursos para el acceso a una salud integral.

Las intervenciones fallidas ante problemas complejos en salud y de larga data generan muchas veces "desencanto" tanto entre los actores de los sistemas de salud y educación como en la propia comunidad. La posibilidad de pensar metas a corto plazo para lograr cambios, acordados con los distintos actores territoriales, se constituye en una estrategia viable de acción eficaz frente a la "ilusión" de lograr una sociedad sin conflictos ni tensiones. Ello no implica abdicar a los ideales de transformación social, sino, por el contrario, retomar los procesos emancipatorios que rompen con las lógicas de la ciudadanía parcial y fragmentada que actualmente hegemoniza el acceso a derechos. Por ello rescatamos el papel estratégico de la cooperación y la cogestión, mediante la articulación de recursos, esfuerzos y potencialidades.

Referencias bibliográficas

Bloch, C. (2012). *Mortalidad infantil en la Ciudad: números en el sube y baja.* Consultado el 10 de abril de 2013. Disponible en http://www.saludyderechos.org.ar/2012/12/mortalidad-infantil-en-la-caba-numeros.html

Borrell, C., Díez, E., Morrison, J. y Camprubí, L. (2012). *Las desigualdades en salud a nivel urbano y las medidas efectivas para reducirlas.* Barcelona: Proyectos Medea e IneqCities.

Bozzano, H. (2002). *Territorios reales, territorios pensados, territorios posibles. Aportes para una teoría territorial del ambiente.* Buenos Aires: Espacio Editorial.

Breilh, J. (2003). *Epidemiología crítica. Ciencia emancipadora e interculturalidad.* Buenos Aires: Lugar Editorial.

— (2010). "Hacia una construcción emancipadora del derecho a la salud". En: *¿Estado constitucional de derechos?: informe sobre derechos humanos Ecuador 2009.* Quito: Universidad Andina Simón Bolívar. Sede Ecuador. Programa Andino de Derechos Humanos, PADH; AbyaYala, pp. 263-283.

— (2011). "Una perspectiva emancipadora de la investigación e incidencia basada en la determinación social de la salud". En: *ALAMES y UMXM Determinantes Sociales de la Salud.* Consultado el 10 de abril de 2013. Disponible en http://www.saludcolectiva-unr.com.ar/docs/SeminarioBreilh03.pdf

Defensoría del Pueblo de la CABA (2013). "El derecho a la salud". En: *Revista Diagnósticos*, núm. 1.

Dejours, C. (2013). *Trabajo vivo. Tomo II. Trabajo y emancipación.* Buenos Aires: Topía.

Diez, M. y Escudero, B. (2012). *Cartografía social: investigaciones e intervención desde las ciencias sociales: métodos y experiencias de aplicación.* Comodoro Rivadavia: Universitaria de la Patagonia.

Dirección General de Estadísticas y Censos (2012). *La mortalidad infantil en la Ciudad Autónoma de Buenos Aires 2011*. Buenos Aires: Gobierno de la Ciudad de Buenos Aires. Consultado el 02 de octubre de 2013. Disponible en http://www.buenosaires.gob.ar/areas/hacienda/sis_estadistico/ir_2012_499.pdf

Enríquez, E. (1989). "El trabajo de la muerte en las instituciones". En: Kaes, R. (ed.). *La institución y las instituciones*. Buenos Aires: Paidós.

Fleury, S., Bicudo, V. y Rangel, G. (2013). "Reacciones a la violencia institucional: estrategias de los pacientes frente al contraderecho a la salud en Brasil". En: *Salud Colectiva*, 9 (1), enero-abril, pp. 11-25. Conslultado el 10 de abril de 2013. Disponible en http://www.unla.edu.ar/saludcolectiva/revista25/v9n1a02.pdf

Fleury, S. y de Vasconcelos Costa Lobato, L. (2012). *Participación, democracia y salud*. Buenos Aires: Lugar Editorial.

Iñiguez Rojas, L. (2008). "Territorio y contextos en la salud de la población". En: *Revista Cubana de Salud Pública* [online], vol. 34, núm. 1, enero-marzo. Consultado el 10 de abril de 2013. Disponible en http://dx.doi.org/10.1590/S0864-34662008000100006

López Arellano, O. y Blanco Gil, J. (1997). "Condiciones de vida en las ciudades, políticas públicas y acciones privadas en el campo de la salud". En: *Diseño y Sociedad*, núm. 7, Universidad Autónoma Metropolitana, pp. 21-28.

López, E., Findling, L. y Abramzón, M. (2006). "Desigualdades en salud: ¿es diferente la percepción de morbilidad de varones y mujeres?". En: *Salud Colectiva*, 2 (1), enero-abril, pp. 61-74.

Martínez, A. (2013). "Horizontes de transformación del Movimiento Urbano Popular". En: *Alternativas al Capitalismo/colonialismo del siglo XX*. Ecuador: Ediciones AbyaYala.

McLaren, P. y Kincheloe, J. L. (2007). *Pedagogía crítica. De qué hablamos, dónde estamos*. Barcelona: Graó.

Merhy, E. (1998). "La pérdida de la dimensión cuidadora en la producción de la salud. Una discusión del modelo asistencial y de la intervención en el modo de trabajar la asistencia". En: Campos, Cezar R; Malta, Deborah C.; Teixeira dos Reis, Afonso; Dos Santos, Alaneir; Merhy, Emerson E. *Sistema Único de Saúde em Belo Horizonte. Reescrevendo o público*. San Pablo: Xamã Editora.

— (2006). *Salud. Cartografía del trabajo vivo*. Buenos Aires: Lugar Editorial.

Merhy, E.; Feuerwerker, L. y Silva, E. (2012). "Contribuciones metodológicas para estudiar la producción del cuidado en salud: aprendizajes a partir de una investigación sobre barreras y acceso en salud mental". En: *Salud Colectiva*, 8 (1), enero-abril, pp. 25-34.

Ministerio Público Tutelar (2012). *Niñez, adolescencia y salud mental en la Ciudad de Buenos Aires. Informe de gestión del Ministerio Público Tutelar*. Buenos Aires: EUDEBA.

Onocko Campos, R., Massuda A., Valle, I., Castaño, G. y Pellegrini, O. (2008). "Salud colectiva y psicoanálisis: entrecruzando conceptos en busca de políticas públicas potentes". En: *Salud Colectiva*, 4 (2), mayo-agosto, pp. 173-185.

Organización Mundial de la Salud (2012). *Derecho a la Salud*. Nota descriptiva núm. 323, noviembre de 2012. Consultado el 10 de abril de 2013. Disponible en http://www.who.int/mediacentre/factsheets/fs323/es/Derecho

Parker, I. (2009). "Psicología crítica: ¿qué es y qué no es?" En: *Revista Venezolana de Psicología Clínica Comunitaria*, núm. 8, pp. 139-159.

Samaja, J. (2003). "Desafíos a la epidemiología (pasos para una epidemiología "Miltoniana")". En: *Revista Brasilera de Epidemiología*, vol. 6., núm. 2.

Sousa Campos, G. W. de (2009). *Método Paideia: análisis y cogestión de colectivos*. Buenos Aires: Lugar Editorial.

Villasante, T. R. (2013). "Hardt, Holloway, Gutiérrez Aguilar, Löwy… Desbordar los dilemas para construir estrategias integradoras y transformadoras". En: *Herramienta Web*, núm. 12. Consultado el 10 de abril de 2013. Disponible en http://goo.gl/ZECh7E

Yin, R. (2009). *Case Study Research: Design and Methods*. Londres: Sage.

Zaldúa, G., Lenta, M., Bottinelli, M, Longo, R. y Sopransi, M. B. (2012). "Exigibilidad, justiciabilidad y derecho a la salud en Buenos Aires". En: *Memorias de las XII Jornadas de la Asociación Latinoamericana de Medicina Social y Salud Colectiva*.

Zaldúa, G., Bottinelli, M., Longo, R., Sopransi, M.B. y Lenta, M.M. (2012). "Exigibilidad y justiciabilidad desde la epidemiología territorial. Una construcción inicial con actores/as comunales". En: *XIX Anuario de Investigaciones*. Buenos Aires: Facultad de Psicología, UBA.

La participación social en salud desde la perspectiva de las organizaciones populares

Introducción

Desde la psicología social comunitaria crítica, el presente artículo tiene como propósito rastrear críticamente los orígenes de la participación social en salud a través de la revisión de diversas experiencias populares y autogestivas. Menéndez señala que si bien los grupos subalternos

> participan/son parte de los procesos específicos donde ocurren la desnutrición, las violencias de diferente tipo o la extrema pobreza, y se ven obligados a actuar frente a estos problemas que son parte de sus vidas locales, dichos sujetos o grupos no suelen ser los que generaron las condiciones que dan lugar a la existencia de dichos problemas [...] Por lo tanto, la participación social constituye una condición necesaria de los sectores sociales subalternos para asegurar un mínimo de supervivencia (2006: 11-14).

Éste es el punto de partida de este trabajo, que intenta historizar la participación desde una perspectiva subalterna.

Revisión crítica conceptual

La participación social está ligada a procesos de transformación sociopolítica, a formas de organización social, a diseño de políticas públicas y a implementación de programas. Según sea quién la defina y con qué objetivos es empleada, asume diferentes características (Menéndez, 1998; Montero, 2004).

En el sector salud, la participación social está referida al proceso de salud-enfermedad-atención-cuidado, tuvo una incorporación relativamente tardía y llegó amalgamada con otros programas de desarrollo rural integrado (Levav, 1992). La participación social en salud (PSS) está cargada de presupuestos ideológico-técnicos generalmente no explicitados, que sin embargo orientan su uso. Ésta encuentra su origen en las ciencias sociales y posteriormente es apropiada por las ciencias de la salud sin un análisis crítico del proceso de producción y aplicación previa, lo que genera una distorsión en su significado (Menéndez, 1998: 65-66).

El hito que marca la inclusión de propuestas participativas en salud es la conferencia de Alma Ata en 1978: "El pueblo tiene derecho y el deber de participar individual y colectivamente en la planificación y aplicación de su atención en salud" (OMS y UNICEF, 1978). El énfasis que se hizo en el autocuidado individual, familiar y colectivo respondió a dos posiciones ideológicas: una posición conservadora que tiende a reducir el papel del sector público y a hacer responsables a las poblaciones de su salud (programas de APS selectiva); y otra vertiente que asigna al Estado la responsabilidad de proteger a los ciudadanos contra los productores de enfermedad y muerte, y de educar para la salud (propuestas de APS integral) (Ugalde, 1999, Grodos y Bethume, 1988).

Para la OPS (1988), la PSS puede entenderse como el proceso de intervención de la población organizada en las deliberaciones sobre la atención de la salud, la toma de decisiones que tienen que ver con la satisfacción de necesidades y en el control de los procesos, así como la asunción de responsabilidades y la observación de obligaciones derivadas del desempeño de la facultad decisoria.

Los tres grandes enfoques en que el sector salud ha encarado la PSS son los siguientes: 1) como aporte de trabajo voluntario de la comunidad en programas específicos de APS; 2) como convocatoria a la población para orientar el uso adecuado de los servicios de salud y la extensión de la cobertura de dichos servicios, incluyendo la capacitación de promotores comunitarios; y 3) como promoción de las acciones para fortalecer los SILOS –Sistemas Locales de Salud– impulsada por la OMS y OPS (Cerqueira y Mato, 1998).

Montero (2004: 292) define la participación como un "proceso organizado, colectivo, libre, incluyente, en el cual hay una variedad de actores, de actividades y de grados de compromiso, que está orientado por valores y objetivos compartidos, en cuya consecución se producen transformaciones comunitarias e individuales".

La PSS se considera como un proceso democrático que se profundiza progresivamente, desde la ejecución de tareas simples hasta fases más complejas como la planificación, la programación, el control y la administración de programas de salud, que se deriva en acciones de organización y movilización popular (Molina-Rodríguez *et al.*, 1992).

Uzcátegui (2005: 23-24) describe tres propuestas de PSS: 1) la neoliberal o conservadora, 2) la reformista, y 3) la alternativa-progresista. La primera concibe la PSS como un asunto técnico en la ejecución y la administración de servicios de salud, que promueve el voluntariado y la corresponsabilidad como formas encubiertas de privatización y obtención de mano de obra gratuita, sin poder vinculante de la comunidad en las decisiones. Asume la salud como atención médica reparatoria y responsabilidad individual, lo que relega a las personas a una posición de cliente de los servicios con representación minoritaria o simbólica. La segunda sostiene una definición de PSS ligada a la propuesta del desarrollo humano sustentable, vincula la PSS a la descentralización, pero conserva a los actores institucionales gubernamentales en el centro de los proyectos comunitarios. La participación comunitaria está destinada a tareas de prevención, de rehabilitación y de promoción de la salud, lo que reduce la PSS a espacios locales. Promueve la focalización del gasto público en los sectores más pobres y de alto riesgo, en un intento de combinar Estado y mercado con políticas compensatorias. La tercera es definida como un proceso de construcción de ciudadanía que rechaza la consideración de las personas como clientes y reivindica su condición de sujetos de derechos, asumiendo una concepción de salud como derecho social, derecho humano y responsabilidad del Estado, es decir, un bien público. Esta propuesta destaca el carácter político de la participación popular dirigida a lograr la democratización-redistribución del poder; promueve la provisión pública de los bienes públicos regida por los principios de universalidad y gratuidad; plantea una relación con el Estado que no comprometa la autonomía de los movimientos sociales; considera los aspectos sociales, históricos, políticos y culturales del proceso salud-enfermedad; sostiene una visión holística e integral de la salud con énfasis en el bienestar, la promoción de la salud y la vida; y reivindica el saber popular en conjunción con el saber científico como "encuentro de saberes".

Según el Movimiento Nacional de Salud Popular México, la PSS parte de considerar a la salud como un derecho: cada individuo debe contar con los conocimientos médicos y recursos suficientes para cuidar por sí mismo de su salud en asuntos urgentes y básicos –al trabajar en zonas rurales esto se presenta como prioritario–. Esto requiere que el saber médico sea compartido y que la comunidad tenga injerencia directa en las decisiones políticas que afectan su salud. La educación popular es un componente esencial del proceso de PSS, una empresa colectiva donde todos aprenden de todos a través de mecanismos culturales de transferencia técnica adecuados a la comunidad. Otros elementos fundamentales han sido el rescate del saber curativo comunitario, la concientización sanitaria y la organización colectiva (Cahuich Campos, 2004).

La autogestión constituye una forma de PSS más independiente de la voluntad institucional. Ella puede surgir de procesos inicialmente tutelados que avanzan hacia la autonomía, ya sea a través de la promoción de quien ejercía la tutela o como resultado de la lucha entablada por los tutelados para alcanzar la autonomía. También es posible que la autogestión surja como consecuencia de las reivindicaciones de los propios conjuntos sociales postergados para obtener su autodeterminación (Comité Regional de Promoción de la Salud Comunitaria, 1999).

Un concepto complementario al de PSS es el de estrategias de autoprotección en salud (EAS), que constituyen el núcleo del proceso de apropiación que constantemente realizan determinados microgrupos para enfrentar los padecimientos (Spinelli, 1999). Pueden formar parte de las estrategias de supervivencia y reproducción biosocial o constituirse en un proceso de transformación que no se reduce a la reproducción de los grupos subalternos. Incluye procesos de autoatención, autocuidado y evitación de riesgos en los niveles de: a) personas y microgrupos espontáneos (vida cotidiana), b) microgrupos y mesogrupos construidos (específico: grupos de autoayuda), y c) macrogrupos (genérico: movimientos sociales). Mientras que en a) la participación en salud es parte de las actividades y funciones de grupos ya constituidos, en b) y en c) el esfuerzo por generar PSS es intencional y voluntario, y supone la construcción de organizaciones o instancias específicas (Menéndez, 1998).

La "otra" participación

En América Latina y en Europa, existen numerosos antecedentes de estudios sobre participación social en salud, centrados en el diseño de políticas sociales para la reforma del sector salud (OPS, OMS, CEPAL, UNICEF, PNUD, BID, BM, entre otros). Sin embargo, la mayoría de estos estudios encara el tema de la participación social promovida por organismos gubernamentales e internacionales (participación vertical) dejando de lado la revisión sobre las formas de participación popular desplegada por los actores de la sociedad civil, es decir, se centran en la aplicación ideológica/técnica del concepto (Menéndez, 1998). Findling y Tamargo (1994: 25) señalan que

> las experiencias asociadas al desarrollo de la comunidad y a la planificación participativa gestada en el marco de un modelo tecnocrático del diseño de políticas, no resultaron eficaces para corregir los desajustes del sistema, adolecieron de ser fragmentarias, discontinuas y de ser "ajenas" a los grupos poblacionales a los cuales estaban dirigidos.

Son escasos los estudios que caracterizan experiencias con un origen autogestivo o de cogestión real en salud. Existen registros de los años sesenta y setenta de experiencias pioneras en participación social en salud. Cuba y Panamá fueron los primeros países latinoamericanos en organizar un programa de salud nacional con participación comunitaria en los años sesenta. En Cuba, la participación de la población en el sector salud se inicia con un enfoque colaborativo dirigido a la consolidación del Sistema de Salud Pública; luego, comienzan a operar los Policlínicos Integrales en el año 1964, que más tarde se transformarían en los Policlínicos Comunitarios (1974). Es en ese momento cuando se incorpora definitivamente la población, que se integra a las instituciones gubernamentales con su participación en la dirección del sistema de salud junto a las autoridades médicas propias del sector. En Colombia, se crearon en el año 1960 los Comités de Salud, que en las poblaciones estaban constituidos por representantes de cada manzana y luego, como una forma más avanzada de participación, surgieron los Consejos Locales de Salud y los Comités de Participación. En Guatemala se desarrollaron los Comités Sanitarios Locales de la Colectividad, que operaban tanto a nivel urbano como rural. En 1975, se crea el programa de

Integración Operacional de Abajo hacia Arriba (IOPA) de la Universidad de Antioquia y la Escuela de Salud Pública, el cual se desarrolló en la comunidad del Carmen de Viboral. En Venezuela se crean, con apoyo del Estado, los Comités Locales de Salud, que luego constituirían, con un enfoque más avanzado de la participación, las llamadas Juntas Sociosanitarias y que en los últimos años se les ha denominado Fundaciones Sociosanitarias (Comité Regional de Promoción de la Salud Comunitaria, 1999). Otras experiencias destacables son las de Ajoya en México (Donde No Hay Doctor) y las de San Ramón en Costa Rica (Hospital Sin Paredes), así como la formación de brigadistas, parteras y promotores/as voluntarios/as de salud del Movimiento Comunal Nicaragüense. El caso de Nicaragua se caracterizó, durante la década de 1980, por la ampliación, la consolidación y la profundización de la participación popular en los procesos de salud con instancias resolutivas de amplia representación como el Consejo Popular Nacional de Salud y los Consejos Populares Locales de Salud, además de contar con un programa de Educación Popular en Salud (Pereira Colls *et al.*, 2002; Spinelli, 1999). En la década de 1980, otra experiencia autogestiva la representó el Movimiento Nacional de Salud Popular mexicano, que realizó congresos nacionales desde 1981, se organizó en ocho regionales y llegó a tener a fines de los años ochenta alrededor de 35 organizaciones y 400 grupos adherentes (Cahuich Campos, 2004; Menéndez, 1998). Otras experiencias relevantes han sido el Colectivo de Salud Popular de la República Dominicana (1983), la Asociación de Promotores Comunales Salvadoreños (1986), la Coordinación de Proyectos Populares de Salud de Costa Rica (1986) y la Asociación para el Desarrollo de la Salud Comunitaria de Panamá (1991) (Pereira Colls *et al.*, 2002).

Actualmente, una de las experiencias más relevantes en autogestión de la salud es la de los municipios zapatistas en el estado de Chiapas (México). La experiencia cuenta con la creación de dispensarios de salud y la formación de promotores en las comunidades. El objetivo del proyecto es sostener una nueva práctica en salud que integra de manera democrática las diferentes formas de atención a la salud (medicina tradicional, herbolaria, medicina alopática, etc.) y que se desarrolla básicamente a través de una amplia participación popular en todas las localidades rurales indígenas del estado. El proyecto de salud es integral, considera actividades para el incremento y la diversificación de la producción agropecuaria destinada al autoconsumo y el mejoramiento de la alimentación, acciones de saneamiento básico, atención a problemas de salud del primer nivel de atención médica, formación y capacitación de grupos de la comunidad para la programación, ejecución y evaluación de actividades de producción agropecuaria y de atención primaria a la salud, así como de educación popular en salud a la población (Muñoz Ramírez, 2004).

En nuestro país fueron pioneros los trabajos de Kalinsky, Arrué y Rossi (1993) por el esfuerzo de transmitir experiencias de participación en salud y contextualizarlas, aportando a su posibilidad de transferencia. Durante los últimos quince años, se inauguraron experiencias autogestivas en salud: Movimiento Antimanicomial (2004), Foro Social de Salud (2002), Coordinadora de Salud Popular (2002), Comisiones de salud de Asambleas Barriales y del Movimiento de Trabajadores Desocupados (2002). El acceso a la información sobre estas experiencias es en base a los registros documentales producidos por estas organizaciones, aunque, por ejemplo, existen algunos estudios sobre el trabajo en salud de movimientos de trabajadores desocupados (Ferrara, 2003; Colectivo Situaciones, 2002 y 2003; Zaldúa, Sopransi y Veloso, 2004 y 2005, entre otros).

Comentarios finales

Resulta indispensable reflexionar acerca de las estrategias de autoprotección de la salud que desarrollan los sectores expulsados para cubrir sus necesidades sanitarias y acerca de las experiencias colectivas en salud que se despliegan desde las clases subalternas promoviendo la defensa del derecho a la salud y que, en algunos casos, actúan como mediadores colectivos para transformar las condiciones de salud de las comunidades. Este hecho marca la necesidad de comprender tales experiencias para romper con los obstáculos en la apropiación de recursos salutíferos –materiales y simbólicos– y en la defensa del derecho a la salud, y fortalecer la capacidad de control y negociación de los colectivos que ven vulnerados sus derechos. La visualización y la generalización de las estrategias de autoprotección en salud, construidas desde la perspectiva de los actores-autores involucrados, se presentan como posible intervención preventiva y comunitaria en la salud propiciando procesos autónomos de cuestionamiento, concientización y cambio.

Menéndez (1999: 20) sostiene que las acciones y las luchas en salud colectiva existen pero discontinuadamente, señala que "la bibliografía sobre movimientos sociales no incluye la descripción, ni el análisis de los grupos y/o movimientos organizados en torno al proceso salud-enfermedad-atención", pese a la magnitud que han alcanzado en América Latina desde mediados del siglo XX. Cahuich Campos (2004: 5) plantea que "tampoco existe de manera suficiente una reflexión histórica sobre estas experiencias y el impacto cultural que han tenido". Este trabajo es un pequeño paso y una invitación a seguir andando y desandando ese camino.

Referencias bibliográficas

BID, BIRF, CEPAL, OEA, OPS/OMS, UNFPA, UNICEF, USAID (1995). *Reunión especial sobre Reforma del sector salud*. Washington, D.C., 29-30 de septiembre.

Cahuich Campos, M. (2004). "La construcción de una economía y salud solidarias". Publicación de la Escuela Nacional de Antropología e Historia. México.

Cequeira, M.T. y D. Mato (1998). "Evaluación participativa de los procesos de participación social en la promoción y el desarrollo de la salud". En: Haro, A. y B. De Keijzer (1998) (coords.). *Participación comunitaria en salud: evaluación de experiencias y tareas para el futuro*. El Colegio de Sonora, OPS, Produssep. Hermosillo.

Comité Regional de Promoción de la Salud Comunitaria (1999). "Reformas de Salud en Centroamérica, vistas desde la perspectiva de la salud comunitaria". Ponencia presentada en el VII Seminario Internacional de Atención Primaria de la Salud "La reforma del sector salud en las Américas", del 19 al 22 de octubre, La Habana, Cuba. Consultado en junio de 2006. Disponible en www.phmovement.org/doc/spanish/phm-reformas.doc

Ferrara, F. (2003). *Más allá del corte de rutas. La lucha por una nueva subjetividad*. Buenos Aires: La rosa blindada.

Findling, L. y Tamargo, M. (1994). *Planificación, descentralización y participación. Revisión crítica*. Buenos Aires: Centro Editor de América Latina.

Foro Social de Salud (2004). "Presentación y objetivos". Consultado el 10 de diciembre de 2004. Disponible en www.forosalud.org.ar.

Grodos, D. y Béthuna, X. (1988). "Las intervenciones sanitarias selectivas: una trampa para la política de salud del Tercer Mundo". En: Cuadernos Médico Sociales, núm. 46, pp. 71 a 86.

Kalinsky, B., Arrué, W. y Rossi, D. (1993). *La salud y los caminos de la participación social: marcas institucionales e históricas*. Buenos Aires: Centro Editor de América Latina.

Levav, I. (comp.) (1992). *Temas de Salud Mental en la Comunidad*. Buenos Aires: O.P.S./O.M.S., Serie Paltex.

Menéndez, E. y Spinelli, H. (coords.) (2006). *Participación social ¿para qué?* Buenos Aires: Lugar Editorial.

Menéndez, E. (coord.) (1999). *Participación social: metodología, problemas y expectativas. El caso Nicaragua 1978-1989*. México: Instituto Mora.

— (1998). "Participación social en salud como realidad técnica y como imaginario social". En: *Cuadernos Médico/Sociales*. Núm. 73, pp 5-22. Rosario.

Molina-Rodríguez, J. F., M. Daquilema y C. Gómez-Bautista (1992). "Participación social en salud. Una experiencia en Simojovel Chiapas". En: *Salud Pública*. Núm. 34, pp. 660-669, México.

Montero, M. (2004). *Introducción a la Psicología Comunitaria*. Buenos Aires: Paidós.

— (2001). *Reflexiones sobre los fundamentos éticos de la Psicología Comunitaria*. OPS.

OPS/OMS (1994). *La salud en las Américas*. Vol. I. OPS/OMS. Washington, D.C.

Muñoz Ramírez, G. (2004). "Los Caracoles: reconstruyendo una nación". En: *Rebeldía*, núm. 23, año 2, pp. 3-24. México.

Pereira Colls, A. C., Zambrano Vergara, R. y Hernández Flores, M. (2002). "Participación Social en Salud y Calidad de Vida". En : *Rev. Vzlana. de Soc. y Ant.*, sept., vol. 12, núm. 35, pp. 567-585.

Producción colectiva (2003). *Causas y Azares. Dilemas del nuevo protagonismo social, Borradores de Investigación 4*. Buenos Aires: Publicación del Colectivo Situaciones.

Spinelli, H. (1999). "Seminario taller sobre participación popular en Nicaragua". En: Menéndez, E. (coord.). *Participación social: metodología, problemas y expectativas. El caso Nicaragua 1978-1989.* México: Instituto Mora. Pp. 93-123.

Ugalde. A. (1999). "Un acercamiento teórico a la participación comunitaria en la atención en Salud". En: Menéndez, E. (coord.). *Participación social: metodología, problemas y expectativas. El caso Nicaragua 1978-1989.* México: Instituto Mora. Pp. 29-45.

Uzcátegui, J. L. (2005). "Salud y participación popular. Hacia una ciudadanía plena". En: *Cuadernos para la Emancipación Salud.* Venezuela.

Zaldúa, G., Sopransi, M. B. y Veloso, V. (2004). "La praxis psicosocial comunitaria en salud, los movimientos sociales y la participación". En: *XII Anuario de Investigaciones.* Fac. de Psicología de la UBA.

Géneros y derecho a la salud sexual

Presentación

Roxana Longo y Romina Moschella

El presente apartado presenta producciones que abordan problemáticas, demandas y procesos de exigibilidad de colectivos feministas y de diversidad sexual, y de mujeres en situación de vulnerabilidad. Asimismo, los artículos transitan por reflexiones en torno a tensiones que se establecen entre los cuerpos, las subjetividades y las identidades en la dinámica societal actual. Se problematizan los efectos subjetivos, materiales y simbólicos de prácticas de estigmatización y de discriminación marcadas por diferentes tipos de inequidades según: clase, franja etaria, etnia o identidades disidentes.

El campo de la salud sexual y reproductiva fue históricamente un territorio signado por la coexistencia de diferentes prácticas, discursos e intereses. No sólo habitado por las inequidades de los diferentes géneros sino también marcado por la tensión entre prácticas autónomas y heterónomas relativas a las decisiones sobre los propios cuerpos.

En particular, la trata de personas para la explotación sexual y la prostitución constituyen fenómenos que visibilizan las formas más atroces del patriarcado y la mercantilización de los cuerpos y sexualidades. Mientras que las mujeres, niños, niñas y personas trans son los más afectados, los varones son los principales consumidores del comercio sexual.

En la esfera de los procesos salud/enfermedad/atención y cuidado, el cuerpo remite a la corporalidad. No obstante, se trata también de cuerpos situados. Territorios donde se inscriben las condiciones y estilos de vida pero también atravesados por las variables de clase, etnia, franja etaria, género e históricas.

La formulación de la salud sexual como derecho humano básico tiene como eje fundamental la libertad de decidir de manera informada sobre la reproducción y la autonomía de los cuerpos. Este derecho comprende también el acceso a la salud integral y a la posibilidad de desarrollar una vida sexual gratificante y sin coerción, desvinculada del comercio sexual y de las diferentes modalidades de violencias.

A partir del marco legal vigente y de la visibilización de las necesidades y de las prioridades por parte del movimiento de mujeres en general y de las feministas y de los grupos LGTTTB (lésbico, gay, transexual, travesti, transgénero, bisexual) en particular, los procesos de salud/enfermedad/atención y cuidado exigen ser analizados críticamente no sólo desde las prácticas naturalizadas en el sistema de salud sino también desde la inclusión de aquellas instituyentes que interpelan saberes y dispositivos.

Particularmente, desde los dispositivos comunitarios-autogestivos, rutas críticas y circuitos alternativos se favorecen buenas prácticas en materia de exigibilidad de derechos. Se habilitan diversos procesos de subjetivación y se promueven trayectorias colectivas, proyectos de vida y cuidado de la salud integral.

Los diferentes trabajos visibilizan la necesidad de dispositivos instituyentes que interpelen las prácticas tutelares y que actúen desde una perspectiva de complejidad e interdisciplinariedad a los fines de garantizar el cumplimiento de los derechos. Es prioritario que dichos dispositivos contemplen el ejercicio efectivo de ciudadanías plenas y activas, y por su parte problematicen las relaciones entre los géneros. El desafío será la participación colectiva y en consecuencia la ruptura de posiciones subordinadas sociales y subjetivas.

Derechos sexuales y reproductivos de las mujeres de la Ciudad Autónoma de Buenos Aires[1]

Obstáculos y resistencias

GRACIELA ZALDÚA, MARÍA PÍA PAWLOWICZ,
ROXANA LONGO Y ROMINA MOSCHELLA

Introducción

La problemática de la salud y los derechos sexuales y reproductivos en la Argentina ha recorrido diversas trayectorias, desde políticas demográficas hasta el avance significativo en el desarrollo de políticas públicas que se proponen garantizar la salud sexual y reproductiva (SSyR) y el acceso a la anticoncepción a toda la población en edad reproductiva. Se considera que estamos atravesando un periodo transicional, caracterizado por cambios en la accesibilidad a los derechos sexuales y reproductivos, pero también por la persistencia de obstáculos materiales y simbólicos que afectan predominantemente a las mujeres en situación de vulnerabilidad social.

La visibilidad del campo y la incorporación en la agenda pública como componente de los derechos humanos, que trasciende el ámbito de los asuntos privados, están relacionadas con las demandas de la sociedad civil y en particular del movimiento de mujeres y de un sector de profesionales comprometidos con la salud colectiva.

---

1   Una versión más amplia de este capítulo puede encontrarse en XVII Anuario de Investigaciones de la Facultad de Psicología, 267: 75.

El proyecto explora y analiza a través del monitoreo estratégico las dimensiones de las políticas públicas y se propone dilucidar las necesidades y demandas, el acceso al derecho a la SSyR y las expresiones de ciudadanía impulsadas por diferentes actores de la sociedad civil. En este sentido también se relevan y describen las articulaciones entre Estado y sociedad civil en la gestión de programas y proyectos y diversos dispositivos promocionales y preventivos.

Las dimensiones de análisis de la participación social, el control de recursos y poder, el fortalecimiento político de la ciudadanía, la autogestión y el compromiso ético político se relacionan con la producción de subjetividad y con campos de hegemonía. En particular, desde el enfoque de ciudadanía, el género y la construcción de empoderamiento (subjetivo, social, jurídico, político, cultural y económico) aportan al análisis categorial, al análisis metodológico y a la praxis ético-política. Las congruencias o no con los tratados y los corpus jurídicos son interpretadas a la luz de los hallazgos epidemiológicos, las brechas sanitarias y las narrativas de los actores sociales.

Desde una reflexividad crítica, en el marco de los procesos globalizadores y de sus consecuencias locales en las micropolíticas de segregación, de separación y de marginación, transmitiremos algunos recortes investigativos en curso del colectivo universitario. Son contribuciones desarrolladas en la Ciudad Autónoma de Buenos Aires (CABA) que indagan sobre las condiciones de posibilidad y de exigibilidad de los derechos sexuales y reproductivos, a través de sus prácticas, sus representaciones y sus sentidos.

Han influido decisivamente en este proceso las acciones de las mujeres en busca de autonomía. Al haber cambiado la percepción social de la reproducción, cuestionaron los cimientos sobre los que se asentaban los sistemas políticos de dominación, incluida la dominación de género (Palma, 1994). Sin embargo, queda pendiente la inclusión de prácticas concretas/formales/contextualizadas promotoras del derecho a la salud sexual libre de coerción.

Según Lagarde (1996), la perspectiva de género permite analizar y comprender las características que definen a las mujeres y a los varones de manera específica, así como sus semejanzas y sus diferencias. Esta perspectiva de género analiza las posibilidades vitales de las mujeres y los varones, el sentido de sus vidas, sus expectativas y oportunidades, las complejas y diversas relaciones sociales que se dan entre ambos géneros, así como los conflictos institucionales y cotidianos que deben enfrentar. El enriquecimiento de la perspectiva de género se ha dado como un proceso abierto de creación teórico-metodológica, de construcción de conocimientos y de interpretaciones, y de prácticas sociales y políticas.

La mirada hacia las inequidades de género proporcionó de cierta manera la problematización de la tajante dicotomía existente entre el espacio público y privado, y permitió la discusión en el ámbito público, aspectos que corresponden a la toma de decisiones sobre el cuerpo, la sexualidad y la reproducción de las mujeres, y a las implicancias de poder y autonomía, ya que la libertad en la toma de decisiones sobre la sexualidad y reproducción construye ciudadanía.

Desde este punto de vista, la construcción de la ciudadanía social implica responsabilidades. La participación es un derecho pero también una responsabilidad. Participar en la formulación, la ejecución, el seguimiento y la evaluación de políticas y programas de salud es un derecho que principalmente las organizaciones de mujeres reivindican como parte de sus derechos ciudadanos. Este derecho conlleva al empoderamiento colectivo de las mujeres.

Las demandas por el ejercicio de los derechos sexuales y reproductivos se inscriben en las demandas para la construcción de la ciudadanía, esta última entendida como una práctica conflictiva vinculada al poder, que refleja las luchas acerca de quiénes podrán decir qué, en el proceso de definir cuáles son los problemas comunes, y cómo estos serán abordados (Gunsteren, 1978, citado por Jelin, 1996).

La formulación de los derechos reproductivos tiene como eje la defensa de la vida de las mujeres, la autonomía de sus cuerpos y fundamentalmente la libertad de decidir sobre la reproducción. Estos derechos también se articulan con el acceso a una sexualidad más humana, desvinculada del comercio sexual y la violencia, que no se restrinja apenas a las actividades ligadas al funcionamiento del aparato genital y que trascienda las necesidades biológicas. Implica, además, la exigencia de que los varones asuman responsabilidades por las consecuencias del ejercicio de su propia sexualidad (León, 1994).

Los derechos sexuales y reproductivos se enmarcan en el derecho a la salud. El derecho humano a la salud desde el marco de referencia del derecho internacional de los derechos humanos se integra junto con los económicos, los sociales y los culturales, y se relaciona con aquellos derechos humanos que obligan al Estado a impulsar estrategias preventivas y promotoras de bienestar. Esta obligación jurídica que pesa sobre el Estado implica poner al servicio de los/as ciudadanos/as un sistema de atención de la salud que abastezca las necesidades del conjunto social. Desde el principio de accesibilidad incluye el de oportunidad y celeridad, y el derecho a la simplicidad y rapidez en turnos y trámites, y respeto de turnos y prácticas (Ley 153, artículo 4, inciso i).

Breve historización de los derechos sexuales y reproductivos

Fue sumamente importante incorporar en el campo de la salud los conceptos de salud sexual, salud reproductiva y derechos reproductivos, y los lineamientos de políticas que se desarrollaron a partir de la Conferencia Internacional de Población y Desarrollo (CIPD) realizada en la ciudad de El Cairo en 1994. En 1995, la Plataforma de Acción de la

"Cuarta Conferencia Mundial sobre la Mujer" en Beijing reitera estos derechos, los cuales, en síntesis, se refieren a los derechos de las mujeres a tener control y a decidir libre y responsablemente sobre los asuntos relativos a su sexualidad, incluida la SSyR. Estos derechos implican así un ejercicio de la autonomía en las decisiones acerca de la sexualidad, libres de coerción, discriminación y violencia. Establecen también la igualdad entre mujeres y varones en los asuntos relacionados con las relaciones sexuales y la reproducción, incluyendo el absoluto respeto a la integralidad de la persona, el respeto mutuo y el consentimiento y la distribución de las responsabilidades sobre el comportamiento sexual y sus consecuencias. Esto aparece en tratados y convenciones de derechos humanos, como por ejemplo, la Convención sobre la Eliminación de todas las Formas de Discriminación contra la Mujer (CEDAW).

Por su parte, la Décima Conferencia Regional sobre la Mujer de América Latina y el Caribe Consenso de Quito (2007) otorgó reconocimiento explícito a las desigualdades de género como determinantes sociales de la salud de las mujeres en la región con referencias especiales a los derechos sexuales y reproductivos y a las "altas tasas de mortalidad materna" como resultado de abortos en condiciones de riesgo, el embarazo en la adolescencia, la provisión insuficiente de planificación familiar, etc.

En nuestro país, en octubre de 2002, se sancionó la Ley Nacional N.º 25.673 que originó la creación del Programa Nacional de Salud Sexual y Procreación Responsable. En este marco, se planteó la transformación del modelo de atención adoptando un enfoque intersectorial y se reconoció como derecho el tener acceso a la información, la educación y la prestación de servicios con el fin de adoptar decisiones informadas, libres de discriminación, coacciones o violencia, en materia de SSyR.

Este marco legal establece una igualdad entre las mujeres de diferentes estratos sociales. No obstante, diferentes factores tales como las concepciones, las creencias y los perfiles de formación de los profesionales de la salud, los intereses de los profesionales en el desempeño en el sector privado y el apego a ciertas prácticas de modelo asistencial tradicional pueden obstaculizar la efectiva aplicación de la ley (Cappuccio, Nirenberg y Pailles, 2006).

En ese sentido, Bonnie Shepard (2009) destaca que existen posturas contradictorias sobre la sexualidad y la reproducción mediante un "sistema de doble discurso" en materia de políticas públicas represivas o negligentes discordantes a las prácticas privadas, donde las opciones sexuales y reproductivas clandestinas se diversifican y proporcionan una salida informal a las normas represivas que ejercen el control sobre los cuerpos de las mujeres. Sin embargo, el acceso a ellas no está garantizado y tampoco existen mecanismos de control de calidad: los riesgos legales y sobre la salud recaen desproporcionadamente sobre las mujeres marginadas y de bajos recursos. Según esta autora existen diferentes características de este sistema de doble discurso: los sectores conservadores de las jerarquías de la religión hegemónica que imponen códigos morales a la norma jurídica; el discurso y las políticas oficiales que plantean normas restrictivas fundadas en la doctrina religiosa; las agresiones que reciben los servidores públicos y las organizaciones de la sociedad civil en caso de defensa pública de la legitimidad de los derechos sexuales y reproductivos; las prácticas individuales, los mecanismos sociales y políticos ilegales o informales que transgreden la norma y las políticas restrictivas que recaen sobre las mujeres pobres y marginadas.

El caso paradigmático de este sistema de doble discurso es la problemática de los embarazos no deseados terminados en abortos inseguros y la atención de abortos no punibles regulados en el segundo párrafo del artículo 86 del Código Penal de la Nación de la República Argentina. El primero es condenado a nivel normativo y el segundo generalmente es denegado por los servicios de salud e innecesariamente demorado por la justicia (Católicas por el Derecho a Decidir, 2007).

Situación de la salud sexual y reproductiva de las mujeres en la Argentina

La tasa de mortalidad en mujeres gestantes en la Argentina descendió levemente según los datos del año 2008 con respecto a 2007. Según las estadísticas vitales del año 2008 (Ministerio de Salud de la Nación) se registraron 4 fallecimientos de mujeres por cada 10.000 nacidos vivos. Es decir, fallecieron 296 mujeres en edad fértil (10 a 49 años) por causas asociadas al embarazo, al parto o al puerperio. En 2007 la misma tasa fue de 4,4 y se registraron 306 muertes. Sin embargo, las cifras muestran altos niveles de desigualdad expresados en brechas territoriales muy marcadas. En San Juan la tasa es de 0,7 por cada 10.000 nacidos vivos y en la CABA la tasa es de 0,9; en cambio en Jujuy llega a 10 y en Formosa asciende a 11,5 por cada 10.000 nacidos vivos.

La primera causa de mortalidad (20,9%) sigue siendo la ocasionada por embarazos terminados en abortos inseguros. De 62 casos, 17 corresponden a mujeres jóvenes de entre 25 y 29 años de edad y 8 a menores de 20 años. Las otras muertes fueron ocasionadas por causas obstétricas directas (19,6%), trastornos hipertensivos (15,2%), sepsis y complicaciones del puerperio (13,2%), hemorragia postparto (7,1%), placenta previa y hemorragia anteparto (4,1%).

Según la bibliografía consultada, la existencia de desigualdades entre las mujeres gestantes se expresa en los límites y alcances de desarrollo de una maternidad saludable. La situación socioeconómica y el nivel educativo de las mujeres gestantes inciden en aspectos clave como la edad en la que una mujer concibe un hijo por primera vez, la cantidad de gestas, las características sanitarias y de atención médica, y la inserción y el desarrollo en el mercado laboral (Lupica y Cogliandro, 2007).

De acuerdo con los resultados del Encuentro de especialistas en salud reproductiva realizado en el año 2006 en la Ciudad de Olavarría, organizado por el Foro de Investigación en Salud de Argentina (FISA) del Ministerio de Salud de la Nación, los expertos opinaron que, a pesar del compromiso y el esfuerzo realizado, aún subsisten vacíos de conocimiento sobre morbimortalidad materna en los siguientes aspectos: sistema y servicios de salud y calidad de atención; barreras geográficas, culturales y económicas para el acceso a los servicios sexuales y reproductivos; desigualdad de género; innovaciones en los programas curriculares de educación sexual y salud reproductiva en carreras relacionadas con ciencias de la salud; evaluaciones económicas de costo-efectividad de intervenciones destinadas a Salud Materna; diferencias étnicas en el riesgo de morbimortalidad; evaluación de políticas y reformas de salud, educación y trabajo.

Las fronteras de la ciudadanía y el cuerpo de las mujeres

El análisis de las prácticas sociales de las mujeres para garantizar el ejercicio de ciudadanía debe ser examinado en relación con la construcción histórica del género como categoría de análisis. Esta permite escudriñar las formas de la opresión y de subordinación social de las mujeres para desentrañar cómo la desautorización femenina tiene efectos materiales en los ámbitos de la vida: la alfabetización, el empleo, la salud, el poder político y la impartición de la justicia (Gargallo, 2004). Por lo cual, resulta necesario pensar la ciudadanía y los géneros en relación tanto con las inequidades de género como con el poder patriarcal, que en ocasiones aparece aliado al poder médico hegemónico. El cuerpo y la sexualidad son aspectos importantes para el ejercicio de la ciudadanía de las mujeres.

En la esfera del proceso salud-enfermedad-atención, el cuerpo nos remite a la corporalidad pero se trata de cuerpos situados, cuerpos en los que se inscriben las condiciones de vida, los estilos de vida individual y comunitaria, y también las construcciones culturales y simbólicas que predominan sobre el cuerpo de las mujeres. Su condición de subordinación incide en la generación de perfiles epidemiológicos específicos, los que se desprenden tanto de las diferencias biológicas, sociales y culturales, como de aquellas producidas desde su condición de género (Palomino, 2002).

Los derechos reproductivos y sexuales son de alguna manera un punto de anudamiento y encrucijada. A la vez que remiten a la forma legitimada bajo la cual una sociedad regula las relaciones entre los géneros sexuales y las generaciones, es exactamente el lugar en el cual la diferencia sexual no puede ser en modo alguno reprimida. Constituyen por ello un punto significativo en el proceso de ciudadanización del colectivo de mujeres: "lo personal es político". La regulación de la cantidad de nacimientos así como las decisiones inherentes a la identidad sexual y de género, y los derechos relativos al libre ejercicio de la propia orientación sexual, objeto de decisiones personales, cobran un significado profundamente político con relación a los umbrales de tolerancia existentes en la sociedad civil (Ciriza, 2002).

La ciudadanía y los derechos están en continua construcción y cambio puesto que se conforman con el continuo devenir histórico. Para las mujeres ejercer los derechos de ciudadanía plena es investirse como "sujetos de derechos". La cultura marca a los seres humanos con el género y el género marca la percepción de todo lo demás: lo social, lo político, lo religioso, lo cotidiano, etc. (Lamas, 1998: 35).

En lo que respecta al campo de la salud de las mujeres y las diversidades sexuales, resulta necesario y prioritario garantizar la accesibilidad a los medios materiales y simbólicos en lo que respecta a sus derechos sexuales y reproductivos. Para poder hacerlos efectivos, resulta ineludible asegurar las condiciones sociales imprescindibles que los permitan y los garanticen. Estas condiciones incluyen el bienestar social, la libertad política o la seguridad personal, condiciones que dependen de factores culturales, sociales, materiales y estructurales como son el acceso a la educación, el trabajo remunerado, la accesibilidad a los centros de salud y servicios de salud de calidad, entre otros. La existencia de estas condiciones involucra necesariamente al Estado y a sus instituciones (Checa, 2006).

De esta manera, el modo en que se considere la diferencia que se ancla en los cuerpos de las mujeres repercute en su estatus de ciudadanas: si las decisiones relativas a la sexualidad y fecundidad de las mujeres son asumidas por otros/as, será una ciudadanía tutelada; si en cambio esas decisiones corren por la responsabilidad de las mujeres, entonces se trata de una ciudadanía plena (Brown, 2007). La ciudadanía plena no puede ser pensada sin una problematización de la noción de diferencia sexual hegemónica que en la mayoría de los casos centra los derechos femeninos en el plano de la maternidad y de la domesticidad como destino natural, estático y biológico. Las argumentaciones que se basan en lo biológico para explicar la realidad de los géneros esconden la dimensión social, cultural y política en la conformación de las subjetividades, de las sexualidades y de los géneros.

La sexualidad es un complejo cultural históricamente determinado consistente en relaciones sociales, en instituciones sociales y políticas, así como en concepciones del mundo, que define la identidad básica de los sujetos. En los particulares la sexualidad está constituida por sus formas de actuar, de comportarse, de pensar y de sentir, así como por capacidades intelectuales, afectivas y vitales asociadas al sexo. La sexualidad consiste también en los papeles, las funciones y las actividades económicas y sociales asignadas con base en el sexo a los grupos sociales y a los individuos en el trabajo, en el erotismo, en el arte, en la política y en todas las experiencias humanas; consiste asimismo en el acceso y en la posesión de saberes, lenguajes, conocimientos y creencias específicos; implica rangos y prestigio y posiciones en relación con el poder (Lagarde, 1993). Esta posición implica romper con concepciones y prácticas reduccionistas, que tienden a mirar las configuraciones sociales, culturales, políticas, económicas, étnicas, genéricas, privadas, públicas, personales, colectivas, etc. desde una postura dicotómica, de manera aislada y sin conexión alguna. Pensar la ciudadanía plena en las mujeres y diversidades sexuales en el escenario actual exige la presencia de representaciones y de prácticas sociales que desafíen y cuestionen lecturas y miradas de la realidad en términos de esquemas de pensamientos-acción binarios, esquemáticos, jerárquicos e inmutables.

Puntualizaciones metodológicas

El diseño empleado en este estudio es exploratorio-descriptivo y la metodología, cualitativa. Las unidades de análisis son mujeres que asisten a un centro de salud y un hospital público de la CABA en su carácter de beneficiarias del Programa de Salud Sexual y Reproductiva.

Las muestras fueron intencionales conformadas por 42 mujeres. Los criterios de inclusión fueron la edad (de 18 a 50 años) y que ésa no fuese su primera asistencia al establecimiento.

Las mujeres que participaron del estudio eran en su mayoría de sectores pobres. Tenían estudios primarios incompletos o completos y sólo en pocos casos habían iniciado el nivel secundario sin completarlo. Residían en la CABA o en el Gran Buenos Aires.

Los instrumentos fueron: observación participante, entrevistas en profundidad y cuestionario semiestructurado. Se realizaron con el previo consentimiento informado.

Las observaciones se registraron en los espacios y en los encuentros informales donde se despliegan los relatos de la cotidianidad, en particular en la sala de espera. Las entrevistas en profundidad fueron 12 y al ser abiertas permitieron indagar la experiencia subjetiva, objetiva, simbólica y relacional de la vida (Denzin, 1989). Ese material fue el insumo para la posterior construcción del cuestionario semiestructurado que permitió delimitar temáticas, ajustar y ordenar las preguntas y adaptar el lenguaje para permitir la sensibilidad, la confiabilidad y la validez del instrumento.

Los cuestionarios semiestructurados se organizaron considerando el aspecto diacrónico, es decir, los diferentes momentos de la vida de las mujeres: infancia, adolescencia y adultez; así como las experiencias familiares, sociales, educativas, sanitarias desde una perspectiva de género. Focalizamos particularmente las representaciones sobre la sexualidad, la maternidad, los métodos anticonceptivos y las prácticas de salud. En este artículo se presenta el material empírico de los primeros treinta cuestionarios aplicados.

La lógica cualitativa intenta a través de los discursos interpretar las dinámicas de las prácticas y los significados de las historias que reconstruyen las mujeres en relación con la sexualidad, el género y el acceso a los derechos sexuales y reproductivos. Los criterios de credibilidad se ajustan al compromiso con el trabajo de campo, la obtención de datos detallados, la triangulación de datos, la triangulación de diferentes perspectivas y técnicas y la revisión por pares investigadores. La transferibilidad a contextos similares se tratará de contemplar al igual que la auditabilidad. Este proceso abre nuevos interrogantes y pretende desde una reflexividad crítica aportar al empoderamiento subjetivo, jurídico y social de las mujeres.

Resultados y discusión

Según los datos recabados en el material empírico, existen diversos obstáculos que limitan el acceso oportuno de las mujeres a ejercer los derechos sexuales y reproductivos desde una ciudadanía plena. Este fenómeno se establece en convivencia y tensión con ciertas formas de resistencia a través de nuevas prácticas instituyentes.

El movimiento de mujeres y el movimiento feminista contribuyen a la función protagónica de las mujeres en la gestión –formal e informal– de la salud que en muchas situaciones incide en las estructuras de poder local, nacional y sectorial que definen prioridades y asignan recursos.

El empoderamiento de las mujeres favorece el ejercicio de ciudadanía, la expresión del conocimiento y el ejercicio de derechos, así como también la constitución de sujetas políticas, que propicia la deconstrucción de identidades femeninas y la construcción de sujetas de derecho.

Obstáculos institucionales

Las reorganizaciones en las instituciones de salud, en tanto estructuras burocráticas, tienden a ser en ocasiones algo "caóticas" y conflictivas. Las limitaciones se manifiestan, por ejemplo, en las problemáticas complejas presentes en las "rutas críticas" que deben realizar las mujeres para acceder a sus derechos, en los impedimentos por la presencia de objetores de conciencia y en las normativas institucionales a veces incongruentes con la legislación vigente:

> Se estaba hablando, había información en las paredes, pregunté al obstetra, pero me dijo que no, que ellos no hacen la ligadura porque no está la ley aprobada para la provincia, está para Capital y me vine para acá (Gabriela, 41 años, 13 gestas. Hospital).
> En ese momento, a los 17 años, para la ligadura era una carta al juzgado, el juez lo analizaba, lo firmaba y consideraba si la autorizaba o no y después recién era hacer el trámite en

el hospital. A mí lo que me habían dicho era "podés traer la firma de quien vos quieras, pero por la edad que vos tenés nadie te lo va a hacer" (Gimena, 30 años, 6 gestas. Hospital).

Mi hermana había tenido relaciones un sábado, sin cuidarse. El domingo fuimos a la guardia del hospital para pedir una pastilla del día después, porque acá en el centro de salud me habían hablado de la pastilla esa. Pero cuando fuimos al hospital nos hicieron un interrogatorio de una hora y media, y no nos la dieron. Mi hermana hoy tiene un bebé (Zulema, 41 años, 5 gestas. Centro de Salud).

Uno de los aspectos que podrían aportar a la solución de este problema reside en la consolidación de espacios que promuevan la sensibilización y la apropiación de mecanismos de acceso a la salud desde la perspectiva de género y los derechos de las mujeres a decidir. Sería propicio, facilitar la articulación de actores claves de las instituciones y sociedad civil para el cumplimiento y vigilancia de la aplicación de derechos sexuales y programas vigentes en salud desde la perspectiva de género.

Obstáculos religiosos

Se interviene estratégicamente presionando y ejerciendo influencia sobre un Estado de carácter laico en materia de la SSyR de las mujeres:

De mi primer hijo me asusté, para mi mamá era un tabú tener sexo, yo tenía 17 años y tenía mucha vergüenza, fui criada en el colegio cristiano, te decían que era un pecado (Tatiana, 37 años, 5 gestas. Hospital).

En ese momento la Dra. me dijo qué es lo que tenía que hacer para pedir la ligadura pero yo no... Decidí que no porque íbamos a la Iglesia Cristiana y me dijeron que no, y entonces no me lo hice y estoy arrepentida por lo que pasó ahora (Carolina, 33 años, 6 gestas. Hospital).

Las presiones religiosas en cuestiones de salud pública han influido negativamente en la SSyR de las mujeres. Desde estas concepciones se impulsan propuestas en SSyR con un enfoque reproductivista, basado en la implementación de programas materno-infantiles y de planificación familiar, que deslegitiman otras dimensiones importantes que abarcan la esfera de la prevención y la autonomía de las mujeres.

Obstáculos simbólicos

Se observó un grado de conocimiento nulo o parcial sobre los derechos sexuales y reproductivos que limitan el ejercicio de una ciudadanía plena. En ciertos casos, aun accediendo a la información necesaria, operan representaciones sociales tradicionales como obstáculos epistémicos que derivan en situaciones marcadas por disparidades innecesarias, evitables e injustas en materia de su salud y su autonomía personal y subjetiva:

> Yo no me pongo el DIU porque es malo, me puede hacer mal. Ni loca me pongo eso. Después te trae problemas (Carola, 25 años, 1 gesta. Centro de Salud).
> No conozco la ley de ligadura, siempre pensé que era para determinados casos. Ahora vengo al centro de salud para que me digan qué tengo que hacer, porque con mi última bebé me quedé embarazada cuando estaba amamantando al bebé. No sabía que podía quedar embarazada. Ya tengo tres hijos, no quiero tener más (Mabel, 24 años, 3 gestas. Centro de salud).
> No sabía que había una ley, creo que nadie sabe que hay una ley que no te pueden negar las pastillas o los preservativos (Tatiana, 37 años, 5 gestas. Hospital).

Obstáculos jurídicos

Para que un derecho valga tiene que ser exigible. La exigibilidad depende del acceso a la justicia. La presencia de prácticas y representaciones sociales tendientes a la discriminación hace que a los menos poderosos (en este caso las mujeres) se les prive de su historia, de su autoconfianza y eventualmente de su habilidad legal para funcionar como plenos ciudadanos o ciudadanas o como miembros del gran grupo (Fraser, 1999):

> Yo acá vengo y me dan pastillas y preservativos y me dan, no es como antes a mí me daba vergüenza ir y comprarlas (Tatiana, 37 años, 5 gestas. Hospital).
>
> Antes estaba prohibido, sólo se hacía la ligadura de trompas por medio del juez, ahora el que quiere lo elige, no solamente por problemas de salud (Viviana, 33 años, 1 gesta. Hospital).
>
> Yo pedí la ligadura hace 7 años, pero no me la hicieron. Ahí me cuidé con pastillas anticonceptivas, pero así y todo a los 4 años quedé embarazada, me quería morir. Desde que me enteré que estaba embarazada comencé hacer todo tipo de trámites. Fui a la Defensoría, después pedí entrevista con el director del hospital. Finalmente me la hicieron. Recuerdo que cuando mi marido firmó le temblaban las manos, porque el director le dijo que era peligroso. Todo salió bien. (Carla, 34 años, 6 gestas. Centro de Salud).

Resistencias subjetivas

Se expresa mediante aspectos de autoafirmación, empoderamiento y autonomía de las mujeres que permiten resistir a las construcciones sociales que legitiman los discursos y las prácticas sociales sobre qué es ser una mujer y de qué roles se debe ocupar en cuanto a la maternidad y la anticoncepción. Se expresa en el ejercicio activo de la ciudadanía y de sus derechos, en lo que respecta a la maternidad voluntaria, en la negociación de la anticoncepción y en las diferentes estrategias para su implementación tales como las alianzas de género que se dan a través un pacto de reciprocidad y solidaridad:

> Le dije: "no quiero usar más porque no está a mi agrado, no está a mi gusto, así que fijate vos con qué te podés cuidar" (Elena, 35 años, 7 gestas. Hospital).

Le dije que esta vez podía cuidarse él, le dije "no querés hijos, cuidate"... Yo siempre vi la manera de cuidarme, usé tabletas... me hice colocar el DIU a escondidas. Pero cuando llegué acá me olvidé de ir a los controles y me dio una infección, consulté y ni bien me sacaron el DIU, quedé embarazada de A. (Teresa, 37 años, 8 gestas. Hospital).

Mi hermana me aconsejó que viniera y me acompañó al centro de salud para pedir pastillas. Porque aunque mi bebé tiene un mes puedo quedar nuevamente embarazada y no quiero (Viviana, 24 años, 3 gestas. Centro de Salud).

A mí me resultó muy bueno conseguir la ligadura. Luché para eso, también me ayudaron mucho las doctoras y las trabajadoras sociales del Centro de Salud. Fue muy importante su acompañamiento. No me arrepiento y me siento orgullosa de haber logrado lo que quería (Diana, 35 años, 7 gestas. Centro de Salud).

En trabajos anteriores (Zaldúa, Sopransi y Longo, 2006) hemos afirmado que la autonomía consiste en una conquista que supone un proceso de autoanálisis que permite superar los mandatos sociales, una búsqueda prolongada y conflictiva sustentada en el reconocimiento del otro y en el autorreconocimiento, y también apuesta a la recuperación del valor de la dignidad al propiciar la creación de nuevas lógicas instituyentes. En la misma línea de análisis, Castells propone el término "identidades de proyecto" para aquellas que se constituyen cuando los actores sociales construyen una nueva identidad que modifica y redefine su posición en la sociedad; en esa construcción se anhela la transformación de toda la estructura social (Parker y Aggleton, 2002).

Resistencia a través de nuevas prácticas instituyentes

Se observa en la ruta crítica que realizan las mujeres en la búsqueda de servicios y profesionales "amigables" y en las estrategias de "reducción de daños" que los equipos de salud, las mujeres feministas y los movimientos de mujeres de nuestro país promueven prácticas en las que se va incorporando la perspectiva de género en las políticas y las intervenciones de salud. A través de diversos dispositivos que actualmente se desarrollan desde distintos espacios se tiende a disminuir la presencia de prácticas y de actitudes discriminatorias contra las mujeres, propiciando el ejercicio efectivo en la toma de decisiones de las mujeres y respetando su autonomía.

Podemos visualizar dos planos en los que se manifiestan prácticas innovadoras e instituyentes impulsadas por las mujeres:

a) Prácticas que se producen en un pacto de reciprocidad entre las mujeres que se presentan en lo cotidiana en la esfera microsocial en la vida de las mujeres:

> Tengo que tomar las pastillas en la casa de mi vecina porque mi marido no quiere (Lucía, 38 años, 4 gestas. Centro de Salud).
>
> Me hice abortos y lo hice a escondidas. Me acompañó una amiga, mi hermana…...Hoy lo hablo con mis hijas (Mara, 35 años. 1 gesta. Centro de Salud).
>
> Mi hermana me aconsejó me cuidará, charlamos mucho y como ves ella ahora me acompañó para que le preguntemos a la doctora cómo tengo que cuidarme (Sonia, 29 años, 3 gestas. Centro de Salud).

Asimismo, se presentan relatos de las mujeres en los que se enuncia su posición afirmativa en relación con su autodeterminación y con la necesidad de decidir sobre sus cuerpos, aunque reconocen las problemáticas que tienen frente al inicio de sus relaciones sexuales, generalmente no placenteras, y a la dificultad para hablar de determinadas problemáticas, como por ejemplo los abusos sexuales:

> Para mí es la mujer la que tiene que decidir si quiere tener un hijo. A veces, no es algo bueno para las mujeres tener hijos, no hay condiciones económicas, muchas mujeres están solas (Laura, 38 años. 3 gestas. Centro de Salud).

A veces es necesario suspender el embarazo. Hay chicas que quedan embarazadas y no lo habían planificado. Tienen muy poca edad, no pueden hablarlo con los padres porque les da vergüenza o tienen miedo (María, 45 años. 2 gestas. Centro de Salud).

Yo fui abusada cuando tenía quince años, vivía con mis abuelos en Bolivia. No se lo conté a nadie, nadie lo sabe. Fue doloroso. Si hubiese quedado embarazada, no hubiese querido tener a ese hijo (Marcela, 24 años. 1 Gesta. Centro de Salud).

b) Experiencias en salud que se presentan en la esfera macrosocial y tienden a ser un servicio ofrecido a las mujeres que aborda algunas de las diferentes necesidades y demandas que presentan las mujeres.

Uno de los casos de Buenas Prácticas se lleva a cabo en el Servicio de Adolescencia del Hospital Argerich de la CABA que brinda consejería pre- y posaborto y presta asesoramiento sobre los riesgos médicos y legales. Esta práctica se realiza bajo las coordenadas de la Guía de atención posaborto publicada por el Ministerio de Salud de la Nación y de las adhesiones a Tratados Internacionales como la CEDAW (Carbajal, 2009).

En el Hospital Álvarez de la CABA, se lleva adelante una experiencia que respeta la modalidad de parto vertical, tradicionales de atención del parto (sentadas, paradas, e cuclillas), una práctica habitual en mujeres especialmente de sectores rurales que forma parte de sus prácticas sociales y culturales. El parto en posición acostada es una influencia de la práctica médica. Esta modalidad se implementó debido a la importante demanda de mujeres bolivianas organizadas.

La experiencia de la línea "Aborto: más información, menos riesgos": la organización Lesbianas y Feministas por la Legalización del Aborto decidió pasar de la demanda a la acción. Quince militantes del movimiento feminista, estudiantil, de izquierda y de derechos humanos: Gays, Lesbianas, Travestis, Transexuales, Bisexuales (GLTTB), se juntaron en un proyecto común: la línea telefónica. Asesoran sobre cómo interrumpir un embarazo con recursos farmacológicos y específicamente con el uso del misoprostol y mifepristone, un medicamento que tiene más de veinte años y es recomendado por la Organización Mundial de la Salud (OMS) y otros organismos gracias a su eficacia y a su bajo riesgo de muerte. Esta experiencia alude a la autonomía de las mujeres en relación con el derecho a decidir sobre sus cuerpos. Desde esta práctica han instalado el debate público. Según palabras de las cogestoras de la línea "Aborto: más información, menos riesgos": "la libertad y la autodeterminación de las mujeres son la base de este proyecto y eso implica la lucha, organización, solidaridad y confianza."

A modo de cierre

El ejercicio de los derechos sexuales y reproductivos como condición de posibilidad de ciudadanía y subjetividad autónoma está mediatizado por dimensiones políticas, institucionales, simbólicas y subjetivas. La sexualidad y la salud de las mujeres en situación de vulnerabilidad social se encuentra con obstáculos múltiples de accesibilidad a las prácticas que garanticen el derecho a decidir sobre el propio cuerpo, a disfrutar, a ser respetadas, a no ser maltratadas ni juzgadas, a tener relaciones placenteras, a decidir cuántos hijos tener, etc. La libre decisión de la ligadura tubaria o la no imposición del método anticonceptivo y compartir la responsabilidad con la pareja son algunos posicionamientos subjetivos que hacen resistencia al sometimiento. Los mandatos patriarcales desafían en algunos casos a la normativa legal, capturan a las mujeres como cuerpos reproductores y se convierte en un campo de disputa. Desde diversas experiencias, se puede sostener que el movimiento de mujeres opera transformando la sensibilidad social ante determinados fenómenos: así, podemos llamar ahora actos de "violencia de género" a lo que antes se denominaba "crimen pasional". Se trata de una verdadera transformación epistemológica y política a la vez porque conceptualizar es politizar (Amorós, 2006).

En las prácticas concretas de los/as trabajadores/as de la salud se produce una tensión entre el pasaje de la atención del control de la natalidad a la concepción de empoderamiento de las mujeres, la equidad de género y la equidad en la distribución de los recursos.

A pesar del compromiso y de la voluntad de algunos profesionales y de las demandas constantes por parte de los movimientos de mujeres y feministas, los relatos de mujeres de sectores vulnerables denuncian la existencia de abordajes en las que son tuteladas y sus decisiones no son escuchadas.

La garantía de posibilidad para superar las barreras enunciadas son las prácticas instituyentes, procesos de empoderamiento, participación y ejercicio de ciudadanía de las mujeres. Conjuntamente la capacitación de los profesionales desde la perspectiva de género facilitará políticas públicas y prácticas de salud que tiendan a promover el acceso oportuno y la autonomía de las beneficiarias de los Programas de SSyR de la Argentina.

Referencias bibliográficas

Alanís, M. (2007). *La gran deuda con las mujeres: aborto no punible. Presentación guía técnica: aborto no punible-aborto legal.* Córdoba: Católicas por el Derecho a Decidir.

Amoros (2006). "Entrevista a Celia Amorós y Amelia Valcárcel". Por Luz Stella León Hernández. Disponible en http://www.e-mujeres.net

Brown, J. E. (2007). "Ciudadanía de mujeres en Argentina: los derechos (no) reproductivos y sexuales como bisagra, lo público y lo privado puestos en cuestión". Disponible en http://hdl.handle.net/10469/1019

Carbajal, M. (2009). *El aborto en debate. Aportes para una discusión pendiente.* Buenos Aires: Paidós.

Cappuccio, M., Nirenberg, O., Pailles, J. (2006). El equipo de salud ante la Ley Nacional de Salud Sexual y Procreación Responsable. En *Cuaderno N.°40.* Buenos Aires: Centro de Desarrollo Local.

Ciriza, A. (2002). *Consenso y desacuerdo. Los derechos reproductivos y sexuales como derechos ciudadanos de las mujeres en Argentina.* Disponible en http://www.nodulo.org/ec/2002/n009p18.htm

Checa, S. (2006). "Salud y derechos sexuales y reproductivos". En: *Encrucijadas*, Revista de la Universidad de Buenos Aires, 39.

Denzin N. (1989). *Interpretive Biography Qualitative Research Method Series 17.* Londres, Sage.

Donato, K., Gabaccia, D., Haldaway, J., Manalansan, M. y Pessar, P. (2006). "A Glass Half Full? Gender in Migration Studies". *International Migration Review.* 40, pp. 3-26.

Franco, A. (2003). "Globalizar la salud". *Gaceta Sanitaria.* 17, pp. 157-163.

Fraser, A. (1999). "Becoming Human: The origins and development of women's human rights". *Human Rights Quarterly.* 21, 855.

Foro de Investigación en Salud de Argentina (2007). "Estado de conocimiento y agenda de prioridades para la toma de decisiones en Morbimortalidad materna en Argentina". Disponible en http://www.fisa.anm.edu.ar/materiales.html

Gargallo, F. (2004). *Las ideas feministas latinoamericanas.* Ciudad de México: Editorial Universidad de la Ciudad de México.

Jelin, E. (1996). "Mujeres, género y derechos humanos". En *Derechos Humanos, Ciudadanía y Sociedad en América Latina.* Venezuela: Nueva Sociedad.

Lagarde, M. (1996). "El género", fragmento literal: 'La perspectiva de género'. *Género y feminismo. Desarrollo humano y democracia.* España: Ed. Horas y HORAS.

— (1993). *Los cautiverios de las mujeres: madres, esposas, monjas, putas, presas y locas.* Ciudad de México: Universidad Nacional Autónoma de México.

León, I. (1994). "Derechos reproductivos". Disponible en http://alainet.org/active

Lupica, C. y Cogliandro, G. (2007). "Las brechas sociales de la maternidad en la Argentina". *Anuario de la maternidad. Las brechas sociales de la maternidad en la argentina.* 1, 1-11.

Ministerio de Salud de la Nación. Dirección de Estadísticas e Información de Salud (2009). Estadísticas vitales-2009. Disponible en http://www.deis.gov.ar/Publicaciones/Archivos/Serie5Nro52.pdf

Naciones Unidas (2006). "Conferencia internacional sobre la población y el desarrollo". Disponible en http://www.un.org/spanish/conferences/accion

Nicholson, R. (2005). "La ley de salud reproductiva: una herramienta para la equidad entre las mujeres pobres y las ricas". En C. Canevari (coord.), *Reproducción, sexualidad y ciudadanía. Relato de un debate para el cambio.* Buenos Aires: Barco Edita/ Facultad de Humanidades, Ciencias Sociales y de la Salud de la Universidad Nacional de Santiago del Estero/Consejo de Investigaciones Científicas y Tecnológicas de la Universidad Nacional de Santiago del Estero (CICyT-UNSE).

Palma, J. L. y Rivera, G. (1994). *La percepción social de la reproducción.* México: CONAPO.

Palomino, N. (2002). "Ciudadanía y salud de las mujeres". *Revista Mujer Salud / Red de Salud de las Mujeres Latinoamericanas y del Caribe Rsmlac.*

Parker, R. y Aggleton, P. (2002). #Estigma y discriminación relacionados con el VIH/SIDA: un marco conceptual e implicaciones para la acción". Ciudad de México: Documentos de Trabajo núm. 9.

Petracci, M. y Ramos, S. (eds.). *La política pública de salud y derechos sexuales y reproductivos en la Argentina. Aportes para comprender su historia.* Buenos Aires: CEDES.

Programa Nacional de Salud Sexual y Procreación Responsable. Ministerio de Salud de la Nación Argentina. Disponible en http://www.msal.gov.ar/htm/site/salud_sexual/site/programa.asp

Shepard, B. (2009). "El 'doble discurso' sobre derechos sexuales y reproductivos en América Latina: la brecha entre políticas públicas y actos privados". En B. Shepard. *La salud sexual y reproductiva. Una carrera de obstáculo.* Santiago de Chile: FLACSO-CHILE.

Zaldúa, G., Sopransi M. B. y Longo R. (2006). "Vulnerabilidad, género y prácticas de autonomía en dos organizaciones de trabajadores desocupados en Gral. Mosconi y conurbano bonaerense". *Anuario de Investigaciones. Facultad de Psicología UBA.* 15, pp. 183-198.

Exigibilidad de derechos de personas en situación de prostitución y dispositivos comunitarios en la Ciudad Autónoma de Buenos Aires[1]

GRACIELA ZALDÚA, ROXANA LONGO, MARÍA MALENA LENTA
Y MARÍA BELÉN SOPRANSI

Introducción

El incremento de personas en situación de prostitución en Argentina y el mundo señala la persistencia de procesos de violentación, subordinación de género y mercantilización de los cuerpos de mujeres, niños, niñas y personas trans.

El género incluye saberes, prácticas sociales, discursos y relaciones de poder que dan sustento a las concepciones existentes en relación con el cuerpo sexuado, con la sexualidad, con las diferencias físicas, socioeconómicas, culturales y políticas en un contexto determinado (Castellanos, 2006). El patriarcado es una institución-sistema que se sustenta en el control de los cuerpos. La dominación sexual tiene como rasgo conjurar el control no sólo físico sino también moral de las víctimas y sus asociados (Segato, 2008). La prostitución no encuentra su causa en cada mujer, niña, niño o persona trans en su especificidad, sino en la construcción social de esas personas como seres para y de otros, definidas en torno a su sexualidad erótica (Lagarde, 2007).

---

[1] Una versión más amplia de este capítulo se encuentra en XXI Anuario de Investigaciones de la Facultad de Psicología, 185: 199.

El fenómeno de la globalización de la economía de mercado ha generado o intensificado la explotación de recursos y de seres humanos. La profundización de los mecanismos de exclusión inciden en la feminización de la pobreza y establecen las reglas para que, bajo esas condiciones no elegidas, las personas más vulnerables diseñen estrategias de supervivencia similares: la producción alimenticia, el trabajo informal, la migración, la prostitución (Sassen, 2002: 18). En la etapa neoliberal de rápida movilización de bienes y de informaciones, todos los sistemas de explotación/opresión/dominación se refuerzan: el sistema de clases y el sistema racista, pero sobre todo el sistema jerárquico de opresión sexual (Gargallo, 2008).

Globalmente, se estima que más de 40 millones de personas son prostituidas (Fondation Scelles, 2012), de las cuales el 85% es manejado por las redes de trata de personas para la explotación sexual (ONU, 2012). En la mayoría de los casos, la trata de personas está acompañada o complementada de otros delitos, como la privación ilegítima de la libertad, el abuso sexual, los golpes y las torturas (Colectivo de Derechos de Infancia y Adolescencia, 2009).

Si bien las situaciones de trata de personas para la explotación sexual y la prostitución son fenómenos profundamente imbricados que se presentan concomitantemente, es necesario distinguir que no todas las personas en situación de prostitución son víctimas del delito de trata. En Argentina, existen dos colectivos que defienden la prostitución como trabajo y proponen la organización de las personas en situación de prostitución. Son la Asociación de Mujeres Meretrices de Argentina (AMMAR) y la Red de Trabajadoras Sexuales de Latinoamérica y el Caribe (RedTraSex), cuyos orígenes se remontan a la década de 1990. En cambio, entre las organizaciones que se posicionan por la abolición de la prostitución y no la reivindican como trabajo, se destaca la Asociación de Mujeres Argentinas por los Derechos Humanos (AMMAR-CAPITAL) que inició en el año 1995 en el marco de la Central de Trabajadores

Argentinos (CTA) y posteriormente en 2002 se independizó para comenzar a trabajar en una nueva etapa sobre el incumplimiento de los compromisos asumidos internacionalmente por el Estado argentino y para lograr la meta de ejecución de políticas públicas e integrales que incluyan socialmente a las personas en situación de prostitución.

El fenómeno de la prostitución es complejo y diversos factores intervienen en él: las migraciones, la feminización de la pobreza y de la subsistencia, la falta de acceso a derechos sociales y culturales, el consumismo generalizado, las personas mismas en situación de prostitución –generalmente mujeres–, las organizaciones que lucran con la prostitución y quienes consumen prostitución –generalmente varones– (Santamaría, 2007; Defensor del Pueblo de la Nación, 2007). Y como señala Volnovich (2010), existe un fuerte silenciamiento sobre esta última cuestión (los consumidores) pues, sostiene, hablar sobre el significado de esa práctica equivale a romper con los acuerdos entre los hombres.

Sobre la trata de personas para la explotación sexual y la prostitución en Argentina

La crisis socioeconómica que comienza a mediados de los años noventa repercutió en el aumento de personas en situación de prostitución: en la Ciudad de Buenos Aires, para 2004 la Asociación de Mujeres Meretrices de Argentina (AMMAR) registró 6000 trabajadoras sexuales más que a mediados de la década de 1990, esto se traducía a un incremento del 42,85%. Cabe destacar que además de poder inferir un marcado subregistro del fenómeno, estas cifras no incluyen a aquellas personas en situación de prostitución por trata de personas para la explotación sexual. Y tampoco se cuenta con datos oficiales.

La promoción del turismo sexual como estrategia de desarrollo también es un factor que contribuye al delito de trata de personas para propósitos de prostitución. La trata de mujeres, niños y niñas para la prostitución representa, después del tráfico de armas, la segunda actividad ilegal en el mundo con mayor rédito económico. Se estima que veinte redes operan en el país y que, entre proxenetas, se venden y alquilan mujeres y niñas por valores que pueden variar desde los 50 a los 1200 dólares. "Algunas fuentes hablan de 400 casos registrados en los últimos tres años y se cree que el negocio representa unos 100 millones de dólares anuales en la Argentina" (Colectivo de Derechos de Infancia y Adolescencia, 2009: 40).

Actualmente, la República Argentina es considerada un país de tránsito y de destino para las mujeres y personas menores de edad traficadas para su explotación sexual (UNICEF, 2012). La mayoría de las víctimas nacionales son trasladadas desde zonas rurales a urbanas. Asimismo, las redes que operan en la zona usan a la Argentina como país de tránsito para mujeres y niñas que luego serán explotadas en Chile, Brasil, México, España y Europa occidental (U.S. State Department, 2008). Sin embargo, éste no es un fenómeno nuevo en Argentina. Ya a finales del siglo XIX pueden registrarse actividades de trata de personas para la explotación sexual cuando las mujeres europeas poblaron los burdeles de Buenos Aires al culminar el primer proceso de inmigración transatlántica entre 1870 y la Primera Guerra Mundial.

En el año 1875, con la reglamentación de las actividades en los prostíbulos de Buenos Aires, comenzó un proceso de legalización de la prostitución que habilitaba el desarrollo de redes de proxenetas como Zwi Migdal que, a comienzos del siglo XX, llegó a explotar a miles de mujeres en Argentina. Fundamentalmente se trataba de inmigrantes mujeres del Este de Europa traídas al país de manera engañosa. La red fue desbaratada por las denuncias de Ruchla Laja Liberman, una de las secuestradas (Schalom, 2007).

En 1880 comenzaron a fundarse en Buenos Aires sucursales de organizaciones europeas que luchaban contra la trata. En 1891, se fundó la Asociación Nacional Argentina contra la Trata de Blancas. En 1910, a través de Julieta Lantieri, se incorporó la temática al discurso y a las reivindicaciones feministas (Bellotta, 2007).

En 1913, la sanción de la Ley Palacios (9.143) fue la primera ley contra la "Trata de Blancas, prostitución de niñas, adolescentes y proxenetismo" y recién en 1936 fue sancionada la Ley de Profilaxis que abolió la prostitución. Sin embargo, y a pesar de diversas modificaciones legales posteriores y de la adherencia a tratados internacionales, el proxenetismo continuó desarrollándose de forma exponencial en las décadas subsiguientes.

El primer tratado internacional de la Organización de las Naciones Unidas que denunció el tráfico de personas fue el "Convenio para la represión de la trata de personas y de la explotación de la prostitución ajena" de 1949, que se suma a la Convención sobre la Esclavitud de 1926 y a la Convención Complementaria sobre abolición de la esclavitud, la trata de esclavos y las instituciones y prácticas análogas de 1956. Asimismo, la Convención de las Naciones Unidas sobre la Eliminación de Todas las Formas de Discriminación contra la Mujer (CEDAW), que fue adoptada en diciembre de 1979, reforzó el convenio sobre la trata y sus obligaciones de reducir el tráfico de mujeres, entre otros. El Protocolo de Palermo (ONU, 2000) describe las acciones de captación, reclutamiento, transporte, acogida y explotación de las personas con fines de trata. A su vez, identifica a los reclutadores, proxenetas, regentes de prostíbulos, más los que dan protección y no actúan –policías, jueces o empleados–.

Actualmente Argentina cuenta con la Ley de Trata de Personas (Ley 26.842/2012) que ordena, entre otras cosas, la creación del Consejo Federal para la Lucha contra la Trata y Explotación de Personas y para la Protección y Asistencia a las Víctimas, y elimina el consentimiento de la víctima como eximente de toda responsabilidad penal y obliga al Estado a promover la reinserción social de las mujeres, niñas, niños y personas trans que caen en estas redes. Esta normativa se suma a la Ley de protección integral para prevenir, sancionar y erradicar la violencia contra las mujeres en los ámbitos en que desarrollen sus relaciones interpersonales (Ley 26.485/2009), que identifica a la violencia sexual (entre otras formas de violencia) como aquella que atenta contra el derecho de las mujeres a decidir sobre su cuerpo y sexualidad. Asimismo, la Ley de Identidad de Género (26.743/2012) que garantiza el cambio registral en la identidad de género autopercibida y tratamiento hormonal a las personas que lo soliciten, implica el derecho al desarrollo personal y el trato digno a las personas transgénero y transexuales.

Sin embargo, se observan fuertes brechas en el acceso a estos derechos por parte de la población más vulnerable. Las personas en situación de prostitución, en su mayoría, provienen de familias pobres, con bajo nivel de estudios y dificultad para acceder al mercado laboral formal. Mujeres, travestis y transexuales argentinas y extranjeras encuentran en las calles de Buenos Aires recursos mínimos para sobrevivir.

De acuerdo con las estimaciones de movimientos organizados de travestis y transexuales, en la Argentina el 95% de esta población trabaja en la prostitución. Según una investigación realizada por la Asociación Lucha por la Identidad Travesti-Transexual (ALITT) en 2007 la prostitución callejera de la CABA se concentra en los barrios de Constitución, Flores, Once y Palermo. Existe una segmentación de espacios, horarios y poblaciones con base en las características de las personas (CELS, 2013).

En presentaciones anteriores (Zaldúa *et al.*, 2012 y 2013) relacionamos los obstáculos al acceso pleno de los derechos humanos con las discriminaciones de género y clase social, subrayando que un tema relevante en las Comunas 3 y 4 es la situación de trata de personas que afecta a mujeres, diversidades sexuales, niñas y niños. Las víctimas son utilizadas para la prostitución, explotación sexual, trabajos o servicios forzados, esclavitud laboral y prácticas análogas. Este negocio cuenta con complicidades, y como denuncian varias organizaciones civiles en torno a este punto: "sin clientes, no hay trata". En este marco, nos preguntamos acerca de las condiciones de posibilidad de exigibilidad de derechos en mujeres, niñas, niños y personas trans en situación de prostitución. Asimismo interrogamos los dispositivos comunitarios alternativos que propician la autonomía y el acceso a derechos.

Aspectos metodológicos

En este artículo desarrollamos el objetivo de elucidar discursos, prácticas y dispositivos alternativos para la exigibilidad de derechos en personas en situación de prostitución en las comunas 3 y 4 de la CABA. Desde la Investigación Acción Participativa (IAP), nuestro proyecto de investigación se propone construir dispositivos de problematización, de planificación y de evaluación participativos que tiendan a la coconstrucción de estrategias de reapropiación colectiva de autonomía. La IAP interpela las prácticas del campo psicosocial y propone una praxis crítica, dialógica, participativa, reflexiva, problematizadora de las situaciones de desigualdad, opresión y violencias. Desde la tradición latinoamericana se propone la implicación ética y política en la producción de saberes y prácticas de transformación subjetivas y colectivas, partiendo de problemas y de necesidades enunciados por la propia comunidad. Asimismo, se busca la innovación y la socialización de las técnicas, proceso que contempla la reflexividad sobre los propósitos para investigar, intervenir y validar contextualmente en problemáticas de poder, de género y de sexualidades.

Asimismo, nos posicionamos desde un enfoque cualitativo que busca integrar conocimiento, reflexión y acción. Según Minayo (2009) la metodología cualitativa se destaca por incorporar la cuestión del significado y de la intencionalidad como inherentes a los actos, a las relaciones y a las estructuras sociales. Es significativo el impacto que sobre las prácticas de la psicología social comunitaria han tenido la tradición metodológica cualitativa, la epistemología feminista, las posiciones gay y lésbicas y, sobre todo, la búsqueda de un encuentro con el resto de las disciplinas humanas y sociales (Íñiguez-Rueda, 2003).

Para este trabajo, nos basamos en la perspectiva constructivista que otorga a la investigación cualitativa: (a) el reconocimiento de que el investigador necesita encuadrar en los estudios los puntos de vista de los participantes; (b) la necesidad se inquirir cuestiones abiertas; y (c) la inclusión fundamental del contexto cultural, es decir, aquellos lugares donde las personas realizan sus actividades cotidianas.

Esta perspectiva crítica y situada de la investigación nos compromete con el cuestionamiento y con la problematización de los procesos de reproducción o cambio social, lo que nos lleva al análisis de narrativas de la resistencia que muestran la lucha cotidiana, observable y la motivación profunda, sólo vislumbrable, arraigada primero en la propia dignidad y, luego, en la convicción de su falta de reconocimiento por otros, poniendo de manifiesto la conflictividad de las relaciones sociales (Vasilachis, 2013).

A partir del trabajo realizado con las organizaciones participantes en el estudio presentado en el capítulo 1 de este libro, se procedió al contacto con dispositivos alternativos vinculados con la defensa de los derechos de las personas en situación de prostitución que desarrollaran acciones en los territorios comunales mencionados, a fin de profundizar en el abordaje de la temática mencionada. La modalidad dialógica entre agentes internos de los dispositivos comunitarios y agentes externos del colectivo universitario que permitió realizar la selección de casos se inscribe en el sentido de acción compartida y participación activa en el fortalecimiento de ciudadanías y de la sociedad civil (Montero, 2006; Fals Borda, 1985).

Los dispositivos seleccionados fueron: Bachillerato Popular Mocha Celis, ALITT, AMMAR-Capital (Asociación de Mujeres por los Derechos Humanos) y Campaña Ni Una Violencia Más. Una vez realizado el acercamiento a dichos dispositivos, se procedió a la selección de las participantes para este estudio, a través de un muestreo intencional por criterios donde la inclusión estuvo sujeta a que se trata de informantes clave sobre la temática y casos especialmente ricos en información (Patton, 1990). La muestra estuvo compuesto por 16 participantes, de las cuales 14 eran mujeres y 2 personas transgénero.

Los criterios de validez del estudio fueron credibilidad y auditabilidad (Minayo, 2009). La credibilidad se logró a partir de la discusión y de la interpretación del material producido en entrevistas y observaciones con las propias participantes. La auditabilidad se alcanzó a través de la discusión entre investigadores a partir de los registros de campo, la desgrabación de los audios que registraron los encuentros con los participantes y el abordaje sobre los contextos y sus características.

Entendiendo a la intersubjetividad como clave de la investigación cualitativa y punto de partida para captar reflexivamente los significados sociales (Lévano, 2007), el abordaje de las narrativas se llevó adelante mediante: 1) entrevistas en profundidad a informantes clave; 2) relato de vida; 3) entrevista colectiva, y 4) observación participante.

Breve caracterización de los dispositivos alternativos abordados

AMMAR-Capital: desde sus comienzos se autodefinen ante la sociedad como mujeres en situación de prostitución que exigen políticas públicas y educativas para dejar la prostitución. Entre sus objetivos están: a) lograr el respeto pleno de los derechos humanos de las mujeres en situación de prostitución, de vulnerabilidad social o víctimas de trata de personas, a partir del empoderamiento de sus derechos; b) exigir que el Estado genere políticas públicas de empleo, vivienda, salud y educación que permitan a las mujeres superar su situación de vulnerabilidad social a través del cumplimiento de los tratados internacionales firmados por la Argentina que postulan una perspectiva abolicionista de la prostitución.

Bachillerato Popular Trans "Mocha Celis": se autodefine como un espacio no sexista que, en el marco de inclusión educativa, dirige su propuesta a personas travestis, transexuales, transgéneros, mujeres y varones trans, garantizando el derecho a la educación secundaria y la formación profesional en un contexto libre de discriminación por orientación erótico-afectiva e identidad o expresión de género.

La iniciativa surge en 2012 frente a la situación de marginación social extrema que atraviesan estos colectivos: "De acuerdo con los pocos estudios disponibles, en general, la identidad de género femenina se asume entre los 8 y los 13 años de edad, y produce, las más de las veces, la exclusión de la familia de origen. Sin vivienda ni apoyo y contención del grupo primario de vinculación afectiva, se hace cuasi imposible sostener la escolaridad. La marginalización empuja al ejercicio de la prostitución como único medio de sustento económico, y esta situación da origen a una mayor marginación social, a abusos por parte de la policía, a enfermedades de transmisión sexual y adicciones, que se traducen en detrimento de la calidad de vida" (Página Web del Bachillerato Popular Trans Mocha Celis, 2012).

Campaña Ni Una víctima Más: es una campaña autónoma, autofinaciada y autogestiva en la que se actúa desde una perspectiva feminista basada en los derechos de las humanas, que propone comprender por qué la prostitución y la trata con fines de explotación sexual son dos caras de una misma violencia contra las mujeres. La campaña está conformada por diferentes colectivos y organizaciones sociales. Y exige, junto con AMMAR-CAPITAL, políticas públicas universales de salud, educación, trabajo y vivienda, especialmente para todas las mujeres en estado de prostitución. La campaña desarrolla diferentes actividades en interacción con la sociedad: reflexión y construcción de pensamiento sobre el tema que están reflejadas en sus documentos y visibilización mediante acciones públicas periódicas, realización de talleres, mesas redondas, charlas y proyecciones en universidades, escuelas, asambleas, centros barriales, etc.

ALITT: es una organización que se conformó en 1992. Es la primera organización de estas características que fue reconocida formalmente con personería jurídica en América Latina. Trabaja por el reconocimiento de la identidad travesti y transexual y reclama que la diversidad sea una política de Estado. Además, desde la organización, señalan que los grupos que sufren especial desventaja en el acceso a la justicia son los compuestos por personas homosexuales y transgénero. En 2008, crea la primera escuela cooperativa de trabajo travesti y transexual de Argentina, que lleva el nombre de "Nadia Echazú". Luego, la cooperativa textil Nadia Echazú surgió a partir de la necesidad de construir una alternativa laboral y de capacitación para transexuales y travestis que no tienen más opción que la prostitución como medio de vida.

Poder y alteridad

Históricamente las más diversas formas de violencia y de segregación se vieron fundadas en algunas características consideradas naturales e inferiorizantes: el sexo, el color de la piel, el lugar de nacimiento, la religión, la opción sexual, etc. (Femenías, 2013). Este tipo de construcción social y cultural permite que se consoliden procesos de invisibilización de la exclusión y la violencia instaurados a través de un andamiaje que legitima y justifica la arbitrariedad de prácticas sociales establecidas como habituales entre los géneros. En general la discriminación se anuda a procesos de exclusión social, esto se manifiesta en prácticas y en representaciones sociales que se sostienen acerca de los otros, aquellos considerados diferentes. Se trata de una mirada en la que la diferencia se expresa como inferioridad, irracionalidad, oposición, disconformidad, disparidad, etc. Así, las diferencias establecidas por razones étnicas, religiosas, culturales, de géneros, lejos de hablar de aquellos a quienes se hace referencia, hablan mucho más claramente de aquellos que marcan esta diferencia.

La falta de interpelación a la prostitución y la naturalización de las prácticas prostituyentes van acompañadas de situaciones cada vez más violentas, lo que conlleva a que se perpetúe la prostitución como una institución social. "El sexo se presenta como algo que los hombres 'necesitan', mientras que la sexualidad de las mujeres apenas es reconocida. De modo que a las mujeres se les ve 'al servicio' de esta necesidad masculina (…) en ambos casos, y por diferentes motivos, la sexualidad aparece más relacionada con las estrategias de poder que con el placer" (Rostagnol, 2007: 49-50).

En una época de libertad sexual como la actual, los hombres acuden a la prostitución como un ejercicio de poder y sumisión sobre otra persona con la que no tienen que tener ninguna consideración porque le pagan y ella debe estar a su servicio, lo que la convierte en un objeto de su consumo (Gutiérrez, 2009). Muchos hombres que consumen prostitución no son conscientes ni ven a esta práctica como una forma de violencia, pues la naturalización de la violencia forma parte de todas y de cada una de sus prácticas, con el agravante de considerar la presencia del dinero como condición de convalidación y de legitimación de dicha práctica (Anzorena y Castillo, 2010). La existencia de la cultura patriarcal permite comprender a ciertos cuerpos bajo relaciones sociales con el particular potencial de ser explotados y traficados (Rubin, 1986). La lógica mercantil cobra sentido desde las masculinidades, pues así el que paga (el hombre generalmente) siempre tiene el poder, siempre tiene la razón y, por ende, acceso al cuerpo de las mujeres y de las personas trans (Salas Calvo y Campos Guadamuz, 2004). En este sentido el capitalismo, que establece y consolida las desigualdades de clase, se basa también en desigualdades de género y en los pactos patriarcales entre varones que conforman y dan origen al contrato sexual. Estableciendo pares inter-clases e intra-género (Fontanela, 2007).

- Si la mujer es una cosa es posible el embarazo forzado, el acoso en el trabajo; ésa es la condición esencial de la mujer: ser una cosa para el patriarcado. (Integrante de la campaña "Ni Una Víctima Más")
- Hay un sector de la humanidad que son mujeres, travestis o transgéneros que son prostituidas y se ejerce el dominio sobre ellas. (Integrante de la campaña "Ni Una Víctima Más")
- Es vergonzante estar en prostitución, pero todo lo contrario si es prostituyente. El cliente es un piola, divertido e incluso algunos intelectuales hablan de cómo consumen prostitución como una cosa maravillosa. En cambio la mujer que es prostituta en general lo vive con un acto vergonzante. (Integrante de la campaña "Ni Una Víctima Más")

- El sistema prostituyente es como un pulpo que tiene las patas metidas en todas partes por eso es difícil de combatir. Tienen las patas metidas en los medios de comunicación, en la literatura, en el arte. Genera condiciones materiales y simbólicas. (Integrante de la campaña "Ni Una Víctima Más")

La violencia de género abarca prácticas y actos mediante los cuales se discrimina, se ignora, se somete y se subordina a las mujeres y a las diversidades sexuales en los diferentes aspectos de su existencia. Es un todo que incluye un ataque material y simbólico que afecta la libertad, la dignidad, la seguridad, la intimidad y la integridad moral o física de la persona.

La Organización de Naciones Unidas (1999) establece que la violencia sexual y la trata de mujeres y niñas con objeto de explotación económica, explotación sexual por medio de la prostitución y otras formas de explotación sexual y modos contemporáneas de esclavitud son graves violaciones de los derechos humanos.

Por día se registran 500 episodios de violencia sexual en contra de las mujeres en la región; 7 de cada 10 mujeres han sufrido algún nivel de violencia, y entre el 17 y el 53% quedan afectadas por violencia sistemática (Núñez, 2013).

En el casos de personas trans, al tabú de la prostitución se suma el de sus propios cuerpos intervenidos. La esperanza de vida de las personas travestis y transexuales oscila entre los 38 y los 45 años, lo que significa que "se mueren jóvenes y que se mueren enfermas", como declaró el director nacional de Estadísticas Sociales y Población del INDEC (citado en CELS, 2013). Y debido a la enorme discriminación y a los prejuicios relacionados con su identidad de género, durante su vida ven agravadas su fragilidad y las posibilidades de establecer relaciones personales y laborales exentas de prejuicios. Las travestis como grupo de población están inmersas en relaciones de subordinación y de desigualdad que condicionan una vida digna, saludable y gratificante (Gutiérrez, 2007).

- Muchas veces la violencia con la prostitución no se conecta. El tema que se pone en juego es la construcción de nuestra sexualidad, la prostitución es una institución que nos marca a todas. (Integrante de la campaña "Ni Una Víctima Más")
- Vos fijate que en términos generales, cuando se habla de violencia hacia las mujeres, no se nombra a la prostitución. Es una de las violencias más naturalizadas y donde se concentran casi todas las violencias porque hay violencia psicológica, violencia física. Es como una expresión extrema de la construcción del género en cuanto a la violencia. (Integrante de la campaña "Ni Una Víctima Más")
- Mocha Celis era una prostituta trans que no pudo terminar ni la primaria ni en la secundaria. Ella es de la provincia de Tucumán y la terminaron matando en la zona de Flores. La policía la terminó matando a traición. (Integrante del Bachillerato Popular Mocha Celis)

Salud y cuerpos disidentes

En la accesibilidad al derecho a la salud de sujetas y colectivos están presentes aspectos materiales de producción sociohistórica de masculinidades-femineidades y sus relaciones; sistemas de valores y creencias en relación con los cuerpos y sus cuidados; modelos científicos de interpretación e intervención técnico-profesional; así como el análisis de las prácticas sociales y de la vida cotidiana. Esta lectura de los procesos de accesibilidad al derecho a la salud tiene su asidero en el entrecruzamiento de perspectivas ético-políticas transversales que nos habilitan a incursionar en procesos relacionales y potenciadores de autonomías, que se despliegan en escenarios con diversidad de actores, con tensiones y con conflictos (Zaldúa *et al.*, 2013).

Los actos de salud que engloban el encuentro entre trabajadoras de la salud, mujeres, travestis, niñas y niños en situación de prostitución requieren una reflexión particular debido a la complejidad que presentan las dinámicas de salud-enfermedad, atención y cuidados. Entendemos que las operaciones discursivas y los efectos de subjetivación fundados en la naturalización de la fragmentación social, la violencia y exclusión –en asociación con estigmas y discriminaciones– exigen revisar los obstáculos y los facilitadores para la equidad y la igualdad de género y los dispositivos de salud. Problematizar el lugar de las trabajadoras de la salud y sus construcciones identitarias en contextos de pobreza e inequidad genera un proceso de reflexividad crítica propiciador de buenas prácticas (Zaldúa, 2011). Según los relatos que surgen de las entrevistas, resulta sustancial garantizar la disponibilidad y la accesibilidad económica, física y segura, la aceptabilidad y la calidad de establecimientos, bienes y servicios públicos de salud y centros de atención, así como de programas que funcionen plenamente sin discriminación alguna (Huenchuan, 2011).

- Muchas chicas tienen miedo a ser tratadas mal. A ser miradas. La mirada está en todos lados. Pero es verdad, cómo te van a mirar mal si estás en el hospital esperando un médico. Y no hay acceso. Es exclusivo... no hay un acceso para que las chicas no tengan que ser tan expuestas. (Estudiante del Bachillerato Popular Mocha Celis)
- Nosotras tuvimos que hacer primero un taller con los médicos del Hospital Álvarez para que atiendan a las mujeres. Porque lo que pasa es que las mujeres iban y nos les decían qué es lo que hacían, porque si le decían "soy prostituta" se iban a poner diez guantes en cada mano. (Ammar- campaña "Ni una víctima más")

- Por ejemplo yo fui por un problema y me mandaron directamente a infectología. Recuerdo que salí llorando de ahí. Entonces en ese momento Graciela una compañera dijo: "hay que hacer algo". (Ammar- campaña "Ni una víctima más")

Es evidente que la presencia de servicios y de profesionales "amigables" ofrecidos por los equipos de salud promueve prácticas en las que se va incorporando la perspectiva de género en las políticas y las intervenciones de salud. A través este tipo de dispositivos, se tiende a disminuir la presencia de prácticas y de actitudes discriminatorias contra las mujeres y las diversidades sexuales, lo que propicia el ejercicio efectivo en la toma de decisión y respeta su autonomía (Zaldúa *et al.*, 2010). La emergencia de estos dispositivos requiere reflexionar críticamente sobre los paradigmas que se presentan en las distintas disciplinas de la salud. En este sentido, la medicina –no sólo el higienismo o la epidemiología más tradicional, sino varios abordajes actuales– no logra superar un sustancialismo que opaca cualquier posibilidad de comprender más cabalmente las problemáticas de las personas en situación de prostitución (Morcillo, 2008). Continúa siendo un desafío generar iniciativas enfocadas principalmente hacia el cambio en el paradigma patologizante con el cual se suele dar respuesta a las necesidades en salud de las población trans e intersex, por un modelo basado en la no discriminación y el respeto a la identidad de género que, a su vez, promueva una igualdad en el acceso a la salud.

- El tema de los profesionales (…) si bien es cierto desde la imagen es un cuerpo que devuelve la imagen de lo femenino, de la construcción que ellos creen de lo femenino, pero no indagaban sobre el recorrido, la forma y los modos de construcción de nuestro cuerpo. Primero encarcelado, golpeado, siliconado en las peores condiciones. Qué me pasa a mí con eso, por qué la silicona me pica, por ejemplo. Hay indagaciones que no aparecen. (Integrante de ALITT)

- Yo creo que tiene que ver con no querer abandonar su lugar de omnipotencia. Como disciplina lo digo, no aceptar el no saber. No quieren confrontar con su propia ignorancia. Es una ignorancia absolutamente justificada, porque no han estudiado para abordar un cuerpo travesti. (Integrante de ALITT)
- Las chicas (…) van por un tratamiento hormonal y no se lo dan. Pero por ejemplo, la cirugía por el cambio de sexo, te dan el turno de acá a tres años. No es que pedís el turno y te lo dan en un año. No, son a tres años y a veces un poco más. Porque solamente hay un solo cirujano que lo hace en Argentina. (Integrante Bachillerato Popular Mocha Celis)

Buenas prácticas, dispositivos comunitarios y exigibilidad de derechos

Las buenas prácticas corresponden a procesos conducentes que, desde un enfoque innovador, se proponen incidir en la consecución de la equidad de género en distintos contextos, en diferentes espacios culturales. Las buenas prácticas son experiencias y acciones concretas que promueven cambios que contribuyen al fortalecimiento de una democracia de género (FIA, 2010). En este sentido los cuatro colectivos presentados emprenden iniciativas creativas en lo que respecta a exigibilidad de políticas públicas e integrales –como una forma de ejercer la autonomía–, cambios legislativos que favorecen los derechos ciudadanos y el respeto por los derechos humanos, y emprendimientos productivos que generan empleos –como la gestión de instancias de capacitación y educación–. Asimismo, sus iniciativas públicas interpelan fuertemente a la construcción simbólica en torno a la prostitución que presentan nuestras sociedades y comunidades.

A continuación presentamos un cuadro realizado a partir de las narrativas de las actoras de dispositivos comunitarios que sistematiza las distintas estrategias y prácticas por ejes de análisis.

Eje de análisis	Actoras	Narrativas
Iniciativas educativas, culturales y artísticas	Integrante de AMMAR- Capital	Tenemos la escuela para adultos, después tenemos un proyecto con fortalecimiento que las chicas hacen spot de radio y televisión para prevenir la prostitución. El año pasado hicieron una obra de teatro, también se realizó un taller de fotografía. A mediados de marzo Cine en Movimiento y ahora comienza nuevamente el curso y van hacer cine. Ya se hicieron tres cortos. Ahora están re entusiasmadas con el Taller de Arte que realizan los jueves. En realidad están construyendo una muestra interactiva. Se hacen los moldes y luego se rellenan y luego se arma una muestra sobre los cuerpos de las mujeres. Están todas re entusiasmadas con eso.

	Integrante del Bachillerato popular Mocha Celis	El bachillerato surge de la necesidad... Empezó con un grupo de chicos de una fundación que se llama Diversidad Divino Tesoro. Ellos hicieron un corto que se llama "Furia travesti" en donde descubren que más del cincuenta por ciento de las chicas trans no había podido terminar la escuela secundaria. La idea surge de ahí.
	Integrante de la Campaña "Ni Una Víctima Más"	Nos planteamos como desafíos actuar con educadores/as formales y no formales en cuestiones de prevención. Poder trabajar con ellos cuestiones que tienen que ver con el respeto al cuerpo, el juego, la alegría, poder decir lo que nos pasa, lo que nos gusta y no nos gusta. El poder expresarlo. Nos parece que es fundamental el trabajo con niñas y niños para crear nuevas conciencias. Nosotras como Campaña Abolicionista tenemos nuestro cuadernillo. Es para trabajar con docentes en escuelas primarias y secundarias. Nosotras en nuestros talleres pasamos por las emociones, por el cuidado, el ejercicio de nuestros derechos y los postulados de la Campaña, la prevención de la prostitución. También nos interesan los capacitadores que trabajan en espacios informales de educación.

	Integrante de ALITT	Estamos armando una tecnicatura con títulos oficiales. Le agregamos está cuestión para logar subsidios para ellas, para que se puedan sostener. Porque no sólo tenés que lograr el acceso, sino también la permanencia, que es lo más duro.
Estrategias de sensibilización e inclusión	Integrante de AMMAR- Capital	Nosotras tuvimos que hacer primero un taller con los médicos del Hospital Álvarez para que atiendan a las mujeres en situación de prostitución. También vamos a dar charlas. Fuimos a un colegio de flores a dar charlas. Fuimos a dos colegios privados de adolescente. Fuimos hacer prevención. En está ocasión nos llamaron de la escuela. Hicimos la prevención del HIV y luego hablamos de todos los códigos. Tenemos promotoras (…) Constitución, en Once, en Flores.
	Integrante del Bachillerato popular Mocha Celis	En este momento estamos haciendo una campaña y un recorrido por toda la zona roja. De día y de noche para que las chicas que no se enteraron todavía, puedan inscribirse. Ayer por ejemplo fuimos a la zona de Flores, Floresta y Villa Luro. Y recolectamos 50 números de teléfonos y datos de chicas que no habían terminado los estudios.

Alternativa Laboral	Integrante de AMMAR-Capital	Para nosotras este tipo de iniciativa como el convenio con la UOCRA es muy importante, porque también cuestiona ciertas prácticas que tradicionalmente estaban destinadas a los hombres, que son patriarcales. Hoy las mujeres podemos ser electricistas y eso es bueno.
		Hemos participado de distintas becas, cursos de capacitación, formación porque es importante la capacitación, pero necesitamos que los programas tengan salida laboral porque no es solo la formación (…) también necesitamos tener trabajo seguro para no tener que seguir en la prostitución. Necesitamos programas con salida laboral.
	Integrante del Bachillerato popular Mocha Celis	En el bachillerato se está trabajando en este momento haciendo un curso de formación profesional que trabajan con el Ministerio de trabajo. Y a las chicas les hacen como un aporte de 700 pesos mensuales. Pero son por tres meses nomás. Pero le hacen el curso de gastronomía, de secretariado, de estética, diseño de indumentaria también hay. A parte de las chicas que van a la escuela, también van otras.

	Integrante de ALITT	La cooperativa es un ejemplo muy claro. Teníamos chicas muy lindas, pero sin embargo estaban en la cooperativa con un subsidio de 600 pesos, que si ellas se paran en Palermo en un día ganan lo mismo. Cuando vos construís la materialidad, si creo que hay una apropiación. Ese proyecto de la cooperativa, de trabajo es el proyecto más exitoso que existe.
Redes	Integrante de AMMAR-Capital	[...] nosotras trabajamos con todas las mujeres. Pero en este momento estamos más abocadas al trabajo en la prevención de la prostitución en las adolescentes y niñas. Por otra parte son integrantes de la Campaña Ni Una Víctima Más. Como Campaña este 4 de julio ya van hacer siete años.
	Integrante del Bachillerato popular Mocha Celis	Con el centro de salud que no sé cómo se llama que está en Bonpland y Córdoba. Con la gente de la mutual, con todas. Igual entre las chicas tienen el punto verde. El punto verde es un lugar orgánico que funciona en el edificio pero en el garaje que se llama el galpón. Ahí hay un punto verde donde cocinan solo comidas orgánicas. Y ahí las chicas venden su comida.

	Integrante de ALITT	Una vez sancionada la ley del matrimonio igualitario. Nosotras consideramos que estábamos en condiciones de ir por la ley de Identidad de Género. Empezamos a plantear la idea e inmediatamente organizamos el Frente Nacional por la ley de Identidad de género en el que participaron muchísimas organizaciones de todo el país.
Cambio posicionamiento subjetivo-social	Integrante del Bachillerato popular Mocha Celis	Sabés que hay muchos aspectos positivos. La gente cambia la mirada al ver una trans de día y al ver una trans segura con libros en la mano. Hay gente que se queda mirando. A mí no me pasó pero sí conozco casos de chicas que, por ahí, se suben al tren, porque vienen de muy lejos... se suben al tren y la gente las ve y la mirada cambia. Ella me dice "sabés que la mirada de la gente cambia hacia mí cuando me ve de día o cuando me ve con la mochila. Sabés que la mirada cambia". Para mí eso es muy positivo.
	Integrante de AMMAR-Capital	Para mí fue muy importante capacitarme como electricista. Aunque fue duro, tengo tres hijos uno de 12, otro de 6 y otra de tres años. Los tenía que dejar y me angustiaba pero lo logré.

Exigibilidad de políticas públicas y derechos	Integrante de la Campaña "Ni Una Víctima Más"	Es necesario una política real, efectiva eso lleva su tiempo. Se tiene que considerar que estás personas son víctimas de daños diversos. No es una persona que no tiene trabajo y vos se lo ofrecer y van a ir a trabajar como si nada. Hay una toda una necesaria restitución de derechos que se les tiene que hacer porque se le ha sido conculcado durante un tiempo largo de su vida o toda su vida. Un desafío es presionar al Estado para que haya policías públicas.
	Integrante del Bachillerato Popular Mocha Celis	Me pasó que cuando fui a hacer el trámite, vi que venían como cinco chicas que me saludan y me decían "no, vengo con ellas porque acá no me querían dar el DNI". O sea, si tiene que venir con alguien es porque le están vulnerando el derecho, como que no tiene que ser así.
	Integrante de ALITT	Con la Ley de Identidad de Género el trabajo fue en hablar senador por senador, diputado por diputado. Habíamos armado un kit de materiales videos, testimonios, carpetas. Armábamos grupos de tres o cuatro e íbamos hablar uno por uno fundamentando la necesidad de la ley. El valor que tenía la ley. Después vino la parte parlamentaria que fue durísimo.

		Hablamos de la salud integral desde las compañeras que le doliera la muela hasta aquella que se quisiera poner una prótesis o se quiera cambiar de sexo. Hablamos de salud integral, justamente no queríamos caer a la hora de cambiar el documento que nos digan bueno usted tiene que pasar obligatoriamente por un proceso de hormonización.
		Cuando vos construís un derecho no sólo tenés que garantizarlo, sino también la creación de un nuevo lenguaje y nuevas técnicas.
		Hay dos aspectos importantes para mí con todas las leyes, el bachillerato, la cooperativa, la revista El Teje, el censo mismo lo que se está logrando es rediscutir los términos de ciudadanía y democracia. ¿Qué es lo que compone verdaderamente una ciudadanía y una democracia?

Nancy Fraser (1996) ha señalado que toda lucha por mejorar las condiciones materiales de un colectivo tiene que incorporar una lucha específica por redefinir el imaginario simbólico que también determina sus vidas. En este marco, los cuatro dispositivos abordados proponen estrategias alternativas para el acceso al derecho a la educación y al trabajo para las personas en situación de prostitución, a través de estrategias de sensibilización comunitaria e inclusión lo que promueve prácticas de exigibilidad de derechos y supone procesos de transformación subjetiva en los planos individual y social.

Comentarios finales

La prostitución configura un entramado de escenarios y actores atravesados por relaciones de poder, dominio y explotación de los cuerpos para el goce de los otros. Tiene su matriz fundante en el patriarcado y es un analizador de la cultura y su fantasmática social.

La construcción histórico-social de la situación de prostitución y explotación sexual de mujeres, transgéneros, travestis, niñas, niños y adolescentes pone en cuestión el acceso a la integralidad de los derechos humanos. Asimismo, en los territorios comunales indagados, revela la configuración de archipiélagos de excepción (Bauman, 2008), es decir, espacios que, dentro de los territorios, son dominados por una "ley sin ley". En otros términos, se trata de la configuración biopolítica de situaciones donde se puede disponer de la vida de ciertas personas sin violar la ley o, para ser más puntuales, una vida que puede ser puesta a muerte o ser abandonada, sin cometer un delito. Aquí abandono no significa ni mero olvido ni mera exclusión, sino habitar una zona de indistinción, de exclusión-incluyente, que permite que en el estado de excepción nadie esté protegido por la ley, pero sí sea objeto de toda su fuerza (Bacarlett Pérez, 2010): cuerpos abandonados que, desposeídos de la ley, tendrán que quedar sujetos al poder total del estado patriarcal, como se observa en la clandestinidad y la impunidad de las prácticas de trata o en las violencias que acarrean las prácticas de prostitución como única modalidad de supervivencia, tal como se observa en colectivos trans y de mujeres.

Frente a ello, el recorrido hermenéutico de este trabajo que indaga en de las dimensiones poder y alteridad, la salud y los cuerpos disidentes y los dispositivos alternativos comunitarios, promueve la autonomía y la afirmación ético-política de las actoras como sujetas de ciudadanía. Los colectivos anti-trata son propiciadores de equidades de género y develan las diversas operatorias de opresión y encubrimiento, construyendo estrategias colectivas de exigibilidad de la integralidad de los derechos humanos. Asimismo, las iniciativas autogestivas en los ámbitos educativo, cultural y laboral proponen alternativas de inclusión social que habilitan otras trayectorias de vida menos mortíferas y tendientes a la autonomía pues apuestan a las trasformaciones de los imaginarios simbólicos que reproducen las violencias patriarcales. Sin embargo, las posibilidades y las potencias de dichas iniciativas no eluden los límites ni las vacancias de las políticas sociales que, aunque apelen a retóricas de la igualdad, señalan fuertes brechas en cuanto a la garantía de los derechos para los colectivos especialmente vulnerables.

Referencias bibliográficas

Anzorena, A. y Castillo, I. (2010). "Algunas reflexiones acerca de porque los hombres consumen prostitución". Grupo de Estudios Sociales. Disponible en www.g-e-s.org.ar

Bacarlett Pérez, M. L. (2010). "Giorgio Agamben, del biopoder a la comunidad". *Revista Iberoamericana de Filosofía, Política y Humanidades* 24, Año 12, 29-52.

Bachillerato Popular Trans Mocha Celis (2012). "Quiénes somos". Disponible en http://www.mochacelis.com.ar/quienes-somos/

Barry, K. (1987). *Esclavitud sexual de la mujer*. Barcelona: LaSal Edicions de les dones.

Bauman, Z. (2008). *Archipiélagos de excepción*. Buenos Aires: Katz Ediciones.

Bellota, A. (2007). "Historia de la trata en Argentina". *Brujas. Publicación Feminista "Encuentros y desencuentros entre distintas concepciones feministas de la política". Prostitución y trata de mujeres y niñas* 33, Año 26.

Castellanos, G. (2006). *Sexo, género y feminismo: tres categorías en pugna*. Colombia: Editorial Manzana de la Discordia.

Centro de Estudios Legales Y Sociales (2013). *Derechos humanos en Argentina: Informe 2013.* Buenos Aires: Siglo XXI.

Colectivo De Derechos De Infancia Y Adolescencia (2009). *Informe No Gubernamental de aplicación de la Convención sobre los Derechos del Niño en Argentina con Recomendaciones del Comité de los Derechos del Niño de Naciones Unidas.* Disponible en http://goo.gl/Sm4ICd

Colmenares, A. (2011). "Investigación-acción participativa: una metodología integradora del conocimiento y la acción". *Voces y Silencios: Revista Latinoamericana de Educación* 3 (1), 102-115.

Defensor Del Pueblo De La Nación (2007). *Investigación sobre trata y tráfico de mujeres con fines de explotación sexual en la República Argentina.* Informes de actuaciones. Temas relevantes. Septiembre de 2007.

Díez Gutiérrez, E. (2009). "Prostitución y violencia de género". *Nómadas. Revista Crítica de Ciencias Sociales y Jurídicas* 24 (4).

Fals Borda, O. (1985). *Conocimiento y poder popular.* México: Siglo XXI.

Femenias, M. l. (2013). "Violencia de sexo-género: el espesor de la trama". En *Violencias cotidianas (en las vidas de las mujeres).* Rosario: Prohistoria Ediciones.

Federación Internacional De Actores (2010). *Manual de las Buenas Prácticas para Combatir los Estereotipos de Género y Promover la Igualdad de Oportunidades.* Praga: Fondo de Apoyo Financiero de la Comunidad Europea.

Fondation Scelles (2012). *Rapport mondial sur l'exploitation sexuelle.* Disponible en http://goo.gl/NmmPl5

Fontela, M. (2007). "Trata de mujeres y niñas para la prostitución. Los derechos de las humanas y su enfoque jurídico". En *Brujas. Publicación Feminista "Encuentros y desencuentros entre distintas concepciones feministas de la política". Prostitución y trata de mujeres y niñas* 33, año 26.

Fraser, N. (1996). "Redistribución y reconocimiento: hacia una visión integrada de justicia del género". *Revista Internacional de Filosofía Política* 8, 18-40.

Gargallo, F. (2010). "Feminismo y globalización: una mirada desde América Latina". En M. Berlanga, J.L. Ferreyra, F. Gargallo, N. Mogrovejo y S.E. Nuño, Mujer y violencia: el feminismo en la era de la globalización. Col. Cuadernos del Seminario, N°2. México: Ed. Ciencias Políticas y Administración Urbana / Universidad Autónoma de la Ciudad de México, 68-102.

Gutiérrez, M. A. (2005). "La imagen del cuerpo. Una aproximación a las representaciones y prácticas en el cuidado y la atención de la salud". En L. Berkins y J. Fernández (comps.) *La gesta del nombre propio: Informe sobre la situación de la comunidad travesti en la Argentinita*. Buenos Aires: Asociación Madres de Plaza de Mayo.

Huenchuan, S. (2011). *La protección de la salud en el marco de la dinámica demográfica y los derechos*. Santiago de Chile: Serie Población y Desarrollo. Centro Latinoamericano y Caribeño de Demografía (CELADE) – División de Población de la CEPAL.

Iñiguez-Rueda, L. (2003). "La psicología social como crítica: continuismo, estabilidad y efervescencias. Tres décadas después de la 'crisis'". *Revista Interamericana de Psicología / Interamerican Journal of Psychology* 37 (2), 221-238.

Lagarde, M. (2007). *Los cautiverios de las mujeres: madres, esposas, monjas, putas, presas y locas*. México: Universidad Nacional Autónoma de México.

Lévano, A.C. (2007). *Investigación cualitativa: diseños, evaluación del rigor metodológico y retos*. Perú: Universidad de San Martín de Porres.

Llados, J. I. (2004). "En la Capital: tras la crisis económica la prostitución creció más del 40%". En *La Nación*, 16 de mayo.

Magnani, R. (2012). "Estadísticas para el colectivo trans". En *Página/12*, 16 de junio.

Minayo, M. (2009). *La artesanía de la investigación cualitativa*. Buenos Aires: Editorial Lugar.

Montero, M. (2006). *Hacer para transformar: el método de la psicología social comunitaria*. Buenos Aires: Paidós.

Morcillo, S. (2008). "La mirada médica a la prostitución. CONICET-IIGG-UBA-GES ». Disponible en http://webiigg.sociales.uba.ar

Nuñez, E. (2013). "En América Latina, 92 por ciento de los feminicidios quedan impunes. Comité de América Latina y el Caribe para la Defensa de los Derechos de las Mujeres (CLADEM)". En *La Jornada*, 8 de mayo. Disponible en http://www.jornada.unam.mx/2013/05/08/sociedad/050n2soc

Organización De Naciones Unidas (2012). *Informe mundial sobre la trata de personas. Resumen ejecutivo*. V12-56529 (S).

Patton, M. (1990). *Qualitative Evaluation and Research Methods*. Londres: Sage.

Rostagnol, S. (2007). "Los pobres y las pobres, ¿tienen derecho a los derechos sexuales y a los derechos reproductivos?". En *Serias Para el Debate Nº 5*. Lima: Campaña por la Convención de los Derechos Sexuales y los Derechos Reproductivos.

Rubin, G. (1986). "El tráfico de mujeres: nota sobre la 'economía política' del sexo". *Revista Nueva Antropología* 30 (VIII), 95-145.

Salas Calvo, J. M. y Campos Guadamuz, A. (2004). *Explotación sexual comercial y masculinidad*. San José de Costa Rica: OIT-IPEC.

Santamaría, L. M. (2007). "Políticas progresistas para disminuir el fenómeno de la prostitución". *Revista Trasversales* 7.

Sassen, S. (2002). "Contrageografías de la globalización: la feminización de la supervivencia". *Travesías* 10, Año 9, 11-37.

Schalom, M. (2007). *La polaca. Inmigración, rufianes y esclavas a comienzos del siglo XX*. Buenos Aires: Editorial Norma.

Segato, R. (2008). "La escritura en el cuerpo de las mujeres asesinadas en Ciudad Juárez". *Debate feminista* 37 (abril), Año 19, 78-102.

Unicef (2012). *Trata de personas, una forma de esclavitud moderna. Un fenómeno mundial que afecta principalmente a niños, niñas y adolescentes.* Fondo de las Naciones Unidas para la Infancia, Ministerio de Justicia y Derechos Humanos de la Nación.

U.S. State Departament (2008). *Trafficking in Persons Report.* Disponible en http://www.state.gov/documents/organization/105501.pdf

Vasilachis, I. (2013). *Discurso científico, político, jurídico y de resistencia. Análisis lingüístico e investigación cualitativa.* Buenos Aires: Gedisa.

Volnovich, J.C. (2010) *Ir de putas. Reflexiones acerca de los clientes de la prostitución.* Buenos Aires: Topía.

Zaldúa, G. (2011). "Escenarios contemporáneos de subjetivación. El trabajo y el género en la perspectiva de la Psicología Social Comunitaria". *Investigaciones en Psicología. Revista del Instituto de Investigaciones de la Facultad de Psicología* 1, Año 16, 41-59.

Zaldua, G., Bottinelli, M., Longo, R., Sopransi, M. B. y Lenta, M. (2012). "Exigibilidad y justiciabilidad desde la epidemiología territorial: Una construcción inicial con actores/as comunales". *Anuario de Investigaciones* 19 (1), 85-96. Disponible en http://www.scielo.org.ar/pdf/anuinv/v19n1/v19n1a08.pdf

Zaldúa, G., Pawlowicz, M. P., Longo, R. Y Moschella, R. (2010). "Derechos sexuales y reproductivosde las mujeres de la CABA: Obstáculos y resistencias". *Anuario de Investigaciones* 17, 267-275. Disponible en http://www.scielo.org.ar/pdf/anuinv/v17/v17a26.pdf

Zaldúa, G., Longo, R., Sopransi, M. B. y lenta, M. (2013). "Géneros y construcción de ciudadanías activas. Exigibilidad de derechos en la Comuna 3 y 4 de la CABA". En *Memorias de las XX Jornadas de Investigación de la Facultad de Psicología, Universidad de Buenos Aires*, 277-281.

Diversidades sexuales y derecho a la salud

GRACIELA ZALDÚA, ROXANA LONGO, MARÍA MALENA LENTA
Y MARÍA BELÉN SOPRANSI

Los marcos normativos que reconocen los derechos de las diversidades sexuales, como la Ley de Identidad de Género, junto con las normas de derechos humanos y de salud integral que legislan sobre las prácticas en salud en Argentina, son producto de un campo de disputas por sentidos, visibilizaciones, demandas de derechos de los colectivos gays, lesbianas, travestis, transexuales, transgéneros, bisexuales e intersexuales (LGTTTBI) frente a las lógicas heterónomas y patriarcales.

Los procesos de salud-enfermedad, atención y cuidados, como expresión de los modos de vida de una sociedad, manifiestan las desigualdades y las discriminaciones que se desarrollan en su seno. En ese marco, surgen interrogantes acerca de las necesidades, demandas, recursos e imaginarios de género que operan en los actos de salud, en tanto constitutivos de las condiciones de accesibilidad a ese derecho. Pues los actos de salud no refieren sólo al acceso a una atención, sino a las características que adquiere el encuentro entre el sujeto usuario y el equipo de salud, donde se pone en juego no sólo el contacto físico y comunicacional, sino que también se desarrollan flujos simbólicos que se entrelazan con un conjunto de redes y relaciones sociales de poder (Franco y Merhy, 2009).

Diversidades genéricas y vulnerabilidad de derechos

El género como categoría explicativa denota cómo las categorías sociales son impuestas sobre cuerpos sexuados (Scott, 1990). El orden patriarcal legitima el control de las mujeres a partir de la supuesta complementariedad de los sexos (heterosexualidad obligatoria) derivada del sistema del parentesco. Sin embargo, no se trata sólo de una ideología para legitimar la dominación masculina, sino que expresa un sistema material de relaciones sociales masculinas para garantizar las prerrogativas de género que se relacionan con otros modos de opresión social como la clase, las etnias y las generaciones.

No obstante, la visibilidad de nuevas identidades genéricas y de diversidades sexuales que escapan al binarismo varón-mujer y estallan el sistema del parentesco, interpelan la modalidad de construcción de la "diferencia" que legitima la desigualdad social.

Es lo negativo de lo uno, del varón patriarcal, lo que se establece como diferente, inferior, anormal, enfermo. Si el varón heterosexual, blanco y propietario es la norma, no sólo las mujeres sino también las personas travestis, transgénero, intersexuales, entre otras, son las consideradas anormales.

Este tipo de construcción sociohistórica naturaliza los procesos de exclusión social y la violencia instaurados a través de prácticas sociales arbitrarias establecidas como habituales que configuran la vulnerabilidad de estos sectores. Ayres (2006) propone pensar la vulnerabilidad y los procesos de vulnerabilización a partir de tres componentes que se entrelazan: 1. el componente singular; 2. el componente social; y, 3. el componente programático. Esta perspectiva denota cómo en las trayectorias singulares, la diferencia normatizada en clave de anormalidad configura situaciones de vulnerabilidad que se caracterizan por la obstaculización en el acceso a los derechos o la llegada sólo a una ciudadanía parcial, signada por la excepcionalidad en términos de derechos (Agamben, 2008).

Perspectiva metodológica

La estrategia interpretativa adoptada se posiciona desde la una hermenéutica-crítica que no busca desentrañar lo "oculto" del discurso como si fuera un sentido dado desde siempre, sino que se postula como una intervención sobre una construcción simbólica para producirla como opacidad, es decir, para otorgarle su carácter de cifra –por su artificialidad–, para desnaturalizarla en su función de sentido común y también en la relación de ese discurso con los sujetos que ha producido como soporte de su propia reproducción (Grüner, 2000). Por ello, esta perspectiva cualitativa se asume desde una epistemología del sujeto conocido (Vasilachis, 2013) que reconoce como sujetos a los participantes de la investigación. No obstante, ello supone la precaución de no caer en las trampas de "ventrilocuismo" ni de las "transparencia del discurso" (Arensburg *et al.,* 2013).

A su vez, este enfoque requiere de una posición ética relacional, local y contextuada de la reflexividad como vigilancia epistemológica (Bourdieu y Wacquant, 2008) que incluye aspectos de inconclusividad e indexicalidad –el modo en el que los significados están vinculados al contexto– propios del proceso de creación y de crítica del conocimiento (Parker, 2000).

Esta investigación exploratoria-descriptiva tuvo el objetivo de elucidar discursos, prácticas y dispositivos alternativos para el acceso a una salud integral en personas travestis y transgéneros de la Ciudad Autónoma de Buenos Aires (CABA).

Se implementó una muestra intencional por criterios en la que la inclusión se estableció en tanto se tratara de participantes consideradas como casos de informantes clave sobre la temática o casos especialmente ricos en información (Patton, 1990). La muestra estuvo compuesta por 4 personas trans referentes en colectivos que luchan por las autonomías identitarias y la salud integral. Con dos de ellas se implementó la entrevista en profundidad y con otras dos, relato de vida. Asimismo se desarrollaron observaciones a participantes.

En cuanto a los criterios de validez del estudio, estos fueron credibilidad y auditabilidad (Minayo, 2009). La credibilidad se alcanzó mediante la discusión y la interpretación del material producido en entrevistas, relatos de vida y observaciones con las propias participantes. La auditabilidad se logró a través de la discusión entre investigadores a partir de los registros de campo, la desgrabación de los audios que registraron los encuentros con las participantes y el abordaje sobre los contextos y sus características.

El proceso de exigibilidad de derechos

El ejercicio de exigibilidad no es uniforme, es contextuado y diverso, y se caracteriza por el colectivo social que lo promueve, la particularidad de demanda que se presenta así como también por el tipo de sujeto y derecho que se impulsa y se visibiliza. En este ejercicio suele predominar la acción colectiva que tiende a ser parte de un proceso de participación activa, creativa e innovadora por parte de quienes la propician.

En el "hacer" de la exigibilidad aparece la autoafirmación, la interpelación a las lógicas establecidas, la emergencia de voces invisibilizadas, no habilitadas, y los obstáculos que se presentan para el ingreso al derecho o a la justicia. Además puede problematizar prejuicios y creencias que existen en el campo social sobre los derechos que se demandan e intervenir en procesos de discusión y decisión pública. Es decir, la exigibilidad alude a los sujetos, a la comunidad como una instancia activa.

Desde esta perspectiva se acentúa el reconocimiento de la capacidad que tiene potencialmente toda comunidad para repararse y organizarse a sí misma, de manera que en lugar de crear una dependencia, con los técnicos y profesionales se debe buscar el desarrollo o el fortalecimiento de su autoestima y autoconfianza, así como la potenciación de sus mecanismos de autosuperación (Wilches-Chaux, 2008; Srikantia y Fry, 2000; Cendales, 1998; Galtung, 1980; y Friere, 1972, en Contreras Arias, 2009).

El proceso de exigibilidad desarrollado por la Comunidad GLTTTBI para la elaboración y la aprobación de la Ley de Identidad de Géneros da cuenta de algunos de los aspectos mencionados.

- "Fue difícil, en principio fue una imposición en nuestra agenda. Justamente una de nuestras prioridades, como las prioridades de la mayoría de las chicas, era luchar contra los edictos policiales en las provincias, no los teníamos en Capital Federal, pero si (…) grandes porciones de la población o comunidades enteras están libradas a los arbitrios policiales, no tenés acceso a la justicia o posibilidad a acceso a la justicia ciudadana porque tu primer juez es el policía o comisario y todo queda reducido al ámbito policial el policía. Porque son inconstitucionales, están basadas en el principio eugenésico, de la teoría del autor penal del delito donde funciona el solo porque sos y porque fuiste una vez vas a queda estigmatizado. En ese contexto se comienza y después de la ley de matrimonio igualitario un conjunto de organizaciones dijeron bueno ahora vamos por la ley de identidad y nos alarmó que se estaba pensando mal sobre nuestra identidad e inmediatamente armamos un frente de identidad de géneros que trato de ser lo más diverso posible. Se fue armando y logrando. El grupo de abogadas por ejemplo escucharon las voces trans, de los y las involucrados y a eso le fueron dando juricidad". (Activista travesti)

- "Finalmente llegamos a un acuerdo, pero para mí fue muy interesante porque nos hizo pensar y aparecieron nuevos planteos. Era necesario no manifestarse en contra de la ley porque era un juego para los sectores conservadores. Finalmente primó la cordura y se integraron al Frente. Después de muchos debates, espacios de reflexión, logramos armar la ley. Para que tomara estado parlamentario. (…) Uno debe pensar que en términos de derechos no puede ser restrictivo. Es decir, nuestro propio movimiento fue repensando ciertas cosas". (Activista travesti)

- "Me parece que hay que seguir pensado, trabajando, porque no es fácil para nosotras producir los cambios, siempre hay resistencias. No es sencillo, los cambios los hemos logrado porque le pusimos fuerza y porque a veces nos hemos encontrado con personas que tuvieron buena voluntad de aceptar nuestras propuestas". (Activista travesti)

- "Una vez sancionada la ley del matrimonio igualitario… Nosotros consideramos que estábamos en condiciones de ir por la ley. Empezamos a plantear la idea e inmediatamente organizamos el Frente Nacional por la Ley de Identidad de Género en el que participaron muchísimas organizaciones de todo el país. La idea era empezar a trabajar en torno al tema. En ese momento se dieron tres debates interesantes, uno fue con los abogados, y de hecho finalmente sale la ley exactamente como nosotros la planteamos. Otro fue el debate con las propias activistas y la verdad que fue un debate muy interesante". (Activista travesti)

Cuerpos e identidades disidentes

Los cuerpos cargan con concepciones históricas construidas por saberes científicos, religiosos, filosóficos y artísticos que habilitan posibles formas de pensar los cuerpos. Diferentes campos conceptuales han trabajado en torno a los cuerpos y, en términos generales, ha primado una lógica binaria en sus explicaciones y sus fundamentaciones.

Se trata de cuerpos concebidos bajo un registro binario que contiene ciertas "normas" en las que no se permite ninguna ambigüedad, y todo lo que salga de la norma es pensado y tildado como anormal. Bajo este paradigma se sancionan las diferencias (de toda índole), se decreta la anulación de las sexualidades y los cuerpos disidentes, se promueven cuerpos pasivos, que excluyen no sólo los conocimientos respecto de ese cuerpo y sus experiencias de vida, sino también sus demandas, sus sueños, sus deseos y sus sexualidades.

La irrupción de la comunidad LGTTTBI en el campo público da cuenta de que los cuerpos también tienen la capacidad de participar activamente en la creación de significados sociales, es decir, son un agente del mundo social (Vartabedian, 2007). Es decir, instala una serie de discusiones y de críticas en las que se problematizan los vínculos y las construcciones subjetivas, corporales y sexuales. Son cuerpos que ponen en peligro la validez del sistema binario en el que se estipula que sólo se puede varón o mujer, macho o hembra (Montero, 2010). Las voces de las travestis vendrán a sostener que los cuerpos son territorios por potadores de historias, trayectorias, memorias, experiencias de vida y sentires diversos. El cuerpo travesti es la memoria de un género fluido, cruzado por la clase, la etnia y la raza (Campuzano, 2009).

- "(…) travesti. Como una identidad de y tránsito que no necesariamente se acomoda al binarismo. ¿De qué daba cuenta ese cuerpo? Que si bien es cierto desde la imagen es un cuerpo que devuelve la imagen de lo femenino, de la construcción que ellos creen de lo femenino, pero no indagaban sobre el recorrido, la forma y los modos de construcción de nuestro cuerpo. Primero encarcelado, golpeado, siliconado en las peores condiciones. Qué me pasa a mí con eso, por qué la silicona me pica, por ejemplo." (Activista travesti)

- "Yo me siento orgullosa de mi cuerpo. Mi cuerpo es como una biografía, que habla sobre mi historia de vida, habla sobre mi identidad, habla sobre mi sexualidad, habla sobre la violencia que padeció mi cuerpo, mi cuerpo carga también las marcas. Yo también creo que mi cuerpo es mi territorio. Yo me siento orgullosa tener tetas y un pene. Me siento absolutamente orgullosa de ser como soy. Alguna vez dije 'ser travesti es un detalle', pero cuando me pienso como persona que se quiere reivindicar desde otro lugar, porque hemos avanzado tanto no hemos tenido la paz suficiente como para ir reconstruyendo nuestra identidad, entonces en un momento creí que la construcción esa iba caminando y creí que era necesario reconstruirme también desde mi parte identitaria como descendiente de pueblo originario y ahí sentí que era un detalle ser travesti. Quizás sea un detalle y algunos me dirán es un detalle que te llevo a la cárcel muchos años pero somos seres más complejos que ser travestis. Nuestro cuerpo es nuestro territorio estamos orgullosas de ser lo que somos. Pero nuestras identidades son más complejas, que nos atraviesan otras cosas, ser hija de una familia pobre, proletaria, prevenimos de una familia de quince hijos y un padre alcohólico, nacimos en Gregorio Laferrere, en La Matanza, en América Latina con todo eso que forma parte de nuestra identidad y eso también constituye nuestra identidad. Al reconocerme desde ese lugar también habla de ese cruce. Pensamos que no es posible la lucha por un mundo con igualdad de género sin una igualdad de clase, que las dos tienen que estar cruzadas". (Activista travesti)

- "Volviendo al tema del cuerpo, una gran paradoja que se da en el travestismo. El amor y la cantidad de dinero, de tiempo, de cuidado que ellas ponen en la construcción de ese cuerpo con el tema del cuerpo es que tiene que ser llevado a la máxima de su expresión, pero después ese cuerpo es la misma causa que la lleva a la muerte. Es como que vos construís tú mejor obra y después es la misma. Para mí es un interrogante. Yo las escucho y tenés que tener una mirada tan aguda para la construcción mercantilista de la femineidad para ver ciertas cosas que yo no vería nunca. Sin embargo esa mirada, esa construcción tan aguda de eso, después termina siendo la misma causa de tu muerte. Porque ese cuerpo que has construido como tu mayor obra, con tanto tesón después termina atrapándote y siendo la causa principal de tu muerte". (Activista travesti)

- "Nosotras venimos trabajando en la interpelación de las identidades, con el Estado, con la sociedad desde la identidad de manera positiva y reduccionista. Es decir yo soy travesti, pero también cordobesa, tengo una edad, una determinada procedencia económica, ideológica. Los mismo le pasa a las mujeres, el tema es no entrar en reduccionismo. Futuro Trans propone positivamente no desidentificarnos. La identidad es una construcción compleja hay dos fuerzas en tensión, una es esto yo soy, he sido hija, amiga, tengo 46 años, soy cordobesa, soy, soy y puede ir cambiando a medida que pasa el tiempo infinitamente y poco le interesa a la gente en cómo va cambiando o cómo lo voy cambiando porque no afecta más que a mí misma. Ahora en una mesa de diálogo social, de pacto social sí interesa lo que no soy y yo puedo asegurar que no soy Videla, no soy Condoleezza Ricey, no soy Bush, no soy ni Francisco, no soy Ratzinger, ni Raquel. No soy hombre, ni mujer en esos términos. No voy a hacer la guerra, no voy a estafar, no tengo una multinacional, no quiero acaparar, no quiero acaparar. Estas cosas concretas si nos sirven porque vos tenés que saber que yo no soy una genocida, que yo no te voy a robar, a violar o voy a tomar los aparatos del Estado para eliminar a toda tu familia. Vos tenés que saber esto de mí, ahora sólo mis ocasionales parejas tienen que saber respecto de cómo defino yo mi travestividad, si soy así o asá, qué corporalidad tengo".(Activista Travesti)

Identidades diversas y prácticas en salud

Las identidades diversas interpelan prácticas, saberes y dispositivos. Hoy reflexionar sobre el proceso salud, enfermedad, atención y cuidado, requiere no sólo reflexiones sobre las practicas instituidas en el sistema de salud, sino también sobre aquellas prácticas necesarias que respondan a un cuidado inclusivo.

En la esfera del proceso salud, enfermedad, atención y cuidado, el cuerpo nos remite a la corporalidad, pero se trata de cuerpos situados, cuerpos en los que se inscriben las condiciones de vida, los estilos de vida individual y comunitaria y también las construcciones culturales y simbólicas que predominan sobre el cuerpo de las diversidades sexuales. Su condición de subordinación incide en la generación de perfiles epidemiológicos específicos (Palomino, 2002). Pero también es necesario problematizar los obstáculos o las barreras que presenta la población LGTTTBI para el acceso a los servicios de salud, en las que se evidencian prácticas discriminatorias y prejuiciosas.

En general la discriminación se anuda a procesos de exclusión social; este proceso se manifiesta en prácticas y representaciones sociales que se sostienen acerca de los otros, aquellos considerados diferentes. Se trata de una mirada en la que la diferencia se expresa en inferioridad, irracionalidad, oposición, disconformidad, disparidad, etc. Históricamente las diferencias establecidas por razones étnicas, religiosas, culturales, de los géneros, lejos de hablar de aquellos a quienes se hace referencia, habla mucho más claramente de aquellos que marcan esta diferencia. Las diversidades sexuales invitan a una revisión compleja de las prácticas y de las concepciones dominantes en el campo de la salud y en primer lugar interrogan la validez del sistema binario (Hinkle, 2010).

En este sentido, el acto de salud para garantizar los derechos sexuales y la salud de las personas de la diversidad sexual debe revisar los instrumentos, dispositivos, los paradigma de los que se sostiene e impulsar dispositivos, practicas o procesos de inclusión social que nos remitan en primer lugar a la necesidad de revertir estos procesos de exclusión social y de vulneración de derechos.

Marta Lamas retoma desde una perspectiva psicoanalítica la pregunta acerca del papel de la cultural en la construcción de la subjetividad. Ella parte del reconocimiento de que la diferencia sexual no se reduce a los estereotipos correspondientes a machos y hembras de la especie, sino que también abarca a las personas travestis, intersexuadas, hermafroditas y transexuales. Desde ese punto destaca la función del deseo y de la imagen inconsciente del cuerpo en la constitución de la identidad sexuada que puede llevar a distintos modos de posicionamientos subjetivos en el género. Por lo tanto pone el acento en la singularidad del proceso de construcción de la identidad en cada individuo y en el origen psíquico subyacente en los contenidos culturales (Lamas, 2012).

Desde nuestra perspectiva es posible avanzar en el diseño de prácticas en salud inclusivas, en la medida en que se logren identificar los obstáculos materiales y simbólicos asociados a la exclusión, y a la vez diseñar propuestas colectivas que promuevan su solución. En este sentido, en estos procesos de cambio es necesario apelar a un trabajo centrado en un paradigma más abarcador, en el que el interés por comprender a la persona en su interacción con el entorno incluya el análisis de los diversos componentes.

- "Sí, el discurso de la ciencia médica ha hecho estragos en nuestros cuerpos y en nuestra psiquis. Hoy todavía seguimos siendo consideradas enfermas mentales por la Asociación Internacional de psiquiatras. Existe ese discurso que medicaliza, que patologiza. Lo que se necesita por supuesto es un cambio que no se da de un día para otro. Eso siempre lo tuvimos presente. No dijimos 'vamos a aprobar la ley y mágicamente vamos a ir y encontramos con profesionales súper'. No, es un proceso que se va a ir dando y obviamente de la mano de los interesados, de las organizaciones interesadas, de las organizaciones trans que además somos quienes conocemos estos temas. Pero si el Estado no abre las puertas para que eso pueda suceder, queda como pequeñas intensiones o experiencias aisladas y nada más". (Activista travesti)

- "Si hay precisamente en la medicina un tema nodal, de manera amplia y abstracta, lo que tenemos ahora como desafío es que esta ley, que es un gran paraguas conceptual, se vuelva concreta en lo cotidiana y que impacte en las personas reales y concretas. Puntualmente de la medicina es tener el acceso a la medicina en el servicio público de la salud, pero sobre todo tener la lucidez de no condicionar como lo hace precisamente la ley de matrimonio igualitario: ahora si querés ser decente, te tenés que casar. Hay que profundizar en cuál es el acceso a la salud que se pretende, que es complejo y envuelve a la salud física, psíquica, y hay puntualmente cuestiones que tienen que ver con hormonizarse, con adaptar la imagen del cuerpo y que no se convierta en un discurso dominante que 'tenés que transexualizar', como le dicen constantemente a Florencia de la V. ¿Por qué tenés que hacerlo? Por supuesto respetamos a las personas que se lo quieren hacer y están totalmente decididas. Lo que sí tenemos es absolutamente en claro que no hay investigaciones en el tema y nosotras contamos con suicidios a partir de la transexualización." (Activista trans)

• "No hay una regla que mida el nivel de travestismo. En el tema de salud hablamos de la salud integral desde las compañeras que le doliera la muela hasta aquella que se quisiera poner una prótesis o se quiera cambiar de sexo. Hablamos de salud integral, justamente no queríamos caer a la hora de cambiar el documento que nos digan 'bueno usted tiene que pasar por un proceso de hormonización'. Otra de las cuestiones que nosotras queríamos poner es que la hormona es un proceso reversible, pero el cambio de sexo no es un proceso reversible. Entonces por qué vamos a obligar a alguien a que se someta a algo que quizás después... Hormonizate si querés, si no querés, no, y solamente te cambian el documento y hacés de tu vida lo que quieras. Por lo cual utilizamos un concepto hábilmente general sobre del acceso a la salud de manera integral. Que cada quién discuta la integralidad. Por ejemplo, si alguna compañera va y se quiere hacer solamente la barba, bueno que le hagan la barba. Dejando que el cambio de sexo como un derecho personalísimo y privadísimo de las personas". (Activista trans)

Discusión y cierre

Las problemáticas presentadas develan la necesidad de trabajar en salud sexual y derechos humanos con población LGTTTBI detectando los obstáculos existentes en el acceso a los servicios de salud y acudiendo a procesos dialógicos y consejerías que contemplen las diferencias de cuerpos, sexualidades existentes.

Hay que acentuar los procesos de educación sexual como recursos para el cuidado y el disfrute del cuerpo, de la sexualidad y de la salud en la que se trabaje sobre los mitos y prejuicios sobre las sexualidades disidentes; emprender prácticas instituyentes en salud en las que se respeten los derechos humanos y las libertades de la población tras. Generar condiciones de equidad en el acceso a las oportunidades en salud, educativas y culturales deviene una prioridad para cualquier política integral de atención, promoción y garantía de los derechos humanos.

Son necesarias iniciativas que empoderen a la comunidad como sujetas de derecho. La promoción de consejerías inclusivas consiste en una estrategia integral con la finalidad de brindar información oportuna a las usuarias/os, facilitar la autonomía en las decisiones y promover acciones en la comunidad con el fin de que las/os usuarias/os desarrollen vidas sexuales saludables. (Programa Nacional de Salud Sexual y Procreación Responsable, 2009). Por lo cual, desde la perspectiva de salud y derechos humanos, no sólo se estimula el reconocimiento de cómo el cumplimiento de los derechos humanos promueve la salud, sino que también se ayuda a traducir las preocupaciones sobre cómo pueden dañar la salud las violaciones de los derechos humanos en quejas concretas y justiciables (Krieger, 2002).

Desde un abordaje comunitario, es necesario generar procesos relacionales. Esta posición implica entender el proceso salud, enfermedad, atención y cuidado desde un enfoque relacional que incluya relaciones sociales vigentes, imaginarias, del pasado, etc., que se comprenda como un sistema de relaciones que se entrecruzan y se atraviesan entre sí, y no percibir y analizar el proceso salud, enfermedad, atención y cuidado como un hecho autónomo, referido a una sola persona.

Es fundamental reflexionar sobre los modelos vinculares, los contextos particulares y rescatar las diferentes tramas de relaciones. Trabajar en salud sexual y derechos humanos de manera relacional implica transformar el enfoque metodológico a-relacional (que coloca el peso de las descripciones y de las explicaciones en un determinado actor social y no en las relaciones que operan entre los diversos actores significativos que intervienen en los diferentes procesos salud, enfermedad, atención y cuidado).

Referencias bibliográficas

Agamben, G. (2008). *Estado de excepción*. Buenos Aires: Adriana Hidalgo.

Arensburg, S., Haye, A., Jeanneret, F., Sandoval, J. y Reyes, M. (2013). "De la subjetividad del objeto a la subjetivación de la investigación: Prácticas de investigación social en Chile". *Teoría y crítica de la psicología*, 3, 116-145.

Ayres, J. R. (2006). "El concepto de vulnerabilidad y las prácticas de salud." En Czeresnia D. y Machado de Freitas, C. *Promoción de la salud: conceptos, reflexiones, tendencias*. Buenos Aires: Lugar Editorial.

Campuzano, G. (2009). "Andrónicos, hombres vestidos de mujer. El Museo Travestis de Perú". En *Bagoas, Estudios gays, géneros e sexualidades, 4*. Disponible en http://www.revistavozal.com/vozal/files/androgino.pdf

Contreras Arias, J. (2009). "Propuesta epistemológica, teórica y metodológica para la gestión ambiental costera y del bienestar en la escala local". Tesis de Maestría. Disponible en http://goo.gl/1lf9iU

Curtis, H. y Montero, J. (2012a). "Falacias de ambigüedad en Intersexualidad". En Montero, J. (comp.) *Un cuerpo: mil sexos. Intersexualidades*. Buenos Aires: Topía.

— (2012b). "¿A quién pertenece nuestro cuerpo?". En Montero, J. (comp.) *Un cuerpo: mil sexos. Intersexualidades*. Buenos Aires: Topía.

Denzin, N. y Lincoln, I. (2011). *Manual de Investigación Cualitativa. Volumen II: Paradigmas y perspectivas en disputa.* Barcelona: Gedisa.

Franco, T. y Merhy, E. (2011). "El reconocimiento de la producción subjetiva del cuidado". En Salud Colectiva, 7 (1) Lanús, enero-abril. Disponible en http://goo.gl/D0OmDB

Grüner, E. (2000). "Foucault: una política de la interpretación". En *Prologo a Foucault, M. Nietzsche, Freud, Marx.* Buenos Aires: Mimeo.

— (2008). "Introducción. El retorno de la teoría crítica de la cultura: una introducción alegórica a Jameson y Žižek". En Jamenson, F. yŽižek, S. *Reflexiones sobre multiculturalismo.* Buenos Aires: Paidós.

Krieger, N. (2002). "Glosario de epidemiología social". En *Panam Salud Pública,* 11 (5), mayo-junio. Disponible en http://goo.gl/om6ShQ

Lamas, M. (2012). *Cuerpo: diferencia sexual y género.* México DF: Tourus.

Minayo, C. (2009). *La artesanía de la investigación cualitativa.* Buenos Aires: Lugar.

Palomino, N. (2002). "Ciudadanía y salud de las mujeres". En *Mujer/Salud. Red de las Mujeres Latinoamericanas y del Caribe.*

Parker, I. (2007). "La deconstrucción de la psicopatología en la investigación-acción". En *Archipiélago: Cuadernos Crítica de la Cultura* 76, 65-74.

Vartabedian, J. (2007). "El cuerpo como espejo de las construcciones de género. Una aproximación a la transexualidad femenina". En *Quaderns-e, 6.* Disponible en http://www.antropologia.cat/quaderns-e-6.

Vasilachis, I. (2013). *Discurso científico, político, jurídico y de resistencia.* Buenos Aires: Gedisa.

Zaldúa, G., Bottinelli, M., Longo, R., Sopransi, M. B. y Lenta, M. (2012). "Exigibilidad y justiciabilidad desde la epidemiología territorial: una construcción inicial con actores/as comunales". *Anuario de Investigaciones* 19 (1), 85-96. Disponible en http://www.scielo.org.ar/pdf/anuinv/v19n1/v19n-1a08.pdf

Zaldúa, G., Longo, R., Sopransi, M. B. y Lenta, M. (2013). "Géneros y construcción de ciudadanías activas. Exigibilidad de derechos en la Comuna 3 y 4 de la CABA". En *Memorias de las XX Jornadas de Investigación de la Facultad de Psicología, Universidad de Buenos Aires*, 277-281.

Infancias, adolescencias y la protección integral de derechos

Presentación

MARÍA MALENA LENTA Y ROSANA PEIRANO

El estudio crítico de las condiciones de producción de infancias y adolescencias implica una mirada alejada de los criterios de "normalidad" tradicionalmente empleados para interpretar la niñez, afincado en el paradigma jurídico clasista y tutelar de la situación irregular. En cambio, esta perspectiva se centra en el reconocimiento de las diversidades de modos de ser y de transcurrir por las infancias y las adolescencias poniendo de manifiesto las sobredeterminaciones de clase, género y etnias, al mismo tiempo que evidencia los procesos de control social, exclusión y subjetivación vinculados al tiempo histórico y sus relaciones de poder.

Frente a la vulneración de los derechos de niños, niñas y adolescentes, la perspectiva crítica supone un enfoque integral y propone una superación a los enfoques de las políticas públicas focalizadas que plantean el acceso a derechos mediante la excepción o la parcialidad. Recuperando al paradigma de la Protección Integral de los Derechos del Niño, resulta que la garantía de los derechos de supervivencia (alimento, vivienda) no pueda aparecer escindida de la garantía de los derechos de protección (vida sin violencias) ni de participación (social y política). Por ello, en este apartado, los capítulos desarrollados presentan distintos escenarios de infancias y adolescencias y visibilizan puntos de tensión entre los instrumentos normativos vigentes como la Convención Internacional de los Derechos del Niño (CIDN), la Ley nacional 26.061 de Protección Integral de los Derechos de Niños, Niñas y Adolescentes, entre otras, con la realidad de las políticas públicas y las prácticas con las infancias.

El capítulo "Condicionamientos sociales y de género en adolescentes escolarizados desde la perspectiva de la psicología crítica" presenta un estudio comparativo entre adolescentes de escuelas medias de la CABA y de La Matanza (sectores de clase media y media-baja) en relación con los sentidos sobre el cuerpo, las prácticas sexuales, el cuidado de sí, los sentidos sobre la escuela y los proyectos de futuro. Las dimensiones de género y de clase aparecen vinculadas a estereotipos que refuerzan la reproducción social, al mismo tiempo que se abren interrogantes para desafiar los futuros que aparecen como predeterminados.

"Narrativas sobre adolescentes en contextos críticos" es un capítulo que presenta situaciones de adolescentes con mayores niveles exclusión social: chicos y chicas que concurren a escuelas de la CABA pertenecientes a la Zona de Acción Prioritaria (ZAP) y en situación de calle. Estos modos de transcurrir adolescencias en los bordes y en la expulsión social propiamente dicha son interpelados desde las interrogaciones acerca de las miradas sobre sí, los territorios de las violencias y los proyectos de vida. También se incluyen narrativas de docentes y operadores de los programas sociales.

El capítulo "Infancia y comunicación. Promoción de derechos en contextos de vulnerabilidad psicosocial" es una producción que se centra en el abordaje de producciones comunicacionales de niños y de niñas, analizadas desde la perspectiva de análisis crítico del discurso (ACD). Hace hincapié en la importancia del artículo 12 de la CIDN en tanto da relevancia al derecho a la voz y a ser escuchados por parte de niños, niñas y adolescentes. Dicho material recupera la necesidad de comprender los derechos en su integralidad, en los que el ejercicio de la voz es un derecho inalienable para garantizar el derecho a la participación política y social.

Finalmente, el capítulo "Niñez, adolescencia y derechos humanos. Sobre inconsistencias y contradicciones de las políticas públicas" retoma las brechas entre las retóricas de las normas jurídicas y la realidad de las políticas públicas con infancias y adolescencias a partir de las narrativas de los/as trabajadores/as del sector.

Condicionamientos sociales y de género en adolescentes escolarizados desde la perspectiva de la psicología crítica[1]

María Malena Lenta, María Pía Pawlowicz y Romina Moschella

Este trabajo indaga el campo de las adolescencias escolarizadas en el territorio del Área Metropolitana de Buenos Aires (AMBA). El objetivo consiste en analizar las significaciones de los adolescentes respecto de problemas relevantes en sus vidas, considerando imbricaciones institucionales, territoriales y de género. Se trata de un estudio que toma como unidades de análisis a los adolescentes que concurren a dos escuelas medias, una de la Ciudad Autónoma de Buenos Aires (CABA) y otra del Partido de La Matanza en la Provincia de Buenos Aires.

Particularidades y miradas sobre las adolescencias

Actualmente los adolescentes (10-19 años de edad) representan 1.2 billones de la población mundial. Un 80% vive en países en vías de desarrollo (UNICEF, 2011). La adolescencia es un momento clave ya que a nivel poblacional constituye un período vital donde la inequidad empieza a aparecer más notoriamente a escala mundial; y en el que se identifican una serie de problemas prevalentes específicos: lesiones, fecundidad adolescente, desórdenes alimenticios, abuso de alcohol, problemas de salud mental, conflictos

---

[1] Una versión más amplia de este artículo puede encontrarse en XIX Anuario de Investigaciones de la Facultad de Psicología, 41: 48.

violentos y abusos (UNICEF, 2011). Psicosocialmente, la adolescencia tiene la potencia de ser un tiempo abierto a la resignificación y a la producción de distintos procesos de recomposición psíquica entre los que Bleichmar (2005) destaca los modos de concreción de la sexualidad y la reformulación de ideales, lo que implica nuevos procesos identitarios.

Estos procesos están ligados a las condiciones históricas en las que acontecen, en las que el vínculo intergeneracional y las significaciones sobre el territorio se conforman como coordenadas clave. En un momento histórico en el que se naturaliza la precariedad de la vida, se exacerba la vulneración de derechos y se vive el clivaje de instituciones tradicionales –como la familia y la escuela–, se interrogan los soportes subjetivos que referencian el porvenir. En ese marco, los sentimientos de impotencia y zozobra frente a la representación del tiempo futuro pueden producir descreimiento en la posibilidad de la conquista del espacio social. Algunos autores como Manavella (2010) enfatizan que el sentimiento de debilidad para enfrentar un sistema social injusto y la amenaza de no encontrar reconocimiento del otro social pueden retornar generando modos de respuestas fallidas como acciones agresivas contra sí y los otros, e inhibición expresada en la renuncia al futuro. Como señala Kantor (2005), se constituye así una representación doblemente problemática de esta etapa vital que convierte a los jóvenes en el "enemigo" del orden social: la de los adolescente excluidos asociados a la violencia y delincuencia; y la de los sectores medios siempre pasibles de "caer" o "desviarse", lo cual no se justifica por "todas las oportunidades que tienen".

Esta dificultad para visibilizar positivamente a los adolescentes, significados socialmente como en un tiempo preparatorio y problemático, desconoce procesos de participación juvenil con sus formas de expresión propias culturales (bandas de música, grupos de grafiti) y políticas (centros de estudiantes, participación en movimientos sociales) (Krauskopf, 2000).

El pasaje por la educación formal, además de constituir un derecho, permite a los adolescentes apropiarse de determinados recursos que ayudan a enfrentar el mundo y la vida de manera diferente. A pesar de la crisis de las instituciones tradicionales y los interrogantes sobre el sentido y la función social de las acciones que desempeña, la escuela se sigue presentando como una institución que todavía provee derechos, fundamentalmente el derecho a participar del "progreso" y a recibir la confianza del otro y un "más allá" donde pueden inscribirse trayectorias singulares en otros proyectos hegemónicamente invisibilizados, que son pensados y sostenidos para y por los propios adolescentes, como los bachilleratos populares que retoman experiencias de la educación popular o el desarrollo de las orquestas juveniles y de los grupos de salud comunitaria.

Como señala Margulis (2003), la "juventud" es una "creación" relativamente reciente y la escuela está inscripta en ese proceso de "creación de juventud" como sujeto social. Entonces, preguntarnos acerca de los procesos subjetivos promovidos en los jóvenes que conforman y atraviesan ese territorio, implica revisar procesos de significación social de adolescencias situadas.

La psicología crítica y el campo de la niñez y de la adolescencia

La psicología crítica se constituye como tal, *en* y *contra* la psicología hegemónica. Según Parker (2003), se extiende a través del límite que separa el interior del exterior de la propia disciplina. Es en un sentido interdisciplinaria pues se apoya en argumentos provenientes de otros campos disciplinares; pero también es transdisciplinaria ya que cuestiona las fronteras que ha establecido la academia para demarca su objeto de estudio. Es decir que se establece en los márgenes del "complejo psi", entendido como "las redes de teorías e instituciones relacionadas con la mente y el comportamiento y que configuran en la cultura occidental" (Parker, 2003: 205) y posiblemente en la actualidad, a otras culturas. No se propone acabar con la fragmentación de la disciplina sino que pretende aprehender cómo la psicología opera en una diversidad de campos y con teorías y prácticas contradictorias.

En este sentido, implica el examen sistemático de cómo algunas experiencias y acciones psicológicas son privilegiadas por sobre otras y cómo las explicaciones de la propia psicología dominante operan ideológicamente y al servicio del poder. Rescata la diversidad de las formas históricas en las que se fueron construyendo las variedades de psicologías, y evidencia especialmente aquellas psicologías alternativas o populares (como el trabajo de Pichón Riviére, Ignacio Martín Baró, la psicología social comunitaria latinoamericana, entre otras) que se resisten a las asunciones ideológicas de los modelos hegemónicos tecnocráticos o del *mainstream*.

Si la ideología es operativa porque satura el sentido común, en el sentido de que la ideología implica un proceso material de producción de ideas, creencias y valores en la vida social que confieren significación sobre las condiciones de la propia vida como legitimación de la promoción de los intereses de grupos hegemónicos (Eagleton, 1995), no es sorprendente que las diferencias de género, étnicas y culturales, las ansiedades sobre el propio cuerpo o la sexualidad de los Otros (mujeres, niños, pueblos originarios, excluidos) lleguen a la psicología reproduciendo patrones de exclusión, de patologización y de anormalidad.

Por ello, Parker (2003) señala la importancia de que la psicología como disciplina se proponga penetrar en el sentido común, en tanto senderos por los que las asunciones ideológicas sobre la mente, la naturaleza humana y el comportamiento que están condensadas en la disciplina, alcanzan lo cultural. En definitiva, indagar en los recursos que utilizan los sujetos para pensar sobre sí mismos en la cotidianeidad y los esfuerzos puestos sobre la necesidad de resolver los problemas que se le van presentando.

Al abordar específicamente el campo en el que se configuran infancias y adolescencias como objetos de la psicología, la perspectiva crítica se interroga sobre los discursos que lo componen. En este punto, resulta significativo que infancias y adolescencias son estructuradas hegemónicamente en torno a la jerarquía establecida por la edad (bebé-niño-adolescente-adulto). Sin desmerecer la relevancia que implica esta dimensión, lo cierto es que la construcción supuestamente homogénea y abstracta de la noción de "el niño" y "el adolescente" eluden las discusiones acerca de la inclusión de las categorías de género, de clase y étnicas, instaladas en dinámicas sociohistóricas.

Desde un enfoque lineal del desarrollo, se configuran parámetros de normalidad que no sólo miran desde la carencia o el desvío a las infancias y adolescencias excluidas socialmente, sino que invisibilizan aquello que hace a los niños, niñas y adolescentes más parecidos a los adultos en términos de deseo. Como señala Burman (2003), la apelación a la infancia como estado natural, divino o aquello que se da por sabido, construye un núcleo identitario despojado de cultura, de género, de sexualidad, es decir, distanciado de lo social.

Esta idea sobre una infancia y una adolescencia en sentido singular y aséptico borra la realidad de una pluralidad de modos de ser y de estar en infancias y adolescencias, al punto de encubrir los orígenes culturales e ideológicos que subyacen a tal conceptualización. Allí se asienta en parte la actual preocupación por la "vulnerabilidad de la infancia" y la "problemática de la adolescencia".

En ese marco, las reacciones políticas, sociales y de los diversos campos disciplinares que intervienen *sobre* niños, niñas y adolescentes son de perplejidad frente a aquellos sujetos que no cumplen con el perfil esperado. La sexualidad infantil y el desarrollo de prácticas sexuales, las conductas agresivas y hasta el robo o asesinato en el tiempo infantil o adolescente, pero también el trabajo y el autovalimiento, la expresión de deseos y necesidades y la participación política y social, son hechos comprendidos como "desajustes". Y el acceso a la protección y el cuidado del mundo adulto requiere pagar el precio: de inocencia para niños y niñas; y de docilidad y desconocimiento sobre el propio deseo para los adolescentes.

El privilegio de los derechos de las infancias y adolescencias o la ciudadanía como un estatuto a alcanzar

Desde el siglo pasado, la cuestión de la infancia y la adolescencia ha cobrado una relevancia social considerable y su visibilización como una etapa especial de la vida fue acompañada por el acrecentamiento de los discursos disciplinares sobre ellos, el auge de instituciones específicas para su "buen desarrollo" y las tecnologías para su regulación y control (Lenta y Zaldúa, 2012; García Méndez, 2008). En los documentos princeps sobre los derechos de niños, niñas y adolescentes como la Declaración de los Derechos del Niño (1959) y la Convención Internacional de los Derechos del Niño (1989) −entre otros−, el reconocimiento de aquellos como sujetos de derecho −pero limitados en cuanto a la capacidad de autorepresentación en el campo social (Bustelo, 2008)− alude a la garantía del Estado para el acceso efectivo a esos derechos.

A su vez se sostienen en el discurso típicamente moderno de progreso y mejora social ("los niños y jóvenes son nuestro futuro"), mientras los sitúan como las víctimas de un modelo asocial y ahistórico. Esta paradoja constitutiva del discurso liberal ubica simultáneamente en la figura del Estado el rol de victimizador y de salvador de los niños que, sumado a la conceptualización natural de la niñez (despojada de sexo, cultura, género, clase), convierte a los derechos y a la ciudadanía no en un *a priori* universal, sino en un estado a alcanzar sólo para aquellos que entran en la norma.

Los límites intrínsecos a la autorepresentación de infancias y de adolescencias en la esfera política generan una paradoja en la garantía de los derechos. Como señala Bustelo (2005), son los Estados, comandados por el mundo adulto, los responsables de la crueldad social vulnerabilizante al mismo tiempo que son los únicos garantes de la habilitación progresiva de la participación de niños, niñas y adolescentes en los proceso de exigibilidad y de conquista de los propios derechos. Y estos derechos están en el orden de la pura otredad para el mundo adulto, pues en ellos no hay mismidad, no se puede esperar reciprocidad. Trabajar *por* y *con* ellos significa tomar partido, denunciar el mundo y constituir vínculos intergeneracionales de sostén que, mientras protejan la garantía de los derechos, habiliten la emergencia de sujetos progresivamente autónomos.

Enfoque metodológico

Desde el enfoque de la psicología crítica, la investigación desarrolla un trabajo prefigurativo práctico en tanto enfatiza el vínculo entre las interacciones cotidianas y las singularidades de los sujetos o su mundo interno con las tramas sociales y las relaciones de poder (Parker, 2007). En tal sentido, los asuntos denominados "personales" están insertos en dinámicas más amplias a las que constituyen y por las que son constituidos en vínculos de dominación y de resistencia.

El trabajo prefigurativo práctico de la investigación como reconocimiento de tal relación implica la asunción también de una posición de la psicología en torno a los procesos de reproducción social o de autonomía. Como psicología crítica, la práctica investigativa "anticipa una sociedad mejor por medio del trabajo que realiza para lograr que esto suceda" (Parker, 2007: 66).

Desde este posicionamiento de la investigación-acción, los métodos de la psicología son comprendidos como modos de responder a los interrogantes y a los problemas planteados por la propia investigación al tiempo que busca evidenciar y promover los efectos transformativos en los sujetos que participan. Por lo tanto, lejos de ser un método, puede enunciarse como una política prefigurativa práctica.

En este trabajo, la integración de estrategias cuali- y cuantitativas permitió que se identificaran y describieran los diferentes niveles y perspectivas implícitos en el entramado complejo de la situación de adolescentes escolarizados en el AMBA, en torno a los sentidos sobre el futuro, la escuela, el cuerpo y la sexualidad y los atravesamientos de género y de clase.

En este artículo se seleccionó dos submuestras de estudiantes de escuelas medias, una de la zona sur de la CABA y otra del partido de La Matanza. Se incluyeron estudiantes de 2º, 3º y 4º año en la CABA –equivalente a 3º,4º y 5º año en la Provincia de Buenos Aires–.[2] El trabajo de campo se realizó de mayo a diciembre de 2009.

El cuestionario estuvo compuesto por 96 ítems dentro de cuatro áreas: datos personales y socioeconómicos, escuela, salud y futuro. Dentro de cada área, se incluyeron preguntas cerradas y abiertas que permitieron generar nuevas categorías en la fase de análisis. Estos datos fueron procesa-

---

[2] Esta diferencia en la nominación de los años de cursada de debe a que los sistemas educativos de cada jurisdicción (CABA y Provincia de Buenos Aires), obedecen a distintos marcos normativos.

dos a través de los programas SPSS y Atlas-ti. Se respetaron en todos los casos los principios éticos de confidencialidad, de voluntariedad y de anonimato de los participantes.

Descripción de los sujetos participantes

Este trabajo está centrado en una muestra de 287 estudiantes de dos escuelas de nivel medio públicas, una del barrio de Flores de la CABA (43,2%) y otra del barrio de Rafael Castillo (56,8%) en el Partido de La Matanza, en el Gran Buenos Aires. El 61% de los estudiantes estaba en 3º año en CABA/4º año en La Matanza, el 25,4% en 2º año en CABA/3º año en La Matanza, y el 13,6% en 4º año en CABA/5º año en La Matanza.

La diferencia más importante entre ambas escuelas fue el nivel socioeconómico, ya que a la escuela de CABA asistía población de clase media con mayor presencia de padres con nivel educativo universitario completo o incompleto, mientras que en la escuela del Gran Buenos Aires la mayoría de los asistentes son adolescentes de familias en situaciones de exclusión social (desarrollado más ampliamente en Zaldúa *et al.*, 2011).

Algunos indicadores que dan cuenta de esas diferencias son los relacionados con el trabajo. Sobre el total de 49 jóvenes que trabajaba (17% de la muestra), la mayoría (73,5%) era de la escuela de La Matanza.

Con respecto a la edad, aunque se trabajó con estudiantes de cursos de nivel equivalente, mientras que en la escuela de La Matanza un poco más de la mitad de los participantes (56,4%) tenía entre 16 a 18 años, en la escuela de CABA, un porcentaje similar (56,5%) correspondió a la franja entre 13 y 15 años. A su vez, en la escuela de La Matanza hubo 5 casos de entre 19 y 20 años, y en la CABA no se registró ninguno de esa franja etárea, lo que podría vincularse con los diferentes niveles de repitencia, que nuevamente se asocia a las diferencias de clase social. Podemos observar que en la escuela de la CABA sólo habían repetido alguna vez el 8,9% de los estudiantes, de los cuales el 88,9% solo lo había hecho una sola vez. En cambio, en La Matanza más de la mitad (54%) repitió alguna vez, de los cuales el 54,8% (sobre 88 casos) lo hizo dos veces o más.

La distribución por sexo fue similar en ambas escuelas (64,8% de mujeres en La Matanza y 60,5% en la CABA).

En cuanto a las figuras parentales con las que conviven, mientras que en la escuela de La Matanza, el 73,5% de los casos vivía con su madre y padre; en la escuela de CABA, lo hacía el 62,6%. A su vez, en la escuela de La Matanza, el 19% vivía solo con su madre, porcentaje que aumenta al 33,3% en la escuela CABA.

Resultados y discusión

En artículos anteriores (Zaldúa *et al.*, 2009; Zaldúa *et al.*, 2010; Zaldúa *et al.*, 2011) analizamos temas como las violencias, los proyectos de vida y las redes sociales.

En esta oportunidad nos centraremos en algunas interpretaciones a partir de la comparación entre los relatos de los adolescentes. Los tópicos de análisis, que serán considerados junto con las particularidades de las poblaciones de cada escuela que pertenecen a sectores socioeconómicos medios en una y medios bajos en otra, son los siguientes: a) cuerpo, sexualidad y cuidado de sí; b) sentidos sobre la escuela; y c) el futuro: entre el trabajo, la familia y las oportunidades.

Cuerpo, sexualidad y cuidado de sí

Las perspectivas relacionales (o performativas) de género lo definen como un proceso de identificación en lugar de identidades adquiridas y estables después de una fase de desarrollo. Estos planteamientos ponen en tensión los legados sociohistóricos y las relaciones socioeconómicas que los interceptan (Gordo López, 2003). Estos enfoques trascienden lo biológico y el solipsismo internalista e individualista que supone el enfoque cognitivo.

Al indagar acerca de las prácticas sexuales, en ambas escuelas (sobre N=277), fue mayor la frecuencia de varones y de estudiantes de la escuela de La Matanza que eran activos sexualmente (en La Matanza: 89,5% de los varones vs. 51,5% de las mujeres; en CABA: 41,3% de los varones vs. 30,7% de las mujeres). Esto posiblemente esté en parte influido por la distribución por edad, ya que los adolescentes de la escuela de la CABA tenían menos edad.

De todos modos, estos datos son congruentes con otros estudios que dan cuenta de que la edad de inicio es más temprana entre los varones y en los sectores más excluidos socialmente.

A su vez, sobre 103 estudiantes de La Matanza que afirman haber tenido relaciones sexuales, el 83,6% de los varones (de N=55) y el 84,6% de mujeres (de N=52) expresa que "se cuidó/a para evitar embarazos no deseados". En 5 casos no contestan (3 mujeres y 2 varones). Por otra parte, en la CABA, de 45 que reportaron ser sexualmente activos, el total de las mujeres (24 casos) y el 81% de los varones (17) refirió prácticas para evitar embarazos no deseados (1 no contestó).

¿Y de qué modo se cuidaban? Los varones de la escuela de La Matanza señalaron en un 90,9% (sobre 44) que usaban preservativo masculino. Las mujeres expresaron que sus compañeros utilizaban ese mismo método en un 74,4% (incluyendo a un 15,2% que también empleaba anticonceptivos orales) mientras que un 10,9% solo utilizaba anticonceptivos orales. Porcentajes similares se observaron entre los estudiantes varones de la CABA: de 17 varones, 13 refería usar preservativo masculino, mientras que entre las 24 mujeres señalaron que sus compañeros utilizaban preservativo en 24 casos (incluyendo 9 que combinaban anticonceptivos orales con preservativo masculino).

Sin embargo, las mujeres en ambos grupos afirmaron que cuando se trataba de conseguir preservativos masculinos era los varones los que se encargaban (67,6% La Matanza vs. 69% la CABA), y cuando se buscaba obtener anticonceptivos orales eran las mujeres las que los gestionaban.

Contrariamente a ciertas representaciones acerca de los jóvenes como irresponsables y despreocupados por su salud –que reproducen los adultos–, un porcentaje no menor implementa estrategias de cuidado de sí y del otro. Como señala Mónica Gogna,

> la prevalencia del uso de métodos anticonceptivos, tanto al inicio como en la continuación de la actividad sexual, es más alta que entre las mujeres de 15 a 19 años de la población urbana en general. (...) Los niveles de utilización de anticonceptivos son relativamente altos entre las adolescentes sexualmente activas, respecto de la población femenina en edad reproductiva, con un incremento importante en los últimos años. Las adolescentes se distinguen del conjunto de las mujeres en edad reproductiva por la mayor utilización de preservativos, la cual se ajusta a la recomendación de la doble protección (Gogna *et al.*, 2005: 145).

En cuanto al acceso a la información sobre características y usos de métodos anticonceptivos, en la escuela de la CABA reportaron tener más acceso información (91,5% mujeres y 77,1% varones) que en La Matanza (50% mujeres y 36,4% varones).

La información sobre los modos de evitar un embarazo no deseado circula en estas escuelas especialmente entre las adolescentes mujeres. En ambos casos hay una diferencia de aproximadamente 14 puntos. El campo de decisiones e información sobre la salud reproductiva es aún significado socialmente como "cosa de mujeres". Sin embargo, en la escuela de sectores medios el acceso aumenta en 40 puntos tanto entre los dos grupos de varones como entre los dos de las mujeres.

Hay que destacar que en nuestro país a partir del año 2006 existe una Ley de Educación Sexual Integral que establece todos los educando tienen el derecho de recibir educación sexual integral en todos los establecimientos educativos (ya sean públicos o privados) y en cualquiera de los niveles. Sin embargo,

> la resistencia que algunos sectores sociales siguen presentando para que la educación sexual se instale de manera definitiva y sistemática en todos los distritos del país. Si bien en algunas áreas se está encarando su planificación e implementación parcial, estamos lejos de una acción sistemática, concertada y que respete el derecho a la información de niños/as y jóvenes (Zurutuza *et al.*, 2003: 32).

Mientras que en la CABA la información es más accesible a través de adultos referentes de la escuela y la familia, en La Matanza proviene mayoritariamente de la familia. Asimismo, es importante destacar que, aun cuando son las mujeres de ambos grupos las que más información tienen sobre los métodos anticonceptivos en comparación con los varones, siguen siendo ellos los encargados prioritarios de proveerlos, lo que visibiliza la pregnancia de estereotipos de género donde el varón es el "encargado" de las decisiones sobre el cuidado en las relaciones sexuales y la pareja, y el "proveedor".

Respecto de las marcas en el cuerpo, es notable que en ambos grupos las mujeres indiquen más presencia de tatuajes (CABA: 6,7% mujeres y 4,3% varones vs. La Matanza: 15,7% mujeres y 7,1% varones) y piercings (CABA: 43,8% mujeres y 24,4% varones vs. La Matanza: 42,2% mujeres y 32,1% varones).

En cuanto a las lastimaduras o golpes por peleas en el último año, si bien en los dos grupos los varones registran mayor nivel de marcas en el cuerpo, el porcentaje en las mujeres supera al 50% de los casos en las dos escuelas (CABA: 63,5% mujeres y 75% varones vs. La Matanza: 66,7% mujeres y 78,9% varones). Estos datos ponen un cuestión la figura discursiva de "la jovencita" que, como señala Burman (2003), se encuentra instalada socialmente para conceptualizar a las adolescentes en un estado que no es ni el de niña ni el de mujer pero que porta simultáneamente el sentido de la pureza, la inocencia y la seducción. En el caso de las dos escuelas, se observa altos puntajes de mujeres que participan en peleas o con marcas en el cuerpo como tatuajes o piercings, espacios sociales y corporales tradicionalmente ocupados por los varones y significados socialmente desde la brutalidad y la impureza.

Sentidos sobre la escuela

Desde su creación como sistema educativo, la idea de la educación y la escuela estuvieron anudadas fuertemente a la ilusión de progreso y ascenso social en el conjunto de las sociedades modernas, sobre todo en la primera mitad del siglo XX. Si bien el clivaje de esta institución –junto con otras instituciones tradicionales– es una marca de época que también pone en cuestión el sentido ascendente de la propia noción de progreso, resulta significativo el lugar que los adolescente le asignan a la escuela y el nuevo sentido otorgado al progreso.

Frente a la pregunta por el sentido otorgado a la escuela y el motivo que los llevaba a seguir estudiando, los estudiantes de ambas escuelas señalaron:

- "Es útil, es necesario y es más o menos divertido" (mujer, CABA, 15 años).
- "Porque aprendo distintas cosas que me van a servir para vivir" (varón, CABA, 16 años).
- "Es importante ser alguien en la vida y no me gustaría ser ignorante" (mujer, La Matanza, 16 años).
- "Necesito un buen futuro" (varón, La Matanza, 17 años).

- "Porque por mi discapacidad es más complicado conseguir trabajo y quiero recibirme de algo" (varón, La Matanza, 17 años).

A partir de aquí se podría indicar, como señala Duschatzky (1999), no sólo que el pasaje por la escuela es significativo para los estudiantes sino que se sigue articulando con una idea de progreso aunque ya no entendido como ascenso social sino como posibilidad de despegue de la fatalidad de origen "La escuela se asoma entonces como 'frontera', que lejos de nombrar un sitio o lugar nos habla de un horizonte de posibilidades. La escuela representa 'el otro lado' de la vida de los jóvenes del barrio. Participar de la experiencia escolar implica un quiebre en la racionalidad cotidiana" (122).

Más que enfatizar un mejor trabajo que el de sus padres en términos de lugar social, los adolescentes enlazan al pasaje por la escuela como instancia que da mejores herramientas para el futuro y un trabajo, aunque no necesariamente mejor.

No obstante, al indagar sobre los aspectos que los estudiantes cuestionan de su propia escuela, se observan ejes problemáticos de índole opuestos. Los estudiantes de la CABA indican aspectos vinculados con elementos de la infraestructura o lo administrativo escolar:

- "El laboratorio no se puede usar porque es muy chico" (mujer, CABA, 16 años).
- "No hay bar ni quiosco" (mujer, CABA, 15 años).
- "A mi parecer el patio está mal aprovechado" (varón, CABA, 16 años).

Pero los estudiantes de La Matanza se refieren a aspectos que ponen en tensión los discursos hegemónicos que vinculan a los adolescentes de contextos de exclusión con el desinterés por el estudio e incluso la escasa consciencia sobre el propio derecho a la educación:

- "El incumplimiento de los profes, la inseguridad en los alrededores y el mal comportamiento de algunos alumnos que se van de mambo" (mujer, La Matanza, 17 años).
- "La violencia, la droga" (varón, La Matanza, 17 años).
- "Porque nunca hacemos nada" (mujer, La Matanza, 16 años).

Estos aspectos señalados por estudiantes de La Matanza interrogan críticamente los procesos de escolarización en escuelas medias del conurbano bonaerense entrando en sintonía con el planteo de Kessler (2004), a partir del término "escolaridad de baja intensidad". El autor se refiere a aquellas trayectorias que se caracterizan por el "desenganche" de las actividades escolares en territorios donde las instituciones en crisis no pueden salir de la lógica reproductiva de la violencia social. La precarización social en la que está inserta la escuela irrumpe en ella brindando una educación que también se precariza a partir de la laxitud de normas, valores y límites. No se trata de estudiantes que no cumplen las tareas sino de espacios donde muchos docentes se ausentan, existe alta rotación de cargos, las tareas no se exigen y la violencia social se expresa en la escuela sin un abordaje alternativo desde el mundo adulto.

El futuro: el trabajo y las oportunidades

Las perspectivas sobre el futuro entre los adolescentes abren un campo de la imaginación que articula la valoración de la propia situación actual, el ámbito sociohistórico donde encuentran, los propios deseos y las ilusiones. Pero también las expectativas sociales y de género son coordenadas que atraviesan las propias construcciones y posibilidades.

En este sentido, al indagar sobre las personas referentes con las que "se imaginan en cinco años", se observó un alto porcentaje, tanto de mujeres como de varones, que se imaginaron compartiendo su vida fundamentalmente con sus mismos amigos (85,4% mujeres vs. 86% varones en La Matanza y 95,9% varones y mujeres en la CABA). En segundo lugar, en algunos casos mencionaron a la familia (5,8% mujeres vs. 5,3% varones en La Matanza y 2,7% mujeres vs. 2% varones en la CABA). Estos datos pueden indicar cierto reconocimiento de los adolescentes de una proyección de autonomía relativa y exogámica.

Al articular esos contextos relacionales imaginarios futuros con proyectos concretos, se pudo observar diferencias según la pertenencia de clase social de cada grupo de estudiantes. Para los estudiantes de la CABA, el énfasis de los proyectos de autonomía se sostenía en la autonomía individual a través de proyectos de trabajo para seguir estudiando y participando de organizaciones colectivas, tanto en mujeres como en varones:

- "Estudiando letras, intentando mudarme de mi casa (si no lo hice todavía) y trabajando" (mujer, CABA, 16 años)."
- "Estudiando diseño de indumentaria, viviendo en mi casa y adherida a una organización ambientalista" (mujer, CABA, 15 años).
- "Algo que sustente mi estudio y un alquiler" (varón, CABA, 16 años).
- "En algún comercio mientras estudio" (varón, CABA, 15 años).

En cambio, en el caso de La Matanza, se visibilizaban proyecciones más vinculadas a actividades laborales para resolver los problemas inmediatos de la vida, especialmente los económicos:

- "Bueno, quiero recibirme de chef profesional y de maestra jardinera para poder trabajar rápido" (mujer, La Matanza, 16 años).

Otras respuestas, implicaban la réplica de situaciones de exclusión o repetición de historias familiares difíciles:

- "Me imagino cartonera" (mujer, La Matanza, 17 años).
- "Pienso que voy a estar sin trabajo y con una hija" (mujer, La Matanza, 15 años).
- "Si llego, en una camilla" (varón, La Matanza, 16 años).

Resulta relevante que en el conurbano vincularon sus proyectos con la salida de la familia primaria a partir de la construcción de una nueva familia propia.

- "Me imagino ama de casa con un hijo" (mujer, La Matanza, 17 años).
- "Bien, en un restaurante para juntar plata y hacer mi propio negocio y tener a mi familia" (varón, La Matanza, 16 años).
- "Mayor, trabajando para mantenerme para alimentar a mi familia" (varón, La Matanza, 18 años).

Una primera lectura de los relatos podría afirmar que las imágenes sobre el futuro de las mujeres y de los varones de la escuela de La Matanza están fuertemente atravesadas por una noción de exogamia que implica, como condición, la conformación de una nueva familia en el corto plazo. Y, en ese sentido, los formatos tradicionales de género marcados por la preeminencia de la mujer con un proyecto anclado en la maternidad y el varón como proveedor están expuestos aquí. En la CABA ocurre algo diferente pues tanto varones como mujeres se imaginan en una autonomía vinculada a una vida independiente de la casa de los padres –y no con una familia propia– y "estudiando para armarse un futuro mejor".

El concepto de adolescencia ha ido transformándose históricamente. Mientras que en el siglo XVIII el adolescente era considerado como el personaje del *recluta*, con la burguesía del siglo XIX, el modelo de adolescencia es el joven que está a la espera, el hijo de burgueses que va al liceo (Charles en Mannoní *et al.*, 1986). Este "tiempo de espera cultural" fue conceptualizado por Erikson como moratoria psicosocial. Pero ¿qué sucede cuando trabajan, tienen hijos, tienen responsabilidades, como por ejemplo el cuidado de sus hermanos o de sus padres?

Los adolescentes y jóvenes de sectores medios y altos se encuentran, generalmente con más oportunidades de estudiar y de postergar y, en mayor medida, también de elegir algunas características del trabajo, la familia y los hijos. Durante un período más amplio de su vida, gozan de cierta protección social que les habilita tiempo libre y la posibilidad de llevar adelante otras elecciones. Mientras que los que deben ingresar tempranamente al mundo del trabajo –a trabajos más duros y menos atractivos–, suelen contraer a menor edad obligaciones familiares (casamiento o unión temprana, consolidada por los hijos), muchas veces reproduciendo historias familiares fallidas que reproducen los contextos de exclusión.

Comentarios finales

A través de los resultados, se puede observar de qué modo el género, como dimensión de la subjetividad, tiene la impronta de los contextos de socialización, entre éstos, las instituciones y los programas educativos. La diferencia entre ambas escuelas da cuenta de la marca del contexto socioeconómico en el que se inscriben trayectorias singulares y colectivas, oportunidades, deseos y apuestas. Esta perspectiva que conceptualiza el género como un evento situado y colectivo es un reto que supone un desafío para la psicología, la psiquiatría e incluso la pPedagogía en sus versiones paradigmáticas hegemónicas.

Preguntar y preguntarse desde adolescencias situadas por los deseos, los futuros, las prácticas y sus sentidos habilita senderos no sólo para desarmar discursos sociales y de las disciplinas instituidos que reproducen identidades tuteladas y exclusiones diversas, sino también para promover movimientos subjetivos en los propios protagonistas al interrogar(se) por trayectorias supuestamente predefinidas.

Referencias bibliográficas

Bleichmar, S. (2002). "La identificación en la adolescencia: tiempos difíciles", *Revista Encrucijadas*, Universidad de Buenos Aires, Año 2, núm. 15.

— (2005). *La subjetividad en riesgo*. Buenos Aires: Topía.

Bottinelli, M., Pawlowicz, M. P., Nabergoi, M., Longo, R., Lenta, M., Sopransi, M.B., Pequeño, D., Moschella, R., Bavio, B. y Veloso, V. (2011). "Salud comunitaria: jóvenes escolarizados y vulnerabilidad psicosocial". En *Investigaciones en Psicología. Revista del Instituto de Investigaciones de la Facultad de Psicología*, Año 16, núm. 1, pp. 109-121.

Bourdieu, P. y Wacquant, L. (2008). *Una invitación a la sociología reflexiva*. Buenos Aires: Siglo XXI.

Burman, E. (2003). "Infancia y subjetividades. Políticas contemporáneas". En Villuendas, M. y Gordo López, A. (coords.). *Relaciones de género en psicología y educación*. Madrid: Consejo de Educación de la Comunidad de Madrid.

Bustelo, E. (2005). "Infancia en Indefensión". *Revista Salud Colectiva*, septiembre-diciembre. Buenos Aires.

Duschatzky, S. (1999). *La escuela como frontera. Reflexiones sobre la experiencia escolar de jóvenes de sectores populares*. Buenos Aires: Paidós.

García Méndez, E. (2008). *Protección integral de derechos de niñas, niños y adolescentes*. Buenos Aires: Editores del Puerto.

Gogna, M.; Adaszko, A.; Alonso, V.; Portnoy, F.; Fernández, S. y Zamberlin, N. (2005). "El embarazo en la adolescencia: diagnóstico para reorientar las políticas y programas de salud", Informe final de Investigación, Ministerio de Salud/CONAPRIS, CEDES (www.cedes.org).

Gordo López, A. (2003). "La gestión psicosocial. De la diversidad sexual y de género". En Villuendas, M. y Gordo López, A. (coords.). *Relaciones de género en psicología y educación*. Madrid: Consejo de Educación de la Comunidad de Madrid.

Kantor, D. (2005). *Adolescentes, jóvenes y adultos. Propuestas participativas en recreación*. Buenos Aires: Centro de Estudios de Estado y Sociedad.

Kessler, G. (2004). *Sociología del delito amateur*. Buenos Aires: Paidós.

Krauskopf, D. (2000). "Dimensiones críticas en la participación social de las juventudes". En Balardini, S. *La participación social y política de los jóvenes en el horizonte del nuevo siglo*. CLACSO, CABA, Argentina. Consultado el 03/10/11 en //bibliotecavirtual.clacso.org.ar/ar/libros/cyg/juventud/krauskopf.pdf

Lenta, M. y Zaldúa, G. (2012). "Niños, niñas y adolescentes excluidos y procesos de subjetivación. Una perspectiva desde las personas protagonistas". *XVIII Anuario de Investigaciones en Psicología*. Facultad de Psicología, UBA, Buenos Aires,

Manavella, J. (2010). "Los desafíos en la adolescencia. Adolescentes y contexto social". *Revista Contextos*, núm. 37, año VII.

Mannoni, O. *et al.* (1986). *La crisis de la adolescencia*. Barcelona: Gedisa.

Margulis, M. *et al.* (2003). *Juventud, cultura y sexualidad. La dimensión cultural de la afectividad y la sexualidad de las jóvenes de Buenos Aires*. Buenos Aires: Biblos.

Margulis, M. y Urresti, M. (2007). "La juventud es más que una palabra". En Aerovich, L (ed.) *La juventud es más que una palabra*, Buenos Aires: Biblos.

Parker, I. (2000). "Humanismo y subjetividad en psicología". En *Revista AVEPSO*, 22, pp. 85-106. Caracas: Asociación Venezolana de Psicología Social.

— (2003). "Psicología crítica: conexiones críticas". En Villuendas, M. y Gordo López, A. (coords.). *Relaciones de género en psicología y educación.* Madrid: Consejo de Educación de la Comunidad de Madrid.

— (2007). "La deconstrucción de la psicopatología en la investigación-acción". En *Archipiélago: Cuadernos Crítica de la Cultura,* 76, pp. 65-74. Madrid: Archipiélago.

Souza Minayo, M. C. (2009). *La artesanía en la investigación cualitativa.* Colección Salud Colectiva. Buenos Aires: Lugar Editorial.

UNICEF (2011). *Estado mundial de la infancia 2011. La adolescencia: una época de oportunidades.* Disponible en http://www.unicef.org/spanish/sowc2011/full-report.php

Zaldúa, G., Lenta, M., Pawlowicz, M., Longo, R., Sopransi, M. y Moschella, R. (2011). "Territorios y vínculos en adolescentes escolarizados en contextos vulnerables". En *Memorias del Tercer Congreso Marplatense de Psicología.* Mar del Plata: Facultad de Psicología de la UNMdP.

Zaldúa, G; Lenta, M. y Peirano, R. (2011). "Infancia y comunicación. Promoción de derechos en contextos de vulnerabilidad psicosocial". En *XVII Anuario de Investigaciones,* Facultad de Psicología, UBA, Buenos Aires.

Zaldúa, G; Bottinelli, M. M.; Pawlowicz, M. P.; Nabergoi, M.; Longo, R.; Lenta, M. M.; Pequeño, D.; Moschella, R.; Bavio, B.; Sopransi, M. B. (2009). "Narrativas adolescentes en contextos críticos". En *Anuario de Investigaciones en Psicología.* Facultad de Psicología, UBA, vol. 16, tomo 1.

Zaldúa, G.; Bottinelli, M.; Pawlowicz, M.; Longo, R.; Pequeño, D.; Estrada, S.; Nabergoi, M.; Gaillard, P. y Moschella, R. (2008). "Jóvenes en contextos críticos: identidades y proyectos. Una lectura desde la psicología social comunitaria". En *Memorias de la XV Jornadas de Investigación en Psicología – IV Encuentro de Investigadores en Psicología del MERCOSUR,* Facultad de Psicología, UBA, tomo II.

Zurutuza, C.; Bianco, M.; Rosenberg, M.; Checa, S.; Correa, C. (2003). "Situación de la atención de la salud sexual y reproductiva: diagnóstico desde la perspectiva de las/os usuarias/os", documento del Consorcio Nacional de Derechos Reproductivos y Sexuales, Argentina.

Narrativas sobre adolescentes en contextos críticos[1]

Graciela Zaldúa, María Marcela Bottinelli, María Pía Pawlowicz, Roxana Longo, María Malena Lenta, Mariela Nabergoi, María Belén Sopransi, David Pequeño, Romina Moschella y Belén Bavio

La situación de vulnerabilidad social y de precariedad en la población de adolescentes y jóvenes requiere registrar sus voces como contribución a la visibilidad de sus existencias y la exigencia de un lugar reconocido en la trama social. La vulnerabilidad como categoría en sus dimensiones económicas, sociales, sanitarias y subjetivas aparece asociada en el campo de la intervención comunitaria a la abogacía social por la promoción, la protección y la garantía de derechos de individuos y de grupos. En publicaciones anteriores (Zaldúa *et al.*, 2006) hemos advertido sobre el frecuente corrimiento atributivo a los sujetos como "grupos vulnerables" con su carga discriminatoria. La inequidad social vinculada a la hegemonía capitalista y sus efectos de exclusión nos desafían a pensar en la cotidianidad de las afectaciones subjetivas, así como en el despliegue de autonomías implicadas en las transformaciones, y no pasivizadas en el infortunio. En este sentido, interrogarnos sobre el proyecto de vida de los adolescentes en situación de vulnerabilidad social es poner en cuestión representaciones sociales que los vinculan a destinos prefijados de violencia, adicción y sobrevivencia, estigmatizados en el no reconocimiento de los semejantes.

---

[1] Una versión ampliada de este artículo puede encontrarse en XVI Anuario de Investigaciones de la Facultad de Psicología, 305: 315.

La precariedad y la fragilidad de las existencias se vinculan con el desclasamiento y las formas de deshumanización. Le Blanc (2007) señala que la precariedad expone a una vida ordinaria, a la experiencia de la descalificación, a la vacuidad del estatuto social y al desconocimiento de su humanidad. El territorio de la exclusión social ligado al desempleo estructural y sus efectos hacen desaparecer el juego social y la validez del sentido de la vida planteado por el trabajo. El borramiento y lo inaudible de las voces son atribuibles al proceso de descalificación. Esta operatoria marca junto con la estigmatización, la identidad de los precarios y se transforma en descrédito social. El autor citado señala dos efectos: el retiro de confianza que relega al olvido social y, a su vez, el precario que ve cómo se retira toda la confianza en sus posibilidades de inserción en el juego social, pierde su confianza en la capacidad de integración en la vida social legitimada: "sociedad injusta que crea las patologías que necesita para imponerse como orden normal" (Le Blanc, 2007: 77).

Proyectos de vida y procesos de subjetivación en contextos de expulsión

Si pensamos los territorios de la exclusión social, los recorridos de quienes, como señala Bleichmar (2005: 18), "ya han dejado de ser los depositarios de los sueños fallidos de los adultos", podemos referirnos a la expulsión para nombrar la situación en la que viven los participantes en este estudio. No limitarnos a una sola categoría permite analizar la realidad como un escenario complejo y dinámico; en este sentido cuando hablemos de exclusión o pobreza no nos estamos refiriendo a estados cristalizados o estancos. Por el contrario, especialmente al hablar de proyectos de vida nos interesa retomar también procesos de filiación, horizontes e imaginarios futuros (Duschatsky y Corea, 2002).

La idea de expulsión social trae a la discusión la relación entre el estado de exclusión y lo que lo hizo posible, los expulsados tienen un carácter móvil. En síntesis, "la expulsión […] nos da la oportunidad de ver un funcionamiento, […] más que denominar un estado cristalizado por fuera, nombra un modo de constitución de lo social" (Duschatsky y Corea, 2002: 18).

Si hablamos de proyectos de vida, representaciones sociales y tejido social, y si además abordamos la temática desde la perspectiva crítica de la psicología social comunitaria, resulta fundamental caracterizar prácticas subjetivantes y escenarios en un contexto dinámico identificando además las condiciones productoras de dicha expulsión, sin quedarnos sólo en descripciones etnográficas vacías de sentido.

En el encuentro con los otros, en las relaciones que la sostienen, se proyecta la vida psíquica; dice Butler (2002) que no sólo somos constituidos, sino desposeídos por nuestras relaciones. Pensar en los proyectos de vida de los jóvenes en situación de vulnerabilidad social es contemplar las propiedades negativas que se les adjudican, y que los invalidan. Un aspecto que hay que incorporar es el de la vulnerabilidad lingüística, que según la autora es la posibilidad de ser herido por el lenguaje. En este sentido pueden abrirse diversas trayectorias frente a la herida, desde respuestas habilitantes ante la injuria hasta quedarse mudo. El afirmativo irónico de identidad "somos villeros, somos los negros" cuando se autodefinen, nos interroga sobre esa categoría genérica negativa de autoimpugnación, más que de resistencia. Las condiciones sociales plantean una denegatoria del reconocimiento. Al mismo tiempo, la precariedad y la fragilización solventan las incertidumbres.

Desde nuestra perspectiva, articular el sufrimiento social con el sufrimiento psíquico no se inscribe dentro de la normalización de las existencias, sino que se inscribe en las mediaciones subjetivas que se dan en la estructura social con el fin de propiciar y de fortalecer los diversos saberes y proyectos, que frente a la descalificación social quedarían anudados a la desafiliación social. Ante las perspectivas deterministas que postulan certezas respecto de las trayectorias sociales y escolares, se evidencian diversas experiencias que los actores crean a partir del interjuego entre las posibilidades (condicionamientos sociales e institucionales), las disposiciones (sentidos, expectativas, deseos) y las estrategias (Fainsod, 2006: 23). En este camino, el ejercicio de la autonomía personal y generacional supone también la posibilidad de darle un sentido al pasaje por la institución escolar y a la construcción y puesta en práctica de estrategias que faciliten la recreación de proyectos de vida. La posibilidad de proyectar y las concepciones que se tienen sobre sí y sobre los otros, se tensan ante las representaciones, las certezas y los interrogantes que los adultos y la sociedad ofertan, y que requieren su urgente deconstrucción.

Por su parte, la producción de subjetividad incluye todos aquellos aspectos que hacen a la construcción social del sujeto, en términos de producción y de reproducción ideológica y de articulación con las variables sociales que lo inscriben en un tiempo y en un espacio particulares desde el punto de vista de la historia política (Bleichmar, 1999). Es por ello que nos parece pertinente pensar la influencia y las formas de subjetivación específicas en los jóvenes que comparten no sólo contextos de vulnerabilidad y exclusión, sino también ritos y prácticas cotidianas. Si pensamos en las condiciones de vida ya explicitadas, es importante analizar la cotidianeidad de estos jóvenes como modos desubjetivantes (Duschatzky y Corea, 2002) de habitar los vínculos. Es decir, poder hacer poco con la pérdida casi total de instituciones de anclaje. En este escenario, "cualquier sistema de referencias que se arme conlleva la oportunidad de un proceso subjetivante" (Duschatzky y Corea, 2002: 74). El proyecto de vida en tanto imagen desafiante de la realidad cotidiana puede ser también un terreno subjetivante; sobre todo si pensamos que estos jóvenes han crecido construyendo lazos más basados en "el aguante" y la fraternidad entre pares que hacia las instituciones tradicionales (familia, escuela, etc.).

El afrontamiento de situaciones que exigen altas cuotas de implicación puede ser ocasión de decisión y de responsabilidad, y oportunidad de subjetivación.

Si bien aquellas situaciones pueden ser caracterizadas como "situaciones límite", no dejan de tener rasgos singulares que se muestran en escenarios que devienen de un orden social desigual. El fenómeno de las adolescentes madres y de las adolescentes embarazadas se presenta como un desvío del modelo hegemónico del adolescente socialmente construido, esperado en las instituciones escolares (Fainsod, 2006).

Contraria a la anterior transmisión generacional de valores y de límites, se produce cada vez más una transmisión entre pares intrageneracional, y se constituyen subjetividades en ese territorio simbólico determinado: el de los pares. En el escenario actual, se tiende a romper con la temporalidad lineal. Las prácticas cotidianas y sus correlatos simbólicos son frágiles e intransferibles a otras situaciones, es decir, se desarrollan bajo el paradigma de la inmediatez. Al mismo tiempo, otras lecturas reducen los procesos y los cambios de la adolescencia a los aspectos intrapsíquicos descuidando la complejidad del tránsito por ese momento de la vida que no sólo es subjetivo, sino que es intersubjetivo, sociocultural, histórico y político. Los adolescentes viven en condiciones materiales concretas y sus subjetividades se constituyen en el entramado de posibilidades y de límites socioeconómicos reales.

El desarrollo integral de los proyectos de vida supone, efectivamente, la interrelación de los aspectos físicos, emocionales, intelectuales, sociales, subjetivos y espirituales del individuo en la perspectiva de la configuración del campo de las situaciones vitales bajo el prisma crítico-reflexivo-creativo de su acción en las diferentes esferas de la vida social (Hernández, 2006).

Pero si nos referimos al proyecto de vida, no debemos dejar de lado un problema esencial que se relaciona con la necesidad de articular el reconocimiento de la diferencia de los sexos, con el de la igualdad de hombres y de mujeres en tanto miembros del género humano. Diversos estudios etnográficos demuestran que en todas las sociedades conocidas el principio masculino es el que se generaliza, valora e identifica con lo humano, quedando el femenino en un lugar subordinado. Mientras es el hombre quien aparece como sujeto, la mujer queda relegada al papel de lo otro de la masculinidad, de la humanidad. A partir de la capacidad biológica de las mujeres de la reproducción, se instaura un deber ser, una norma, una significación particular diferente a la posibilidad de situar la maternidad en relación con la dimensión singular del deseo. Aunque el deseo de hijo se presente con frecuencia como una elección consciente, relativa a los ideales sociales y familiares de cada sujeto, este proyecto de vida se encuentra dotado de significaciones inconscientes que tendrán efectos en el niño por nacer (Tubert, s/f).

Las representaciones sociales ligadas al proyecto nos plantean un horizonte y concepciones de sí y del mundo. Los aspectos ideológicos ligados a las representaciones son afirmados por Jodelet (1993) al señalar que la elaboración de las representaciones sociales moviliza componentes del posicionamiento ante el mundo, vinculados con las circunstancias sociales en que son elaborados.

La imposición de un marco de vulnerabilidad y precariedad imprime en los sujetos un modo de ver las cosas que no pueden evadirse. Se desconoce el origen y la función social de las propias creencias, aunque éstas determinen el comportamiento respecto a los fenómenos sociales. La fuerza de las representaciones sociales se encuentra en lo implícito y en el desconocimiento del sujeto de su existencia. Cuando menos consciente sea el sujeto, más poderosas son las representaciones sociales (Moscovici, 1984). Siguiendo a Marková (1996) los sujetos pueden encontrase

divididos entre dos procesos. Por un lado, los procesos de
educación y de exploración científica que alientan el pensamiento científico y la expresión de los conceptos. Por
otro, la estructura del conocimiento socialmente compartido y tácito acerca de los tabúes, que desalienta el pensamiento independiente y alienta la circulación de ideas
relativamente estabilizadas y explícitas. La misma autora
desalienta la división rígida entre conocimientos científicos, educación y representaciones sociales. Sin embargo,
incorpora las diversas dicotomías que considera empeños
complementarios desde el punto de vista epistemológico de
las teorías socioculturales del conocimiento y de las representaciones sociales: individual-social; explícito-implícito;
juicio-consenso; racional-irracional; cognitivo-emocional;
colectivo-sociedad, etc. En este estudio en particular es
central ver la asociación entre concepto y representación
social porque son en general las representaciones las que
priman en la mirada de sí y de otros como maestros o profesionales como estigma de los adolescentes en situación
de vulnerabilidad social. Los aportes empíricos reafirman
dos contenidos discriminatorios del sentido común: son
pobres porque no quieren trabajar y tienen muchos hijos y
no les importa la escuela, porque enseguida la abandonan,
no quieren aprender.

Escenarios contrapuestos

La situación de escolarización de adolescentes muestra
patrones diferenciales que operan en sus posibilidades y en
sus proyectos individuales y colectivos.

En América del Norte o en Europa occidental, la diferencia entre las tasas brutas de escolarización del primero y
el segundo ciclo es de alrededor de 7%. Para América Latina
y el Caribe esta distancia se cuadruplica: la correspondiente
al segundo ciclo cae un 30% respecto de la del primero.

Finalmente, es necesario señalar que, en el contexto de sociedades extremadamente desiguales, el aumento de la escolarización en el nivel medio es acompañado por una fuerte acentuación del carácter estratificado de la oferta institucional de enseñanza. Mientras las élites tradicionales o modernas escolarizan a sus hijos en colegios de jornada completa y con una oferta curricular bilingüe (por lo general español/inglés) al mismo tiempo más rica y más variada en contenidos, los sectores populares (ya sea de la ciudad o de ámbitos rurales) tienden a frecuentar instituciones con mayores carencias en términos de infraestructura, de oferta curricular y de recursos en general. El carácter territorial de la oferta educativa refuerza esta tendencia a la segmentación escolar. En ciertos contextos la fragmentación y la jerarquización de los sistemas escolares han alcanzado tal magnitud y calidad que resulta cada vez más difícil pensarlos en términos tradicionales como "sistemas" homogéneos que tienden a cumplir las mismas funciones y a alcanzar los mismos objetivos. La desigualdad de la escolarización en el nivel medio determina fuertemente la probabilidad de acceso y la finalización de estudios en el nivel universitario (IIPE-UNESCO, 2006).

Los datos a nivel nacional muestran que los varones son más proclives (20% más que las mujeres) a abandonar el nivel medio de educación sin completarlo. No obstante, la probabilidad de abandono aumenta entre el primero y el segundo año de la escuela media, en el tercer año alcanza los niveles más altos, y luego disminuye. La deserción escolar de los jóvenes con frecuencia se vincula con la situación socioeconómica del hogar. Esto significa que la situación de privación económica generalmente incide en la necesidad de que los jóvenes comiencen tempranamente a transitar por el mercado laboral. Las características del contexto familiar (familia numerosa, grado de conflicto o estabilidad de la unidad familiar), las relaciones laborales inestables en empleos no calificados y las experiencias de desempleo prolongado también actúan al momento de facilitar o de obstaculizar la permanencia de los jóvenes en el sistema educativo. De esta manera, quienes viven en hogares con necesidades insatisfechas tienen una probabilidad de abandono escolar casi de un 70% superior que la de los jóvenes que residen en hogares no pobres; y aquellos jóvenes que trabajaron durante algún año de cursada de la escuela media tienen tres veces más probabilidades de deserción que sus pares que nunca han participado en el mercado laboral (Binstock y Cerrutti, 2005).

En la CABA, se calcula (Naddeo, 2007) para 2007 que había cuatro mil niños, niñas y adolescentes que habitaban transitoriamente o en forma plena las calles céntricas y los barrios más pobres.

Según la Dirección de Políticas Públicas e Investigación del Gobierno de la CABA, en 2008 la mayor parte de los niños, las niñas y los jóvenes en situación de calle se encontraban en las comunas 1 (Retiro, San Telmo, Constitución, Montserrat), 4 (Parque Patricios, Pompeya) y 8 (Lugano, Riachuelo, Soldati). El 90% de ellos provenía del Conurbano Bonaerense (Naddeo, 2007; Informe DGNyA, 2008) y ya había tenido algún tipo de encuentro con programas de atención en calle e instituciones de alojamiento transitorio o encierro.

Sin embargo, lejos de alcanzar una perspectiva de salida de la calle, en la mayoría de los casos las historias refieren una tendencia hacia la cronificación y naturalización de la deprivación. Las actividades de subsistencia como el cartoneo, el mendigueo y el robo se combinan y se orientan progresivamente hacia una lógica de consumo de sustancias psicoactivas –fundamentalmente tolueno, marihuana y pasta base de cocaína–.

Políticas públicas de niñez y adolescencia

La exigencia de políticas públicas para dar respuesta a las desigualdades sociales planteó la necesidad de intervenciones que posibilitarán la inclusión social y la recuperación de la dignidad de los sectores afectados por la crisis. Se reformularon políticas sociales con imperativos ético-políticos de generar condiciones para la realización de la vida digna, la justicia social y la sustentabilidad intergeneracional. La Ley Nacional 26.061 de Protección Integral de los Derechos de las Niñas, Niños y Adolescentes plantea un cambio de abordaje en las intervenciones del Estado. La coacción frente al peligro moral y/o material y la negligencia habilitaban intervenciones coactivas sobre los niños, niñas y adolescentes.[2] Las políticas públicas y sociales que se aplican en la GCBA y que suponen una correspondencia con la Ley Nacional que apunta a la integralidad y la corresponsabilidad se despliegan en diversas áreas. Algunas veces con discontinuidades y fragmentación, otras con desfinanciamientos. Los programas de educación y de desarrollo social que analizamos tienen como objetivo moderar los efectos de exclusión. Si bien en los últimos años han incorporado una perspectiva de protección integral de derechos de infancia y la adolescencia, acorde a las normativas internacionales y locales, la segmentación y la discontinuidad en su implementación han redundado en prácticas que no han alcanzado las metas propuestas de acceso universal a derechos y capacidad de acción efectiva ante la amenaza o

---

2   El Sistema de Protección Integral de Derechos de niñas, niños y adolescentes es un mecanismo que reúne a todos los organismos, entidades y servicios que diseñan, planifican, coordinan, orientan, ejecutan y supervisan políticas públicas de gestión estatal o privadas en el ámbito nacional, provincial, municipal destinados a la prevención, promoción, asistencia, protección, resguardo y restablecimiento de los derechos. Asimismo, establece los medios a través de los cuales se asegura el efectivo goce de los principios, derechos y garantías reconocidos por la Constitución Nacional, la CIDN y demás tratados de derechos humanos ratificados por el Estado Argentino.

la vulneración de ellos. Por lo tanto, es prioritario monitorear el cumplimiento de políticas activas y programas que respondan al paradigma de la protección integral. Nuestro aporte es el de indagar las particularidades de las intervenciones en la zona sur, desde las voces de sus protagonistas: los chicos, los maestros y los operadores.

Programa de Zonas de Acción Prioritaria (ZAP)

Las estrategias para frenar el desgranamiento escolar y la estigmatización fueron diversas y en este trabajo tomaremos una: el programa ZAP. Actualmente algunas escuelas de la CABA están enmarcadas dentro de los que se denomina "Zonas de Acción Prioritaria" (ZAP). El Programa ZAP[3] de la Secretaría de Educación surgió en 1996 con el objetivo de atender las consecuencias en el plano educativo de las desigualdades sociales, económicas y culturales que afectan a un amplio sector de la población de la CABA. Desde sus inicios, se propuso disminuir la problemática del fracaso escolar, considerando que no era sólo un problema exclusivo de la escuela, sino el síntoma de una dinámica social compleja en la que también intervienen la vida social y cultural, la salud, la participación ciudadana, el trabajo y la vivienda. El punto de partida, según la letra de programa, es el reconocimiento del derecho a la educación inherente a todos los niños.

Ante la alta repitencia de alumnos de primer ciclo y las dificultades en la enseñanza de la lectura y de la escritura, una de las estrategias planteadas fue la capacitación en

---

3   En el año 2000, participaron del Programa ZAP cinco distritos escolares: los números 4°, 5°, 19°, 20° y 21° (La Boca, Barracas, Pompeya, Villa Soldati, Villa Lugano y Mataderos), dos regiones de Educación Media, 174 instituciones educativas, 936 supervisores, directores y docentes y 47 mil seiscientos setenta y dos alumnos. En el año 2001, se incorporaron otros ámbitos que comparten las mismas necesidades: Retiro, Villa 31, Barrio Rivadavia 1 y 2, Barrio Mitre, Abasto y Once, entre otros.

servicio. Para evitar la desatención de los docentes en las aulas frente a los alumnos, se contrató un segundo maestro que complementa la tarea y el seguimiento del grupo, que tiene la figura de tutor. El programa conjuga diversas modalidades educativas, promueve a través de diversos proyectos la formación en artes, música, plástica, comunicación, deporte.

Programas de la Dirección de Niñez y Adolescencia del GCBA

En la CABA existen programas dirigidos a abordar la población de infancia en situación de vulnerabilidad, dependientes de la Dirección de Niñez y Adolescencia del Ministerio de Desarrollo Social.[4] En los últimos años, a pesar de recoger la letra de la Ley 114[5] local y del Sistema de Protección Integral de la Infancia en el orden nacional, el desmantelamiento de dispositivos junto con la tendencia a la focalización de la población a la que se dirigen los programas así como su tercerización incluso en la contratación de los profesionales, configuran un escenario debilitado para las políticas de protección de la infancia.

---

4   En lo que respecta a la atención directa a la población de chicos en situación de calle en la zona céntrica de la CABA, se cuentan el CAINA –centro de día–, el Equipo Móvil –equipo de operadores de calle– y el sector ONG que se ocupa del control de hogares de tránsito y paradores conveniados. A nivel territorial, en los barrios de la zona sur de la CABA funciona el área de Fortalecimiento de vínculos familiares-territoriales e institucionales-familiares-territoriales, que tienden a promover la desinstitucionalización de niños, niñas y adolescentes y a fomentar la protección integral de los derechos.

5   Ley 114 de Protección Integral de los Derechos de los niños, niñas y adolescentes de la Ciudad de Buenos Aires, sancionada el 03/12/1998.

Estrategia metodológica

Se trata de una investigación acción participativa (IAP), exploratoria-descriptiva. La IAP, como práctica alternativa a las formas tradicionales de investigación, concibe la investigación y la participación como momentos dentro de un mismo proceso de producción de conocimientos. La investigación participativa debe analizarse como un proceso de producción de conocimiento colectivo a través del cual la comunidad identifica y problematiza sus necesidades, problemas y demandas (Sirvent, 2003). La complejidad de la realidad abordada requiere metodologías que permitan identificar y describir los diferentes niveles y perspectivas implícitas en su entramado a través de formas más dinámicas de producir y desarrollar conocimientos y cambios, promoviendo espacios que faciliten el debate, la formación de consensos y la explicitación de disensos y perspectivas (Minayo, 2004). Es así que trabajamos con integración de estrategias cuali- y cuantitativas coparticipativas (en gestión asociada con los participantes), coconstruidas en cada caso y en cada espacio (ética relacional local contextuada). Dichas metodologías se oponen a las concepciones tradicionales jerárquicas de la producción de conocimiento y se presentan como metodologías desafiantes en más de un sentido. Por un lado, desafían las posiciones hegemónicas respecto de la producción de conocimiento y, por otro, se presentan como un desafío para los investigadores que deben en cada caso trabajar conjuntamente en dicha construcción respetando criterios de rigor metodológico en el trabajo realizado que respeten la ética relacional.

Para facilitar los procesos reflexivos críticos se propusieron instancias participativas como talleres grupales con adolescentes de cuarto año, cuyas edades rondaban entre los 14 y 19 años. En dichos dispositivos se resignificaron las concepciones individuales y colectivas que aparecían en el grupo alrededor de tres ejes del proyecto de vida: lo social, lo ocupacional y la salud. Asimismo, se trabajó en forma grupal con adolescentes en situación de calle, de entre 12 y 17 años pertenecientes a dos "ranchadas" de la Zona Sur. Los participantes fueron 8 varones y 2 mujeres. En dicho dispositivo se trabajó en la resignificación del territorio, los problemas cotidianos y los deseos sobre el futuro.

Las entrevistas a los adultos vinculados con los niños, niñas y adolescente se realizaron a docentes, a tutores profesores y a directivos de algunas escuelas de la ZAP, y a operadores sociales de la Dirección General de Niñez y Adolescencia del GCBA.

Los datos recolectados a través de las diferentes instancias y herramientas se analizaron cualitativamente identificando emergentes y categorías, en sus concepciones tanto presentes como futuras, y se triangularon fuentes (jóvenes escolarizados y en situación de calle), instrumentos (observaciones, entrevistas semiestructuradas y talleres) y actores (jóvenes de ambos sexos, docentes, directivos y operadores sociales).

Se respetaron en todos los casos los principios éticos de confidencialidad, voluntariedad y anonimato.

Resultados y discusión

El análisis de los grupos escolarizados de la ZAP muestran una mayor presencia femenina, que puede asociarse a un ingreso más temprano al mercado laboral, a otras estrategias de sobrevivencia que adoptan los varones o a la presencia de guarderías que facilitan el cuidado de los niños en el espacio escolar. En este sentido, se confirma el sesgo de género de retención/abandono escolar a nivel nacional.

Por el contrario los grupos de chicos en situación de calle, que conviven en las ranchadas, están compuestos mayormente por varones. También es significativamente mayor en los varones el tiempo de permanencia en calle[6] (CDNNyA, 2006; DGNNyA, 2008). En esta población de chicos y chicas en situación de calle, la retención de las mujeres en el ámbito familiar tiende a mostrase también por el mayor nivel educativo alcanzado (mientras que entre los chicos de 12 a 15 años de edad el 68% de los varones no alcanzó a terminar la educación básica, la cifra desciende al 58% en las mujeres –Pojomovsky, 2008– en estudio sobre la población concurrente al CAINA).

Las miradas sobre sí mismo y sobre ellas/ellos

Las miradas sobre sí permiten indagar sobre los procesos de permanencia y de cambio identificatorio y sobre las oportunidades que les ofrecen desde el medio como matrices culturales, de valores e ideales históricamente instituidos. Al proponer elaborar proyectos presentes y futuros, se posibilita reflexionar sobre el registro de la propia historia. El acceso simbólico al territorio del afuera requiere que lo extrafamiliar sea investido.

Aulagnier (1981) nos aporta la conceptualización de contrato narcisista para señalar que cada sujeto viene al mundo como portador y asegurador de una continuidad generacional y del conjunto social al que pertenece. El primer contrato emerge de los vínculos primarios e inviste al sujeto antes de nacer, pero con los vínculos secundarios se generan contratos que establecen relaciones de cooperación, continuidad, complementariedad, producción, oposición. Esta instancia posibilitará el encuentro con otros soportes identificatorios, que facilitan investir la grupalidad, el estudio, el cuidado y también el espacio de la intersubjetividad del nosotros. Nuestra interrogación sobre la mirada de sí y de los anclajes sociales nos encontró

---

[6] Cerca del 70% de los jóvenes que habitaban en la calle era varones de entre 13 y 17 años. Mientras que ellos salían del hogar entre los 10 y los 12 años (32.5%), las mujeres comenzaban a hacer entre los 13 y los 15 años (37.5%) (CDNNyA, 2006; DGNNyA, 2008).

con ciertas estereotipias impuestas de los espacios familiar-social que muestran proyecciones de familia o, dependiendo de ellos, como padre o madre real o imaginado, reflejando una temprana pérdida de ser hija/hijo.

- "Con mi marido y mi hijo, aparte me gustaría conservar a mis amigas (...). A mi familia me gustaría cortar un pequeño cordón, que todavía no pude cortar" (Adolescente mujer, 19 años, estudiante ZAP).
- "Yo quisiera ser independiente, vivir solo o con alguien pero no alejarme de mi familia. Quisiera conseguir buenos amigos y ser muy sincero" (Adolescente varón, 20 años, estudiante ZAP).

En los chicos en situación de calle la mirada sobre sí y el tiempo se vuelven por momentos mortíferos. El vagar, como movimiento, se impone como forma de desalojar el pensamiento desiderativo. Los actos adictivos, los accidentes o las múltiples violencias son expresados como descarga o como forma de reencontrarse con el cuerpo y con sí mismo.

- "Me gustaría estudiar, pero en la calle no se puede... es como que los días pasan, las horas pasan y no te das cuenta pero se pierde el tiempo sin hacer nada... Bah... joder, fumar base o jalar pero siempre es lo mismo... a mí me gustaría ir a la escuela pero no puedo en la calle" (Adolescente varón en situación de calle, 17 años).

En las miradas de los trabajadores de los programas de educación y desarrollo social sobre los adolescentes, aparecen las narrativas que insisten en la necesidad de continuidad de las intervenciones y apoyo psicosocial para convertirse en un soporte libidinal compensatorio de las pérdidas y abandonos.

- "Ellos piensan que están jugados, total los van a matar a la vuelta de la esquina, para qué preocuparse, para qué si total. Está actitud al principio, hasta que no hacen el enganche con la escuela permanece. Esta actitud se presenta muy claramente, una actitud de que no me importa nada, que todo me patina, hasta que se logran enganchar con la institución" (psicóloga, ZAP).
- "Y bueno creo que la escuela los saca de la calle, los saca de las tentaciones, y estamos casi convencidos que realmente en una cadena de eslabones, de muchos sin-sabores que tienen los chicos, el último lugar confiable es la escuela" (director de escuela media, ZAP).
- "En general, creo que es una preocupación discursiva la de los chicos en calle. No molestan afuera de la villa. Están acá. Decimos que más allá de la entrevista, hay que seguir el proceso, hablamos… el hospital para que los atienda…cuando quieren salir de calle… cuando se da el quiebre" (operadora social, DGNyA).

Territorios de las violencias

La escuela como escenario situacional aloja en su interior evidencias de una violencia instituyente de la sociabilidad. Su depreciación como institución referente y los conflictos para definir límites aparecen como problemas centrales para sus docentes.

- "Les cuesta respetar las normas de la escuela, pero como adultos nos cuesta poner reglas. Nos cuesta pensar cómo se consensuan las reglas. (…) Cuando yo empecé a trabajar me llamó la atención esto, yo no podía entender que si los tratabas bien, ellos te trataban mal. Yo veía esta violencia hacia el adulto, me parecía que se daba porque si, verduguear al adulto porque sí" (psicóloga, ZAP).

- "La familia dirigida hacia el alumno, violencia dentro de la escuela entre alumnos, entre varones y mujeres, mujeres y varones, mujeres y mujeres" (preceptora, ZAP).

Entretanto los chicos y las chicas en situación de calle, llamado "fisuras", ubican sus ranchadas justamente en la puerta de escuelas y centros de salud. La mirada indiferente de quienes ya no los alojan refuerza la ruptura.

- "Es que hay un exposición y naturalización de las ranchadas, madres con bebés… el consumo a cualquier hora, al lado de la escuela. Consumo más allá de la pasta base" (operadora social, DGNyA).
- "Pibe chorro, fracaso escolar… el estigma aparece como una fuerza o fortaleza para los pibes que rompen con la familia y las instituciones del barrio" (operador social, DGNyA).

Cuando resignificamos estas narrativas a la luz de las conceptualizaciones de violencia, nos impone la posición de un tercero como semejante; sin embargo cuando no están dadas las condiciones de límite y posibilidad (como en los contextos de vulnerabilidad y expulsión social) dicho semejante no se configura como tal, con lo cual "si la ley no opera como principio de interpelación, tampoco opera la percepción de su transgresión" (Duschatzky y Corea, 2002: 25). Desde esta perspectiva, la violencia no es percibida como tal, en tanto no hay registro de un límite violado. Se trata, en cambio, de una búsqueda brutal y desorientada del otro en condiciones en que el otro no es percibido como un límite. En este marco, y siguiendo a estas autoras, la palabra no sirve como mediador, sino que es sustituida por la violencia materializada en los propios cuerpos y en cuatro formas que forman parte de las condiciones bajo las cuales se han subjetivado los jóvenes: como estallido (en la escuela), como forma instituida (en los ritos), como componente de acontecimiento (en las fiestas) o como matriz cotidiana (en la calle). De estas formas, la que para efectos de este estudio nos parece más relevante es la última, esa que se forja en el día a día. En este sentido estamos hablando de violencia como una relación, como algo que subyace, en palabras de las autoras "violencia como sustrato", que se diferencia de la violencia como accidente o excepcionalidad. La violencia no sería considerada tampoco un estado, sino una forma de socialidad, de relacionarse con otros. Este tipo de violencia, surge en condiciones particulares de impotencia instituyente. Aquellas en las que como veníamos diciendo las instituciones principales han perdido su capacidad de ser referencia y límite.

Contribuye también a generar el descrédito en las instituciones la disolución o debilitamiento del paradigma Estado-nación y el consiguiente declive de las instituciones burguesas. Siguiendo a Lewkowicz (2004), coincidimos en que la etapa actual es de destitución a partir de lo cual se forjan identidades ya no basadas en los antiguos procesos de alfabetización, extensión de derechos sociales y económicos y generalización de derechos políticos. Estos procesos anteriores generaban sujetos anclados en el lazo social, basados en la filiación; muy diferente es el actual vínculo basado en la impotencia instituyente y la violencia que subyace en el entramado social generada a partir de estas condiciones.

Nos basamos en las corrientes críticas (Paulo Freire, Baró, Rebellato, Fals Borda) que plantean procesos de educación problematizadores, en los que se parte de la construcción de conocimientos desde las vivencias y experiencias cotidianas, para transitar por procesos de aprendizaje reflexivos. En estos procesos se rescata la dimensión del autoconocimiento y la autorreflexión, que facilita la producción de aprendizajes críticos, entendidos como procesos colectivos y singulares. Se apunta a instancias de reflexividad motivadoras, en las que lo que es aprendido no sucede por la imposición o la memorización, sino por el nivel crítico de conocimiento, que promueve que los sujetos reflexionen en forma activa y crítica y tomen posición sobre sus presentes, responsabilidades y actos.

Madres adolescentes

El embarazo adolescente es una problemática más que se presenta recurrente en la población con la que hicimos esta intervención. Creemos que su fuerte presencia tanto en casos reales como en el imaginario y proyecto expresado en las narrativas nos obliga a dar a este fenómeno un tratamiento desde la complejidad que implica. Un estudio realizado del Centro Latinoamericano Salud y Mujer (CEL-SAM, 2005) en la CABA mostró que a pesar de que un 84% de esas adolescentes conocía el preservativo y un 82% sabía acerca de las pastillas anticonceptivas, el 47% no se cuidó porque no pensó que pudiera quedar embarazada durante la primera relación sexual. Se desprende de estas realidades que son necesarias campañas de prevención en las que se problematicen las representaciones y prácticas sociales en tono al derecho a decidir, al cuidado del cuerpo desde una perspectiva de género.

En este sentido, aparece en los discursos de los docentes, los directivos y los educadores entrevistados señalamientos que condicen con la necesidad de repensar las prácticas y las representaciones sociales respecto a los roles de géneros asignados.

- "Los chicos suelen tener muchas tareas, sobre todo las chicas, las mujeres. La cuestión de género, está en toda la sociedad, pero acá aparece más cristalizada. Están a cargo de los hermanos más chiquitos más todas las tareas que tienen" (psicóloga, ZAP).
- "Yo pienso que esta todo relacionado dentro de las posibilidades de sus proyectos de vida. Entonces lo socioeconómico determina a un grupo. (…) Trabajamos el tema de retención con las mamás, y por otro lado

hacíamos talleres porque queríamos saber cuáles eran sus proyectos. (…) Y el proyecto lo principal era formar una familia y tener un hijo. Entonces por ahí algunos planteaban esto y… ¿Qué pasa si queda embarazada tu novia? Está situación para muy chicos era una dificultad. En general te decían: ´No…bueno se sigue adelante´" (preceptora, ZAP).

• "Es muy común que los chicos, las chicas principalmente, suelen ingresar más tarde a la escuela porque tienen que esperar a que venga el hermanito de la escuela o quedarse a cuidar al hermanito. Porque los padres trabajan, están afuera, e general la familia es numerosa. Acá tenemos chicos con hermanos de cuatro o cinco pibes, seis, siete y más también. Es decir, es común que se cuidan unos a otros, el mayor al menor" (director, ZAP).

El programa ZAP se propone que las alumnas madres y embarazadas no abandonen sus estudios, con énfasis en la eliminación de formas de discriminación y exclusión por la historia que tiene el tratamiento social del embarazo precoz. La sensibilidad social que existe actualmente en diversos sectores cuestiona lo que durante muchísimos años se presentó, ya que el embarazo adolescente era una realidad que la institución escolar prefería negar. Las chicas eran dejadas "libres" por faltas o, en el peor de los casos, expulsadas por "el mal ejemplo" que suponía la panza debajo del guardapolvo o el uniforme.

Un caso paradigmático ocurrió en el año 1990, cuando el país estuvo pendiente del derrotero escolar de una adolescente que había sido reincorporada en una escuela de una provincia porque había sido expulsada por tener un hijo. Diez años más tarde, en Formosa, otra alumna fue rechazada por estar embarazada y tuvo que intervenir la Justicia para revertir la decisión. La notoriedad de estos casos es sólo una muestra del problema que significa para la institución escolar hacerse cargo de una realidad que la invade y pone en tela de juicio su estereotipo de alumno. A pesar de las dificultades, en la última década, las leyes empezaron a darle amparo a la maternidad escolar y en algunas jurisdicciones están en marcha programas para garantizar, ante todo, el derecho a la educación y a la igualdad (IIPE, 2005).

En el caso de los chicos y las chicas en situación de calle, cabe señalar que no hay políticas en salud sexual y reproductiva, dirigidas específicamente a ellos. El énfasis en el presente o las situaciones de explotación sexual, tanto de varones como de mujeres jóvenes, derivan en la falta de protección contra el VIH/sida y otras ITS y la no planificación de los embarazos.

En algunos casos, la llegada de un hijo tanto para las mujeres como para los varones opera como una posibilidad de pensar en un proyecto propio ubica al bebé como un bien en el plano reparatorio afectivo, también asociado a la supervivencia material. No sólo por el mayor acceso a la caridad, sino también por la posibilidad de alcanzar más fácilmente el ingreso a instituciones de salud, servicio social u hogares que pueden abrir el camino para el paulatino alejamiento de la calle. Para muchos chicos y chicas, la llegada de un niño los anima a intentar "rescatarse":

- "Mi deseo en cinco años es tener un hijo. Me quiero rescatar. Lo quiero llevar a pasear. Lo cuidaría mucho" (adolescente varón en situación de calle, 14 años).

A modo de conclusiones preliminares

El objetivo de esta presentación es el de transmitir, a través de las narrativas de los protagonistas de dos programas de las áreas de educación y desarrollo social, los efectos de subjetivación y la posibilidad de exigibilidad de derechos. Por un lado, estas narrativas nos advierten sobre sus límites, sus impases, su fragmentación. Pero por otro, indican el compromiso y la responsabilidad ética política de muchos de los docentes y de los operadores, que no con poca frecuencia son el sostén de aquellos jóvenes olvidados y silenciados por nuestra sociedad.

La modalidad de investigación acción participativa propicia una modalidad reflexiva crítica e instala algunas interrogaciones propiciatorias de otros posicionamientos subjetivos, institucionales y organizacionales. Las representaciones y los discursos que naturalizan la expulsión social y la pobreza e indigencia como el estigma irrenunciable de "los otros", son revisados en los espacios grupales e individuales. Los relatos dan cuenta de las experiencias subjetivas, de las imágenes y las proyecciones de sí y de los otros; y del atravesamiento de dos acontecimientos que marcan la cotidianidad: las violencias y las parentalidades en la adolescencia. Es en este sentido que el valorar los sostenes que facilitan los procesos de subjetividad y alteridad de los adolescentes –que pueden ser pares, maestros, operadores–, facilita el lazo y el proceso identificatorio. La palabra, el otro como semejante, el diálogo, permiten transitar los bordes de situaciones, de la insignificancia: doble dimensión de una subjetividad y existencia poco significativa y del vacío sin sentido (Castoriadis, 1998).

Develar y examinar la presencia de las problemáticas presentes en los jóvenes en situación de vulnerabilidad implica también visualizar y analizar los programas sociales vigentes destinados a dicha población. Es necesario considerar sus impactos, su continuidad y los monitoreos realizados por parte de la gestión responsable. En este sentido, entendemos los procesos de evaluación participativa como una actividad programada de reflexión sobre la acción, basada en procedimientos sistemáticos de recolección, análisis e interpretación de información, con la finalidad de emitir juicios fundamentados y comunicables sobre las actividades, resultados e impacto de los proyectos.

El proceso de estudio de las políticas públicas de prevención y promoción en situaciones de vulnerabilidad continúa con relevamientos que permitan seguir profundizando en el conocimiento de estas problemáticas desde discursos y prácticas que resistan los modos desubjetivantes que desestabilizan la organización psíquica y favorecen la expulsión social.

Bibliografía

Adaszko, A. u Kornblit, A. L. (2008). "Clima social escolar y violencia entre alumnos". En Míguez, D. (comp.). *Violencias y conflictos en las escuelas*. Buenos Aires: Paidós.

Aulagnier, P. (1981). *Los destinos del placer.* Buenos Aires: Argot.

Binstock, G. y Cerrutti, M. (2005). *El abandono escolar en el nivel medio en la Argentina*. Buenos Aires: UNICEF.

Bleichmar, S. (1999). "Entre la producción de subjetividad y la constitución del psiquismo". En *Revista Ateneo Psicoanalítico Subjetividad y propuestas identificatorias*, núm. 2, Buenos Aires.

— (2005). *La subjetividad en riesgo*. Buenos Aires: Topia.

Butler, J. (2002), *Cuerpos que importan. Sobre los límites materiales y discursivos del "sexo"*. Buenos Aires: Paidós

Butler, J. (2006). *Vida precaria. El poder del duelo y la violencia*. Buenos Aires: Paidós.

Castoriadis, C. (1998). *El psicoanálisis, proyecto y elucidación*. Buenos Aires: Nueva Visión.

CDNNyA (2006): "Informe Anual", Consejo de Derechos de Niños, Niñas y Adolescentes del Gobierno de la Ciudad de Buenos Aires (CDNNyA). Buenos Aires.

CTA (2008). "Geografía de la Infantilización de la Pobreza". Informe del Instituto de Estudios y Formación de la CTA. Buenos Aires.

DGNNyA (2008). "Censo. Situación de niños, niñas y adolescentes en las calles de la Ciudad de Buenos Aires", Informe Dirección General de Niños, Niñas y Adolescentes (DGNNyA), GCBA.

Duschatzky, S. y Corea, C. (2002). *Chicos en banda*, Buenos Aires: Paidós.

Fainsod, P. (2006). *Embarazo y maternidad adolescente en la escuela media*. Buenos Aires: Miño y Dávila.

Jodelet, D. (1993). "Las representaciones sociales: fenómenos, concepto y teoría". En Moscovici, S. *Psicología Social II. Pensamiento y vida social*. Buenos Aires: Paidós.

Kessler, G. (1996). "Adolescencia, pobreza, ciudadanía y exclusión". En Konterllnik, I. y Jacinto, C. (comps.). *Adolescencia, pobreza, educación y trabajo*. Buenos Aires: Losada.

Le Blanc, G. (2007). *Vidas ordinarias. Vidas Precarias. Sobre la exclusión social*. Buenos Aires: Nueva Visión.

Lewcowicz, I. y Corea, C. (2004). *Pedagogía del Aburrido. Escuelas destituidas, familias perplejas*, Buenos Aires: Paidós.

Lewcowicz, I. (2004). *Pensar sin Estado. La subjetividad en la era de la fluidez*. Buenos Aires: Paidós.

Marková, I. (1996). "En busca de las dimensiones epistemológicas de las representaciones sociales". En Páez, D. y Blanco, A. (eds.). *La teoría sociocultural y la Psicología Social actual*. Madrid: Editorial Aprendizaje.

Moscovici, S. (1984). "El fenómeno de las representaciones sociales". En Farr, R. y Moscovici, S. (comps.). Representaciones sociales. Cambridge: Cambridge UniversityPress.

Naddeo, M. E. (2007). "Situación de los derechos de niños, niñas y adolescentes." Consejo de Derechos de Niños, Niñas y Adolescentes del Gobierno de la Ciudad de Buenos Aires (Cdnnya). Buenos Aires.

OREALC/UNESCO (2007). "Contribución preparada a solicitud de la Oficina Regional de Educación para América Latina y el Caribe". Documento II, Reunión Intergubernamental del Proyecto Regional de Educación para América Latina y el Caribe (EPT/PRELAC); 29 y 30 de marzo de 2007. Buenos Aires.

Pojomosvky, J. (2008). *Cruzar la calle*, Tomo II. "Tendencias Sociales y Educativas en América Latina". Publicación anual proyecto SITEAL, IIPE-

UNESCO, OEA. Buenos Aires: Ed. Espacio. Disponible en http://www.siteal.iipe-oei.org/informetendencias/informetendencias2008.asp

Tubert, S. (s/fecha). "Masculino/ Femenino; Maternidad/ Paternidad". Seminario Cátedra UNESCO MujerCyT-FLACSO.

UNICEF (2003). *"Informe anual de actividade". Disponible en* http://www.unicef.org/argentina/spanish/informe_de_actividades_2003(2).pdf.

Zaldúa, G., Sopransi, M. B. y Longo, R. (2006). "Vulnerabilidad, género y prácticas de autonomía en organizaciones de trabajadores desocupados". Anuario de Investigaciones. Volumen XIV Tomo 1, Facultad de Psicología UBA.

ZAP. Zona de Atención Prioritaria. Disponible en http://www.buenosaires.gov.ar/

Infancia y comunicación[1]

Promoción de derechos en contextos de vulnerabilidad psicosocial

MARÍA MALENA LENTA, GRACIELA ZALDÚA Y ROSANA PEIRANO

Los nuevos regímenes de subjetivación-desubjetivación en el capitalismo se instalan sobre las instituciones tradicionales, como la familia, la escuela, el hospital, que ya no soportan y se abren a nuevos escenarios de dominación, de exclusión y de desigualdades.

La infancia como campo de controles y tensiones jurídicas, sociales y políticas se convierte en el paradigma de la exclusión en contextos de vulnerabilidad social. Las brechas existentes entre la enunciación de sus derechos y de sus problemáticas prioritarias y la realidad de la exclusión ponen al descubierto las nuevas lógicas de la reproducción social que nos llevan a interrogarnos sobre la posibilidad de habilitar la promoción de derechos en la infancia como prácticas subjetivantes, propiciatorias de identidades no tuteladas y facilitadoras de la creación colectiva.

---

[1]   Una versión más amplia de este artículo puede encontrarse en XVII Anuario de Investigaciones de la Facultad de Psicología, 231:240.

Promoción de derechos de la infancia y promoción de la salud

La promoción de la salud y la de los derechos de la infancia acontecen como un movimiento dialéctico que anda y desanda combinaciones de estrategias universales, particulares y singulares; acciones de compromisos, responsabilidades múltiples entre los actores intervinientes en el proceso.

Con la sanción de la Convención Internacional de los Derechos del Niño (CIDN) en 1989 se consuma un consenso entre diferentes culturas y sistemas jurídicos de la humanidad respecto de aspectos centrales como los derechos y los deberes de la familia y del propio Estado para el desarrollo de los niños, las políticas públicas orientadas a la infancia y los límites de la actuación del Estado y la protección del niño de toda forma de amenaza o de vulneración de sus derechos fundamentales (López Oliva, 1998).

La noción de "interés superior del niño" como principio rector que articula los derechos en la infancia con la diversidad cultural de su medio se convierte en una herramienta hermenéutica que comprende a las reglas relativas a los derechos según los significados que adquieren en una cultura. De este modo puede vislumbrarse un escenario diferente para la infancia, que tiende a incluir a todos los niños y niñas en el seno de ese universo, lo que posibilita una refundación conceptual de una infancia inclusiva.

La CIDN reafirma el reconocimiento de los niños como personas humanas y sostiene la afirmación de que la infancia/la adolescencia es además fuente de derechos propios, y que los derechos de los niños no dependen de ninguna condición especial sino que se constituyen en un cúmulo de derechos-garantías frente al Estado.

La perspectiva de los derechos humanos permitirá entonces reorientar las políticas públicas de la infancia y la participación de los niños en la sociedad hacia un modo radicalmente diferente: pasar de ser niños objeto de tutela-represión a niños sujetos de derechos.

La promoción de derechos en la infancia supone procesos sociales que contribuyan a la construcción de una cultura de respeto, confianza, cuidado a través de estrategias que habiliten el despliegue de un proceso de cambio social respecto de "la infancia como la idea de 'otro' comienzo, la tensión entre autonomía y heteronomía, la infancia como diacronía y no como transmisión intergeneracional y finalmente, el punto central de la infancia como categoría emancipatoria" (Bustelo, 2008: 45).

Entre los derechos conferidos a la infancia en la CIDN se encuentra el derecho a la salud. Desde una perspectiva amplia y positiva sobre la salud, el ejercicio de todos los derechos en la infancia en forma simultánea –los políticos, los económicos, los sociales y los culturales, los solidarios y los bioéticos– son condición *sine qua non* para alcanzar un proceso de salud-enfermedad-atención que incluya al niño/a en su integralidad.

La Organización Mundial de la Salud (2004) señala que la promoción de la salud:

> constituye un proceso político y social global que abarca no solamente las acciones dirigidas directamente a fortalecer las habilidades y capacidades de los individuos, sino también las dirigidas a modificar las condiciones sociales, ambientales y económicas, con el fin de mitigar su impacto en la salud pública e individual. La promoción de la salud es el proceso que permite a las personas incrementar su control sobre los determinantes de la salud y en consecuencia, mejorarla. La participación es esencial para sostener la acción en materia de promoción de la salud (27).

Esta formulación centrada en el carácter positivo y colectivo de la salud motiva el despliegue de políticas públicas que hagan hincapié en la generación de nuevos escenarios para la salud que favorezcan la implantación de estrategias globales y la participación comunitaria para la facilitación del cumplimiento de los derechos.

Sin embargo, muchos autores (Zaldúa *et al.*, Wald, Stolkiner, Musa, entre otros) señalan las brechas entre los enunciados y las prácticas reales. Las políticas públicas integrales son prácticamente inexistentes y las experiencias participativas aparecen segregadas por las prácticas descontextualizadas y normativas.

Por otra parte, en los ámbitos de pobreza estructural, de vulnerabilidad social y de violencias son limitados los recursos disponibles y centrados en acciones asistenciales de urgencia. Y cuando se convoca a participar para el cuidado de la salud, se lo hace desde un modelo que se basa en información sobre conductas, comportamientos que los profesionales del sector salud consideran correctos, y sobre las representaciones, creencias que se ajustan adecuadamente a esos comportamientos esperados.

Algo similar ocurre con el caso de la infancia en donde la inflación legal consumada en las últimas dos décadas que ha incorporado normas de carácter nacional como la Ley 26.061 y otras locales que han desterrado del plano jurídico, la ley del patronato 10.903 de 1919, aun no se han efectivizado plenamente en el campo de las políticas públicas y las prácticas sociales dirigidas a la infancia con derechos vulnerados. La filtración de las viejas políticas, sostenida en omisiones del Estado, reactualiza intervenciones que impide pensar a los sectores más vulnerables fuera de una declaración previa de algún tipo de institucionalización estigmatizante.

En este marco, es necesario definir que los derechos puntuales de la salud en la infancia pueden construirse desde imperativos que reclamen la participación de niños y niñas a partir de la propia identificación de necesidades y de problemas singulares y colectivos que comprendan la multidimensionalidad de sus condiciones, de su modo y estilo de vida en los determinantes de salud, de su desarrollo biopsicosocial, de su ambiente, de su contexto socioeconómico, de su vincularidad, sus lazos y sus redes sociales; determinantes que han de considerarse para la atención de los derechos de la salud de la infancia para la formulación, la implementación y la evaluación de políticas y servicios de salud para la niñez.

La promoción de la salud y la de los derechos en la infancia se constituyen en dos procesos simultáneos que se incluyen mutuamente y exigen la interpelación ético-político a la sociedad civil y al Estado.

¿Cómo proveer espacios de producción comunicacional para ser recreados, resignificados y reinterpretados? La restitución del derecho a pensar, jugar, sentir y a la salud y el bienestar es la propuesta que a través de los dispositivos radiales y grupales pretenden operar como soportes narcisistas frente al poder devastador, que los incluye como sobrantes. Promover las narrativas y su escucha es potencia para los procesos de subjetivación.

Infancia y la ciudadanía

Los discursos tradicionales acerca de la infancia han resaltado su carácter sagrado como momento ideal de la vida. No obstante, dispositivos de disciplinamiento y de control hacen a la infancia susceptible de eliminación impune. La figura alegórica de "niño sacer" (Bustelo, 2008) recrea la imagen de una infancia que, aunque venerada, es encerrable, dominable o matable al quedar por fuera del campo de la ciudadanía.

El discurso de la minoridad asentado en las instituciones del patronato define a la infancia a partir de la "incapacidad" o de la "falta" y reduce al niño a la condición de *zoé* (la mera supervivencia), lo que le clausura el acceso al *bíos*, es decir, a la participación en la vida política, la ciudadanía (Agamben, 2004).

Contrariamente, una perspectiva de derechos para abordar el campo de la infancia implica, como señala Bustelo (2008), reconocer la *eleidad* presente en la relación intergeneracional. La *eleidad* constituye una responsabilidad del adulto sobre el niño, como garantía de un desarrollo de una autonomía-heterónoma,[2] en el contexto de una inserción emancipatoria que admita la perspectiva de un porvenir.

El niño es un sujeto social que encuentra límites actuales a su autorrepresentación. La titularidad de los derechos conferida en las nuevas normativas elaboradas a partir de la CIDN se confronta con las posibilidades de exigibilidad directa por parte de los propios niños, niñas y adolescentes. De este modo, la ciudadanía de la infancia debe ser considerada en la tensión entre la heteronomía y la autonomía; depende de la política para poder generar las condiciones de puesta en ejercicio.

El artículo 12 de la CIDN, el derecho a la voz y a ser escuchados, se establece como un principio general de la construcción de la subjetividad del niño pues tiene en cuenta todas las dimensiones de su experiencia vital e intelectual y no simplemente sus emociones.

En el ámbito de la política, la parresía es un atributo fundamental para la constitución del buen ciudadano y un prerrequisito de todo discurso político. Para Michel Foucault (2004), la parresía implica el coraje de la denuncia del hablar franco, el no mentir. La parresía es un ejercicio opuesto al ocultamiento pero también se diferencia de la práctica de la retórica, pues no intenta convencer a nadie, es simplemente decir la verdad. La parresía debe ser el modo a partir del cual se construye la ética de la relación adulto-infancia.

El abordaje de dispositivos comunicacionales radiales en donde los niños y las niñas toman la palabra se constituye en actos fundantes de resistencia y creación. Como

---

2   Se entiende a la heteronomía no en el sentido de opresión o disciplinamiento, sino como un modo de dependencia necesaria vinculada a la diferencia intergeneracional que, como andamiaje, permite el desplazamiento del niño hacia el polo de la autonomía.

señala De Certeau (1995: 35), "La toma de la palabra tiene la forma de un rechazo: es una protesta […] Quizás esa sea su grandeza, la que consiste en decir: 'no soy una cosa'".

¿Qué ocurre cuando una acción colectiva logra por fin derribar el muro de la indiferencia mediática y política?

En primer lugar el malhumor de los profesionales de la palabra, para quienes esas manifestaciones son cuestionamiento intolerable a sus intereses sectoriales, de su monopolio de su palabra autorizada sobre la "exclusión". Estos ocupantes permanentes de la palabra sólo ven, entonces, en la movilización inesperada una "operación de intenciones mediáticas" o "la ilegitimidad de una minoría".

El primer logro es el movimiento mismo. Del aislamiento, el desconocimiento, la vergüenza, el statu quo, el silencio a la toma de la palabra como primer tiempo de la acción política.

Promoción de derechos y comunicación

La comunicación, acción de despliegue enunciativo de las condiciones de vida, es integrada y superada por la categoría "comunicabilidad". La comunicabilidad privilegia la capacidad de llegar al otro y de abrir espacios de interrelación y de expresión donde se transitan situaciones intra- e interpersonales, emisiones y recepciones constantes en el permanente intercambio de distintas formas de representar y resignificar que organizan tramas de multiplicidad discursiva cultural, social, cotidiana, en la que no se remite sólo a la acción de transferir sino también a la de provocar efectos multiplicadores.

Las modalidades comunicacionales atornilladas desde las ofertas y las demandas de mercado insisten en hegemonizarse mediante discursos –dirigidos a receptores homogéneos– que enaltecen el consumo desde estrategias de manipulación económica: lo importante son los productos.

Así, las prácticas comunicativas dominantes desestiman para sus agendas, planificaciones y programaciones la posibilidad de considerar receptores-actores activos, puros colectivos de sentido.

La promoción y la comunicación desde prácticas y saberes críticos en salud son construcciones colectivas que persiguen la sensibilización y el reconocimiento de tensiones entre diversidades, adversidades, saberes locales y científicos, espacios y territorios; en la intensidad enunciativa y práctica de sujetos de derecho que desmantela la fijeza del modelo dominante y descontextualizado: emisor-mensaje-receptor.

La tarea desafiante de ruptura con ese modelo es la promoción de espacios comunicacionales donde los enunciados se enhebren desde las construcciones subjetivas y colectivas de sentidos como resultado de la percepción y la vivencia de necesidades, vulnerabilidades, violencias, asimetrías.

Entre las diversas modalidades, estrategias y espacios comunicacionales, se ha privilegiado la producción radial de niños, niñas y adolescentes por la accesibilidad al medio radial desde la función de oyentes y la de productores y productoras. Estos datos son relevados de la primera encuesta nacional sobre consumos culturales, cuyos resultados presentó el Ministerio de Educación (2006). Es una muestra representativa a partir de 3360 entrevistas realizadas en capitales de provincia y áreas urbanas relevantes de todo el país, además de tres zonas rurales del NOA, NOE y la Región Pampeana entre abril y junio de 2006. Una de las indagaciones del Programa Escuela y Medios (ME) a través de 360 encuestas realizadas en el NOA, el NOE y la Región Pampeana se refiere a que chicos y chicas de estas zonas ven menos televisión (sólo el 60% lo hace todos los días y en familia), escuchan radio (95%) y tienen un escasa o ninguna accesibilidad a tecnologías computacionales.

Desde la producciones radiales de chicos y chicas se infiere el acceso y la apropiación de intercambios comunicativos que enriquece su universo cultural y tecnológico; lo que favorece su capital cultural, troca la representación del medio que hacen *otros-otras* por el medio posible de ser construido por un *nosotros-nosotras*. Inclusivo y proactivo; sensibilizando y visibilizando temas y problemas en sus contextos para hacerlos voz, transformarlos en información y promoverlos en conocimientos singulares y colectivos en nuevas lógicas dialógicas de negociaciones y agenciamientos.

Decir (se) y escuchar (se) supone un movimiento dialéctico superador que integra las posibilidades de procesos identificatorios. Pensar los modos colectivos de realización radial es pensar también los esfuerzos que propicien espacios de equidad e inclusión. La importancia del trabajo y la voz colectiva por la inclusión y la equidad, las vicisitudes de las negociaciones y los intercambios se constituyen en facilitadores de procesos identificatorios favorecedores de modalidades de integración para chicos y chicas –procesos que desde la dimensión subjetiva se vinculan con la forma en que son percibidos, interpretados y experimentados los múltiples mensajes–, no sólo con su grupo de pares sino con los actores de su comunidad.

El "darse tiempo" da vuelta la lógica de velocidad que impera en la transferencia de información que nos circunda. "Darse tiempo" para pensarse y pensar la comunidad remite a procesos de reinvestidura al yo y al colectivo de pertenencia; ensanchando el universo de sentidos.

La producción radial se configura como un dispositivo mediador que alberga las condiciones de posibilidad de expresión-interrelación-participación-creación. Desde la potencialidad de estas prácticas mediadoras, la apuesta se concentra en comprender la comunicabilidad radial como herramienta facilitadora y alternativa para el discurso.

El análisis crítico del discurso (ACD), como modalidad interpretativa de estas narrativas comunitarias, supone una relación dialéctica entre el discurso y las estructuras sociales en tanto indica que el discurso es una práctica social históricamente situada que es, por un lado, modelada por las micro- y macroestructuras en las que está inserto, mientras que por otro, contribuye creativamente a la construcción y a la transformación del orden social (Stecher, 2010).

De modo crítico, el ACD indaga la desigualdad social tal como aparece expresada, señalada y legitimada por los usos del lenguaje, es decir, en el discurso, desentrañando la imbricación de las narrativas sociales y el poder, y visibilizando las resistencias ante marcos culturales hegemónicos (Van Dijk, 2003).

Recorrido metodológico

Se trata de una investigación exploratoria-descriptiva que, desde un enfoque cualitativo, aborda a través del ACD narrativas de niños y niñas en dispositivos comunicacionales. Éstos fueron microproducciones radiales provenientes de dos ámbitos: medios de comunicación radiales y talleres grupales donde se implementaron psicodinámicas grupales, pero coincidían en ser dispositivos cuyo objetivo explícito implicaba la promoción de los derechos de niños y niñas, centrándose en el derechos a hablar y ser escuchados (artículo 12 de la CIDN). La muestra fue intencional y se consideraron los siguientes criterios de inclusión: microproducciones comunicacionales de hasta siete minutos de duración, elaboradas por niños y niñas de 6 a 12 años, habitantes de territorios vulnerables urbanos realizadas durante el año 2008, que permitieran analizar niveles de apropiación e interpretación de aquéllos desde una perspectiva comunitaria. Para el análisis de datos se realizó registro magnetofónico y se trabajó con su desgrabación.

Las tres unidades de análisis seleccionadas fueron las microproducciones radiales "Una ronda de derechos" realizada por 6 niñas y niños en Radio Tinkunaku en 2008 de José C. Paz y "Radiochanguito" realizada por 4 niños y niñas de la Ciudad de Rosario, emitido por diferentes emisoras comunitarias durante 2008. En ambos casos participaron niños y niñas de entre 8 y 12 años tanto en la producción como en la realización de la puesta en el aire. También se trabajó con una microproducción comunicacional en el barrio Villa 15 de la CABA, elaborada en el marco de un programa de la Dirección de Niñez y Adolescencia[3] de la CABA, con 6 niños y niñas de 6 a 10 años de edad.

En todos los casos, se recortaron las producciones discursivas de los niños y niñas referidas a temáticas específicas: el barrio, el juego, la definición de los derechos identificados y las expectativas de vida.

Para el análisis de los datos, los recortes textuales fueron identificados según unidad de pertenecía: Radio Changuito=RC, Radio Tinkunaku=RT y Villa 15=V; y la secuencia de la oración al interior de cada una de las unidades, con numeración ascendente (Ver Tabla). El nombre que identifica al enunciador es ficticio a fin de resguardar la identidad de los informantes.

Los eventos comunicativos

Los escenarios en los cuales se recrean los eventos comunicativos abordados se establecen en ámbitos diferentes.

En el caso de Radiochanguito, se trata de una microproducción radial realizada con alumnos del cuarto grado de la escuela Bajo Hondo de la ciudad de Rosario, en el marco de un dispositivo comunicacional itinerante que recorre semanalmente distintos escenarios donde habitan niños, niñas y adolescentes en condiciones de vulnerabili-

---

3   Se agradece la participación de la Lic. Pamela Cruz por la habilitación al campo y la participación en las actividades realizadas.

dad social. La producción discursiva abordada emerge del trabajo de cada uno de los niños y niñas que conforman el colectivo escolar. A partir de la consigna de recrear una historia que narre posibles sucesos en sus contextos de vida, surgió la producción escrita denominada "Los pibes feos y los enemigos" que fue reproducida en el dispositivo comunicacional en el marco de algunos comentarios introductorios de los niños. En el texto abordado, participan con voz cuatro niñas y niños aunque se incluye el material elaborado por todo el grado.

El dispositivo comunicacional radial "Una ronda de derechos" fue realizado por niños y niñas de José C. Paz que participaron de talleres alusivos a los derechos de la infancia en el marco de la radio comunitaria Tinkunaku. A partir de sus propios enunciados fueron construyendo explicaciones y nuevos sentidos acerca de algunos derechos incluidos en la CIDN.

La producción comunicacional realizada con chicos y chicas habitantes de la Villa 15 se constituyó a partir de las interacciones que ellos realizaban entre sí al interrogarse sobre el barrio y los problemas de la vida cotidiana.

Los tres contextos comunicacionales se desarrollan de manera diferencial tanto en función de sus objetivos como de los ámbitos de producción. Sin embargo se asemejan en la medida en que, a partir de la habilitación desde mundo adulto, los niños y las niñas desarrollan la capacidad de imaginar, crear, explicar y comprender problemas, necesidades y derechos de su vida cotidiana a partir de la propia voz y las facilitaciones de la construcción de una voz colectiva.

Dimensión lingüística

En el caso de Radio Changuito, el texto se segmentó en dos momentos. Un primer momento referido a la connotación del acto creativo y un segundo que refería a la producción colectiva en sí misma.

En el primer momento, se marca una diferencia en la enunciación desde la tercera persona del plural: "ellos", "los chicos" y la primera persona del singular "yo". Mientras que al primer modo le sigue una definición abstracta de los derechos vinculados a la creación a partir de verbos en infinitivo: "dibujar, pintar, inventar"; al segundo modo le corresponden acciones concretas ligadas a la experiencia vital. La aparición del verbo "hacer" se liga a acciones concretas de creación en contextos cotidianos: "Dibujo cuando estoy aburrido porque mi mamá no me deja salir" (RC4, Camila, 9 años) o "Calco con carbónico" (RC6, Juan, 9 años).

El segundo momento de la producción textual de Radio Changuito consiste en la lectura del relato creado por el grupo, realizada por Pedro (9 años). El relato es protagonizado por "Los Pibes Feos", "Los Enemigos" y el perro y el espacio donde se desarrolla la acción es la villa.

Los sucesos acontecidos son: "pelearon" los grupos, "murió uno de 'Los Pibes'". Aparición de la policía y encarcelamiento de "Los Enemigos". Luego salida de uno de "Los Enemigos" quien chocó al "perro" pero prontamente se redime al "salvarlo" y "adoptarlo".

El relato en tercera persona refiere a pelea, muerte, castigo y redención, en un contexto de violencia similar al que habitan los niños y niñas cotidianamente.

En el caso de "Una ronda de derechos" de Radio Tinkunaku, el texto aparece fraccionado en tres momentos según los temas tratados: los derechos en general y los derechos específicos referidos al juego y la creación y a la protección socioeconómica.

Se observan dos dimensiones respecto de la expresión de los derechos, una de carácter abstracto enunciada desde la tercera persona del plural: ellos, todos (RT1, Brenda, 10 años), los y las (RT13, Walter, 11 años); y otra a partir de la primera persona del plural: "nosotros" o el singular: "yo" que adscribe a explicaciones y ejemplos: "Las cosas que nos corresponden, te tenemos que poder hacer como la comida, ir a la escuela" (RT3, Brenda, 10 años) o "Yo creo que nosotros necesitamos más cosas que los ricos" (RT11, Mercedes, 8 años).

La dinámica interaccional que adquiere el texto siguiendo el modo de entrevista apela a la estrategia interrogativa como puente entre los planos abstractos y generales y los específicos y extensos: "¿Qué es posición económica?" (RT8, Mercedes, 8 años) o "¿Qué son los derechos?" (RT2, Mario, 11 años).

La perspectiva de la infancia como colectivo social se patentiza en la utilización de pronombres personales en primera persona del plural y en tercera persona del singular. Asimismo, se observa la consideración de la infancia no como una entidad neutra sino como una en la que conviven diferentes géneros, a partir de la inclusión de sujetos femeninos y masculinos. Ambas modalidades no se observaron en la producción de Radio Changuito.

El producto del grupo focal realizado con niños y niñas de la Villa 15 aparece organizado a partir de la modalidad de la conversación, que configura tres momentos que obedecen a los dúos que interactúan a partir de tres tópicos comunes: el barrio, el juego y la perspectiva de futuro.

La estrategia discursiva implementada en los tres segmentos del texto fue la interrogación aunque no se siguió la secuencia pregunta-respuesta en cada una de las secuencias. En la primera de ellas, interrogador e interrogado cambian de rol en el desarrollo de la entrevista, lo que dio cuenta de la libertad que emergió del acto lúdico de creación comunicacional.

En el texto se observa un enfrentamiento entre dos grupos enunciado desde la primera y tercera persona del plural: "nosotros" (los chicos) y "ellos" (los chicos grandes) que se diferencian en relación con la acción desarrollada por cada uno, en el contexto del barrio, la villa. Mientras que las acciones de nosotros/los chicos refieren a actividades lúdicas: "jugar a la pelota" (V39, Facundo, 6 años) o "a la escondida, a la mancha" (V21, Jimena, 9 años), ellos/

los chicos grandes: "Unos toman mucho" (V4, Nelson, 10 años), "roban" (V24, Facundo, 6 años) o "Se drogan, roban, fuman… fuman porro" (V51, Ana, 8 años).

Esta diferenciación entre ellos y nosotros aparece como amenaza del porvenir o destino del cual escapar: "¿Qué te gusta ser cuando seas más grande?" (V38, Nelson, 10 años), a lo que se responde: "Me gusta jugar a la pelota. No me gustan los que drogan" (V39, Facundo, 6 años).

Se destaca en el recorte textual de la producción comunicativa de los chicos y las chicas de Villa 15 la descripción de situaciones de vulnerabilidad transitadas todos los chicos y las chicas que habitan en contextos de pobreza, tanto los pertenecientes al "nosotros" (los niños y las niñas) como aquellos que conforman el grupo de "ellos" (los adolescentes). Estas puntualizaciones sobre las amenazas al porvenir de la infancia también se observan en la narración elaborada por los chicos y las chicas de Radio Changuito.

El tipo de lengua privilegiado en las indagaciones es el oral y desde esta oralidad se analizaron los dos pilares fundamentales: expresividad y vocabulario.

En cuanto a los niveles del uso de la lengua, en la mayoría de las emisiones se identifica una lengua de nivel coloquial ya que es de uso frecuente, natural, espontánea con matices afectivos: expresiva.

Cada una de las enunciaciones de niños y niñas posee una posición singular respecto de lo narrado-enunciado. En la mayoría de los discursos se pesquisa la preeminencia de la posición homodiegética del narrador o narradora ya que se presenta como alguien que ha vivido o vive ese mundo relatado.

Se relevan las siguientes funciones de los despliegues de contenidos desde los narradores y narradoras: función narrativa (emite desde su subjetividad cómo acontecen los hechos y sus percepciones y emociones respecto de los mismos); función de control (búsqueda de incidencia); función comunicativa (supone un destinatario); función testimonial (objetivo de dejar huella de o los acontecimientos, considerándose como fuente de un saber concreto) y función emotiva (despliegue de emociones, percepciones y mundo interior).

Dimensiones intertextual y social

Las tres producciones discursivas permitieron la elaboración de categorías emergentes para la interpretación de los datos: los derechos como definición, la especificidad de los derechos (el juego, la protección), el circuito producción-comunicación-creación y territorios y vulnerabilidades, las cuales fueron consideradas en función a los derechos anunciados en la CIDN.

Respecto de los derechos como definición:

- (los derechos son) "Las cosas que nos corresponden, te tenemos que poder hacer como la comida, ir a la escuela." (RT3, Brenda, 10 años)
- "Los chicos tienen derecho, a dibujar, a pintar a inventar cosas, a escribir a inventar." (RC1, Camila, 9 años)

Estas definiciones propuestas por los niños y las niñas remiten a los derechos generales enunciados en la CIDN:

"Derecho 1: A que sean considerados en el ámbito de la Convención todos los menores de 18 años. En la República Argentina se entiende por niño todo ser humano desde su concepción.

Derecho 3: A que el interés del niño sea lo primero en todas las medidas que lo conciernen."

Desde la especificidad de los derechos, enuncian respecto del juego:

- "Los chicos y las chicas tenemos derechos a disfrutar de juegos y recreación. Los gobiernos y las autoridades públicas tienen que hacer que se cumplan estos derechos." (RT13, Walter, 11 años)
- "A los chicos del barrio nos gusta jugar a la pelota." (V2, Nelson, 10 años)

La CIDN privilegia la acción lúdica de la infancia, fundamentalmente, desde el Derecho 31: "a) Al descanso y al esparcimiento, al juego y las actividades recreativas apropiadas para su edad; b) A participar en la vida cultural y artística, deportiva y de esparcimiento."

Respecto de los enunciados pluritemáticos acerca de la protección, se visibilizan preocupaciones y tensiones que atañen situaciones de vulnerabilidad concretas: discapacidad, salud y vivienda; en estos tres casos.

- "Y los que tenemos capacidades diferentes debemos recibir una ayuda especial, un tratamiento especial." (RT21, Martín, 8 años)
- "Los cuidados especiales son como cuando uno está enfermo y viene tu mamá y te mima." (RT22, Walter, 11 años)
- "La vivienda es tener techo, paredes y todo eso que nos protege." (RT23, Mercedes, 8 años)

En cuanto a capacidades diferentes-discapacidad el Derecho 23 remite a: "A que todo niño mental o físicamente en desventaja pueda disfrutar de vida plena y en condiciones que aseguren su dignidad."

Los enunciados de "cuidados especiales" hacen directa referencia a la vincularidad materna y el lazo tierno que suscita. Connota con la importancia de los primeros vínculos como derecho primordial: "Derecho 9. A no ser separado de sus padres excepto por el interés superior del niño."

En referencia al "estar enfermo"; el Derecho 24 es preciso y se vincula con el disfrutar: "A disfrutar del más alto nivel de salud".

En cuanto los enunciados implicados en el circuito producción-comunicación-creación se infiere la concurrencia de la producción colectiva en espacios participativos como superador de los enunciados singulares planteados por los derechos: "Derecho 12. A formarse un juicio propio, a expresarse libremente y a que se le tenga en cuenta" y "Derecho 13. A buscar, recibir y difundir información e ideas de todo tipo, en forma artística o por cualquier medio que el niño elija."

Los niños y las niñas enuncian las posibilidades de construcción colectiva artística en los diferentes momentos del proceso creativo.

- "(…) cada uno fue escribiendo una palabra, después dos palabras, luego tres y así continuamos hasta que le encontramos un buen final." (RC9, Pedro, 9 años)
- "Se tiene que decir más fácil porque yo no puedo pedir ayuda diciendo una palabra tan difícil." (RT19, Melisa, 9 años)

Los territorios son definidos y categorizados desde los problemas. El barrio se despliega desde las posibilidades de cambios respecto de situaciones de vulnerabilidad y desamparo.

- "¿Cómo pensás que es el barrio?" (V40, Darío, 8 años); "Feo… o sea" (V41, Mora, 8 años)
- "¿Cómo te gusta que cambie?" (V31, Jimena, 9 años); "Que no se droguen. Que no sean como son ahora" (V32, Nelson, 10 años)
- "Después en la calle se pelearon y se murió uno de 'Los Pibes'." (RC15, Pedro, 9 años)

En cuanto a las situaciones de vulnerabilidad y adicciones los siguientes derechos enuncian: "Derecho 19 A que se dicten medidas legislativas, administrativas, sociales y educativas apropiadas para proteger al niño de toda forma de violencia física o mental, descuido o trato negligente, maltrato o explotación, perjuicio o abuso sexual" y "Derecho 33: A ser protegido contra el uso ilícito de drogas y a que se impida que se les utilice en la producción de tales sustancias."

Comentarios finales

El desafío de las realizaciones comunicacionales radiales como estrategias de promoción de derechos implica la construcción de caminos previos que conllevan la sensibilización respecto de temas y de problemas que atañen la cotidianidad de niñas, niños y adolescentes, y la búsqueda de datos en fuentes primarias –los propios actores sociales, constructores de la cotidianeidad–: vecinos, maestros, compañeras y compañeros, los próximos. Esta información es transformada en conocimiento, el cual es problematizado, interpelado.

La facilitación inicial de las producciones parten del placer de escuchar y ser escuchado y la reflexión sobre la emoción que nos producen los mensajes: nuestros y de los otros.

Es posible propiciar en el "hacer voz" explorar y analizar críticamente las modalidades en que se construyen los mensajes con sus significados, sus códigos y sus intenciones para representar la realidad y los sentidos que se han impuesto a los hechos que transfieren.

De este modo, las producciones comunicacionales abordadas se convierten en dispositivos promotores de creatividad que apuntalan nuevas subjetividades y que contribuyen a inclusión en la trama social pues facilitan (tienden) puentes en las experiencias intergeneracionales, con herramientas diversas estéticas, psicológicas, comunicacionales.

La configuración de espacios grupales y de marcas singulares organiza sentidos y pertenencias identitarias, más allá del destino de infancia vulnerada.

Microproducciones comunicacionales completas

Villa 15	Radio Tinkunaku	Radio Changuito
1.J: ¿Cómo pensás que es el barrio? 2.N: A los chicos del barrio nos gusta jugar a la pelota. Otras cosas no sé. 3.J: ¿Qué pensás que hacen los chicos más grandes? 4.N: Unos toman mucho. Yo viajaba por el país pero algunos de los chicos son drogadictos, algunos son malditos. Algunos son que roban. 5.J: ¿Vos pensás que les gusta hacer eso? 6.N: Sí porque todo el día hacen eso. 7.J: ¿Te gusta el barrio? 8.N: Sí, un poco. 9.J: ¿Qué es lo que te gusta del barrio? 10.N: Me gusta del barrio por todo menos lo que hacen los chicos grandes. 11.J: ¿Qué cosas son más lindas? 12.N: La iglesia, lo que dice el pastor. 13.J: ¿Qué te gusta más en el barrio? 14.N: Que todos no se droguen.	1.B: Todos los chicos y las chicas tenemos derechos. 2.M: ¿Qué son los derechos? 3.B: Las cosas que nos corresponden, te tenemos que poder hacer como la comida, ir a la escuela. Eso. 4.M: El idioma también que es como hablamos. 5.B: Y la religión que es en qué creemos: en la virgen, en el gauchito gil, en la difunta correa. O en lo que quieras. 6.M: La política es como cuando te dicen quien tiene que dirigir el país o el barrio. 7.B: Se tienen que cumplir los derechos sin hacer diferencia de posición económica, donde nacen los chicos o su familia. 8.M: ¿Qué es posición económica? 9.B: A mí me parece que es los ricos y los pobres. 10. Yo creo que nosotros necesitamos más cosas que los ricos.	1.C: Los chicos tienen derecho, a dibujar, a pintar a inventar cosas, a escribir a inventar. 2.D: En los talleres dibujamos hacemos máscaras. 3.También escribimos cuentos, hacemos historias. 4.C: Dibujo cuando estoy aburrido porque mi mamá no me deja salir cuando el papá duerme. 5.Él va a trabajar a la tarde y vuelve hasta las cuatro de la madrugada. 6. Él vuelve. 7. Cierra todo y yo me aburro y me pongo a dibujar. Calco con carbónico. 8.D: Ahora les vamos a contar la historia que escribimos los chicos de cuarto grado de la escuela de Bajo Hondo. 9.D: Por turno, cada uno fue escribiendo una palabra, después dos palabras, luego tres y así continuamos hasta que le encontrmos un buen final.

15.J: ¿Qué hacen los chicos grandes? ¿Te gusta?

16.N: Y…no.

17.J: A nadie le gusta pero algunos lo hacen todo el día.

18.N: ¿A vos te gustan los que roban?

19.J: A la gente creo que no. A todos, ¿no?

20.N: ¿Qué hacen los chicos en el barrio? ¿A qué juegan?

21.J: A la pelota, a la escondida, a la mancha. Yo no juego a nada más.

22.N: Los chicos del barrio… ¿por qué te gusta el barrio?

23.J: No tengo para decirte porqué me gusta

24.F: Porque roban. No tengo por qué decirte más.

25.N: ¿A vos te gustan los que roban?

26.F: A mí, sí.

27.J: ¿Qué te gusta ser a vos cuando seas grande?

28.N: Quiero seguir a Dios.

29.J: ¿Algo más?

30.N: Quiero que cambie

31.J: ¿Cómo te gusta que cambie?

32.N: Que no se droguen. Que no sean como son ahora. Que no se droguen.

11. Necesitamos que se cumplan los derechos nuestros.

12.M: ¿Y por qué existen los ricos?

13.W: Los chicos y las chicas tenemos derechos a disfrutar de juegos y recreación. Los gobiernos y las autoridades públicas tienen que hacer que se cumplan estos derechos.

14.V: El derecho que más me gusta es a jugar, tener muchos juguetes y plazas.

15.W: Para mí, autitos y muñecas y todo lo que sirva para jugar. Y nos dejen jugar.

16.F: Las chicas y los chicos debemos ser los primeros en recibir protección.

17.Me: Nos tienen que proteger por ejemplo de las inundaciones, del agua contaminada, nos tienen que dar socorro cuando hay *catrástrofre*.

18.Ma: Se dice catástrofe.

19.Me: Se tiene que decir más fácil porque yo no puedo pedir ayuda diciendo una palabra tan difícil.

20.W: Tenemos derechos a disfrutar de la alimentación, vivienda, juegos.

10. "Los Pibes Feos" y "Los Enemigos" se fueron a la villa y tomaron una gaseosa.

11. Después en la calle se pelearon y se murió uno de "Los Pibes".

12. Más tarde llegó la policía y puso presos a "Los Enemigos" en la comisaría.

13. Al anochecer soltaron a uno.

14. Ese joven chocó a un perro y el perro se quebró la pata y aullaba como un lobo.

15. El chico salió corriendo del auto y fue a buscar a un veterinario para enyesar la pata del pobre perro.

16. El perro se curó.

17. El pibe lo adoptó y se lo llevó a su casa.

18. Un año después, el perro estaba tomando sol en un parque.

19. De repente vio a una perra que se estaba ahogando en el lago.

20. Entonces el perro valiente corrió a rescatarla.

33.J: ¿A vos te gusta que los chicos cuando sean grandes se porten bien y que no se droguen?

34.N: A la mayoría de la gente pienso que sí. A vos cuando seas grande?

35.J: ¿Quiero ir a la Iglesia, quiero tener una casa y nada más.

36.N: ¿Qué te gustaría ser?

37.J: Masajista.

38.N: ¿Qué te gusta ser cuando seas más grande?

39.F: Me gusta jugar a la pelota. No me gustan los que drogan.

40.N: ¿Cómo pensás que es el barrio?

41.D: Feo... o sea

42.N: ¿Qué hacen los chicos más grandes en el barrio?

43.D: Fuman... roban...

44.N: ¿Y qué más?

45.D: Listo, terminó.

46.J: ¿Qué te gusta más del barrio?

47.P: Hay... no sé.

48.J: ¿Qué te gusta a vos del barrio?

49.P: Ah! No sé

50.J: ¿Qué hacen los chicos grandes en el barrio?

51.P: Se drogan, roban, fuman... fuman porro.

52.J: ¿Algo más?

53.P: Me gustan los dibujitos. El noticiero.

54.J: ¿Del lugar?

21.Ma: Y los que tenemos capacidades diferentes debemos recibir una ayuda especial., un tratamiento especial.

22.W: Los cuidados especiales son como cuando uno está enfermo y viene tu mamá y te mima.

23.Me: La vivienda es tener techo, paredes y todo eso que nos protege.

24.Ma: Alimentación es comer todos los días y mejor si son cosas ricas. Comer todos los días es un derecho y no un privilegio.

25.W: El servicio médico es más que la doctora de la salita.

55.P: No… nada. Del pueblo no me gusta nada. 56.J: ¿Algo más que te guste del barrio? 57.P: Fuman los chicos grandes. No puedo jugar en la calle. 58.J: ¿Qué te gustaría ser cuando seas grande? ¿Trabajar? 59.P: De cocinera. Que me paguen.		

Referencias bibliográficas

Agamben, G. (2004). *Estado de excepción.* Buenos Aires: Adriana Hidalgo.

Bureau de Salud (2009). *Bureau de Salud.* Consultado en enero de 2010. Disponible en http://goo.gl/AHryNj

Bustelo, E. (2008). *El recreo de la infancia. Argumentos para otro comienzo.* Buenos Aires: Siglo XXI.

CTA, I. d. (2008). *Geografía de la Infantilización de la Pobreza.* Buenos Aires.

De Certeau, M. (1995). *La toma de la palabra y otros escritos políticos.* México, D.F.: Universidad Iberoamericana.

Fairclough, N. (2003). *Analysing discourse. Textual analysis for social research.* Londres: Rutledge.

Fairclough, N. (1995). *Critical Discourse Analysis. The Critical Study of language.* Londres: Longman.

Foucault, M. (2004). *Discurso y verdad en la antigua Grecia.* Barcelona: Paidós.

García Mendez, E. (1997). *Derecho de la infancia-adolescencia en América Latina: de la situación irregular a la protección integral.* Bogotá: Sectu.

López Oliva, M. (2008). "Las políticas públicas en la Ley 26.061: de la focalización a la universalidad". En E. García Méndez. *Protección Integral de Derechos de Niñas, Niños y Adolescentes.* CABA: Editores del Puerto, p. 346.

Ministerio de Educación (2006). *Ministerio de Educación.* Consultado en octubre de 2009. Disponible en http://www.me.gov.ar/escuelaymedios/material/encuesta.pps

OMS (2004). *Promoción de la Salud mental. Conceptos, evidencias emergentes, prácticas.* París.

Peirano, R. (2010). "Espacios y estrategias comunicacionales de prevención y promoción de la salud mental colectiva". En G. Zaldúa, *Epistemes y prácticas en psicología preventiva.* Buenos Aires: EUDEBA.

Peirano, R., Lenta, M. y Videla, G. (2007). "La radio en la cabeza. Espacios y estrategias radiales de prevención y promoción de la salud colectiva". *Memorias de XIV Jornadas de Investigación de la Facultad de Psicología – UBA,* pp. 243-245.

Stecher, A. (2010). "El análisis crítico del discurso como herramienta de investigación psicosocial del mundo del trabajo. Discusiones desde América Latina". *Journal Universitas Psychologica,* pp. 93-107.

UNICEF-Sociedad Argentina de Pediatría (2009). *Salud materno-infanto-juvenil en cifras.* Buenos Aires.

Van Dijk, T. (2003). *Ideología y discurso.* Barcelona: Ariel.

Zaldúa, G. (2010). "Prevención y promoción de la salud comunitaria". En G. Zaldúa, *Epistemes y prácticas en psicología preventiva.* Buenos Aires: EUDEBA.

Niñez, adolescencia y derechos humanos

Sobre inconsistencias y contradicciones de las políticas públicas

MARÍA MALENA LENTA Y GRACIELA ZALDÚA

La infancia como categoría social se constituye en las relaciones sociales que se ponen en juego con los adultos. Desde esta perspectiva, la infancia no puede quedar reducida al desarrollo de una subjetividad individual del niño o de la niña en particular. Implica un ingreso al lenguaje, en el sentido del ingreso en un proceso abierto y diacrónico (Agamben, 2004), esto es, el acceso a lo exosomático –la relación con un "otro"– en la dimensión especialmente semántica del lenguaje. Se trata de un vínculo que remite a una transmisión intergeneracional que sostiene (en lo singular y social) y es apertura de otro comienzo.

Pero la infancia posee una significación impregnada de dinamismo pues las formas conceptuales que van significando al mundo se transforman en la medida que se transforma la lectura del mundo. Y es el estar-en-el-mundo lo que habilita el registro de necesidades como primera marca de que "se está" en el mundo. No obstante, como señala Bustelo (2008), la introducción al mundo puede ser cercenada si en la infancia no se supera el nivel de la necesidad como desde la mera supervivencia: "ser lanzados sin contemplaciones al mundo de la necesidad significa ser pobre" (154). Ello implica que los sujetos deben "hacer algo" para no caerse y verse desde el comienzo ubicados en el campo de la *zoé*, la miseria, la minoridad como infancia-resto. Y en este punto radica la responsabilidad del mundo adulto como soporte. Si ello no ocurre, la infancia puede ser susceptible de un doble despojo: del lenguaje y de la materialidad del "ser en el mundo".

En este marco, todos los derechos de niños, niñas y adolescentes son derechos sociales en el sentido de que su garantía es fundamentalmente política y por lo tanto, interpelan al conjunto del mundo adulto. Son derechos relacionados con la "otredad". Son otros más allá de nosotros, pues son pura negación de nuestra mismidad, y en ellos no hay reciprocidad.

Sobre paradigmas y políticas sociales

Las tensiones entre los campos jurídico, político, ideológico y disciplinar no estuvieron ni están ajenas de la demarcación del estar-en-el-mundo del conjunto de niños, niñas y adolescentes. Como narrativas que apuntalan prácticas sociales, organizan paradigmas que sostienen instituciones que habilitan u obstaculizan el acceso a los derechos de una pluralidad de infancias.

En Argentina, la Ley 10.903 de 1919 se constituyó en norma fundante de la regulación de la infancia. Siguiendo los modelos norteamericano y europeo, se propuso una norma para responder a las exigencias de "profilaxis social", en un contexto de inmigración y de conflictividad social por las condiciones de vida, que debían ser reprimidas por un Estado que procuraba el "orden social". El conjunto de la infancia fue legalmente fragmentada según su condición social: los niños (hijos de las clases medias y acomodadas) y los menores (los pobres). El basamento ideológico para la constitución formal de dos mundos antagónicos en el seno de la infancia: el mundo de la "niñez" normal y el mundo de la "minoridad" que implicaba siempre, explícita o implícitamente, los atributos de "pobre y delincuente".

Estos dos mundos constituyeron asimismo dos circuitos jurídicos diferenciados, la justicia de familia para los primeros y la (in)justicia de menores para los otros (García Méndez y Beloff, 2004).

La Ley 10.903 le atribuía al Estado argentino la capacidad "someter a la justicia" a niños y niñas pobres por el "ser" y no por lo que "lo hecho", sellando el sintagma pobreza=delincuencia "con las mejores intenciones", conformando el paradigma de la situación irregular.

En 1989, la Convención Internacional de los Derechos del Niño (CIDN) se instaura como ruptura jurídica que genera un nuevo estatuto para la infancia. La CIDN define a "todas las personas menores de 18 años" como sujetos de derechos, y les atribuye la titularidad de sus derechos como ciudadanos plenos.

Tanto la CIDN como la Ley 114 de "Protección Integral de los Derechos de Niños, Niñas y Adolescentes" de la CABA sancionada en 1998 y la Ley 26.061 "Protección Integral de los Derechos de las Niñas, Niños y Adolescentes" de alcance nacional sancionada en 2005, resultan tratados integrales (Musa, 2009) pues se fundan en la inclusión de todas las generaciones de derechos para la infancia. Es decir que implican la garantía de los derechos civiles y políticos, los derechos económicos, sociales y culturales, los derechos de solidaridad y los derechos tecnológicos y de la bioética, en forma simultánea. Implican una interdependencia inescindible entre los derechos del niño/a. La satisfacción del derecho a la vivienda digna o a la salud nunca puede ser resuelta restringiendo el derecho a la libertad como ocurría con el caso de la ley de patronato.

Se propone así el paso de las necesidades a los derechos. La lupa se pone en las instituciones del mundo adulto como responsables y en los derechos vulnerados del niño/a como problema a resolver desde las políticas públicas. El eje central de la CIDN es entonces la no criminalización de la pobreza.

La CIDN, la Ley 114 y la ley 26.061 prevén la instalación de un Sistema de Protección Integral de los Derechos de Niños Niñas y Adolescentes. Dicho sistema es el marco de instalación de las políticas sociales hacia la infancia.

Sin embargo, aun cuando la retórica jurídica apuntalada en la CIDN se proponga como instrumento protector de la niñez, las prácticas y discursos sociales señalan la vigencia de la fractura del mundo de la infancia.

Un claro ejemplo de ello es la persistencia de la internación de la infancia pobre en hospitales psiquiátricos. Como señala Musa (2010) ello se debe a "la ineficacia del sistema de protección integral (Ley 26.661), que no logra resolver qué hacer con los pacientes con alta, pero sin recursos para costearse alojamiento y tratamiento" (3). O incluso el aumento de internación de niños, niñas y adolescentes en instituciones de abrigo por parte del Gobierno de la CABA, que va de 600 a 1300 en los últimos dos años. Siguiendo a Agamben (2008), se trata de un estado de excepción para la infancia. Una situación de anomia de significados que respecto de la CIDN permite justificar tanto las demandas sociales emergentes en la infancia tanto como su supresión por causa de una "necesidad" de equilibrio fiscal u ordenamiento administrativo. Si las contradicciones sociales operan también en la infancia a través de tensiones diversas, el orden jurídico se coloca en una situación de perpetua ambigüedad, lo que puede instalar al derecho en "una no relación con la vida o a su inverso, que es lo más frecuente, la vida sin protección del derecho" (Bustelo, 2008: 114).

Puntualizaciones metodológicas

Desde la perspectiva de la investigación cualitativa, este trabajo exploratorio-descriptivo tiene como objetivo indagar sobre las vicisitudes en el acceso a derechos de niños, niñas y adolescentes en situación de vulnerabilidad psicosocial.

Para ello, se abordaron narrativas de trabajadores/as de dos programas sociales de la CABA, de la Dirección de Niñez del Ministerio de Desarrollo social, Gobierno de la CABA, entre 2009 y 2010. El programa identificado como 1 emprende la atención integral de niños, niñas y adolescentes en situación de calle de la CABA. El programa identificado como 2 se ocupa del fortalecimiento de vínculos de niños, niños y adolescentes con su familia y comunidad. De este último, se trabajó con el Zonal Villa 15 y el Zonal Villa 21-24 de la CABA.

Se realizaron entrevistas en profundidad, grupos focales y observación simple y participante. La muestra estuvo compuesta por 14 trabajadores/as de dichos programas con las siguientes ocupaciones: trabajador/a social, sociólogo/a, antropólogo/a, psicólogo/a y operador/a social.

Análisis y discusión

La perspectiva hermenéutico-dialéctica implica un ejercicio comprehensivo a la vez que crítico sobre la realidad social. Aborda las narrativas como hechos sociales e históricos que se inscriben a su vez en una cotidianeidad. En el campo de la implementación de las políticas públicas sobre infancia, se consideraron las significaciones sobre las propias prácticas en las narrativas de los trabajadores del sector, donde se visibilizan paradojas y tensiones respecto de la caracterización de la infancia con derechos vulnerados, las consideraciones sobre situaciones con precariedades diversas y las implicancias de las políticas sociales en las prácticas de restitución de derechos, implicadas en las propias prácticas.

El abordaje de dichas narrativas se organizó a partir de los tres órdenes de realidad presentes en el relato según Bertaux (1989 citado en Kornblit, 2007): orden de la realidad sociohistórica, orden de la realidad psíquica y orden de la realidad discursiva. En cuanto al orden de la realidad

sociohistórica propuesto por Bertaux se presenta un contexto crisis capitalista con efectos inscriptos sobre la estructura social, los lazos sociales y las subjetividades, como
correlato de décadas de desarrollo del modelo neoliberal
(1970 a la actualidad). La expulsión del trabajo asalariado
de una porción importante de la población hacia modalidades más precarias habilitó regiones de vulnerabilidad
social para vastos sectores en concomitancia con la desarticulación de soportes comunitarios y lazos familiares y
una especial desprotección para la infancia. Se configuraron
territorios de exclusión de los derechos de ciudadanía, la
zoé, donde impera la violencia como vehículo vincular:

- "Vemos que son chicos que están, que son de familia
  que atraviesan una situación de pobreza estructural, de
  familias muy pobres, la mayoría del conurbano bonaerense. También con problemas de violencia familiar, de
  violencia física, todo lo que es también la situación de
  los pibes en la calle es producto de un proceso de años,
  no es algo que un pibe que está en situación de calle se
  va de un día para el otro de la casa, sino que rompe un
  montón de lazos familiares, sociales, del vecindario, la
  escuela cuando los pibes dejan la escuela." (Entrevista,
  programa 1, trabajador social, varón)

Y la infancia habitante de estos territorios aparece
como marcada como resto-de-la-infancia:

- "(…) en el hospital, los dejan tirados en la guardia…
  'paquera de mierda' le dicen. Pero atrás sigue el problema." (Grupo Focal programa 2, zonal Villa 21-24,
  operadora social, mujer)

El orden de la realidad psíquica inscribe las variantes
del ser y el hacer del sujeto. Las tramas diversas en las que se
inscriben las prácticas sociales de trabajadores del campo de

la niñez operan entre la retórica de las normas, proyectos y programas y los obstáculos políticos, jurídicos, ideológicos, institucionales y disciplinares propios y/o de otros.

- "En general, creo que es una preocupación discursiva la de los chicos en calle. No molestan afuera de la villa. Están acá. Decimos que más allá de la entrevista, hay que seguir el proceso, hablamos… el hospital para que los atienda…cuando quieren salir de calle… cuando se da el quiebre no hay salida. Uno no puede hacerse cargo a medias. Lo hacés vos voluntariamente porque se te escapa sin poder hacer algo diferente (…)." (Grupo Focal programa 2, zonal Villa 21-24, trabajadora social, mujer)

Las imposibilidades en el cumplimiento de los objetivos propuestos del hacer, conjuran angustias y sufrimientos que afectan la identidad del sujeto:

- "(…) recién después de estos cuatro años hace, un mes tuve la primera supervisión externa pensándolo en función de esos cuidados de charlar lo que le pasa a uno lo que le pasa con el trabajo con la situación con la angustia. El cuidado y la consideración de los laburantes en tanto a sueldos y en ausencia a los reconocimientos de los derechos laborales clásicos nos hace pregunta sobre qué hacemos" (Entrevista, programa 1, operador social, varón)

El orden de la realidad discursiva remite al encuentro con el otro en el que se referencian las presencias de otras voces. El encuentro con la niñez y la adolescencia en territorios de excepción interpela a trabajadores respecto de las significaciones hegemónicamente asignadas a aquéllas:

- "Uno viene estructurado de la casa, de la familia y del barrio, de la universidad y a veces tiene que correrse de ese lugar para darse cuenta que el otro es un ser humano, es una persona, es un sujeto de derechos que tiene que tener las mismas oportunidades que tuve yo, que tiene la misma edad que vos y está en otra situación y se merece tener las mismas oportunidades." (Entrevista, programa 1, psicóloga, mujer)

Se abren interrogantes acerca de la habilitación de prácticas restitutivas de derechos que trasciendan la excepcionalidad como norma para la infancia excluida y visibilicen otro futuro.

- "Pensamos en hacer un proyecto desde lo más que pueden hacer, no desde lo que hacen mal o le falta, no queremos trabajar desde la queja sino apuntalando lo que hace bien y puede desarrollar. No un proyecto para ganar plata sino para sistematizar conocimientos y darles la posibilidad de que desarrollen su práctica (…) (a veces) lo primero que se le pregunta (al niño/a) es si quiere comer o bañarse y el pibe es más que eso (…)." (Entrevista, programa 2, operador social, varón)

Comentarios finales

La CIDN y las normativas que se fundan sobre ellas habilitan una arquitectura política e institucional que se posiciona desde el respeto de los derechos humanos de niñas, niños y adolescentes. No obstante, el acceso a derechos como excepción refiere a vigencia cultural del patronato que se corre de los enunciados para reinar en instituciones y prácticas sociales con la infancia, a pesar de las implicaciones ético-políticas de trabajadores y trabajadoras del sector.

Reivindicar el rol del mundo adulto desde la *eleidad* (Bustelo, 2008) alude a un posicionamiento desde el paradigma de la protección integral de la infancia no ajeno a disputas políticas y de poder, pero que pretende para la infancia la condición de *biós*, es decir, la participación en la vida política.

Bibliografía

Agamben, G. (2004). *Infancia e historia*. Buenos Aires: Adriana Hidalgo.
— (2008). *Estado de excepción*. Buenos Aires: Adriana Hidalgo.
— (2009). *Profanaciones*. Buenos Aires: Adriana Hidalgo.
Bertaux, D. (1989). *Historia oral e historia de vida. Cuadernos de Ciencias Sociales*. Buenos Aires: FLACSO.
Bustelo, E. (2008). *El recreo de la infancia. Argumentos para otro comienzo*. Buenos Aires: Siglo XXI.
Comité Argentino de Seguimiento y Aplicación de la Convención Internacional de los Derechos del Niño (2009). *Tercer informe periódico alternativo de la Convención sobre los derechos del niño en virtud de su artículo 44*. Buenos Aires: CASACIDN.
Documento (2009). *Debate parlamentario, Cámara de Diputados. Ley 10.903 de 1919.*Desgrabación. Departamento de coordinación de estudios, Buenos Aires.
García Méndez, E. y Beloff. M. (comps.) (2004). *Infancia, ley y democracia en America Latina*. Bogotá: Editorial Temis.
Kornblit, A. (2007). *Metodologías cualitativas en ciencias sociales. Modelos y procedimientos de análisis*. Buenos Aires: Editorial Biblos.
Minayo, C. de S. (2009). *La artesanía de la investigación cualitativa*. Buenos Aires: Lugar.
Ministerio Público Tutelar (2011). *Niñez, adolescencia y saludmental en la Ciudad de Buenos Aires. Informe 2010.* CABA: EUDEBA.
Minnicelli, M. (2011). *Infancias en estado de excepción. Derechos del niño y psicoanálisis*. Buenos Aires: Noveduc.

Musa, M. L. (2009). *El Ministerio Público Tutelar a la luz de la protección integral de los derechos de los niños, niñas y adolescentes. Apuntes sobre su institucionalidad en la Ciudad Autónoma de Buenos Aires.* Buenos Aires: Ministerio Público Tutelar.

Zaldúa, G. (2011). *Epistemes y prácticas en psicología preventiva.* Buenos Aires: EUDEBA.

Salud mental y derecho a la vida en la comunidad

Presentación

ANA TISERA Y JOSÉ LOHIGORRY

Disquisiciones/ "Cada sociedad tiene el hospicio que se merece…"/ Y uno, que vive en esta sociedad./ Quiero decir, en este hospicio/ sabe a ciencia cierta/ que eso es cierto./ Y si está de gusto, como casi siempre/ se pone a hacer disquisiciones./ Piensa, por ejemplo/ en el puesto de vigilancia que está en la puerta./ No se sabe muy bien para qué sirve./ Si para evitar la salida de los locos/ o para evitar la entrada de los cuerdos./ Por lo primero/ no debieran preocuparse, creo./ Los que estamos adentro/ escuchamos radio,/ miramos televisión/ quiero decir, estamos informados/ de lo que pasa afuera./ Y muchas ganas de salir no tenemos./ Tampoco veo grandes multitudes/ pugnando por entrar,/ con enormes ganas de visitarnos./ Los aquí depositados, abandonados, olvidados/ y otros ados,/ vemos que los muchachos de la puerta/ toman mate y fuman aburridos/ (como nosotros)/ todo el santo día./ Nadie entra./ Nadie sale./ La paz de los cementerios se nos hace rutina./ Y nuestras familias, por fin, duermen tranquilas.

"Los montes de la loca", Marisa Wagner[1]

La Ley Nacional de Salud Mental N.° 26657/2010 pone en relieve la necesidad de una transformación en el campo de la salud mental, que ya fue anticipada por experiencias y

---

[1] "Marisa Wagner nació en Huanguelén, provincia de Buenos Aires. Su vida transcurrió por inagotables experiencias inundadas de alegrías y tristezas. Inició la carrera de Psicología, militó en política, fue madre, amante. Jugó entre la cordura y la locura. En este ir y venir incursionó en el dibujo, el teatro y la poesía, todo ello con un gran caudal de creatividad" Ed. Babobad, 1997, Página oficial de Marisa Wagner: losmontesdelaloca.blogspot.com.

normativas provinciales, como la Ley de Rio Negro 2440/1991 y la Ley de Salud Mental 448/2000 de la Ciudad Autónoma de Buenos Aires (CABA). Sin embargo, esas experiencias se han encontrado con diversos obstáculos políticos, ideológicos y económicos.

En algunos casos, como en la CABA, los avances que se han logrado durante la implementación de su normativa en salud mental han sido escasos. Muchas veces los procesos de desinstitucionalización no tuvieron como eje la abolición de lógicas manicomiales (asilares y tutelares), sino que se centraron en la reducción económica, administrativa, consecuente con la disminución de camas en el sector público sin la creación de dispositivos sustitutivos.

Estos procesos estuvieron orientados por un modelo neoliberal, predominante en las últimas gestiones de la CABA. Sin haber puesto en funcionamiento ninguno de los efectores mencionados en los marcos normativos, se demuestra un desinterés en llevar adelante un proceso de transformación en el sector. Durante la escritura de estos artículos esto se vio reflejado por los sucesos del 26 de abril de 2013,[2] en los que fuerzas policiales ingresaron de forma intempestiva en el predio del Hospital Borda con la intención de llevar adelante la construcción de oficinas ministeriales, dejando como resultado pacientes, familiares, periodistas y legisladores heridos, lastimados y detenidos. Este brutal accionar se suma a las continuadas inacciones en las políticas públicas en salud mental, que generan la vulneración de los derechos de las personas con padecimiento mental.

Los capítulos que se presentan a continuación forman parte de una tarea imprescindible de monitoreo en la implementación del marco normativo vigente que en su texto se orienta a la superación de las lógicas manicomiales desde una perspectiva de derechos y ejercicio de ciudadanía. Para

---

2 Ver "Represión, gas pimienta y balas de goma en el Borda" en *Página 12*, 27 de abril de 2013.

ello la metodología de estudio utilizada prioriza un enfoque cualitativo mediante la participación de los distintos actores sociales presentes en el campo de la salud mental: usuarios, familiares, profesionales y miembros de la comunidad.

En el capítulo "Obstáculos y posibilidades de la implementación de la Ley Nacional de Salud Mental: un estudio comparativo entre 2011 y 2013" se propone comparar las representaciones y las significaciones que trabajadores del campo de la salud mental tienen respecto de la viabilidad de la ley y sus efectos a partir de relevamientos realizados en 2011 y 2013 en el Área Metropolitana de Buenos Aires. El análisis de estas representaciones pone en relieve los cambios respecto a los marcos teóricos sobre salud mental y los modos de organización de trabajo, donde se registra un reclamo de una mayor asignación de recursos y la consolidación de la red de efectores comunitarios planteados en los marcos normativos. Por otra parte, se destacan resistencias institucionales y disciplinares en el cambio de paradigma de atención en salud mental.

El capítulo "Salud Mental y desinstitucionalización en los procesos de externación" reflexiona respecto de la experiencia de un Programa de externación de un hospital monovalente, y se centra en los procesos de rehabilitación e inclusión social en el campo de la salud mental. En este sentido considera las representaciones que los usuarios de dicho programa tienen respecto a ejes como trabajo, vivienda y red social. Como resultado se observa que las internaciones prolongadas en el tiempo dificultan la consolidación de externaciones sostenibles en el tiempo, que ponen de relieve la importancia de implementar políticas públicas que favorezcan subjetividades autónomas y permitan rearmar proyectos de vida.

Tomando como referencia el mismo relevamiento realizado en el capítulo precedente, el trabajo "Exigibilidad y justiciabilidad de derechos en salud mental" se focaliza en la posibilidad de ejercicio de derechos en personas con largo tiempo de internación. Se analizan las posibilidades de una real autonomía que supere la vida social intramuros, visibilizando lo que hemos denominado "efecto paradojal de derechos".

Finalmente, en el capítulo "Salud mental e inclusión social: derecho al trabajo en el contexto actual" se considera la centralidad del derecho al trabajo en los procesos de rehabilitación a partir de considerar la participación de usuarios de salud mental en un Centro de Formación Profesional de la Ciudad Autónoma de Buenos Aires. Entre los resultados se destaca lo que hemos denominado un "circuito cerrado de la capacitación" como efecto de la exclusión histórica de las personas con vulnerabilidad psicosocial del mercado de trabajo. La implementación de trabajo subsidiado como principal política pública genera sentimientos de resignación y de aplanamiento subjetivo y no permite la aspiración a un trabajo digno con una justa remuneración como indica la Ley Nacional de Salud Mental.

Obstáculos y posibilidades de la implementación de la Ley Nacional de Salud Mental: un estudio comparativo entre 2011 y 2013

GRACIELA ZALDÚA, MARÍA PÍA PAWLOWICZ, ANA TISERA, MARÍA MALENA LENTA, JOSÉ LOHIGORRY Y ROMINA MOSCHELLA

La interpelación a las prácticas manicomiales se inscribe en una praxis que fomenta la integralidad de los derechos humanos de las personas con padecimiento mental. La experiencia triestina de Franco Basaglia constituye un hito a partir del cual se han fundado movimientos sociales y de salud críticos y comprometidos con la transformación de la hegemonía tutelar que continúa existiendo en el campo de la salud mental.

En este marco, el monitoreo de la implementación de la Ley Nacional de Salud Mental N.º 26.657/2010 es una estrategia de transformación desmanicomializadora que cuestiona las acciones de las políticas públicas, los intereses de las disciplinas y de las instituciones, y los perfiles de la formación disciplinar (con sesgos reduccionistas tendientes a lo individual, privado y asistencial), y que recupera los reclamos de movimientos sociales para discutir sobre los alcances de su implementación.

Al mismo tiempo, la Ley 26.657 remarca que las personas con padecimiento mental son sujetos de derecho y enuncia los derechos que los asisten (Art. 7). A su vez, indica, con respecto a las modalidades de abordajes, que se debe promover el trabajo en equipos interdisciplinarios (Art. 8) e intersectorial, prefiriendo el que sea fuera del ámbito hospitalario y basado en los principios de la atención primaria de la salud (Art 9), para favorecer los abordajes grupales y comunitarios y los dispositivos que tiendan a la inclusión social de las personas (Art 11), además de la implementación del consentimiento informado para las intervenciones (Art 10).

En 2011, la investigación "Cuestiones y desafíos en la viabilidad de la Ley de Salud Mental" (Zaldúa *et al.*, 2011) indagó aspectos vinculados con los facilitadores de la ley, sus obstáculos y los requerimientos para su implementación en el Área Metropolitana de Buenos Aires (AMBA). En este artículo, a cuatro años de la sanción de dicha ley, el objetivo es comparar las representaciones y las significaciones de los trabajadores del sector acerca de la viabilidad de la ley y sus efectos entre los años 2011 y 2013 en dicho territorio.

Marco teórico

Al comprender la salud mental como campo, resulta necesario analizar las representaciones de los sujetos pues suministran un conjunto de significaciones que delimitan las posiciones que pueden adoptar en el campo como agentes (Castorina, Barreiro y Clemente, 2004) y visibilizan los sistemas de relaciones objetivas entre diversos intereses y posiciones, los discursos sociales y disciplinares, y las prácticas que se encuentran y se enfrentan para disputar los sentidos y las políticas sobre la "locura" (Bourdieu, 2000).

En tanto otredad, la locura fue sometida históricamente a diversos modos de visibilización y de catalogación. Sin embargo, desde la Antigüedad, siempre apareció connotando el despojo de humanidad de las personas que la padecían. Es recién en el siglo XIX cuando aparece una nueva categoría clínica, la "alienación de derecho", que inaugura la privación del ejercicio de sus derechos a las personas con padecimiento mental y otorga fundamento a las instituciones tutelares (Foucault, 1992).

Desde sus inicios, las instituciones caracterizadas por una hegemonía tutelar sirvieron para segregar a aquellos que se desviaban de la norma, a los que carecían de capacidad productiva para el sistema. La pena por tal desviación fue, desde entonces, la marginación y la reclusión. Y si bien diversos movimientos sociales, políticos y epistémicos cuestionan en el campo de la salud mental la lógica tutelar, ésta continúa existiendo en las prácticas manicomiales.

Para Ulloa, el manicomio es una forma clínica instituida, visible y terminal de una enfermedad en la cultura. Este autor define al manicomio como el paradigma final de lo que conceptualiza como la "cultura de la mortificación". Se trata de una situación en la que el sujeto queda coartado, al borde de la supresión como sujeto pensante (Ulloa, 1995).

En un proceso de desmanicomialización lo fundamental es desarmar los manicomios, no se trata sólo de "desinternar lo manicomial" reinternándolo en el campo social. Se trata de desarmar las situaciones manicomiales previas (Torricelli *et al.*, 1993). Por ello, reducir los enfrentamientos en el campo de la salud mental al mero propósito de acortar los tiempos de internación equivale a simplificar el poder de la transformación de los espacios manicomiales que generan marginación, segregación y violación de derechos fundamentales (Vezzetti, 1985).

Si la justiciabilidad implica actuar con sentido preventivo desde un imperativo ético, es necesario considerar la ética de la salud desde una perspectiva integral (Breilh, 2010, citado en Zaldúa *et al.*, 2012). En ese sentido, la participación de diversos actores sociales en el campo resulta clave para visibilizar problemas, prioridades y enfrentamientos entre los distintos agentes. Más aun, la incorporación de prácticas en las que los usuarios puedan apropiarse subjetiva y colectivamente de los procedimientos relativos a sus derechos les permite actuar desde procesos de exigibilidad. De este modo, la eficacia de las ciudadanías tuteladas en la reproducción de la hegemonía manicomial aparece cuestionada por el ejercicio de una ciudadanía plena, el cual requiere un acceso integral en el que ningún derecho prime sobre otro, en el que la libertad sea condición para la autonomía singular y social (Brown, 2007).

Situación de salud mental

En el año 2013 se produjo la reglamentación de la Ley Nacional de Salud Mental y se elaboró el Plan Nacional de Salud Mental. Dichos documentos plantean la adecuación de los efectores existentes de acuerdo con la normativa vigente y promueven la consolidación de dispositivos que se constituyan como una red de servicios de atención con base en la comunidad, para responder a las necesidades de promoción, prevención, tratamiento y rehabilitación, y favorecer la inclusión social.

Considerando la situación de salud mental en la Ciudad Autónoma de Buenos Aires (CABA), se advierte que la falta de planificación y de implementación de políticas públicas que viabilicen la consolidación del modelo comunitario de atención refuerza la persistencia de prácticas asilares y tutelares como principal respuesta frente al padecimiento mental.

En este sentido, la asignación presupuestaria para el área se focaliza principalmente en efectores monovalentes: en 2013, del presupuesto de salud mental (casi el 8% del presupuesto de salud) un 86% fue destinado a los hospitales monovalentes (en el año 2012 fue destinado a dichos hospitales el 83%). El 14% restante fue destinado para los efectores de atención ambulatoria (en 2012 se destinó un 17%) (MPT, 2013).

En cuanto a la situación de las personas con padecimiento mental internadas en hospitales monovalentes, si bien la intervención de nuevos actores (Unidad de Letrados para la aplicación del Art 22 de la Ley Nacional de Salud Mental) posibilitó un mayor acceso a la justicia mediante la revisión de las situaciones de internación, la falta de alternativas concretas que garanticen la inclusión social interroga sobre nuevas vulneraciones de derechos (CELS, 2013).

La persistencia de la atención en salud mental mediante internaciones que se prolongan en efectores monovalentes es reforzada por déficits en los recursos humanos y materiales, así como por la ausencia de planificación en los diferentes aspectos propuestos por la Ley:

- La falta de apertura de salas de internación para salud mental en hospitales generales (hacia 2013 solamente dos salas de internación se encontraban en funcionamiento) genera que se realicen internaciones en la guardia y se soliciten derivaciones a hospitales monovalentes (MPT, 2014b).
- En efectores de atención primaria, la carencia de recursos humanos, principalmente de médicos y médicas psiquiatras, dificulta la atención de personas con padecimiento mental y genera nuevamente derivaciones a hospitales monovalentes (MPT, 2014a).
- En cuanto a la atención de niñas, niños y adolescentes se plantea una insuficiencia de dispositivos de tratamiento, y entonces persiste la preminencia de atención en efectores monovalentes y la continuidad de internaciones prolongadas debido a situaciones de vulnerabilidad social. Frente a ello, medidas cautelares y recursos de amparo demandan al poder ejecutivo la creación de dispositivos sustitutivos y efectores planteados en las normativas (MPT, 2013).
- Respecto a la atención de las adicciones en efectores públicos de salud mental, déficits en recursos humanos y materiales, sumados a la negativa de atención por parte de equipos de salud de los hospitales o centros de salud, refuerzan la derivación de personas con consumo problemático de sustancias a comunidades terapéuticas, que se constituyen como principal efector para abordar la temática (MPT, 2013). La asignación de

presupuesto refuerza esta situación en tanto se concentró principalmente en efectores de atención especializados y privados (que en general presentan modalidades de abordaje contrarios a la atención integral y a la estrategia de reducción de riesgos y daños) y no en la creación de dispositivos sustitutivos (MPT, 2013).

Recorrido metodológico

Este estudio presenta un abordaje descriptivo cualitativo para desarrollar el objetivo de comparar las representaciones y las significaciones de los trabajadores del sector acerca de la viabilidad de la Ley Nacional de Salud Mental N.º 26.657 y sus efectos entre los años 2011 y 2013 en el ámbito del AMBA.

Como instrumento de indagación, se trabajó con una estrategia de recolección RAP (*rapid assessment procedures*) pertinente para indagaciones rápidas con sentido holístico que incluyen variables sociales y culturales en salud desde una perspectiva del campo de las ciencias sociales.[1] Su fin es identificar en un breve lapso, conflictos, puntos nodales, perspectivas y argumentaciones que permitan caracterizar la diversidad de posiciones, significaciones y emergentes en el sentido cualitativo y no cuantitativo o estadístico. En ese marco, se desarrolló un cuestionario con los siguientes tópicos: 1) aspectos sociodemográficos y pertenencia institucional de los participantes; 2) cambios producidos por la implementación de la Ley Nacional de Salud Mental; 3) obstáculos para la implementación de la ley; y 4) requerimientos para la implementación de la ley.

---

1 Entre los entrevistadores del Proyecto UBACYT mencionado, agradecemos la colaboración de Ana Pekarek, de María José López y de María Belén Sopransi.

En cuanto a los participantes, se trató de referentes de instituciones de salud y salud mental con los que el equipo de investigación tiene historia de trabajo previo mediante el desarrollo de acciones en gestión asociada o la inserción de los propios miembros del equipo en dichas instituciones. Por lo tanto, se trató de una muestra intencional por criterios. Éstos fueron: a) actores representativos de las instituciones que se posicionaron a favor de la implementación de la Ley Nacional de Salud Mental, b) viabilidad y accesibilidad (Samaja, 1993) en cada una de ellas por nuestro contacto previo; c) pertinencia (Minayo, 1997) respecto de los fenómenos que se pretenden estudiar y d) pertinencia (Bertaux, 1989; Córdova, 1990) respecto de los aspectos, de la modalidad y del encuadre metodológico propuesto.

La muestra estuvo compuesta por 24 trabajadores de la salud y salud mental pertenecientes a instituciones del AMBA. El 91,67% pertenecían a instituciones públicas mientras que el 8,33%, eran parte de Organizaciones de la Sociedad Civil. El 79,17% eran mujeres y el 20,83%, varones. Respecto del lugar de trabajo, el 29,17% trabajaban en instituciones de la Provincia de Buenos Aires y el 70,83% en la CABA. A su vez, el 58,33% trabajaban en instituciones monovalentes de salud mental; el 29,17%, en otros tipos de hospitales (general, materno-infantil); y el 12,50%, en dispositivos alternativos de salud mental en la comunidad. En cuanto a las profesiones de los entrevistados, el 54,17% eran psicólogos o psicólogas, el 25% eran terapistas ocupacionales y el 20,83% correspondían a otras profesiones (trabajadores sociales, musicoterapeutas, profesores de teatro, médicos).

En cuanto a los aspectos éticos, se trabajó desde una perspectiva relacional y crítica y se consideraron los principios de confidencialidad, anonimato y voluntariedad.

Cambios en las prácticas

A cuatro años de la sanción de la ley, la indagación en torno a su implementación giró alrededor de los efectos en las prácticas de los trabajadores en los distintos sectores y dispositivos. Si bien el 82,61% (n=23) de los participantes señaló percibir cambios en sus prácticas, estos cambios fueron de distinta índole. El 43,48% percibió cambios en el plano de las concepciones o marco teórico para pensar las problemáticas de salud mental, incluyendo la perspectiva de los derechos humanos. Y el 47,83% refirió cambios en relación con el modo de trabajo, como la implementación del equipo interdisciplinario y la apertura de nuevos dispositivos sustitutivos a la internación. No obstante, algunos de estos nuevos modos de trabajo aparecen interpelados, particularmente aquellos que se relacionan con los requerimientos judiciales. Por ejemplo, la inclusión del consentimiento informado emerge con un efecto paradojal: "consentimiento informado se incluye en algunas prácticas que antes no, pero muchas veces es una cuestión formal que se aplica para resguardo del profesional y no como derecho del paciente" (TO, PBA, mujer, hospital general).

Asimismo, entre quienes plantean no percibir cambios en sus prácticas (17,39%) persiste la lógica tutelar: "Se vislumbra cierta perspectiva de control en los términos de la ley mientras que considero se olvida que la misma vela por los derechos de quienes por su padecimiento se encuentran en mayor nivel de vulnerabilidad" (psicóloga, CABA, mujer, hospital general).

Obstáculos para la implementación

En relación con los obstáculos en la implementación de la ley, los participantes del estudio presentaron 27 respuestas sobre una diversidad de temas.

Obstáculos para la implementación de la Ley

Obstáculo	Valor
Resistencias desde el imaginario social	4,17
Falta de políticas y dispositivos para los sectores más vulnerables	12,5
Resistencias al cambio intitucional	20,83
Resistencias al trabajo interdisciplinario. Tensiones entre las incumbencias profesionales e insistencia de viejas...	20,83
Falta de política pública e inversión en nuevos dispositivos	54,17

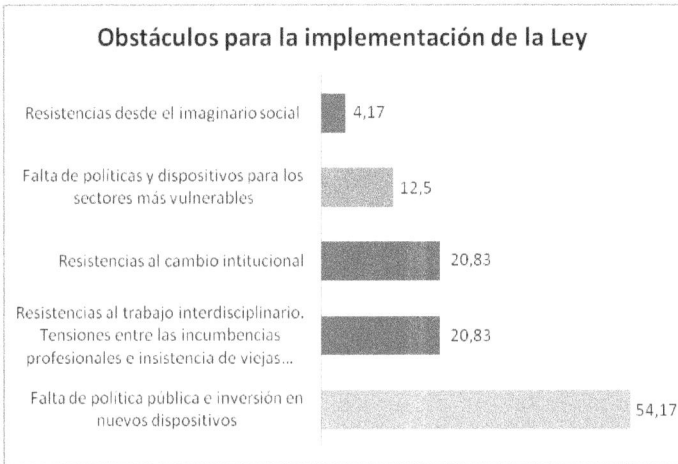

El 54,17% mencionó la falta de políticas públicas para la creación de dispositivos alternativos al manicomio y la inversión de recursos en general: "la inexistencia de muchos espacios de salud comunitarios que puedan brindarse para los usuarios de salud mental. En este sentido creo que es uno de los mayores obstáculos que existe en la actualidad" (psicóloga, CABA, mujer, Disp. Alt.); "Falta de dinero, recursos económicos para contratar como se debe a los trabajadores de salud. Hay una gran crisis en el sistema de salud que está desbordado" (psicóloga, PBA, mujer, hospital general).

En segundo término (20,83% respectivamente), emergieron las resistencias a los cambios ubicadas tanto en el plano institucional (dificultades para la reorganización de los dispositivos, la reasignación de recursos y trabajadores para la atención en la comunidad), como en las dificultades para el trabajo interdisciplinario por parte de las hegemonías médicas, poniendo de manifiesto los conflictos entre las asociaciones de profesionales y las amenazas a la pérdida del poder en las instituciones: "Creo que uno de los principales obstáculos se da en la articulación del trabajo interdisciplinario, que no se encuentra a veces lo suficientemente esclarecido como posibilidad y modalidad, en la formación académica de las distintas profesiones y que, por lo tanto, no se desarrolla en la práctica profesional en salud mental" (TO, CABA, mujer, hospital monovalente, SM); "Uno de los principales obstáculos es la resistencia de distintas organizaciones a su aplicación y reglamentación" (psicólogo, varón, hospital monovalente, CABA).

Luego surgió (12,5%) la falta de dispositivos específicos para el trabajo con colectivos especialmente vulnerables, particularmente las personas en situación de pobreza y las dificultades para la externación y la situación de mujeres, niños y niñas: "Esto lleva a que muchas de las modificaciones planteadas respecto a leyes anteriores no sean aplicadas en profundidad. De esta forma los problemas sociales: falta de vivienda, empleo, continúan siendo los principales obstáculos para lograr la integración social" (psicólogo, CABA, varón, hospital monovalente, SM).

Finalmente surgieron (4,17%) las resistencias del imaginario social visibilizadas como dificultades de los familiares, de los vecinos y de la sociedad en general para comprender la importancia y las particularidades de la integración social de las personas con padecimientos mentales, especialmente con internaciones de larga data, también fueron identificados como obstáculos para la implementación de la ley: "Creo también que algo que no es posible de ser contemplado en una ley es el trabajo que se hace necesario con el imaginario social sobre la locura existente en la comunidad, en tanto es uno de los obstáculos más grandes que aparece para el verdadero sostenimiento de otro paradigma en salud" (psicóloga, CABA, mujer, Disp. Alt.).

Requerimientos para la implementación

La falta de creación a gran escala de casas de medio camino, pisos asistidos, dispositivos de atención en la comunidad, así como las políticas de reorganización de los espacios de trabajo y la articulación con organizaciones sociales, se revelan como un déficit clave para la implementación de la Ley Nacional de Salud Mental en lo que respecta a la efectiva apertura de nuevos dispositivos sustitutivos y apoyo a los existentes. En la mayoría de los casos, los dispositivos y las prácticas no tradicionales persisten más como iniciativas de compromiso individual o experiencias extraordinarias que como parte de las políticas públicas en el sector: "Creo también fundamental la apertura de espacios como ser casas de medio camino, casas de convivencia, hospitales de día y de noche, espacios de trabajo o de formación en trabajo, espacios o dispositivos artísticos, donde se realice un trabajo en red. También es imprescindible la apertura de áreas de salud mental con camas para internaciones breves en los hospitales generales, cosa que plantea la nueva ley. También es importante poder revisar los espacios ya existentes, que exista un apoyo real por los mismos y recursos materiales, humanos y económicos para poder sostener su funcionamiento. También es importante poder trabajar con los trabajadores de la salud en cuanto a modalidades de trabajo y sobre las concepciones en salud como así también sobre sus prácticas" (profesor de teatro, CABA, varón, Disp. Alt.).

En cuanto al requerimiento de la formación de los recursos humanos, se señala la necesidad de adaptar según los lineamientos de la ley a la currícula de las disciplinas y la capacitación en servicio que intervienen en el campo de la salud mental. Describen que es necesario capacitar a los profesionales para intervenir en lo comunitario y trabajar interdisciplinariamente, desde un enfoque de derechos: "Los profesionales tendrían que tener otra formación. Habría que cambiar las currículas con más formación en lo comunitario e interdisciplinario eso es prioritario para que después se pueda avanzar" (MT, CABA, mujer, hospital monovalente, SM); "Respecto a psicología, tanto la formación en la facultad, como en la residencia/concurrencia, se dedica principalmente a la atención clínica, con muy poco desarrollo de la atención comunitaria" (psicóloga, CABA, mujer, hospital general).

En cuanto al requerimiento de políticas de inclusión de la comunidad para la transformación de los imaginarios sociales, los efectores de salud entrevistados señalaron especialmente la necesidad de repensar con la comunidad los modos en que se comprende a la locura y de desnaturalizar las prácticas tutelares, y se puso en el centro del debate a la problemática de la salud mental como parte de la salud integral.

En el ámbito de las prácticas, la interfase Salud-Justicia ha logrado una articulación muy visible por la incorporación de nuevos actores en la escena, como el órgano de revisión y la figura del curador. No sólo se incorporaron nuevos actores en la escena sino que las decisiones del equipo interdisciplinario de salud interviniente han adquirido relevancia por sobre la palabra de la figura del juez. Asimismo, se han incorporado instrumentos para el control de legalidad de las prácticas en salud mental, cuya implementación no siempre produce acceso a una atención en salud integral, como por ejemplo por la lentitud de este sector en el seguimiento de los casos: "A mí me parece que la ley está muy bien redactada, que contempla a la persona como a un sujeto integral pero, con la ausencia de recursos es imposible implementarla. No estigmatiza a las personas pero deja algunos vacíos como a los familiares de las personas con adicción. Antes por tratamiento se podía internar. Ahora, sin el consentimiento de la persona no se puede internar" (TS, PBA, mujer, hospital general).

Comparación y discusión

En cuanto a la percepción de las transformaciones en las prácticas, los participantes del estudio observaron cambios, pero éstos se focalizan principalmente en las concepciones o en los marcos teóricos sobre salud mental y en los modos de organización del trabajo, mientras que la inclusión de nuevos recursos materiales a las prácticas no pareció significativa. Este dato es concordante con la investigación realizada en 2011 en la que el cambio de paradigma en salud mental aparecía como el principal aspecto novedoso. Asimismo, en 2011 el estudio revelaba la importancia de que la nueva ley permitiera "legalizar" las prácticas que ya se realizaban en este sentido pero que quedaban invisibilizadas en la organización actual de la atención.

Otro aspecto relevante es el de los efectos de la interfase Justicia-Salud producidos por la ley. En 2011 se señalaba cierta expectativa sobre el "cambio en las regulaciones de las internaciones judiciales en el ámbito civil ya que contarían con más protección y respeto de los internados". En el nuevo estudio, el análisis de las prácticas señaló que el uso de instrumentos jurídicos, como el consentimiento informado, ya fue incorporado cotidianamente en las prácticas. Sin embargo, se observan efectos contradictorios en su implementación cuando se lo trabaja formalmente y se reproducen efectos tutelares anteriores al marco jurídico.

En cuanto a los obstáculos, de los datos emerge como principal problema la falta de políticas públicas y de inversión económica para la creación de los dispositivos alternativos a la internación centrados en la comunidad. Mientras que, en segundo término, las resistencias institucionales y disciplinares a la incorporación del nuevo enfoque y de las modalidades de trabajo también constituyen obstáculos importantes para la implementación de la ley. Estos tres principales obstáculos persisten como problemas prioritarios al igual que en la investigación anterior.

Como requerimientos para la implementación de la Ley Nacional de Salud Mental, los entrevistados indicaron en mayor medida la necesidad de lograr la voluntad política para la apertura efectiva de dispositivos sustitutivos y apoyo a los existentes, el cambio en la formación de los profesionales intervinientes en el campo, el trabajo para la transformación de los imaginarios sociales y la interrogación a la interfase Salud-Justicia.

En 2011, el estudio señalaba que los requerimientos previos visibilizados por los entrevistados eran la formación profesional, la voluntad política e institucional y la creación efectiva de dispositivos para sostener prácticas de atención en la comunidad. Tal como se puede observar, tres años después, el desarrollo de dispositivos sustitutivos es una necesidad persistente y nuclear para la implementación de la ley. Lo mismo ocurre en relación con la inclusión del nuevo paradigma en la formación de los profesionales, tanto en el grado como en el servicio.

Asimismo, como requerimientos que no aparecieron en el estudio anterior, se menciona la necesidad de desarrollar políticas de transformación de los imaginarios sociales, posiblemente por las resistencias encontradas en relación a otros sectores no identificados tradicionalmente como agentes del campo de la salud mental como las familias y las comunidades. Otro elemento nuevo fue la necesidad de interrogar a la interfase Salud-Justicia en función de los efectos paradojales de la inclusión de herramientas para el control de legalidad de las internaciones.

Conclusiones

Se reconoce el valor de la Ley Nacional de Salud Mental, que fue el fruto de procesos de lucha de diferentes actores sociales vinculados al campo de la salud mental integral y de los derechos humanos que venían pugnando por un cambio de paradigma. La nueva ley, además de actualizar el debate, instituyó un marco nacional de regulación legislativa que exige la adecuación de las discrepantes normativas provinciales (Rosendo, 2011).

Aunque se señalan avances en relación con el estudio previo mencionado (2011), cobra cada vez más relevancia la necesidad de decisiones políticas y de inversión, en todos los niveles de gestión, de que se generen los dispositivos sustitutivos al manicomio. Del mismo modo, resultan un desafío problemas como la formación de recursos humanos, las inercias institucionales o las representaciones tutelares de la población que resisten la idea misma de la integración social de las personas con padecimiento mental.

Por lo tanto, se vuelve necesaria la participación de los diferentes actores sociales, de ámbitos de la salud, la educación, las ONG, las organizaciones sociales, los sindicatos y las familias, entre otros, con el fin de contribuir a la transformación. Entender la desmanicomialización como un proceso de transformación de las estructuras ideológicas y de acción implica la exigencia del compromiso y la creación de consensos participativos, al mismo tiempo de decisiones políticas para generar nuevas alternativas y promover que efectivamente esa letra de la Ley Nacional de Salud Mental sea letra viva y que acorte las brechas existentes con las prácticas, especialmente para los sectores más vulnerables.

Referencias bibliográficas

Bertaux, D. (1989). *Historia oral e historia de vida. Cuadernos de Ciencias Sociales*. Buenos Aires: FLACSO.
Bourdieu, P. (2000) *Intelectuales, política y poder*. Buenos Aires: Eudeba.

Brown, J. E. (2007). "Ciudadanía de mujeres en Argentina: los derechos (no) reproductivos y sexuales como bisagra, lo público y lo privado puesto en cuestión". Buenos Aires: FLACSO. Disponible en hdl.handle.net/10469/1019

Castorina, J. A.; Barreiro, A. y Clemente, F. (2004). "La impronta del pensamiento piagetiano en la teoría de las representaciones sociales". *IRICE*, 5-30.

Estudios legales y sociales (2013) *Derechos humanos en Argentina: Informe* 2013. Buenos Aires: Siglo Veintiuno.

Córdova, V. (1990). *Historias de vida. Una metodología alternativa para ciencias sociales*. Caracas: Fondo Editorial Tropykos.

Foucault, M. (1992) *Enfermedad mental y personalidad.* México: Paidós.

Minayo, de S. C. (1997). *La investigación cualitativa.* Buenos Aires: Lugar.

Ministerio Público Tutelar (2013). *Niñez, adolescencia y salud mental en la Ciudad de Buenos Aires. Informe final de gestión del Ministerio Público Tutelar 2007-2013.* Buenos Aires. Disponible en www.asesoriatutelar.gob.ar.

— (2014a). "De la ley al barrio la implementación de la Ley Nacional de Salud Mental en los efectores de atención primaria de salud en la zona sur de la Ciudad de Buenos Aires". Documento de Trabajo N.º 20. Salud Mental. Buenos Aires. Disponible en www.asesoriatutelar.gob.ar

— (2014b). "Internaciones por Salud Mental en Hospitales Generales de Agudos de la Ciudad Autónoma de Buenos Aires". Documento de Trabajo N.º 21. Salud Mental. Buenos Aires. Disponible en http://asesoria.jusbaires.gob.ar/sites/default/files/dtn21_internaciones_0.pdf

Rosendo, E. (2001). "Desafíos en la implementación de la Ley Derecho a la Protección de la salud Mental (Ley Nº 26.657)". *IX Jornadas Nacionales de Debate Interdiscipli-*

nario en Salud y Población. Instituto de Investigaciones Gino Germani, Buenos Aires. Publicado en CD-ROM. ISBN: 978-950-29-1322-3.

Samaja, J. (1993). *Epistemología y metodología*.Buenos Aires: Eudeba.

Scrimshaw, N. y Gleason, G (eds.) (1992). *Rapid Assessment Procedures- Qualitative Methodologies for Planning and Evaluation of Health Related Programmes International Nutrition*. Boston: Foundation for Developing Countries.

Torricelli, F.; Bauleo, A.; Piccolo E. y Kesselman, H. (1993). "Hacia las jornadas debate sobre desmanicomialización". *Zona Erógena*, 14, 21-38.

Ulloa, F. (1995). "La difícil relación del psicoanálisis con la no menos difícil circunstancia de la salud mental". En *Novela Clínica Psicoanalítica: Historial de una práctica*. Buenos Aires: Paidós.

Vezzetti, H. (1985). *La locura en la Argentina*. Buenos Aires: Paidós.

Zaldúa, G.; Bottinelli, M. M.; Sopransi, M. B.; Nabergoi, M.; Lenta, M.; Tisera, A.; Freire, M. (2011). "Cuestiones y desafíos en la viabilidad de la Ley de Salud Mental". *IX Jornadas Nacionales de Debate Interdisciplinario en Salud y Población, Área de Salud y Población*. Instituto de Investigaciones Gino Germani, Buenos Aires. Publicado en CD-ROM. ISBN: 978-950-29-1322-3.

Zaldúa, G., Bottinelli, M. M., Longo, R., Sopransi, M. B. y Lenta, M. M. (2012). "Exigibilidad y justiciabilidad desde la epidemiologia territorial. Una construcción inicial con actores-as comunales". *Anuario de investigaciones Facultad de Psicología UBA*, 19. Disponible en http://goo.gl/UiBz03

Zaldúa, G., Pawlowicz, M. P., Longo, R. y Moschella, R. (2010). "Derechos sexuales y reproductivos de las mujeres de la CABA. Obstáculos y resistencias". *Anuario de investigaciones Facultad de Psicología UBA*, 17, 267-75. Disponible en http://goo.gl/vj87bu

Salud mental y desinstitucionalización en los procesos de externación[1]

ANA TISERA, HUGO LEALE, JOSÉ LOHIGORRY,
ANA PEKAREK Y ADÁN JOSKOWICZ

Este estudio se centra en los límites y los obstáculos para la exigibilidad de derechos en usuarios del sistema de salud mental, particularmente en un hospital monovalente de la Comuna 4, de la Ciudad Autónoma de Buenos Aires (CABA).

En las distintas experiencias internacionales y nacionales, la creación de servicios y de dispositivos sustitutivos se dio como un proceso simultáneo al desmontaje manicomial, y se asumió territorialmente la integralidad del cuidado de la salud mental. Las estrategias de asambleas y clubes –que incluyen a pacientes, a familiares y a profesionales– fueron y son facilitadores de lazos sociales, reafirmando la inclusión social a través del trabajo en cooperativas o en empresas sociales, y la construcción de residencias integradas en la ciudad para el alojamiento y la invención de múltiples formas de participación y producción social. Todos estos aspectos fueron claves en el proceso de transformación, como se afirmó y se amplió con la sanción de la Ley 180 en Italia y también en nuestro país en Río Negro con la Ley 2440 en el año 1991.

Como evidencia la experiencia italiana, este proceso social complejo busca asociar a los distintos actores sociales involucrados que comprenden que la transformación

---

[1] Una versión más amplia de este artículo puede encontrarse en XX Anuario de Investigaciones de la Facultad de Psicología, 75:66.

291

debe superar la simple organización del modelo asistencial y alcanzar las prácticas y las concepciones sociales (Amarante, 2009).

En el caso de la CABA, la falta de un plan de salud mental señala que no fue suficiente con la promulgación de una norma que propiciara la transformación, como la Ley 448 de la CABA, sino que deben instrumentarse esos cambios con acciones concretas y planificadas. Cabe mencionar que, entre la promulgación de dicha ley (año 2000, y reglamentación 2004) y el último plan de salud mental de la CABA (2000-2006), hubo una desmovilización en el sector.

La Ley Nacional de Salud Mental 26.657 fue aprobada y promulgada a fines del año 2010. Se plantea como paradigma alternativo al poner en cuestión la lógica manicomial y el sintagma locura-peligrosidad; inaugura un nuevo proceso de tensión entre lo instituido y lo instituyente en salud mental. Definida como bien público (art. 45 de dicha regulación), comprende un piso básico de derechos que deben cumplirse en forma efectiva desde su promulgación en todo el país. Al promover abordajes interdisciplinarios e intersectoriales, plantea que la atención de la salud mental debe realizarse preferentemente fuera del ámbito de internación hospitalario, debe basarse en los principios de la atención primaria y orientarse al reforzamiento, a la restitución o a la promoción de los lazos sociales. Asimismo garantiza asistencia legal, revisión y excepcionalidad de las internaciones prolongadas y el consentimiento informado, así como el derecho de los usuarios a tomar decisiones vinculadas al tratamiento, a la rehabilitación y a la integración en la comunidad.

Al reflexionar sobre la viabilidad de la Ley Nacional de Salud Mental, Zaldúa *et al.* (2011b) plantean que su implementación requiere profundizar procesos participativos que superen obstáculos político-financieros, técnico-corporativos e ideológicos para el reconocimiento del derecho a la salud mental sin estigmatización ni discriminación de las personas con padecimiento mental. Asimismo, abren un interrogante respecto de si sólo una ley puede garantizar el acceso a derechos, sin la presencia eficaz del Estado con políticas públicas, saberes y prácticas que sostengan el cambio de paradigma.

Marco teórico

Las propuestas de reforma en el campo de la salud mental se orientan a desarrollar servicios centrados en la comunidad desde la perspectiva de la atención primaria de la salud como una forma de dar respuesta a la problemática de la exclusión de las personas con padecimiento mental. De esta forma se cuestiona el papel central que tuvo el hospital psiquiátrico y la internación como única respuesta para abordar dicha problemática, y se establece una estrategia de desinstitucionalización (Cohen, 2009; Galende, 2008; Sarraceno, 2003) y se pone en primer plano los derechos humanos de las personas que atraviesan situaciones de sufrimiento mental.

La rehabilitación se constituye en una de las estrategias de intervención que permite la reconstrucción de la ciudadanía plena de los sujetos con padecimiento mental, favorece la externación y la inclusión social, y se distancia de intervenciones intramuros en el hospital psiquiátrico que producen cronicidad (Sarraceno, 2003). Trabaja con las habilidades sociales prácticas (autonomía, cuidado corporal, intercambios cotidianos, utilización del dinero, participación en espacios sociales, etc.) y con las capacidades sociales. Estas últimas remiten a la posición activa en intercambios materiales, económicos y simbólicos, tales como los procesos de producción y de comercialización, la autogestión en emprendimientos productivos, la vinculación con compañeros, etc. (Galende, 2008; Rotelli *et al.*, 2000).

De acuerdo con Sarraceno (2003), el proceso de rehabilitación se lleva a cabo a partir de la consideración de tres ejes: hábitat; bazar o red social y trabajo:

- Eje hábitat: refiere al proceso de consolidación de un lugar para habitarlo y para lograr la pertenencia simbólica y material del espacio. Estrategia de rehabilitación que se desarrolla en conjunto, aunque no se confunde, con la adquisición de la casa.
- Eje bazar o red social: refiere a la creación de lugares que posibiliten el intercambio y consoliden estrategias de afrontamiento junto a familiares o a vínculos afectivos de la persona, a fin de evitar recaídas, de mejorar la calidad de vida de la persona y su familia, etc.
- Eje trabajo: entendido como inserción laboral, se considera que el trabajo puede promover un proceso de articulación de intereses, de necesidades y de deseos, y que se consolida como medio de subsistencia, de realización personal y del cumplimiento de aspiraciones y proyectos. En este sentido, distintas estrategias, como las cooperativas o las empresas sociales, buscan aunar el carácter emprendedor económico con el social, promoviendo la utilización de recursos que se encontraban en desuso y multiplicando la posibilidad de intercambios sociales.

Para consolidar las prácticas y las experiencias de desinstitucionalización –externación e inclusión social–, es necesaria una intervención que apele a la interdisciplinariedad y a la intersectorialidad, y que tienda a efectivizar la protección de derechos y la recuperación y la rehabilitación de las personas con padecimiento mental. Desde la perspectiva de la psicología social comunitaria, este cambio en las relaciones sociales y de poder involucra necesariamente la participación activa de la comunidad en la resolución de sus problemas (Cruz Sousa, 1999). Asimismo, requiere la posibilidad de consenso y de superación de tensiones entre intereses político-económicos, técnico-profesionales e ideológicos, sostenidos por una diversidad de actores institucionales, profesionales y de la comunidad y por usuarios; que favorecerá y afianzará la promoción de ciudadanías activas en la exigibilidad de los derechos (Zaldua *et al.*, 2011a).

Situación de las internaciones a partir de la nueva Ley Nacional de Salud Mental

En un relevamiento realizado en el año 2011 (Di Nella *et al.*, 2011) se describió la distribución de camas disponibles para salud mental en Argentina, en hospitales monovalentes, en hospitales polivalentes y en dispositivos comunitarios.

El relevamiento incluyó distintas regiones del país entre mayo de 2010 y mayo de 2011. En este periodo se observó una disminución del 14,8% (de 10.465 a 8.914) de las camas de internación destinadas a salud mental en hospitales monovalentes del sector público.[2] Las camas destinadas a salud mental en hospitales polivalentes hacia mayo de 2011 eran 1.180, mientras que las camas en dispositivos comunitarios eran 837. Así, pese a estas modificaciones, el país hacia el año 2011 mantenía un 81,5% de camas de internación en hospitales monovalentes, frente al 18,5% de camas en hospitales polivalentes y dispositivos comunitarios.[3]

---

[2] Considerando el periodo 2001-2011, la disminución acumulada en el país de camas de internación para salud mental en hospitales monovalentes del sector público es del 57,6 % aproximadamente (Di Nella *et al.*, 2011).

[3] El informe afirma que el país aún se encuentra lejos de alcanzar la meta propuesta en la Declaración de Caracas (1990) en la que se establecía una relación de 95% de camas de salud mental en hospitales polivalentes y dispositivos comunitarios y de 5% de camas de salud mental en hospitales monovalentes.

En la CABA, en los últimos once años también se observó, en el sector público, un descenso de las camas destinas a salud mental en hospitales monovalentes.[4] Sin embargo, en relación con las internaciones, éstas también constituían la mayor oferta. Para mayo de 2011, las camas destinadas a salud mental en hospitales monovalentes del sector público eran 1.908 (94,93%), frente a 102 (05,07%) camas de salud mental en dispositivos comunitarios y en hospitales polivalentes.

Estos datos plantean que las internaciones en salud mental se realizan mayoritariamente en hospitales monovalentes, con el riesgo de la habituación institucional que ello conlleva.

Asimismo, si bien para el año 2011 en la CABA se evidenciaba una disminución en la cifra de judicialización de las internaciones, se observó paralelamente un aumento de procesos por insania y por inhabilitaciones, tal como señala el CELS (2012). Estas consideraciones ponen de relieve que el sistema de justicia continúa sosteniendo la principal política estatal hacia las personas con padecimiento: la internación y la restricción de sus derechos (CELS, 2012).

A fin de caracterizar la dinámica de internaciones y externaciones así como el tiempo de internación de las personas con padecimiento mental en la CABA, se tomará como referencia un hospital monovalente de salud mental. En el año 2011, el Hospital Borda tuvo 891 ingresos y 994 egresos con un promedio de 719,5 pacientes internados por día (con un promedio de 811,18 camas disponibles). Es decir que la cantidad de ingresos y egresos supera (en más del 20%) a la cantidad de pacientes que se encuentran internados.

---

4   Si se compara el año 2000 con el año 2011, los porcentajes de disminución de camas disponibles en hospitales monovalentes fue de: 40,88% para el hospital Tobar García, 34,22% para el hospital Moyano, 23,64% para el hospital Borda y 08,86% para el hospital Alvear. Fuente: Dpto. de Estadísticas de Salud, Ministerio de Salud, Gobierno de la CABA.

Si esta información se relaciona con el promedio de permanencia 264,2 (año 2011)[5] y el giro cama (1,23 en 2011), se puede inferir un movimiento hospitalario en el que habría un porcentaje de personas que poseen un promedio de internación de pocos meses, con la posibilidad de continuar tratamientos ambulatorios, y otro porcentaje con internaciones prolongadas, que van desde un año hasta más de una década. Esta segunda población, en la mayoría de los casos, son "pacientes sociales". Poseen pocas perspectivas de externación y déficits en la asistencia médica, psiquiátrica, psicosocial o legal (CELS, 2008).

Lo antes mencionado resalta dificultades en los servicios hospitalarios para la externación de los denominados "pacientes sociales". Sobre esta población se deben focalizar, desde una perspectiva de integralidad de derechos, estrategias e intervenciones que garanticen la posibilidad de inclusión social, el desarrollo de alternativas de atención en la comunidad, programas de inserción laboral y un mayor acceso a la justicia (CELS, 2012).

Estrategia metodológica

Desde una perspectiva hermenéutica-dialéctica, esta investigación tiene el objetivo de caracterizar los obstáculos y las resistencias en el proceso de externación de usuarios de un Programa de Pre Alta (PPA) de un hospital monovalente de la CABA en el año 2012.

Este enfoque se propone un análisis de datos que interpreta su contenido dentro de un marco de referencias en el que la acción de los sujetos y la acción objetivada de las

---

5   La cifra del promedio de permanencia en 2011 asciende luego de un descenso en los años 2009 y 2010, y se ubica así en los valores promedios del año 2000. Fuente: Dpto. de Estadísticas de Salud, Ministerio de Salud, Gobierno de la CABA.

instituciones permiten no sólo dilucidar el mensaje manifiesto sino también alcanzar los significados latentes (de Souza Minayo, 2009).

Para el desarrollo del relevamiento, se implementó un cuestionario con preguntas abiertas y cerradas sobre los siguientes tópicos: a) perfil sociodemográfico, b) diagnóstico y tratamiento, c) condiciones y posibilidades habitacionales, d) historia y oportunidades laborales, y e) relaciones vinculares. La muestra fue intencional y estuvo compuesta por 18 participantes usuarios del sistema de salud mental. Ésta fue homogénea en relación con su inclusión en el PPA y heterogénea respecto de la edad, el género, el tiempo de internación y el nivel educativo.

Para el análisis de los datos, se realizó una lectura horizontal y exhaustiva a fin de aprehender las estructuras relevantes de los actores que permitieron construir categorías emergentes para el análisis y luego una segunda lectura transversal para la construcción de unidades de sentido. El tercer momento fue constituido por el análisis final de integración de los datos.

Respecto de las consideraciones éticas, se apeló a una perspectiva ético-relacional crítica (Sopransi, 2011) y se consideraron los principios de confidencialidad, de anonimato y de voluntariedad para la participación en este estudio.

Contextualización del PPA

El PPA se encuentra ubicado en un hospital monovalente de salud mental del barrio de Barracas de la CABA. Éste recibe una demanda muy alta de atención proveniente no sólo de la ciudad sino también del conurbano bonaerense. Sus modalidades de prestación son guardia, consultorios externos, internación, hospital de día, hospital de noche, casa de medio camino, orientación vocacional, prevención, promoción y rehabilitación. Los servicios de internación se dividen en emergencias, terapias a corto plazo y terapias de largo tratamiento.

Dentro del Departamento de Rehabilitación del Hospital, el PPA del Servicio núm. 59 de Psicología Social ofrece un abanico de dispositivos dedicados a la rehabilitación de las capacidades productivas, sociales o laborales de los usuarios[6] como parte necesaria para el logro de su externación y de su inclusión social. Y recibe habitualmente derivaciones de los servicios de terapias a corto plazo y de terapias de largo tratamiento.

Descripción de la muestra

La muestra estuvo compuesta por 18 participantes, de los cuales 15 eran varones y 3, mujeres. En cuanto a la edad, se comprendió en un rango de 28 a 64 años, con una media de 49 años, una moda de 47 años y una mediana de 52,5 años.

Respecto del nivel educativo, el 11,1% había finalizado la primaria, el 11,1% tenía la secundaria completa, el 39% tenía el secundario incompleto y el 5,5%, el terciario completo. Finalmente, el 33,3% tenía estudios terciarios o universitarios completos.

En cuanto al lugar de residencia anterior a la última internación, el 60,5% vivía en la CABA mientras que el 34% lo hacía en la Provincia de Buenos Aires, y el 5,5% en el interior del país.

Del total de los participantes, el 72% se encontraba internado al momento de la realización del estudio. De ellos, sólo el 46,2% tenía una internación voluntaria. Asimismo, el 55,5% de los participantes en el estudio tuvo más de una internación. En relación con la última internación

---

6   El término "usuario" se utiliza para dar cuenta de las personas que participan del PPA.

(que para algunos implicaba la internación actual), el 27,8% estuvo internado entre 4 y 7 años; el 16,7%, entre 1 y 3 años; el 11,1%, entre 8 y 12 años. Y se encontró un caso de menos de un año de internación y otro de más de 30 años.

En cuanto al tratamiento actual, además de concurrir al PPA, el 94,4% realizaba tratamiento psiquiátrico, el 77% concurría a psicoterapia, el 33,3% acudía a talleres, el 16,3% participaba en espacios de terapia ocupacional, el 16,3% tenía acompañamiento terapéutico y el 11,1% participaba en emprendimientos sociales.

Dimensiones de análisis

El trabajo: límites y posibilidades

En declaraciones de Asambleas de Usuarios de Servicios de salud mental, se plantea la importancia de la inclusión social y de la inserción laboral, ya sea en empleos formales o empresas sociales, que favorezca la calidad de vida y de la salud, pero que también respete una remuneración digna, la vocación, la idiosincrasia y las capacidades de la persona y que les permita el cumplimiento de sus aspiraciones y de sus proyectos (OPS, 2007; CELS, 2012).

En cuanto al trabajo, el 100% de las personas entrevistadas (n=18) trabajó alguna vez. Los empleos que realizaron fueron empleado/a, vendedor/a en vía pública, trabajo rural, trabajo profesional independiente y distintos oficios. Un 55,6% de las personas trabajó en relación de dependencia, mientras que el 44,4% restante lo hizo de forma independiente.

Considerar el tiempo transcurrido desde el último trabajo es un indicador relevante a la hora de pensar respecto de la inclusión social y de la inserción laboral. En la muestra, para el 16,6% de las personas el tiempo transcurrido desde el último trabajo fue menor a 5 años; entre 5 y 10 años para el 38,9% de las personas; más de 10 años para el 38,9%;

mientras que el 5,6% no recordaba el tiempo transcurrido. Es decir que para más del 75% de la muestra han pasado entre 5 y 10 años desde su último trabajo.

Respecto al tiempo de permanencia en el último trabajo, para un 16,7% de las personas fue menor a 1 año, mientras que el 66,6% trabajó entre 1 y 7 años y el 16,7% restante lo hizo entre 8 y 20 años. Estos últimos son aquellos casos que no tuvieron internaciones anteriores.

Estos datos señalan que a mayor tiempo o número de internaciones, la relación de las personas con el trabajo se torna distante y discontinua, lo que dificulta la posibilidad de inserción laboral en la comunidad.

Al indagar sobre los motivos de participación de los usuarios en el PPA, ellos aluden a cuestiones relacionadas con el bienestar, la posibilidad de rehabilitación a través del trabajo:

- "Una enseñanza de trabajo. Me dieron subsidio. Me gusta trabajar". (Varón, 39 años)
- "Porque es una forma en la cual puedo desenvolver mi capacidad de organizar en cuanto a un trabajo, la posibilidad de sentirme útil en algo." (Varón, 47 años)
- "Por lo económico, en mi casa no estamos bien económicamente, necesitamos la plata. También me siento bien." (Varón, 35 años)

En relación con las perspectivas laborales en el futuro (5 años adelante), la mayoría de las personas consideraron posible obtener un empleo en la comunidad:

- "Tengo sueños. Me veo trabajando como psicóloga en forma independiente. Insertándome de nuevo en el mundo laboral." (Mujer, 61 años)
- "Con una situación laboral terapéutica. Haciendo changuitas." (Varón, 57 años)
- "Buena. Trabajando. En Caballito voy a buscar trabajo: pintura, lava autos, lava copas. Todo lo que se pueda hacer, yo lo hago." (Varón, 39 años)

En coincidencia con Rotelli *et al.* (2000), se observa que la perspectiva de inserción laboral posibilitará una verdadera emancipación económica y también clínica, y que se constituirá en medio para la realización personal y en condición de una vida digna y autónoma de las personas con padecimiento mental (OPS, 2007; CELS, 2012).

Sin embargo, también hay personas que se imaginan permaneciendo en el PPA en el futuro (5 años):

- "No sé. Acá me gusta trabajar." (Varón, 63 años)
- "Igual que ahora, acá en Molineros [en referencia a un emprendimiento laboral]." (Varón, 63 años)
- "Y… acá trabajo no tengo. No me imagino trabajando." (Varón, 30 años)

Las largas internaciones y la consecuente pérdida de capacidades laborales operan resistencialmente en la posibilidad de desear un futuro diferente para algunos usuarios. Asimismo, la ausencia de programas o de dispositivos laborales con apoyo en la comunidad son obstáculos que demoran la externación y que refuerzan resistencias subjetivas (Zaldúa *et al.*, 2011b).

Vivienda: un lugar incierto donde habitar

El acceso a una vivienda como morada implica un doble movimiento: la apropiación "objetiva" de adquisición de una vivienda –con sus bases legales/materiales– y la asimilación subjetiva en cuanto al proceso de apropiación simbólica y material de un lugar, en tanto sentimiento de pertenencia.

En referencia a la situación anterior a la internación, el 78% de las personas (n=18) señaló que su última residencia era la casa familiar, mientras que un 22% tenía una vivienda obtenida por recursos propios (alquiler, pensión, vivienda propia).

De los 14 usuarios que aún se encontraban internados al momento del estudio, el 28,57% sostenía no poder volver a la vivienda que habitaba antes de la internación, mientras que el 71,43% afirma poder hacerlo (en su mayoría se trata de la casa familiar).

Si bien el porcentaje de personas con posibilidad de regresar a la casa familiar era mayor al de aquellas que no podían volver, sólo un 22,22% (n=9) señalaba tener buena relación con la familia, mientras que el 77,73% restante describía una relación como regular-mala o ausente. En este sentido, surge la necesidad de interrogarse sobre la posibilidad de desarrollar procesos autónomos, que no estén ligados a la configuración familiar anterior para lograr una vivienda fuera del hospital:

-"Sí [puedo regresar a la vivienda anterior], igual mi objetivo es irme a vivir solo." (Varón, 28 años)

La casa de medio camino no fue considerada por las personas que se encuentran internadas como un efector posible a la hora de pensarse fuera del hospital. Un 71,43% (n=14) planteó no tener ganas de vivir en una de ellas. Entre los motivos se manifestaron argumentos respecto de la viabilidad del dispositivo, tales como lo inaccesible y lo incierto del funcionamiento de la casa de medio camino, y la dificultad para pensarse asumiendo responsabilidades como sujetos activos y autónomos:

- "Hay que pagar comida, alquiler, luz, gas." (Varón, 39 años)
- "Porque hay que pagar." (Mujer, 59 años)
- "¿Qué es una casa de medio camino?" (Varón, 30 años).

El desconocimiento de las características y del funcionamiento de los dispositivos intermedios en la comunidad, como las casas de medio camino y los hogares protegidos, planteados en el art. 14 de la Ley 448/00 de la CABA, se presenta como resistencia en el avance de los procesos de externación. Asimismo la escasez de estos dispositivos en la comunidad resulta un obstáculo para las políticas de salud mental y de desinstitucionalización.

Vínculos familiares y sociales

La construcción de lazos constituye un eje del proceso de rehabilitación a través de la promoción de todo tipo de actividades sociales: laborales, culturales, políticas, recreativas, de espacios de encuentro e intercambio entre diferentes actores y reconocimiento territorial. Según establece el art. 9 de la Ley Nacional de Salud Mental, el proceso de atención debe estar orientado al "reforzamiento, restitución o promoción de los lazos sociales".

En cuanto a los vínculos afectivos, el 100% de las personas (n=18) señaló tener familiares de referencia, mientras que el 82,36% (n=17) mencionó tener amigos.

En lo que concierne a la frecuencia de contactos con la familia, un 64,70% (n=17) mantenía contacto mensual o semanal –ya sea por teléfono o mediante visitas–, mientras que un 35,30% tenía contacto esporádico –anual– o directamente no tenía contacto. Se presenta una relación directamente proporcional entre tener una mejor relación con los familiares y la frecuencia de visitas.

La posibilidad de sostener vínculos de amistad por fuera del hospital luego de la internación fue interrumpida o bien se vio dificultada en la mayoría de los casos:

- "Se cortaron un poco las relaciones desde que estoy internada." (Mujer, 61 años)
- "Tengo muy buena relación, pero me estoy distanciando por la internación." (Varón, 34 años)
- "[los veo] cada 15 días o un mes." (Varón, 63 años).

Esta situación fue acompañada por la expresión de una mayor vinculación con otros pares al interior del hospital. Un 72,22% de la muestra (n=18) refirió tener amigos dentro del hospital y consideró que era una relación buena o muy buena. Éstas fueron presentadas como habilitadoras de actividades cotidianas y conjuntas tanto dentro como fuera del hospital:

- [La relación con mis amigos del hospital es] "Muy buena. Tengo un mejor amigo, nos vamos a ir a cortar el pelo." (Varón, 58 años)
- [La relación con mis amigos del hospital es] "Buena, tomamos mate, comemos" (Varón, 39 años)

El espacio hospitalario, luego de internaciones que se prolongan en el tiempo, comienza a ser el único lugar donde se desarrolla la vinculación social. Las personas internadas comienzan a vivir una trama social puertas adentro en detrimento del afuera.

Asimismo, los participantes del estudio mencionaron que realizan salidas (a caminar, hacer compras, ir a comer) en el barrio donde se encuentra el hospital con el objetivo de atenuar situaciones de encierro:

- "Para dar una vuelta, para pasear y no estar siempre en el hospital." (Varón, 58 años)
- "Para distraerme y sentirme vinculado, pese a todo, con la sociedad argentina." (Varón, 34 años)
- "Para reconocer el barrio, porque si yo no lo conozco no me dan el permiso." (Varón, 40 años)

Dichas salidas hacen referencia principalmente a un entorno que, si bien es exterior al hospital, se encuentra ligado a la hospitalización. Ello se presenta como dificultad para pensar otras alternativas que aporten a un proceso gradual de externación.

Al ser consultados acerca de qué les gustaría hacer en las salidas, algunas personas presentaron limitaciones para reconocer o identificar gustos personales, mientras que otras refieren que les gustaría realizar actividades artísticas, de trabajo y de estudio con claras referencias fuera del ámbito hospitalario:

- "Tendría ganas de ir al cine, al teatro, hacer cursos. Volver a trabajar como psicóloga, estudiar, participar de jornadas, congresos, retornar mi vida anterior, encontrarme con mis hijos." (Mujer, 61 años)
- "Escribir para un diario, hacer entrevistas y algún programa de radio como locutor. Y estudiar abogacía el año que viene." (Varón, 34 años)
- "Estudiar y vivir cosas." (Varón, 57 años)

La posibilidad de imaginarse fuera del hospital tensiona la identidad "normativizada" asumida al interior de ese espacio. Ello les permite pensarse de otra manera, lo que se conforma en una vía para trabajar las resistencias a los procesos de inclusión social.

La falta de apropiación de espacios y de lazos sociales por fuera del ámbito hospitalario limita los recursos relacionales que apuntalarían la externación y acentúa una situación de vulnerabilidad psicosocial, y se configura como resistencia para una inclusión social plena.

Los usuarios/pacientes y los derechos

La consideración de las personas con padecimiento mental como sujetos de derechos resalta la importancia del trato digno, el respeto por la intimidad y la identidad, la autonomía en las decisiones de la propia vida: tratamiento, rehabilitación e integración en la comunidad. Se inscriben en una perspectiva de integralidad y centralidad de los derechos humanos considerados (Ley Nacional de Salud Mental 26.657/10 y Ley de los Derechos del Paciente en su relación con los Profesionales e Instituciones de la Salud 26.529/09).

Al definir los derechos que les corresponden a los propios usuarios, todos refirieron conocerlos. Sin embargo, se observaron definiciones distanciadas de las prácticas y de las necesidades concretas. Algunas aparecieron sólo inscriptas en la propia letra de la ley:

- "Los que están en la nueva ley. Derecho a ser considerada como persona." (Mujer, 61 años)
- "Absolutos. Conozco la Ley de Salud Mental." (Mujer, 59 años)

En otras definiciones de los propios derechos, si bien aludieron a aspectos específicos (salud, vivienda, bienestar social), aparecieron enunciados fragmentarios y ajenos a la acción de los sujetos, lo que los dejaba en una posición pasiva:

- "Techo, cama y comida." (Varón, 30 años)
- "Tengo derecho a una vivienda, a recibir una manutención." (Varón, 35 años)
- "El Estado me tiene que dar una pensión." (Varón, 58 años)

Incluso, en aquellos en los que surgió una posición activa, se trató de una acción heterónoma y disciplinada, en relación con la institución:

- [tengo derecho a...] "Tratar de mantener mi estado en forma óptima, hacer bien, en cuanto a las decisiones de otros sobre mí, acatarlos, tener una disciplina." (Varón, 47 años)
- [tengo derecho a...] "Tener un buen comportamiento, estar tranquilo, no faltar el respeto." (Varón, 30 años)

La consideración de cumplimiento respecto de estos derechos adquirió una connotación pasiva de parte de los usuarios, tanto en los casos de acceso a los derechos como en su denegación:

- "Sí, me dan medicamentos como se debe y me vienen a ver." (Varón, 56 años)
- "Sí, me dieron un permiso para salir todas las semanas." (Varón, 64 años)
- "No se cumplen, porque me clausuraron mi vivienda por deuda y el poder judicial está muy dependiente de la administración penalista." (Varón, 34 años)
- "No, para mí no. Por lo del Borda, por muchas cosas. El Gobierno de la ciudad la está pifiando." (Varón, 28 años)

El derecho a decidir sobre el tratamiento, la rehabilitación y la integración en la comunidad apareció vinculado centralmente a partir de la decisión de participar en el PPA, según los entrevistados. Este espacio es concebido como un lugar de pertenencia afectiva, subjetiva y de desarrollo de distintas actividades y esferas personales y sociales:

- "Es un lugar muy bueno, uno se puede informar con los diarios y tiene actividades interesantes como teatro leído, que sirve para desinhibirse." (Varón, 35 años)
- "Son recomendables para la estabilidad de los pacientes internados y los que están de alta." (Varón, 34 años)
- "Ellos se encargan de muchas cosas. El trato es bueno, nos tratan como personas decentes." (Varón, 40 años)

Al reflexionar sobre la posibilidad de externación y de inclusión social, se establecieron reparos, y se marcó una diferencia entre las personas que la deseaban (aunque no se presentaran alternativas concretas para su efectivización) y quienes planteaban permanecer en el hospital, destacando las buenas condiciones de internación:

- "Conforme. Pero ya hace 4 años que estoy acá, no me aguanto más. Hasta acá llegué." (Varón, 30 años).
- "Está más o menos bien pero me gustaría irme." (Mujer, 59 años).
- "Bueno. Me gusta el hospital. Si es por mí, no me voy nunca más." (Varón, 39 años)

Estos dos posicionamientos frente a la externación –tanto el deseo de irse del hospital como de quedarse, justificados por la falta de recursos fuera del hospital– expresan nuevamente una posición pasivizada frente al acceso a los derechos. Ante la histórica vulneración de los derechos de estas personas, la capacidad de exigirlos así como el acceso a la justiciabilidad interpelan a las diversas instituciones de salud mental y a las prácticas de los profesionales (Zaldúa *et al.*, 2011b).

Conclusiones

La consideración de la desintitucionalización como parte esencial de las políticas públicas en salud mental debe tener en cuenta cambios subjetivos necesarios en usuarios internados para garantizar procesos de externación y de inclusión social.

Herramientas como las que ofrece el PPA ponen en un lugar central la apropiación del usuario respecto de su propio tratamiento, lo ubican como sujeto con derechos y fortalecen la capacidad de exigibilidad y autonomía. No obstante, no se puede obviar la tensión existente entre estos dispositivos posicionados desde la integralidad de los derechos humanos y las lógicas tutelares que insisten en la captura de los procesos de autonomía singulares y colectivos, a través de discursos, dispositivos y prácticas institucionalizantes que promueven subjetividades pasivizadas y normativizadas.

Según los datos analizados, las internaciones prolongadas en el tiempo resultaron concomitantes al deterioro de las redes sociales, habitacionales y laborales, lo que genera una habituación institucional que profundiza las resistencias subjetivas a procesos de externación. Asimismo, la escasez de dispositivos intermedios de atención en la comunidad como núcleo de las políticas públicas en salud mental que permitan rearmar proyectos de vida, sueños e ilusiones, se constituye en el principal obstáculo que profundiza y agrava las situaciones de vulnerabilidad psicosocial.

Referencias bibliográficas

Amarante, P. (2009). *Superar el manicomio. Salud mental y atención psicosocial.* Buenos Aires: Topía.

CELS y MDRI. (2008). *Vidas arrasadas. La segregación de las personas de los asilos psiquiátricos argentinos.* Buenos Aires: Siglo XXI.

CELS (2012). *Derechos Humanos en la Argentina –Informe 2012.* Buenos Aires: Siglo XXI.

Cohen, H. (2009). "La creación de los sistemas de salud mental basados en la comunidad, en el contexto de experiencias exitosas en las Américas". En *Salud Mental y derechos humanos. Vigencia de estándares internacionales. OPS*, 65, pp. 105-120.

Cruz Souza, F. (1999). *Psicología comunitaria.* Buenos Aires: Lumen-Humanitas.

De Souza Minayo, M. C. (2009). *La artesanía de la investigación cualitativa.* Buenos Aires: Lugar Editorial.

Di Nella *et al.* (2011). "Las camas del sector público destinadas a salud mental como indicador del proceso de cambio hacia el nuevo paradigma, mayo 2010-mayo 2011". Sistema de Vigilancia Epidemiológica en Salud Mental y Adicciones, Dirección Nacional de Salud Mental y Adicciones, Ministerio de Salud de la Nación, Argentina.

Galende, E. (2008). *Psicofármacos y salud mental.* Buenos Aires: Lugar Editorial.

Organización Mundial de la Salud, Organización Panamericana de la Salud (OPS/OMS) (1990). "Conferencia regional para la reestructuración de la atención psiquiátrica en América Latina". Declaración de Caracas. Organización Panamericana de la Salud: Washington DC.

Organización Mundial de la Salud, Organización Panamericana de la Salud (OPS/OMS) (2005). "Principios de Brasilia". Brasilia, Organización Mundial de la Salud. Consultado el 15 de marzo de 2013. Disponible en http://redsaludmental.org/docs/PRINCIPIOS%20DE%20BRASILIA.pdf

Rodríguez, J. J. (ed.) (2007). *La reforma de los servicios de salud mental: 15 años después de la Declaración de Caracas.* Washington D. C.: Organización Mundial de la Salud, Organización Panamericana de la Salud.

Rotelli F. *et al.* (2000). *Psiquiatría y salud mental.* Trieste: Pasquale Evaristo Asterios Delithanassis Editore. Consultado el 16 de febrero de 2013. Disponible en http://www.triestesalutementale.it/.

Sarraceno, B. (2003). *La liberación de los pacientes psiquiátricos.* México: Editorial Pax.

Sopransi, B. (2011). "Criticidad y relación: dimensiones necesarias de la ética en la psicología comunitaria". En Zaldúa, G. (comp.). *Epistemes y prácticas en psicología preventiva.* Buenos Aires: EUDEBA

Zaldúa, G. (comp.) (2011a). *Epistemes y prácticas en psicología preventiva.* Buenos Aires: EUDEBA

Zaldúa, G. *et al.* (2011b). "Cuestiones y desafíos en la viabilidad de la Ley de Salud Mental". Consultado el 20 de marzo de 2013. Disponible en http://www.iigg.sociales.uba.ar

Exigibilidad y justiciabilidad de derechos en salud mental

ANA TISERA, JOSÉ LOHIGORRY Y MARÍA MALENA LENTA

Esta presentación indaga en la exigibilidad y en la justiciabilidad del derecho a la salud mental en personas con internación de larga data, considerando los marcos normativos, institucionales, epistémicos y subjetivos.

En la Ciudad Autónoma de Buenos Aires (CABA), en los últimos once años se observó, en el sector público, un descenso de las camas destinas a salud mental en hospitales monovalentes.[1] Sin embargo, estas camas persistían como la mayor oferta ante situaciones de internación.

Asimismo, si bien para el año 2011 en la CABA se evidenciaba una disminución en la cifra de judicialización de las internaciones, se observó paralelamente un aumento de procesos por insania e inhabilitaciones, tal como señala el CELS (2012), lo que pone de relieve que el sistema de justicia continúa sosteniendo la principal política estatal hacia las personas con padecimiento mental: la internación y la restricción de sus derechos (CELS, 2012).

La consideración del movimiento hospitalario del Hospital Borda en el año 2011 permite inferir que habría un porcentaje de personas que posee un promedio de internación de pocos meses, con la posibilidad de continuar tratamientos ambulatorios, mientras que otra parte importante continúa con internaciones prolongadas, que van desde

---

[1] Tomando en comparación el año 2000 con el 2011, los porcentajes de disminución de camas disponibles en hospitales monovalentes fue de: 40,88% para el hospital Tobar García, 34,22% para el hospital Moyano, 23,64% para el hospital Borda y 08,86% para el hospital Alvear. Fuente: Dpto. de Estadísticas de Salud, Ministerio de Salud, Gobierno de la Ciudad de Buenos Aires.

un año hasta más de una década. Esta segunda población, generalmente personas con mayor vulnerabilidad psicosocial, posee pocas perspectivas de externación y déficits en la asistencia médica, psiquiátrica, psicosocial o legal (CELS, 2008). Estos datos plantean que las internaciones en salud mental se realizan mayoritariamente en hospitales monovalentes, con el riesgo a la habituación institucional que ello conlleva.

El campo de la salud mental y sus territorios

Las propuestas de reforma en el campo de la salud mental se orientan a desarrollar servicios centrados en la comunidad, desde la perspectiva de la atención primaria de la salud, como una forma de dar respuesta a la problemática de la exclusión de las personas con padecimiento mental.[2] De esta forma se cuestiona el papel central que tiene el hospital psiquiátrico y la internación, como única respuesta para abordar dicha problemática, estableciendo una estrategia de desinstitucionalización (Cohen, 2009; Galende, 2008; Sarraceno, 2003), que ubica en primer plano el ejercicio de la ciudadanía y el cumplimiento de derechos de las personas con padecimiento mental.

La tensión persistencia-transformación en el campo de la salud mental, entre la exclusión-integralidad de derechos, da cuenta de movimientos y de procesos internacionales y locales. El campo de la salud mental y de la atención psicosocial se constituye como una dinámica social y compleja, históricamente construida, en la que intervienen diversos territorios/dimensiones que interactúan entre sí:

---

[2] Declaración de Caracas, OPS, OMS, 1990; Principios de Brasilia, OPS, OMS, 2005.

- Territorio jurídico-político: contempla el marco normativo-legal respecto de la salud mental. Implica la problematización y vías de transformación respecto de estatutos tradicionales, tales como el de peligrosidad, imputabilidad, incapacidad, responsabilidad, que ponen en tensión las acciones del campo de la salud mental (Zaldúa, 2010). El derecho y el acceso al trabajo, a la educación, a la vivienda, a la cultura, etc. se constituyen en ejes centrales de la legislación en salud mental a fin de garantizar el ejercicio de ciudadanía y de promover la inclusión social.
- Territorio institucional: constituye las redes de instituciones y prácticas que se dirigen a la atención de las personas con padecimiento mental. Se configuran modalidades instaladas que reproducen la exclusión y el encierro como principal respuesta o modalidades que habilitan nuevos escenarios que promueven autonomía, sostén terapéutico y el ejercicio de ciudadanía (Zaldúa, 2010). En este sentido, cobra importancia la transformación de los servicios de salud mental, en tanto favorezcan el cuidado y se constituyan como lugares de sociabilidad, instituyentes de nuevos lazos sociales y producción subjetivante y de autonomía.
- Territorio epistémico: alude a la lucha por la hegemonía de los campos teóricos y discursivos que operan sobre las prácticas sociales y disciplinares, para la locura y con ella. Definiciones y posicionamientos sobre la enfermedad, la salud, los derechos, la subjetividad, los sujetos y los dispositivos de atención definen inclusiones y exclusiones en los espacios profesionales. En particular, se trata de modalidades en el reconocimiento del otro como sujeto u objeto. A su vez, tiene efectos en la producción de sentido de las significaciones imaginarias sociales sobre el sufrimiento mental, en tanto organizadoras de afectos, soporte de representaciones y guía para las finalidades de las acciones (Castoriadis, 1997).

- Territorio subjetivo: comprendida como producción de sentido subjetivo, la subjetividad estimula formas de racionalidad que facilitan la asunción de producciones de sentido al interior de una cultura. Estas racionalidades conforman sistemas jurídicos y morales, propios de todas las instituciones de la sociedad. Sin embargo, los sistemas de sentido subjetivo que sustentan las instituciones no son, en primer término, de carácter jurídico, sino políticos e ideológicos y conforman unidades emocionales y simbólicas (González Rey, 2011).

La Ley Nacional de Salud Mental 26.657/2010 se plantea como paradigma alternativo frente a la lógica manicomial, al cuestionar el sintagma locura-peligrosidad. Promueve abordajes interdisciplinarios e intersectoriales, plantea que la atención de la salud mental debe realizarse prioritariamente en la comunidad, promoviendo la recuperación y recreación de los lazos sociales. Asimismo garantiza asistencia legal, revisión y excepcionalidad de las internaciones prolongadas y el consentimiento informado, así como el derecho de los usuarios a tomar decisiones vinculadas al tratamiento y a la rehabilitación e integración en la comunidad.

La reciente reglamentación refuerza los objetivos y el paradigma alternativo que propone la ley, generando desde su carácter participativo y la perspectiva de derechos condiciones que propicien su implementación.[3]

Esta normativa es solidaria con la Ley de Salud Mental de la CABA (448). Sin embargo, la falta de un Plan de Salud Mental señala que no fue suficiente con la sanción normativa para el desarrollo del proceso de desinstitucionalización manicomial. La brecha entre la retórica normativa y la realidad de las prácticas interroga sobre: 1) las decisiones político-presupuestarias que, actualmente, continúan

---

[3] La reglamentación de la Ley nacional de Salud Mental 26.657 fue expedida el 28 de junio de 2013, dos años y medio después de su aprobación.

concentrando el presupuesto en los hospitales monovalentes; 2) los procesos participativos sobre las decisiones de proyectos estratégicos e institucionales; y 3) las decisiones técnico-corporativas e ideológicas sobre el reconocimiento del derecho a la salud mental (Zaldúa *et al.*, 2011b).

Para consolidar las prácticas y las experiencias de desinstitucionalización –externación e inclusión social–, es necesaria una intervención que apele a la interdisciplinariedad, a la intersectorialidad y que tienda a efectivizar la protección de derechos y la recuperación y rehabilitación de las personas con padecimiento mental. Desde la perspectiva de la psicología social comunitaria, este cambio en las relaciones sociales y de poder involucra necesariamente la participación activa de la comunidad en la resolución de sus problemas (Cruz Sousa, 1999). Asimismo, requiere la posibilidad de consenso y de superación de tensiones entre intereses político-económicos, técnico-profesionales e ideológicos, sostenidos por una diversidad de actores institucionales, profesionales, de la comunidad y usuarios, lo que favorecerá y afianzará la promoción de ciudadanías activas en la exigibilidad de los derechos (Zaldúa *et al.*, 2011a).

Estrategia metodológica

A partir de un enfoque cualitativo, esta investigación tiene el objetivo de caracterizar los obstáculos en la exigibilidad del derecho a la salud mental en personas con largo tiempo de internación, que participan de un Programa de Prealta (PPA), en un hospital monovalente de la zona sur de la CABA.

El enfoque cualitativo aporta a la comprensión de la lógica interna de grupos, instituciones y actores, considerando valores culturales, representaciones referidos a su historia y temas específicos; relaciones entre individuos, instituciones y movimientos sociales; procesos históricos, sociales y de implementación de políticas públicas (Minayo, 2009: 20-21).

En el relevamiento de datos se implementó un cuestionario con preguntas abiertas y cerradas sobre los siguientes tópicos: a) perfil sociodemográfico; b) diagnóstico y tratamiento; c) condiciones y posibilidades habitacionales; d) historia y oportunidades laborales; y e) relaciones vinculares.

La muestra intencional estuvo compuesta por 15 varones y 3 mujeres usuarios del PPA. Las edades estuvieron comprendidas en un rango de 28 a 64 años, con una media de 49 años.[4]

Desde una perspectiva hermenéutico-dialéctica, se realizó un análisis de los datos mediante su ordenamiento, su lectura horizontal y transversal, que permitió la construcción de categorías emergentes y de unidades de sentido, y, finalmente, la integración de los datos.

Se apeló a una perspectiva ético-relacional crítica (Sopransi, 2011), considerando los principios de confidencialidad, anonimato y voluntariedad para la participación en este estudio.

Posibilidades y límites de la autonomía

La consideración de las personas con padecimiento mental como sujetos de derechos resalta la importancia del trato digno, del respeto por la intimidad y de la identidad. Estas dimensiones se constituyen en soportes necesarios para lograr la autonomía en las decisiones de la propia vida y, en particular, sobre el tratamiento, la rehabilitación y los modos de integración en la comunidad.

---

[4] Para una descripción más detallada de la muestra ver "Salud Mental y desinstitucionalización en los procesos de externacion" en el presente libro.

En el estudio realizado, solo el 46,2% de los pacientes internados tenía una internación voluntaria. En cuanto al consentimiento informado sobre la última internación, el 46,2% (n=13) planteó haberlo realizado mientras que un 38,5% señaló que no tiene y un 15,4% indicó desconocerlo. Estos datos interrogan sobre la decisión de los usuarios respecto de la propia internación y resaltan no sólo la gran proporción de usuarios con internación involuntaria sino también el desconocimiento sobre la posibilidad de dar consentimiento o no a dicha práctica.

Respecto de la decisión de la participación de los usuarios en PPA, cabe mencionar que este espacio es concebido como un lugar de pertenencia afectiva y de desarrollo de distintas esferas personales y sociales:

- "Es un lugar muy bueno, uno se puede informar con los diarios y tiene actividades interesantes como teatro leído, que sirve para desinhibirse." (Varón, 35 años)
- "Son recomendables para la estabilidad de los pacientes internados y los que están de alta." (Varón, 34 años)
- "El trato es bueno, nos tratan como personas decentes." (Varón, 40 años)

En este caso, se observa el reconocimiento por parte de los usuarios de ser tratados como sujetos de derechos con una connotación positiva que vincula la voluntariedad con la posibilidad de decidir sobre la propia vida.

Condicionamientos institucionales: la vida social intramuros

Las internaciones que se prolongan en el tiempo conllevan una progresiva reducción de las redes sociales, habitacionales y laborales de las personas. Si bien el 100% de las personas (n=18) señaló tener familiares de referencia, la frecuencia de contactos con la familia era mensual o semanal para un 64,70% (n=17), mientras que un 35,30% tenía contacto esporádico –anual– o directamente no tenía contacto. Se presenta una relación directamente proporcional entre tener una mejor relación con los familiares y la frecuencia de visitas. Asimismo, el sostén de vínculos de amistad por fuera del hospital luego de la internación se encontró igualmente dificultado en la mayoría de los casos:

- "En estos momentos no tengo relación porque no los ubico." (Varón, 47 años)
- "Ahora es difícil." (Mujer, 59 años)
- "Tengo muy buena relación, pero me estoy distanciando por la internación." (Varón, 34 años)

La reducción de redes familiares y vinculares se relacionaba con un mayor desarrollo de vinculación al interior del hospital. Un 72,22% de los participantes refirió tener amigos dentro del hospital y consideró que tenía con ellos una relación buena o muy buena. Dichas vinculaciones se presentaron como habilitadoras de actividades cotidianas y conjuntas tanto dentro como fuera del hospital:

- [La relación con mis amigos del hospital es] "Buena, tomamos mate, comemos." (Varón, 39 años)

El espacio hospitalario, luego de internaciones que se prolongan en el tiempo, comienza a ser el único lugar donde se desarrolla la vinculación social. Las personas internadas comienzan a vivir una trama social puertas adentro en detrimento del afuera. Ese "recorte vincular" afecta también a las salidas (a caminar, hacer compras, ir a comer, etc.) que ocurren sólo en el barrio donde se encuentra el hospital. Sin embargo se constituyen en un intento (fallido) de retornar los lazos sociales extramurales:

- "[Salgo] para no estar encerrado el fin de semana, porque sé que no me hace bien." (Varón, 35 años)
- "[Salgo] para tomar un poco de aire." (Varón, 30 años).

- "[Salgo] para reconocer el barrio, porque si yo no lo conozco no me dan el permiso." (Varón, 40 años)

Efecto paradojal de la apropiación de los derechos

El reconocimiento y la apropiación de los derechos por parte de los usuarios se convierten en una herramienta indispensable al momento de construir actos de salud. El pasaje de la dimensión declamativa de los derechos a su efectivización pone en cuestión la implementación como eficacia de aquellos. El marco normativo establece derechos que son efectivos y obligatorios pero que deben instituirse en el marco de políticas sociales.

Al indagar acerca del conocimiento de los derechos que les corresponden a los propios usuarios, el 94,44% señaló conocerlos. Sin embargo, ante la pregunta por su explicitación, se observaron definiciones abstractas que ponían en cuestión los supuestos de autonomía incluidos en la normativa vigente. Algunas definiciones aludieron en términos generales a los derechos que se encuentran en la ley de Salud Mental:

- "Ley 26658 y 448, las dos leyes implican una internación corta, cosa que no se cumple." (Varón, 34 años)
- "Absolutos. Conozco la ley de Salud Mental." (Mujer, 59 años)

Otras definiciones, si bien se refirieron a aspectos específicos (salud, vivienda, bienestar social), se presentaron fragmentadas y ajenas a la acción misma de los sujetos, lo que colocó a las personas en un lugar pasivo:

- "Conozco el dinero, que me depositan (pensión)." (Varón, 49 años)
- "El Estado me tiene que dar una pensión." (Varón, 58 años)
- "Medicación, atención." (Varón, 56 años)

Incluso, en aquellos en los que surgió una posición activa, se trató de una acción heterónoma y disciplinada, figurada en la obediencia y el respeto a las exigencias institucionales:

- [tengo derecho a...] "Tratar de mantener mi estado en forma óptima, hacer bien, en cuanto a las decisiones de otros sobre mí, acatarlos, tener una disciplina." (Varón, 47 años)
- [tengo derecho a...] "Tener un buen comportamiento, estar tranquilo, no faltar el respeto." (Varón, 30 años)

Respecto a la consideración del cumplimiento de estos derechos, el 38,89% sostuvo que no se efectúan en su totalidad. Se observó nuevamente una posición pasiva por parte de los usuarios, tanto en los casos de acceso a los derechos como en su denegación:

- "Sí, me dan medicamentos como se debe y me vienen a ver." (Varón, 56 años)
- "Todavía no, porque está en curso y hay que esperar. Espero que se preocupen por mí." (Varón, 58 años)
- "No se cumplen, porque me clausuraron mi vivienda por deuda y el poder judicial está muy dependiente de la administración penalista." (Varón, 34 años)
- "Sí, me dan ropa también." (Varón, 30 años)

Comentarios finales

La perspectiva integral de los derechos humanos de las personas con padecimiento mental, implica su consideración como sujetos de derechos con capacidad de decidir sobre su propia vida, aun en condiciones de internación. Ante la histórica vulneración de los derechos de estas personas, la capacidad de exigibilidad de aquellos así como el acceso a la justiciabilidad interpelan a las diversas instituciones de justicia y salud, y a las prácticas profesionales.

La Convención Internacional sobre los Derechos de las Personas con Discapacidad sienta las bases para un cambio en el tratamiento de la capacidad jurídica en las legislaciones. Propone un reemplazo del "modelo de sustitución" en la toma de decisiones, que parte de la configuración tradicional del sistema de incapacitación, por un nuevo "modelo de apoyo" o "asistencia" en la toma de decisiones que trata de revertir la situación de las personas con discapacidad en el ejercicio de su capacidad jurídica.

La limitación de la capacidad jurídica y la sustitución en la toma de decisiones se fundamentan en la necesidad de proteger a la persona incapacitada. Este fundamento claramente tutelar es la opción predominante en la práctica, y la consecuencia es la sustitución total en la toma de decisiones en la mayoría de las esferas de actuación. Esto promueve subjetividades pasivizadas y normativizadas, lo que genera habituación institucional, en la que la vida social se centra principalmente en el ámbito de la hospitalización y en la que la palabra de los usuarios no es tenida en cuenta en el momento de decidir, por ejemplo, sobre cuestiones relativas al tratamiento. Asimismo, existen experiencias alternativas dentro de las mismas instituciones, que fomentan la apropiación del usuario respecto de su propio tratamiento, lo que lo ubica como sujeto con derechos y fortalece la capacidad de exigibilidad y autonomía. Estas dos lógicas coexistentes en las prácticas institucionales ponen en tensión el ejercicio efectivo de los derechos.

La institución responsable de la internación, al no permitir el ejercicio cotidiano de los derechos, genera mayor discapacidad. Esto junto a la sustitución de derechos propia de la lógica tutelar vigente se presentan como obstáculos en la exigibilidad de aquellos derechos.

Las prácticas que se proponen como alternativas se deben enfrentar a estos obstáculos en vías de un mayor grado de autonomía en personas con padecimiento mental, mediante dispositivos transicionales que interroguen el paradigma tradicional y profundicen las consideraciones planteadas en la Ley Nacional de Salud Mental. Estas cuestiones constituyen la base para la posibilidad de procesos de exigibilidad de derechos, es decir, la capacidad singular y colectiva de reconocerse como sujetos portadores de derechos, capaces de reclamar su efectivización, incluso mediante el reclamo efectivo ante la administración de justicia cuando el Estado no garantiza los derechos previstos en el marco normativo, mediante la implementación de políticas sociales.

Referencias bibliográficas

Amarante, P. (2009). *Superar el manicomio. Salud mental y atención psicosocial*. Buenos Aires: Topía.

Castoriadis, C. (1997). *El avance de la insignificancia*. Buenos Aires: Gedisa.

CELS y MDRI (2008). *Vidas arrasadas. La segregación de las personas de los asilos psiquiátricos argentinos*. Buenos Aires: Siglo XXI.

CELS (2012). *Derechos Humanos en la Argentina –Informe 2012*. Buenos Aires: Siglo XXI.

Cohen, H. (2009). "La creación de los sistemas de salud mental basados en la comunidad, en el contexto de experiencias exitosas en las Américas". En *Salud Mental y derechos humanos. Vigencia de estándares internacionales*. OPS, 65, pp. 105-120.

Cruz Souza, F. (1999). *Psicología comunitaria*. Buenos Aires: Lumen-Humanitas.

De Souza Minayo, M. C. (2009). *La artesanía de la investigación cualitativa*. Buenos Aires: Lugar Editorial.

Di Nella *et al.* (2011). *Las camas del sector público destinadas a salud mental como indicador del proceso de cambio hacia el nuevo paradigma, mayo 2010-mayo 2011. Sistema de Vigilancia Epidemiológica en Salud Mental y Adicciones, Dirección Nacional de Salud Mental y Adicciones*, Ministerio de Salud de la Nación, Argentina.

Galende, E. (2008). *Psicofármacos y salud mental*. Buenos Aires: Lugar Editorial.

González Rey, F. (2011). *El sujeto y la subjetividad en la psicología social. Un enfoque histórico cultural*. Buenos Aires: Noveduc.

Organización Mundial de la Salud, Organización Panamericana de la Salud (OPS/OMS) (1990). *Conferencia regional para la reestructuración de la atención psiquiátrica en América Latina. Declaración de Caracas.* Organización Panamericana de la Salud: Washington DC.

Organización Mundial de la Salud, Organización Panamericana de la Salud (OPS/OMS) (2005). *Principios de Brasilia. Brasilia, Organización Mundial de la Salud*. Consultado el 15 de marzo de 2013. Disponible en http://redsaludmental.org/docs/PRINCIPIOS%20DE%20BRASILIA.pdf

Sarraceno, B. (2003). *La liberación de los pacientes psiquiátricos*. México: Editorial Pax.

Sopransi, B. (2011). "Criticidad y relación: dimensiones necesarias de la ética en la psicología comunitaria". En Zaldúa, G. (comp.). *Epistemes y prácticas en psicología preventiva*. Buenos Aires: EUDEBA

Zaldúa, G. et al. (2010). "Salud mental: territorios y narrativas entre la reproducción y la transformación". En Zaldúa, G. y Bottinelli, M.M. (comps.). *Praxis psicosocial comunitaria en salud. Campos epistémicos y prácticas participativas*. Buenos Aires: EUDEBA.

Zaldúa, G. (comp.) (2011a). *Epistemes y prácticas en psicología preventiva*. Buenos Aires: EUDEBA.

Zaldúa, G. *et al.* (2011b). "Cuestiones y desafíos en la viabilidad de la Ley de Salud Mental". Consultado el 20 de marzo de 2013. Disponible en http://www.iigg.sociales.uba.ar

Salud mental e inclusión social: derecho al trabajo en el contexto actual

ANA TISERA, JOSÉ LOHIGORRY Y MARÍA MALENA LENTA

Considerando el campo específico de la salud mental, en anteriores artículos (Tisera *et al.*, 2013) se sostuvo que la limitación de la capacidad jurídica y la sustitución en la toma de decisiones en personas con padecimiento mental que se encontraban internadas o en tratamiento ambulatorio promovía subjetividades pasivizadas y normativizadas, que centraban la vida social en el ámbito de la hospitalización.

En la Ciudad Autónoma de Buenos Aires (CABA), pese a avances en materia jurídica (Ley 448 de Salud Mental; Ley Nacional de Salud Mental 26.657), la predominancia del gasto presupuestario en dispositivos monovalentes y el retraso en la consolidación de dispositivos de atención comunitaria favorecen una inercia institucional que obstaculiza verdaderas alternativas de inclusión (CELS, 2013). El modelo comunitario de atención en salud mental requiere que, desde abordajes intersectoriales e interdisciplinarios, los dispositivos brinden posibilidades efectivas de inclusión laboral, educativa y de vivienda. En ese contexto, esta presentación indaga respecto de las posibilidades de inclusión social mediante el derecho al trabajo y el acceso a una actividad productiva con una justa remuneración.

Algunas puntualizaciones conceptuales sobre el trabajo y la salud mental

De acuerdo con Castel (2004), la referencia del derecho es fundamental para pensar el lugar que ocupa el trabajo en la sociedad. El surgimiento del empleo asalariado junto con las regulaciones del estado social y el papel del colectivo de trabajadores contribuyeron a que se produjera la posibilidad de un trabajo abstracto, lo que destaca la actividad laboral como acto social. Superando la personalización que había primado en la época preindustrial, el trabajo abstracto, en tanto actividad pública colectiva, posibilita que el trabajador ocupe el espacio público y así lo consolida como objeto o sujeto de derecho.

En el contexto contemporáneo, la emergencia del neoliberalismo, que produce la desregulación del mercado laboral, genera una crisis del empleo asalariado y el aumento de la desocupación, lo que cuestiona el lugar de soporte de derechos que tenía el trabajo. La individualización del trabajo y de la relación salarial produce que aquellos que pueden adquirir o desarrollar herramientas para adecuarse a las nuevas competencias y actividades continúen incluidos mientras que quienes ven invalidadas antiguas capacidades y no pueden crear nuevas queden excluidos: "la individualización se traduce en una fragmentación de tareas, un debilitamiento de las protecciones colectivas y, en última instancia, en la expulsión de los circuitos productivos y el aislamiento social" (Castel, 2004: 61).

En el campo de la salud mental, el modelo clásico de atención producía la exclusión social de las personas con padecimiento mental y los confinaba en el asilo sin posibilidades de recuperación o de reinserción. Desde diversos movimientos sociales, disciplinas, experiencias de reforma, se realizaron profundas críticas al modelo asilar y tutelar. La promulgación de documentos internacionales y de normativas en salud mental promueve la atención en la comunidad desde la centralidad de derechos a fin de favorecer la inclusión social de las personas con padecimiento mental.

De esta forma, el modelo comunitario de atención en salud mental (Cohen y Natella, 2013), debe brindar respuestas a las necesidades de internación, de rehabilitación y de inclusión social. Para ello, se sostiene la importancia del acceso a la vivienda y al trabajo. La promoción laboral considera al trabajo como un derecho y como un recurso para una efectiva inclusión; representa un valor terapéutico tanto por el sustento económico que proporciona como por la dignificación y la posibilidad de intercambio social con otros a partir de la producción de un bien o de un servicio (Cohen y Natella, 2013).

Enfoque metodológico

Esta presentación tiene como objetivo caracterizar procesos de inclusión social mediante la capacitación laboral y el acceso al trabajo en personas con padecimiento mental que participan de un Centro de Formación Profesional (CFP), en un hospital monovalente de la zona sur de la CABA.

Desde una perspectiva hermenéutico-dialéctica, este trabajo plantea un análisis de datos que interpreta su contenido dentro de un marco de referencias en el que la acción de los sujetos y la acción objetivada de las instituciones permiten no sólo dilucidar el mensaje manifiesto sino también alcanzar los significados latentes (Minayo, 2009). En este sentido, se trata de un enfoque que aporta a una psicología crítica en tanto tiene como proyecto la indagación y la producción de conocimiento dirigido al continuo cuestionamiento de la disciplina, lo que problematiza las prácticas disciplinares que corresponden con la reproducción social de inequidades (De La Rosa *et al.*, 2012).

En el relevamiento de datos se implementó observación simple y participante y un cuestionario con preguntas abiertas y cerradas sobre los siguientes tópicos: a) perfil socio-sanitario; b) historia y oportunidades laborales; c) características de la capacitación para el empleo; y d) relaciones vinculares. La muestra fue intencional y estuvo compuesta por 22 participantes alumnos de un CFP. Asimismo, fue homogénea en relación con su inclusión en el CFP y heterogénea respecto de la edad, el género, el tiempo de internación y el nivel educativo.

En el análisis de los datos se procedió a una lectura horizontal e intensiva del material y luego a otra transversal. A partir de aquellas lecturas se construyeron categorías emergentes y unidades de sentido que permitieron la elaboración del informe final.

En cuanto a las consideraciones éticas, se apeló a una perspectiva ético-relacional crítica (Sopransi, 2011) y se sostuvieron los principios de confidencialidad, anonimato y voluntariedad para la participación en este estudio.

Características del CFP

El CFP se desarrolla, a partir de una articulación entre salud y educación, en el marco de un Programa de Prealta, en un hospital monovalente de salud mental de la CABA. En el año 2010 el CFP comenzó a dictar cursos para los usuarios del hospital de lunes a viernes (turno mañana y turno tarde) con una duración cuatrimestral y brindando certificación oficial en cursos de gastronomía, informática, reparación domiciliaria, marroquinería y técnicas artesanales. El objetivo de los CFP es incrementar las posibilidades de empleabilidad de la persona a través del desarrollo de competencias laborales, que respondan a las demandas del mundo laboral.

Características de la muestra

La muestra estuvo conformada por 22 alumnos del CFP, de los cuales 21 eran varones y 1, mujer. Las edades estuvieron comprendidas entre los 29 y 66 años con una media de 49,04, una mediana de 50 y una moda de 57. Respecto al máximo nivel educativo, el 4,6% no había finalizado la primaria; el 13,6% tenía la secundaria incompleta; y el 4,6%, terciario incompleto, mientras que el 18,2% había finalizado la primaria; el 27,2%, el secundario; el 9,1% tenía terciario completo y el 22,7% había finalizado sus estudios universitarios. En cuanto al curso realizado en el CFP: el 54,5% estaba cursando informática (operador de PC, Internet); el 13,6%, marroquinería; otro 13,6%, técnicas artesanales; el 9,1%, gastronomía (cocina; repostería) y el 9,1% restante, reparador domiciliario.

Los 22 usuarios habían transitado por situaciones de internación. Al momento de realizar el relevamiento, el 68,2% del total de la muestra permanecía internado, mientras que el 31,8% restante había estado internado previamente y continuaba realizando tratamiento ambulatorio. Respecto de tratamientos anteriores, el 82,8% había transitado internaciones previas, mientras que el 63,6% había realizado otros tratamientos (psicoterapia, atención por consumo de drogas).

Entre los motivos por los cuales se produjeron las internaciones de aquellas personas que continuaban internadas, se refirieron problemáticas de salud (estrés, depresión, situaciones de violencia), problemas familiares y situaciones de vulnerabilidad social (desempleo, falta de vivienda). Para el futuro, en algunos casos se proyecta la posibilidad de externación, pero en otros esa opción aún no fue planificada, tanto para evitar posibles situaciones de consumo (alcohol, droga), como por falta de vivienda o de lazos sociales.

Para aquellas personas que continuaban internados (N=15), los tiempos de internación eran de menos de 1 año hasta 3 años para el 33,3%, entre 4 y 10 años para el 40% y más de 10 años para el 26,7% restante. Respecto al tiempo desde el alta de aquellos usuarios que realizaban tratamiento ambulatorio (N=7), para el 42,8% era de menos de 1 año hasta 3 años, para el 14,4% entre 4 y 10 años, mientras que para el 42,8% restante era de más de 10 años. De esta forma se pone de relieve la permanencia de usuarios respecto a espacios vinculados con los hospitales monovalentes. Se vulneran así derechos consagrados en las normativas en cuanto a producir una pronta externación y favorecer la reinserción social y comunitaria de aquellas personas con padecimiento mental que atraviesan o atravesaron situaciones de internación.

Capacitación entre el empleo y la vida cotidiana

El total de los usuarios que participaron del relevamiento trabajó alguna vez. Respecto del último trabajo realizado se plantean: empleado (kiosco, feria, gestor), oficios (pintor, serigrafía, servicio técnico), trabajo profesional (arquitecto, maestro), vendedor en la vía pública, actividad artística y empleo rural. Estas experiencias fueron realizadas de forma independiente por el 72,3% y en relación de dependencia por el 27,7%.

El tiempo transcurrido desde la última experiencia laboral para los usuarios que permanecían internados (N=15) fue de menos de 1 año para el 26,6%, entre 4 y 6 años para el 6,7%, entre 7 y 10 años para el 13,4% y más de 10 años para el 46,6%. Uno de los usuarios sostuvo continuar con su empleo, aunque lo retomará al obtener el alta. De los usuarios con tratamiento ambulatorio (N=7), el 14,3% realizó ese trabajo hace menos de 1 año, el 28,6% entre 1 y 3 años, el 42,9% entre 4 y 6 años, mientras que el 14,3% restante hace más de 10 años.

Al consultar respecto a la posibilidad de obtener empleo una vez finalizado el curso de formación profesional, el 63,3% señaló que posibilitará la inserción laboral, sobre todo en áreas solicitadas como informática o gastronomía, mientras que el 22,7% consideró que no favorecería la obtención de empleo y el 14% restante no sabía.

- "Computación, lo piden en todos lados, en un puesto de diario te piden computación." (Varón, 47 años. Actualmente internado)
- "Trabajaría de otra cosa, pero usaría esos conocimientos para mi vida cotidiana." (Mujer, 57 años. Actualmente internada)
- "Yo creo que sobre todo en pastelería y repostería sí, aunque desde mi lugar, con mí edad y sin experiencia... tengo el curso, pero creo que debe ser diferente lo aprendido con lo que se hace en un bar." (Varón, 63 años. En tratamiento ambulatorio)

Pese a la posibilidad imaginada respecto a obtener un empleo, tanto la idea de que los conocimientos adquiridos sirven principalmente para la vida cotidiana, como la edad de las personas, ponen de relieve dificultades para la inserción laboral fuera del ámbito del hospital.

- "Yo lo que más quería era eso, pero no... yo pensaba que al terminar ellos mismos [los profesionales y profesores] me iban a conseguir trabajo, como salida laboral y no fue así, tengo que buscar por mi propia cuenta." (Varón, 34 años. En tratamiento ambulatorio)

El tiempo transcurrido desde la última experiencia laboral junto a la distancia entre la posibilidad de inserción laboral y la capacitación recibida problematizan los objetivos propuestos desde el CFP. Para los usuarios la principal motivación para realizar el curso no estuvo relacionada con obtener un empleo sino con adquirir conocimientos para la vida cotidiana (especialmente con informática), con realizar actividades gratificantes y con desarrollar habilidades y capacidades sociales. En todos los casos se sostuvo la contribución del curso al proceso de recuperación.

- "Me anoté por comentarios que me hicieron en emergencias los licenciados. De lo que me decían me interesó informática, que nunca había hecho, ¡es un papelón!" (Varón, 64 años. Actualmente internado)
- "Muy bien, el curso es bueno para mí, porque es entretenido, ahora no sé qué voy a hacer en el verano, ya me había organizado a despertarme y venir acá." (Varón, 39 años. Actualmente internado)
- "Bien, muy macanuda la profesora. Me gusta lo que aprendo, de chico iba a dibujo, pintura, pero mi papá no quería que vaya, decía que tenía que estudiar." (Varón, 56 años. En tratamiento ambulatorio)

El circuito cerrado de la capacitación laboral

Como posibilidad de inserción laboral surgía, para los usuarios, la participación en dispositivos como empresas sociales o talleres protegidos. Éstos fueron considerados como espacios que proveen capacitación y facilitan la rehabilitación, pero en los que no se cobra un salario acorde y no favorecen la continuidad con un empleo por fuera del ámbito de la hospitalización. Como alternativa se destaca la posibilidad de realizar un emprendimiento propio, de forma independiente.

- "No, no las conozco, solo talleres protegidos, pero está colapsado eso (…) es una ayuda que tenés, no es mucho dinero, pero si aprendes el oficio y juntas plata te compras la máquina y lo haces, un negocio propio es otro ingreso." (Varón, 41 años. Actualmente internado)
- "Talleres protegidos, molineros del borda [emprendimiento productivo]. Yo pienso que no [favorece otra inserción laboral], talleres menos, ajustaba una tuerca

por día. Por eso me estoy capacitando en joyería y orfebrería para conseguir un trabajo de forma independiente." (Varón, 52 años. Actualmente internado)

- "Yo hable con terapistas de talleres protegidos, si me podían conseguir trabajo en una fábrica y me dijeron que no. Les pregunté si me podían conseguir otra cosa, de pintura o carpintería, y me dijeron que no." (Varón, 34 años. En tratamiento ambulatorio)

La banalización de la precarización laboral

Al preguntar respecto a qué empleos eran los más solicitados, del total de la muestra el 27,3% no tenía opinión, mientras que el 62,7% nombró diversos empleos relacionados con sus intereses, la capacitación o las experiencias laborales previas. La informática, la venta en comercio y algunos oficios (maestro, enfermera, albañil) aparecen como posibilidades laborales.

Sin embargo se resaltó que la obtención de empleo es difícil debido a la estigmatización, a dificultades en el mercado laboral, a la incompatibilidad con beneficios sociales y a la edad. En este sentido, en algunos casos se destaca la posibilidad de desarrollar nuevos conocimientos o capacidades para poder lograr la inserción laboral.

- "Para mí son en fábricas los más solicitados y ahí te explotan. También choferes, remises o taxis, salen muchos avisos, yo los miro por internet." (Varón, 41 años. Actualmente internado)
- "Yo veo, según la zona, por ejemplo en Floresta, hay un centro comercial donde se solicita vendedores, pero de 18 a 25 años." (Varón, 63 años. En tratamiento ambulatorio)
- "Es difícil, porque es incompatible con la jubilación y con mi enfermedad, porque si tengo algún problema." (Varón, 62 años. En tratamiento ambulatorio)

- "Es muy difícil conseguir trabajo (...) por eso volví acá (al programa de Prealta). Para las personas como yo que tenemos alguna discapacidad, una enfermedad de la mente, se me dificulta más que a los demás conseguir un empleo, yo busqué mucho trabajo, pero ellos se dan cuenta." (Varón, 37 años. En tratamiento ambulatorio)

Las dificultades percibidas para la inserción laboral ponen en cuestión las políticas públicas implementadas y el cumplimento de los derechos incluidos en las normativas vigentes. Al consultar respecto de qué derechos como usuarios de la salud mental conocían, un tercio de las personas manifestaron desconocerlos. De las personas que sí manifestaron conocerlos, tanto aquellas que se encontraban internadas como las que realizaban tratamiento ambulatorio relacionaron los derechos con las condiciones de internación y de atención en el hospital, la percepción de beneficios sociales y las posibilidades de alta.

Si estas definiciones de los derechos incluyen aspectos vinculados a la nueva normativa en salud mental, se los situaba de forma fragmentaria y heterónoma en tanto su cumplimiento dependía de la voluntad de terceros (profesionales de salud, juzgados, etc.).

- "Tengo derecho a la salud. Entre de una manera, estaba bastante loco y me voy de otra, estoy más tranquilo, con los años me he sentido mejor. Afuera he sufrido mucho, este lugar me brinda una paz que me hacía falta, la calle lima. Sí se cumplen. Yo me siento mejor a lo que estaba, la prolijidad, tengo una pensión (...) me dicen 'está bien' pero por problemas sociales no me externan-" (Varón, 47 años. Actualmente internado)
- "Yo leí la ley, un derecho de la ley, como mi internación es voluntaria me puedo ir cuando quiera (...) después es muy difícil la resocialización de los individuos al no

tener casa, no hay muchas oportunidades si a uno le pasa algo no tiene a quién recurrir a veces, la mayoría." (Varón, 52 años. Actualmente internado)

- "Lo más básico son las terapias individuales y los medicamentos y las terapias grupales. Y las etapas de reinserción social y laboral. Yo creo que se cumplen. Más allá de que hay varias situaciones que suelen darse conmigo y compañeros, que no estoy tan de acuerdo con definiciones de profesionales." (Varón, 64 años. En tratamiento ambulatorio)

- "Derecho a tener un certificado de discapacidad que permite acceder a algunas cosas, por ejemplo, a mí me dieron una jubilación por discapacidad, de allí estoy afiliado a PAMI, que me dan los medicamentos muy caros, que aquí no me podrían dar. Y también el pase para transporte." (Varón, 63 años. En tratamiento ambulatorio)

Discusión

En las narrativas sobre el destino laboral, los participantes de los cursos de formación profesional muestran falta de expectativas en inserciones laborales sustentables o bien relatan proyectos ideales de salida individual con escasa posibilidad fáctica. En este sentido debemos poner atención en la producción de subjetividad alienante como efecto del círculo vicioso que generan las instituciones implicadas en este estudio –hospital monovalente, talleres protegidos, CFP y empresas sociales–, donde se refuerza el espacio de la hospitalización como lugar de recuperación y de vida cotidiana. Exclusión laboral y expulsión social se cristalizan en tratamientos durante largos periodos de tiempo.

De este modo, la posibilidad de obtener un empleo genuino, por fuera del sistema de protección social, queda vinculada casi exclusivamente a la posibilidad individual de inclusión, quizás a partir de la creación de emprendimientos productivos personales o contingentes. Sin embargo, la situación de exclusión materializada en la expulsión del trabajo y relacionada con la invisibilidad pone de relieve la "nuda vida" (Agamben, 2000), de quienes no se espera nada. El Estado ya no es garante de las políticas públicas en la declinación de sus funciones ante la globalización y la disolución del Estado Nación y aparece como consecuencia la figura del consumidor por sobre la del ciudadano. Nuevas respuestas subjetivas se manifiestan ante esto. La ilusión del trabajador por "cuenta-propia" se relaciona con el aplanamiento de los valores solidarios del trabajo y la falta de expectativas sobre el futuro laboral. En este sentido beneficios sociales ligados a la gestión política velan "...las contradicciones y el acceso al derecho de ciudadanía e instala una realidad de dependencia a las instituciones y sus significaciones" (Zaldua, 2011: 88).

El desempleo, en el caso de los participantes en el estudio, suele ser de larga data. Y se suma a ello, en una parte de los participantes, la dificultad de superar la internación y de avanzar en la inclusión social. Para Dejours, las dificultades para conseguir empleo conducen a un proceso de desocialización progresiva y al sufrimiento como afectación subjetiva correlativa. Este autor señala un clivaje entre sufrimiento e injusticia. Este sufrimiento no es visualizado lo suficiente como para generar una reacción política o movilizaciones en contra de lo injusto. Más bien parece justificar sentimientos como la compasión, la piedad o la caridad. También aparece producto de este clivaje la sensación de resignación. Según Dejours, existe una evolución en la reacción social ante la injusticia social caracterizada por la atenuación de las reacciones de indignación, cólera o movilización colectiva conducentes a una acción a favor de la solidaridad y la justicia. Esta atenuación en los sujetos de la muestra aparece ligado a la resignación, a la indiferencia o a la naturalización de una situación que se plantea como cristalizada o encerrada en un circuito de posibilidades laborales "protegidas" o subsidiadas.

Conclusiones

La inclusión socio-laboral y el recibimiento de una compensación digna por la participación en procesos productivos aparecen como derechos relevantes en las normativas relativas a las personas con padecimiento mental (Ley 26.657 art. 36 y 7 respectivamente). Sin embargo, en el contexto actual de precarización creciente de los derechos laborales que mantiene a amplios sectores de la población con trabajo no registrados, tercerizados o desempleados, las políticas sociales de inclusión socio-laboral producen ciudadanías parciales. Es decir, para ciertos sectores de la población, el Estado privilegia la garantía de ciertos derechos sobre otros. De este modo, en el caso de sectores especialmente vulnerables como aquellos que han transitado por instituciones manicomiales, la capacitación y la provisión de insumos básicos para la subsistencia se garantizan a través de las políticas de subsidios "temporales" y se atribuye a una dificultad individual el no ingreso al trabajo formal.

Si una de las dimensiones centrales de la inclusión social de personas con padecimiento mental es el trabajo, una de las principales tareas de la praxis desmanicomializadora es poner en cuestión los dispositivos técnico-políticos que reproducen la heteronomía y la exclusión y exigir políticas sociales que garanticen el derecho al trabajo digno y la autonomía individual y colectiva.

Referencias bibliográficas

Agamben, G. (2000). *Homo Sacer III*. Valencia: Pre-textos.
Castel, R. (2004). *Las trampas de la exclusión. Trabajo y utilidad social*. Buenos Aires: Topía.
CELS (2013). *Derechos humanos en la Argentina. Informe 2013*. Buenos Aires: Siglo XXI.

Cohen, H. y Natella, G. (2013). *La desmanicomialización: crónica de la reforma del sistema de salud mental en Río Negro.* Buenos Aires: Lugar.

Dejours, Ch. (2007). *La banalización de la injusticia social.* Buenos Aires: Topía.

De La Rosa, S. C., Vélez Agosto, N, López Garay, D. y Rivera, C. (2012). "Hacia una revitalización del potencial crítico de la psicología cualitativa". *Forum Qualitative Reasech.* Vol. 13, núm. 2, art. 20.

De Souza Minayo M. C. (2009). *La artesanía de la investigación cualitativa.* Buenos Aires: Lugar.

Sopransi, B. (2011). "Criticidad y relación: dimensiones necesarias de la ética en la psicología comunitaria". En Zaldúa, G. (comp.). *Epistemes y prácticas en psicología preventiva.* Buenos Aires: EUDEBA

Tisera, A. *et al.* (2013). "Salud mental y desinstitucionalización: resistencias y obstáculos en los procesos de externación en un hospital monovalente de la zona sur de la Ciudad de Buenos Aires". *Anuario de Investigaciones en Psicología.* Vol. XX. Buenos Aires: Facultad de Psicología, UBA.

Zaldúa, G. (comp.) (2011). *Epistemes y prácticas en psicología preventiva.* Buenos Aires: EUDEBA.

Sobre el cuidado y las intervenciones preventivas y promocionales para la exigibilidad de derechos

Presentación

GRACIELA ZALDÚA Y HUGO LEALE

En esta quinta parte se articulan dos ejes fundantes de la accesibilidad a los derechos: cuestiones y políticas del cuidado e intervenciones preventivas y promocionales.

La centralidad que adquiere el cuidado para el bienestar singular y colectivo se advierte en los campos de la salud, la educación, los derechos humanos, el hábitat, las instituciones, las subjetividades; e interroga sobre la protección y la responsabilidad social en el cuidar y el ser cuidado.

La invisibilización del cuidado en el ámbito doméstico y en particular del mandato por la condición femenina se está desnaturalizando y comenzamos a recorrer un camino de reconocimiento sobre la división del trabajo por género y el cuidado como espacio de relaciones, servicios, actividades y necesidades de la existencia, supervivencia y reproducción social.

Sin embargo se sigue sosteniendo mayoritariamente la provisión de cuidados a niños, niñas, adolescentes, adultos mayores, enfermos y personas con discapacidades por las mujeres. Esta situación implica desventajas de oportunidades de realización personal y laboral, en particular en los sectores que tienen más déficits de sistemas de protección pública y trabajos más precarizados.

Las lógicas del cuidado y sus demandas tensionan los lazos sociales, y la persistencia de desigualdades e inequidades sociales y de género se instalan en la escena pública como nueva cuestión social.

La porosidad de las fronteras entre lo público y lo privado frente a la cuestión del cuidado de María Andrea Voria pone en cuestión la vulnerabilidad humana en el dilema del cuidado y las paradojas de la resistencia política de las Madres y Abuelas de la Plaza y las Mujeres Piqueteras.

En "Psicología social comunitaria: intervenciones preventivas y promocionales de salud", Hugo Leale presenta una introducción y una propuesta para la configuración de intervenciones psicosociales que problematicen colectivamente los diagnósticos y las necesidades sentidas y se propongan prácticas implicadas de transformación social.

En "Dignidad y cuidados paliativos" de Verónica Veloso, se nos advierte de la inequidad en el acceso y la distribución de los cuidados paliativos y, a su vez, la implicancia de las prácticas de cuidado como acciones transformadoras, en particular al final de la vida. Narraciones de situaciones compartidas por el equipo de un hospital público, familias y pacientes nos transmiten una ética del cuidado sostenida en la dignidad y respeto por el otro.

Las intervenciones preventivas y promocionales en salud por otra parte se ligan a una de las significaciones sociales básicas del capitalismo: el proyecto de autonomía individual y social. Proyecto autonómico que, puesto en términos del cuidado, puede ser entendido como la apropiación o re-apropiación de la capacidad de cuidarse; y también como recuperación de un rol de productor en lugar del de mero consumidor.

En esa tarea de apropiación/reapropiación elaborativa se trabajó con poblaciones afectadas por emergencias socioambientales, como la inundación del 2 y 3 de abril de 2013 en Villa Elvira que trabaja Hugo Leale; y con los trabajadores ferroviarios de la estación Once del Ferrocarril Sarmiento –quienes fueron los primeros en auxiliar a los pasajeros del "chapa 16", siniestrado el 22 de febrero de 2012–, tal como lo señala el trabajo de Zaldúa, Lenta y Leale. La recuperación de la capacidad de pensar es uno de los propósitos de toda intervención, y ellos se plasmaron en el trabajo con adolescentes en una escuela media de la comuna 3 de la CABA desarrollado por Zaldúa y otras, deconstruyendo los mitos alrededor de problemas actuales en población adolescente.

En este mismo sentido, la utilización de un dispositivo artístico como herramienta de transformación social y creación colectiva, con personas que atraviesan una situación de internación hospitalaria o tratamientos ambulatorios, permite recuperar la capacidad de producir; elemento central en la integración social para aquellas personas sometidas a un rol pasivo por un modelo psiquiátrico regresivo. En palabras de Estefanía Ruffa, "estar en constante movimiento, probando, armando y desarmando caminos posibles".

Como los "nuevos posibles" que Valeria Pipo ejemplifica en un trabajo que intenta promover procesos de autonomía y empoderamiento, interviniendo desde una fuerte implicación en la vida cotidiana de un niño y su grupo familiar, y en las vicisitudes institucionales que atraviesan.

En un espacio asambleario se desarrollaron talleres que abordaron relaciones de género y de subjetividad. Zaldúa, Longo y Sopransi señalan cómo han apuntado a acciones cotidianas y el modo en que la reflexión permitió cuestionar las relaciones de género y de poder; y así generar espacios de recuperación de las experiencias personales en prácticas grupales que desdibujaran poco a poco las relaciones de poder, socializando vivencias que, de no hacerse así, quedarían ocultas en una intimidad de sometimiento.

Otra modalidad de intervención promocional de salud permite abordar modalidades comunicacionales, tal como se desarrolla en el escrito sobre salud y comunicación. Bottinelli, Nabergoi, Remesar y otros describen allí un proceso cuyo objetivo es permitir a las personas mejorar su salud y adquirir mayor control sobre aquella y sobre su medio ambiente, acentuando los recursos sociales y personales, y subrayando la necesidad de que las personas incrementen sus oportunidades de realizar elecciones saludables.

Este "archipiélago" de experiencias intervinientes ilustran algunos modos de intervenciones preventivas y promocionales de salud, conectadas debajo del agua por una plataforma en la que el *ethos* del cuidado tiene lugar central y que pretendemos que sirva como aliciente propiciatorio de nuevas prácticas.

La porosidad de las fronteras entre lo público y lo privado frente a la "cuestión del cuidado"

MARÍA ANDREA VORIA

Si bien la categoría de "cuidado" ha sido tradicionalmente descuidada (por no decir, invisibilizada, naturalizada, ocultada), los estudios de género, el pensamiento feminista así como el movimiento de mujeres han colaborado –tanto desde la acción política como desde la producción académica– para desnaturalizar el "cuidado" como un don, como un "regalo" de las mujeres hacia las personas dependientes (niños, enfermos, ancianos o discapacitados); y para otorgarle la categoría de "trabajo" y cuestionar la transferencia unilateral de dicho rol a las mujeres en tanto esposas, madres y amas de casa.

Así, frente a la envergadura de los problemas del trabajo y de la organización familiar, autoras como Aguirre y Batthyány (2007) consideran que la problemática del cuidado se encuentra hoy en día en el centro de la nueva cuestión social. En palabras de Montaño, "la llamada crisis del cuidado no es otra cosa que un síntoma de emancipación de las mujeres" (Montaño, 2010: 26). Es decir que la incorporación masiva de las mujeres a la vida pública de nuestra sociedad –a nivel educativo, político y del mercado de trabajo– le ha impreso tal urgencia al tema, que el sostenimiento de la vida a nivel de las demandas de cuidado de nuestros hogares se ha vuelto un terreno de disputa tanto en cuanto a las relaciones personales, como en términos de demandas de derechos y de ciudadanía.

Analizaremos a través de dos grandes hitos históricos en el marco de la historia reciente de nuestro país, en especial a través de sujetos históricos emblemáticos como las Madres de Plaza de Mayo y las Mujeres Piqueteras, la porosidad de las fronteras entre el ámbito público y el ámbito privado que sostienen estructuralmente la división y la fragmentación de la división sexual del trabajo, en lo que refiere al mandato del cuidado que ha recaído históricamente sobre las mujeres, que no hace más que garantizar en el día a día el bienestar y, en última instancia, el sostenimiento de la vida humana.

En otras palabras, partimos de la suposición de que dicha porosidad puede darse históricamente tanto en una dirección como en otra. Trabajaremos en este capítulo sobre la permeabilidad y el tránsito en dirección [privado → público], donde la lucha por la vida es puesta en el centro de la escena pública de nuestro país, a través de ejemplos históricos paradigmáticos de movimientos sociales de mujeres, como es el de Madres y Abuelas de Plaza de Mayo en el marco de la última dictadura cívico-militar atravesada por la Argentina, y el de Piqueteras, en respuesta a las consecuencias nefastas de las políticas neoliberales de la década menemista para el sostenimiento de la vida.

Tanto uno como otro ejemplo colaboran en develar la ficción según la cual el cuidado es una responsabilidad acotada al ámbito del hogar, resguardada por los lazos amorosos que sostienen la unión familiar, para develar al menos que la familia opera como lugar de conflicto y de disputa de intereses, y que se trata de una problemática que se encuentra en el centro de la nueva cuestión social y que no deja inmune a la figura del Estado.

En este marco, consideramos abordar la cuestión del cuidado a partir de una concepción ontológica de la vulnerabilidad del cuerpo humano y de su dependencia respecto de otros cuerpos y redes de apoyo, lo cual en última instancia le otorga al cuerpo una significación política.

> Lo que estoy sugiriendo no es solo que este o ese cuerpo está ligado a una red de relaciones, sino que ese cuerpo, pese a sus claros límites, o tal vez precisamente en virtud de esos mismos límites, se define por las relaciones que hacen su vida y su acción posibles. Como espero mostrar, no podemos entender la vulnerabilidad corporal al margen de esta concepción de relaciones (Butler, 2014: s/n).

De este modo, el cuerpo es menos una entidad que una relación y no puede ser plenamente disociado de las condiciones infraestructurales ni de las condiciones ambientales de su existencia. Veremos entonces, a partir de una serie de ejemplos históricos relevantes en torno al tránsito entre la vida pública y privada de las mujeres en nuestro país, el modo en que queda expuesta la vulnerabilidad humana frente al dilema del cuidado y cómo paradójicamente la resistencia política se basa, fundamentalmente, en la movilización de la vulnerabilidad (Butler, 2014).

El legado autoritario: la politización de la maternidad

Los años sesenta y setenta fueron años propicios en el marco de la convulsión social tanto a nivel nacional como internacional para favorecer un escenario de mayores libertades para las mujeres –no sin resistencias y claras sanciones sociales, como veremos–. El impacto y la participación activa en los acontecimientos políticos hacían que la vida doméstica se articulara forzosamente con las exigencias que suponía la militancia política y que se transformara notablemente, en términos de género, el ritmo de la vida cotidiana.

Fue especialmente desde fines de la década de 1960 cuando la insurgencia armada ganó una consideración decisiva y se plasmó como una vía alternativa para distintos grupos políticos. Muchísimas mujeres se incorporaron a la contienda y probablemente constituyeran la mitad de quienes componían los cuadros de esos aparatos, aunque las investigaciones disponibles demuestran que en su enorme mayoría estaban en la base, ejerciendo actividades de superficie –por lo general en frentes barriales o sectoriales–, o en la estructura intermedia, pero no en la conducción.

Los testimonios de las protagonistas ponen en evidencia las notas singulares de esa opción militarizada –tan contrapuesta con las expectativas de género–, las dificultades para lidiar con la vida familiar y los problemas casi insolubles que se les plantearon a la hora de la clandestinidad y del recrudecimiento de la represión.

La presentación social de la madre militante bajo la figura de la "madre guerrillera" supuso una manifestación radicalizada de los modelos femeninos más "progresistas" que imperaban en los años sesenta y setenta en Argentina. Sin embargo, "el encuentro de los dos atributos en una única formación despiertan una disonancia social, un escándalo político, un desarreglo revulsivo e inquietante manifestado especialmente en los sectores dominantes" (Domínguez, 2007: 289). Un interesante ejemplo que ha interpelado y hasta en un punto incomodado a la audiencia, ha sido el papel de Charo desempeñado por Natalia Oreiro en la película *Infancia clandestina*, donde quedan plasmados a través de la ficción aquellos grises entre la militancia y la vida cotidiana, de una familia, donde el miedo y la felicidad, la ternura y la violencia, podían convivir paradójicamente en armonía. Según él mismo director Benjamín Ávila, la película

aporta un costado humano que se perdió en el análisis de la historia, que no sobrevivió en la construcción del discurso histórico que llegó hasta ahora y que humaniza desde un cotidiano la vida de la clandestinidad, donde había un estado de vitalidad maravilloso y muy real (no idílico). Era la puesta en escena constante de las ideas en la vida diaria. La clandestinidad está asociada al miedo y la muerte y en nosotros era una "vida normal" (…) Y eso era "nuestra normalidad" y creo que quizás lo que genera incomodidad, pero a su vez mucha cercanía, es ese punto de vista.

Justamente, la amenaza que suscita la madre guerrillera para el orden dado se refleja de manera dramática en las acciones que el gobierno militar ejecuta contra las mujeres. "La dictadura ataca de forma despiadada sus cuerpos, tortura a las embarazadas arrebatándole sus descendencias. Produce así uno de los delitos más aberrantes que es 'la apropiación de niños' y constituye con ello otra de las contracaras asesinas del discurso familiarista y moralizador que difunde y proclama" (Domínguez: 2007: 289-290).

> Sin duda, hay una diferencia de género en los atributos de los que se invistió el horror del terrorismo de Estado: las violaciones, las condiciones del parto y el secuestro de los recién nacidos aumentaron la victimización de las mujeres [...] No sostengo, absolutamente, que las mujeres sufrieran más que los varones, sino que les fueron infligidos repertorios más amplios de suplicio, hubo más alternativas para el sufrimiento (Barrancos, 2008: 147-148).

Como afirma Domínguez (2007), todas estas acciones hablan de una politización estatal de la maternidad que se sostiene en hechos extremos de desmaternalización y desfiliación.

Según Pilar Calveiro (1998), para el régimen militar la "subversión" era "peligrosa" no solamente en términos políticos, sino porque estaba asociada a la ruptura de valores morales, familiares, religiosos. La subversión era algo que iba más allá de lo político. Así, los militares veían a las mujeres como doblemente subversivas, tanto en relación con el orden político como con el orden familiar, en tanto habían roto con el lugar de madres y de esposas.

Sin embargo, la maquinaria de poder macabra y destructora de la dictadura nunca logró convertirse en un poder total. En palabras de Pilar Calveiro,

> Esta asimetría se profundiza dramáticamente, hasta el extremo, dentro de los campos de concentración, pero eso no quiere decir que quien está en posición de desventaja sea una

víctima inerme. Es alguien que se mueve, que tiene voluntad y que tiene la capacidad de actuar dentro de esas relaciones de poder completamente desiguales. El hecho de sacarlo de la supuesta condición de víctima inerme no le quita nada sino que le agrega. La víctima inerme es el lugar del sujeto paralizado. Y creo que ésa fue precisamente la intención del poder militar: paralizar a la sociedad y paralizar toda resistencia, toda oposición, pero finalmente no lo logró. Sólo lo logró parcialmente en algunos momentos. Del otro lado del pretencioso poder militar, hay otros que se mueven, desde una posición de sujeto inteligente, activo. Justamente poner el acento en esa parte no diluye la injusticia. Por el contrario, olvidar la resistencia es pensar que puede haber un poder total. Pero el poder total sólo es una ilusión del Estado –desde Leviatán para acá–. En realidad el poder total es imposible. Precisamente porque los sujetos son activos y siempre están buscando y encontrando las formas de escapar (Calveiro entrevistada por Moreno, 2000: s/n).

De madres a Madres

Durante los primeros años de la dictadura iniciada en 1976, signados por la proscripción de los partidos políticos y los sindicatos en el marco del terrorismo de estado, los movimientos sociales que emergieron se orientaron principalmente a la reivindicación de los derechos humanos. Entre aquellos movimientos, se destaca principalmente el de las Madres y las Abuelas de Plaza de Mayo por su valentía para enfrentarse al poder genocida de la dictadura militar y ocupar el espacio público en reclamo de sus hijos y de sus hijas desaparecidas.

Así, fueron mujeres las que llevaron adelante la más contundente de las oposiciones a la feroz dictadura que se extendió entre 1976 y 1983.

Al disponer de la vida de sus hijos, el gobierno de facto agrede a estas mujeres en su maternidad, es decir, en lo más consustancial de su identidad correspondiente con el lugar social que les es asignado. ¿Transgreden ellas estas leyes al reclamar pública y colectivamente por la vida de sus hijos? ¿En qué medida reafirman o renuevan la imagen tradicional de la mujer? (Rosenberg, 1996: 260).

Determinados simbolismos y rituales puestos en escena durante este período del horror pueden ayudarnos a comprender esta porosidad entre los ámbitos público y privado, que llevaron a emerger y a reinterpretar sentidos subalternos.

En primer lugar, en los orígenes de la resistencia al terrorismo de Estado, las Madres se apropiaron de la Plaza de Mayo –lugar emblemático histórica y políticamente de la Ciudad Autónoma de Buenos Aires– y de otras plazas del país para sembrar allí la denuncia del genocidio y reclamar la aparición con vida de los 30.000 desaparecidos y desaparecidas. Desde entonces, la Plaza de Mayo quedó asociada a sus nombres, pero también a una manera de hacer historia, que es la presencia de sujetos que denuncian ausencias. "En un capitalismo que todo lo ha privatizado, las Madres socializaron lo que para la cultura burguesa ocupa el lugar más preciado de la vida privada: la maternidad" (Korol, 2004: 26).

Esta salida a la plaza pública de un grupo de madres que demandan al Estado por la aparición de sus hijos y de sus hijas, y así visibilizan su trágica situación de una manera fuera de lo común, es denominada por Nora Domínguez como "la toma de la palabra" (2007).

En palabras de Josefina Ludmer,

> La treta (otra típica táctica del débil) consiste en que, desde el lugar asignado y aceptado, se cambia no solo el sentido de ese lugar sino el sentido mismo de lo que se instaura en él. Como si una madre o ama de casa dijera: acepto mi lugar pero hago política o ciencia en tanto madre o ama de casa. Siempre es posible tomar un espacio desde donde se puede practicar lo vedado en otro; siempre es posible anexar otros campos e instaurar otras territorialidades. Y esa práctica de traslado y transformación reorganiza la estructura dada, social y cultural: la combinación de acatamiento y enfrentamiento podrían establecer otra razón, otra cientificidad y otro sujeto del saber (citado por Domínguez, 2007: 336, nota al pie 4).

En segundo lugar, la ronda para la que históricamente se reúnen cada semana y se disponen juntas a recorrer en círculo alrededor de la Pirámide de Mayo[1], repetida e incansablemente, alude a una acción performativa que –en respuesta a una orden de la dictadura, según la cual no podían permanecer en la Plaza inmovilizadas– en la que invierten significativamente su sentido autoritario y arbitrario.

> Cada vuelta sobre sus pasos ya repetidos tantas veces, cada vuelta, la misma vuelta de siempre, las aleja tanto de la consecución de su único objetivo inicial, la recuperación del hijo, como de su forma de ejercer esa demanda. [...] Demanda de que no quede a merced de la madre la declaración de la muerte del hijo. [...] Demanda de un acto jurídico que convalide su dolor o su esperanza. Los hijos cuya aparición con vida

---

[1] A los pies de la Pirámide de Mayo, descansan las cenizas de Azucena Villaflor, fundadora de Madres de Plaza de Mayo, asesinada por la dictadura militar.

reclaman, no son ya reclamados en tanto hijos de su carne, sino en tanto pertenecientes a su comunidad social y política (Rosenberg, 1996: 261).

En tercer lugar, la reinterpretación de los pañales de sus hijos desaparecidos como los pañuelos blancos sobre sus cabezas –símbolo por excelencia de las Madres de Plaza de Mayo– refiere a que "un pañal hecho pañuelo es un arma de resistencia" (Korol, 2004: 29). Así, reafirmando su identidad de madres es que se convierten en sujetos políticos.

En cuarto lugar, la conmoción que sufre la vida cotidiana y el uso del tiempo de las madres, una vez convertidas en sujetos políticos (Madres de Plaza de Mayo), se reflejan en sus relatos sobre cómo se las arreglaban para ajustar lo doméstico y el cuidado de sus otros hijos con su participación militante en la vida pública. Ésa fue la razón, por ejemplo, de por qué optaron por el día jueves como día para hacer la ronda de las Madres: "Descartamos el lunes como día de reunión porque el lunes hay que lavar la ropa. Mejor el jueves, dijo alguna, y quedó el jueves" (testimonio recuperado por Martha Rosenberg, 1996: 262).

> Salía después de lavar la ropa, después que dejaba todo planchado, después que estaba la comida hecha. ¿Viste cómo entonces va surgiendo lo otro? Lo otro es formar algo nuevo, que te arranca de tu casa, y a medida que formaste eso, te vas haciendo un compromiso. Es un pacto, nosotros vamos a luchar por todos, hasta por aquéllos cuya madre no sale, porque no puede o no toma la decisión (…) No hubo tantas madres como desaparecidos. Hubo madres que no pudieron enfrentar las dos situaciones, si salís a la calle… los dos frentes, porque después de todo era como dos dictaduras, la dictadura doméstica y la dictadura militar (…) No fue fácil y perdimos mucho como mujeres. Ganamos como mujeres ante la sociedad, ante el mundo, y perdimos adentro de nuestra casa. (…) Me cuesta, me costó mucho salir a luchar, porque adentro mío, yo soy una ama de casa (testimonio recuperado por Martha Rosenberg, 1996: 263).

Es decir que entre el cuidado de la casa y su familia, y la participación política subsistía una jerarquización de prioridades: sólo luego de desempeñar obedientemente su función de "madres" en el ámbito doméstico podían volverse "Madres" en el ámbito público.

Por último, se produce una impugnación de las relaciones sociales así como una redefinición discursiva de los significados hegemónicos en torno a madres y a hijos. La distinción entre "Madres" y "madres" es discursiva y políticamente significativa a partir de la socialización de los hijos. Es decir que a partir de una operación discursiva en la que las Madres "toman la palabra", los hijos desaparecidos se vuelven hijos de todas las Madres. Así cada nuevo nieto recuperado es una celebración de la Maternidad y la Abuelidad con mayúsculas; incluso hoy en día en Argentina cualquier ciudadano puede sentirse un nieto abrigado al calor de las Abuelas de Plaza de Mayo. "En este sentido, por cierto, existe una modificación de la división entre espacios privado y público, desde que el atributo de 'hijo' no depende del lazo de sangre sino de la experiencia política" (Filc, Judith, citado por Domínguez, 2007: 286).

Si bien las Madres recurren a un discurso condescendiente con la normatividad de género, su misma iterabilidad invierte el carácter de su condición subordinada. La "toma de la palabra" produce, según Domínguez "un viraje en el relato hegemónico de la maternidad que es cultural y a la vez político" (2007: 283).

Así, a partir de una estrategia tanto discursiva de "tomar la palabra" como corporal que supuso para ellas "poner el cuerpo" (Sutton, 2007), fueron develadas las distintas capas de sentido que resonaban sobre la construcción de la idea de madre. Sin embargo, la emergencia de significaciones subalternas de ningún modo supone el desvanecimiento de las versiones hegemónicas, sino que en cada escenario histórico-político se generan conexiones, discontinuidades y mixturas de sentidos en permanente disputa.

En otros términos, quienes llevaron adelante este plan siniestro de exterminio jamás pensaron este efecto fundamental. Es a través de la acción performativa materna, escrupulosamente obediente al defender la vida de sus hijos, cuya "obediencia tiene un efecto bumerang" (Rossi, citado por Domínguez, 2007: 336, nota al pie 3).

Así, los represores comenzaron a llamarlas "locas", aludiendo discursivamente a la clara transgresión de género que tenían el atrevimiento de cometer públicamente. En otras palabras, "La irrupción que se produce es percibida desde el poder como una malformación y, en tanto no puede ser captada por los sistemas de conceptualización imperantes, es empujada hacia una exterioridad donde sus responsables son designados como locos o subversivos" (Domínguez, 2007: 284).

Con la vuelta de la democracia en el año 1983, el reconocimiento a nivel nacional e internacional, así como el significado en términos de género tanto de las Madres como de las Abuelas es abrumador: "unieron rituales domésticos y escenarios públicos, dieron nuevo significado al tránsito entre la casa y la plaza" (Barrancos, 2008: 153-154).

A través de estos ejemplos históricos paradigmáticos, se observa cómo determinados rasgos idealizados de la feminidad pueden ser invertidos significativamente y utilizados estratégicamente para encarar acciones transgresoras con las normas de género. En el caso histórico de Las Madres de Plaza de Mayo, ellas afirmaron su identidad como grupo en su maternidad para reclamar al Estado por la aparición de sus hijos y de sus hijas, a través de modalidades de expresión hasta ese momento censuradas por la dictadura militar. Haber logrado politizar la maternidad ha tenido un impacto considerable en Argentina tanto sobre lo colectivo como sobre lo subjetivo, que perdura hasta hoy en día.

De este modo, como apunta Nora Domínguez (2007), estos sujetos muestran los vínculos entre maternidad y política o, mejor dicho, cómo se constituyen maternidades políticas en relaciones específicas con diferentes modelos de Estado. Así, las respuestas maternas pueden ser funcionales y complementarias o contestatarias y críticas a las políticas oficiales. Este último es el caso de las Madres y las Abuelas de Plaza de Mayo.

Resistencias de género en democracia: piquete y cacerola, "la lucha es una sola"

El otro hito histórico de la reciente historia de la Argentina que nos permite considerar la porosidad en los límites que separan y segregan el ámbito privado del ámbito público es el del Movimiento de Trabajadores Desocupados, y en especial del Movimiento de Piqueteras, en el que el cuestionamiento a la supervivencia misma ocasiona que la lucha por la dignidad y la vida se traslade a la arena de lo público y vuelva como un búmeran al terreno de lo íntimo.

Durante dos siglos, la historia de las luchas y de las formas de resistencia colectiva en Argentina estuvo asociada a las estructuras organizativas de la clase obrera, considerada ésta como el actor privilegiado del cambio histórico. Sin embargo, la pérdida de centralidad del conflicto industrial y la multiplicación de las esferas de conflicto pusieron de manifiesto la necesidad de ampliar las definiciones y las categorías analíticas (Svampa, 2005).

La aparición en escena durante los primeros años del retorno a la democracia de los nuevos movimientos sociales –entre ellos, el movimiento feminista, estudiantil, ecologista, pacifista, entre otros– venía a expresar una nueva politización de la sociedad, a través de la discusión de problemáticas vinculadas hasta ese momento con el ámbito privado, y cuyas formas de acción emergentes tenían una base social policlasista con una importante presencia de las clases medias (Svampa, 2005). A su vez, la acción colectiva registró nuevas inflexiones a partir del desarrollo de las organizaciones de derechos humanos (Jelin citado por Svampa, 2005).

Consistió en un proceso irruptivo tanto en lo social como en lo subjetivo, en tanto que ha favorecido la colectivización de las experiencias y la confrontación de proyectos políticos alternativos. El "efecto no buscado", en términos de Elster, por el sistema imperante neoliberal en la Argentina ha sido favorecer de algún modo la irrupción en la arena pública de voces polifónicas contrahegemónicas, que ocasionaron una renovación relativa del escenario y de los actores políticos; algunos de ellos incluso centraron sus reclamos en torno a identidades de género y sexualidades múltiples y diversas.

De este modo, en Argentina se han desatado importantes movimientos de resistencia a tales políticas a lo largo del período de implantación del modelo neoliberal, protagonizadas por actores sociales que confluyeron en la formación de novedosas, numerosas y diversas manifestaciones, en los cuales las mujeres han sido uno de los actores sociales fundamentales.

Bajo la efervescencia de muchos movimientos sociales y el clima de resistencia social vivido en este período, el cuestionamiento al modelo político y económico imperante, estuvo acompañado en muchos casos por un cuestionamiento respecto a las desigualdades de género, que fue posible dada la alta presencia y participación activa de mujeres.

Esta experiencia histórica nos permite pensar la paradoja del poder a través de diversos movimientos sociales y políticos en Argentina. Tal es el caso, por ejemplo, del Movimiento de Trabajadores de Desocupados surgido en la segunda mitad de la década de 1990 o, como vimos, de la organización de Madres de Plaza de Mayo. En ambos casos la potencia de estos movimientos radica justamente en reafirmar sus ejes identitarios: la identidad de trabajadores/as, en un caso, y la identidad madres en reclamo de sus hijos desaparecidos, en el otro. Sin embargo, ambos movimientos no han mantenido una relación de continuidad con el poder que constituye su potencia sino que, por el contrario, entre uno y otro momento, se produce una inversión significativa y potencialmente habilitante (Butler, 2001), que les ha permitido reinterpretar su identidad, en ese caso como trabajadores/as y como madres, en términos desobedientes al poder imperante.

Este período consolida un nuevo modo de politización de la sociedad que coloca en el escenario político argentino al movimiento social de desocupados como un actor clave. Al perder su vinculación al mundo del trabajo en medio del ocaso de la "sociedad salarial" (Castel citado por Svampa, 2005), la militancia territorial fue revistiéndose de nuevas dimensiones, al convertirse el "barrio" en el espacio de acción y organización. "Fue la politización de una experiencia de trabajo barrial lo que constituyó el núcleo de la acción contestataria y, rápidamente, el punto de partida para la organización y la acción masiva" (Svampa, 2005: 241).

> La autoorganización compulsiva de lo social abrió las puertas a nuevas experiencias, asociadas a la vivencia del barrio, la ruta y la calle, lugares desde los cuales los individuos buscaron reconstruir su identidad y reencontrar su dignidad. La acción colectiva trajo así consigo la idea de que otra identidad –y otro destino– era posible para quienes habían perdido su trabajo y habían visto interrumpida su carrera laboral. Un nuevo motivo de dignidad –que reemplazaría entonces la perdida de dignidad del trabajo– podía comenzar a buscarse explorando y explotando la categoría "piquetero" y enterrando la de "desocupado" (Svampa, 2005: 242).

En Argentina, género y pobreza han interactuado de un modo particular y específico, dadas estas circunstancias históricas, en las que conviven la lucha por la supervivencia, la participación política, el cuidado de los hijos, el tránsito permanente entre lo privado y lo público, a tal punto que en dicho contexto algunas fronteras entre estos ámbitos se diluyeron (Rauber, 2002), por lo menos transitoriamente:

mujeres piqueteras con sus niños en brazos cerrando el paso en los cortes de carreteras, hombres desocupados en sus hogares cuidando sus hijos, mujeres organizando las ollas populares en los piquetes, mujeres luchando en las barricadas.

Martha Rosenberg problematiza en este sentido, "La vida de los hijos depende tanto de que la función de la madre se cumpla individualmente, como de que se abandone para ser delegada en otras instancias de la sociedad. Que la función de unas mujeres como madres se prolongue en el espacio público puede ser leído como síntoma de la escena política" (Rosenberg, 1996: 259).

De modo que la exteriorización en el espacio público de la función materna, a través de movimientos como Madres de Plaza de Mayo o Mujeres Piqueteras, se vuelve un síntoma tanto del repliegue del Estado como de su accionar represor. Tanto por su accionar excesivo como por su retirada, el Estado abandona su función de cuidado y de sostenimiento de la vida de la ciudadanía.

En el día a día, en la batalla por sobrevivir, las mujeres sufrieron no sólo el impacto general del desempleo, el deterioro de la salud, la educación, la pérdida de derechos, sino también las consecuencias que se derivan del rol que se les asigna culturalmente como proveedoras del sustento y responsables de la crianza de los hijos e hijas, de la atención de los ancianos y del cuidado de los integrantes del grupo familiar (Korol, 2004).

De este modo, el rol asignado culturalmente empujó, paradójicamente, a las mujeres a salir del ámbito privado hacia el ámbito público. Por esta razón, frente a la crisis atravesada por el país, la "feminización de la resistencia" trajo consecuencias tanto en el plano de lo público, de lo doméstico, como de la subjetividad, que debieron ser apropiadas por las mujeres para apuntalar los procesos de resistencia (Korol, 2004). Como afirma Bárbara Sutton (2007), las argentinas tuvieron que reinventarse a sí mismas en orden a sobrevivir a la adversidad.

En el movimiento de rebeldía que estalló en diciembre de 2001 en Argentina, el símbolo fue una "cacerola". Cacerolas golpeando contra el hambre, la miseria, la exclusión, expresando la presencia protagónica de mujeres en estos movimientos. Las cacerolas salieron así del espacio privado al espacio público.

> Si históricamente han sido uno de los símbolos del sojuzgamiento de las mujeres, de su reclusión en el dominio de lo privado, fue precisamente cuando el modelo neoliberal aniquiló las propias posibilidades de ejercicio del rol de la mujer en ese ámbito, el momento en que la consigna feminista 'lo personal es político', se generalizó en la práctica de miles de mujeres que ignoraban su origen. *Lo personal es político*. Una cacerola vacía es un arma de denuncia (Korol, 2004: 28).

A través de la consigna "piquete y cacerola, la lucha es una sola", se articulan (contingente e históricamente) las demandas respectivas: de los sectores medios, expresados a través del cacerolazo, y de los sectores populares, a través de los piquetes. Además de articular demandas de distintos sectores, dicha consigna combina la participación política y la revuelta con lo doméstico, con la supervivencia, cuestionando transitoriamente la división entre ámbito público y privado.

Para una mujer la lucha por la sobrevivencia de sus hijos y de sus hijas, mandato por excelencia femenino, la lleva, en última instancia y bajo condiciones límite, a transgredir ciertas normas de género, en lo que se refiere al contenido de sus actuaciones de género (por ejemplo, participar activamente de marchas y protestas) y al ámbito de acción (la calle, la ruta), siendo sancionadas por parte de la opinión pública, según Rauber (2002), como malas mujeres, malas madres o malas esposas. Sin embargo, sus actuaciones de género, si bien desobedientes a la normatividad imperante, no dejan de recrear en algunos casos modos de hacer, decir y sentir propios de la feminidad hegemónica, poniendo en juego en la lucha callejera emociones y sentimientos como la abnegación, la entrega, la flexibilidad, la perseverancia, etc.

En este sentido, Bárbara Sutton (2007) considera que muchas mujeres lograron importantes transformaciones en el contexto de confusión social que acarreó la crisis en Argentina, pero esto no significa que las contradicciones desaparezcan instantáneamente. Mientras la crisis puede acelerar determinados cambios sociales, muchas prácticas enraizadas de género todavía persisten. Modos alternativos y hegemónicos de género pueden coexistir en un mismo movimiento social, incluso en un mismo sujeto, o pueden adoptar distintos significados de acuerdo al contexto de la acción.

Un ejemplo de esta tensión inmanente a la performatividad de género puede ser analizado a través de las "ollas populares", las cuales constituyen una tarea fundamental en el piquete sostenida por las manos de las mujeres. Ellas son las que organizan la familia y el barrio, y también las organizadoras vitales de los piquetes (Rauber, 2002), con lo cual reafirman su función familiar, y ahora comunitaria, de constituirse en garantes de la vida y de la supervivencia. Sin embargo, el quiebre respecto al mandato de género está dado por el hecho de que la tarea, en este caso de cocinar, es socializada fuera de las fronteras de lo doméstico y se convierte en una estrategia de supervivencia colectiva, que logra ser politizada en tanto expresión de resistencia y de lucha. De este modo, el clima de protesta comienza a filtrarse en la vida cotidiana y a transformar su significado, convirtiéndose incluso en enclave donde las mujeres se encontraban y comenzaban a cuestionar su subordinación colectivamente.

No es menor la aclaración de que las mujeres piqueteras no se incorporan a la lucha buscando la liberación de la mujer o la igualdad de oportunidades, no se reconocen a sí mismas como feministas, sino que se incorporan a la lucha a partir del papel que entienden que les toca cumplir, en tanto madres y esposas, frente a un contexto de crisis y de hambre. En este sentido, para Cross y Partenio (2005), existen distintos perfiles de mujeres piqueteras. Entre las que han vivido en barrios periféricos toda su vida, algunas de ellas han desarrollado actividades sociales y políticas en el territorio durante los años ochenta –en los procesos de toma de tierras– y en los años noventa –como distribuidoras de alimentos otorgados por la asistencia social–, mientras que otras realizaron su primera experiencia de militancia política social en estas organizaciones piqueteras. En cambio, las que provienen de experiencias de militancia y activismo feminista, generalmente pertenecen –aunque no siempre– a sectores medios y buscan contribuir en la generación de una nueva conciencia femenina entre las mujeres de las organizaciones piqueteras (Cross y Partenio, 2005).

El dilema para ellas, de acuerdo con Cross y Partenio (2005), ha sido encontrar un espacio para discutir las demandas de género cuando la lucha por la subsistencia está lejos de ser ganada, siendo dos aspectos disyuntivos de la participación de las mujeres, lo que da lugar a un "proceso de jerarquización de demandas" que plantea una falsa dicotomía entre "cuestiones de género" y "cuestiones de clase". Sin embargo, la discriminación que sufrían en términos de participación al interior del movimiento hizo que fuera necesario reunirse entre mujeres para reflexionar sobre los obstáculos a los que se enfrentaban y para establecer claramente sus posiciones. Y así el debate se fue deslizando hacia tópicos que no eran abordados por los movimientos, de modo que se fue delineando una suerte de "agenda de género" que dio nuevo impulso a los espacios de mujeres alrededor de problemáticas comunes, relacionadas con la salud, la planificación familiar, la violencia de género y la despenalización del aborto, con el objetivo de instalarlas dentro de los movimientos como problemas políticos (Cross y Partenio, 2005).

Así, entendieron –tal como demuestra esta consigna del equipo de educación popular de la Universidad Popular Madres de Plaza de Mayo– que no hay revuelta posible que no interpele tanto el modo en que se estructura el sostenimiento de la vida a nivel doméstico, como la configuración y orientación de nuestros deseos:

> revolución que nos revolucione a nosotras, que nos haga derrotar en primera instancia al opresor y a la opresora que hemos internalizado, y que nos ubican en el lugar de la obediencia y de los buenos modales. Revolución que nos permita reconocernos, e identificar la legitimidad de nuestros deseos, como motores posibles de una historia que merezca ser vivida… Revolución en la plaza, en las plazas recuperadas en las jornadas del 19 y 20 de diciembre. Y revolución en la casa. En ese espacio que nos dicen que es privado, para que sea un espacio de batalla contra nuestra cotidiana opresión… Al salir a las plazas, es posible volver a discutir el lugar de las casas, desde nuevas perspectivas… Ahora que estamos recuperando las plazas, también podemos proponernos el debate sobre nuestros lugares en las casas, en la vida cotidiana (Korol, 2004: 33).

Comentario final

Este recorrido nos ayuda a considerar que frente a determinadas circunstancias históricas, en las que conviven la lucha por la supervivencia, la participación política de las mujeres, el cuidado de los hijos, el tránsito permanente entre lo privado y lo público, algunas fronteras se diluyan, siempre de manera transitoria y contingente. Dicha porosidad entre uno y otro ámbito echa luz sobre la forma en que la política está presente en el hogar, o en la calle, o en el barrio, así como el cuidado y el sostenimiento de la vida irremediablemente está puesto siempre en el centro.

Es justamente la categoría de "cuerpo" la que permea las fronteras entre lo público y lo privado, en su apelación performativa a la dignidad y al reconocimiento social, poniendo en tensión el modo en que operan de manera dialéctica vulnerabilidad y resistencia.

Es decir que, por un lado, es a través de los cuerpos -que movilizan su vulnerabilidad inmanente en la arena pública- que es expresada la demanda por el derecho a la democratización de las relaciones de cuidado y al sostenimiento de la vida humana, como práctica misma de resistencia política. Por el otro, paradójicamente, es en dicha performatividad colectiva resistente que el cuerpo y, en última instancia la vida, es puesto en juego y expuesto al daño e incluso a la muerte. Esto quedó reflejado emblemáticamente en el caso de las Madres de Plaza de Mayo en la desaparición de Azucena Villaflor en 1977 junto a un grupo de Madres por parte del aparato represor de la última dictadura militar, cuando se disponían a publicar la primera solicitada que reclamaba por el paradero de sus hijos. Mientras que en el caso de piqueteras, la brutal represión de los agentes provinciales durante una manifestación docente en Cutral Có (Neuquén) en 1997, ocasionó la muerte de Teresa Rodríguez, cuyo nombre devino un símbolo del compromiso de las mujeres en la protesta. A partir de ambos hitos, se pone en evidencia el giro fundamental de las mujeres en dichos escenarios históricos de violencias y precariedades, lo que da lugar a la emergencia de nuevas subjetividades femeninas que presagiaba conductas insospechadas (Barrancos, 2008), tanto en el campo de lo íntimo como de lo colectivo.

De modo que, para finalizar, el dilema del cuidado debería adquirir la suficiente fuerza y resistencia en términos de demanda de ciudadanía, no sólo para problematizar sobre la precariedad que nos constituye como especie, sino para visibilizar aquella red de infraestructura, servicios y derechos postergados, que atentan contra el sostenimiento mismo de la vida en términos sociales, y que generan que la cuestión del cuidado pivotee silenciosamente entre lo privado y lo público, como síntoma de determinados escenarios políticos de nuestro país, como los analizados.

Referencias bibliográficas

Aguirre, R. y Batthyány, K. (2007). "Introducción". En Gutiérrez, M. A. (comp.), *Género, familias y trabajo: rupturas y continuidades. Desafíos para la investigación política,* (19-21), Buenos Aires: Clacso.

Barrancos, D. (2008). Mujeres, entre la casa y la plaza. Buenos Aires: Sudamericana.

Butler, J. (2014). "Repensar la vulnerabilidad y la resistencia". En *XV Simposio de la Asociación Internacional de Filósofas*. Alcalá de Henares, 24 de junio.

— (2001). Mecanismos psíquicos del poder. Madrid: Cátedra.

Calveiro, P. (1998). *Poder y desaparición. Los campos de concentración en Argentina.* Buenos Aires: Colihue.

Cross, C. y Partenio, F. (2005). "La construcción y significación de los espacios de mujeres dentro de las organizaciones de desocupados". Ponencia presentada en el Encuentro 2005 Mujeres y Globalización. Centro para la Justicia Global, San Miguel de Allende, Guanajuato, México, 27 de julio-3 de agosto.

Domínguez, N. (2007). "La serie de las madres". En De dónde vienen los niños. Maternidad y escritura en la cultura argentina. Buenos Aires: Beatriz Viterbo, pp. 281-348.

Korol, C. (coord.) (2004). Revolución en las plazas y en las casas. Cuadernos de Educación Popular. Buenos Aires: Ediciones Madres de Plaza de Mayo.

Montaño Virreira, S. y Calderón Magaña, C. (coords.) (2010). *El cuidado en acción. Entre el derecho y el trabajo,* Cuadernos de la CEPAL 94, Santiago de Chile: CEPAL, AECID, UNIFEM.

Moreno, M. (2000). "Fisuras del poder. Entrevista a Pilar Calveiro". En Página 12, Suplemento Las 12, 21 de enero.

Rauber, I. (2002). "Mujeres piqueteras: El caso de Argentina", ponencia. Disponible en http://goo.gl/pRjp3X

Rosenberg, M. (1996). "Aparecer con vida". En Tubert, S. (comp.), Figuras de la madre. Madrid: Cátedra.

Sutton, B. (2007). "Poner el Cuerpo: Women's Embodiment and Political Resistance in Argentina". En Journal Latin American Politics and Society. Vol. 49, núm. 3, pp. 129-162.

Svampa, M. (2005). *La sociedad excluyente. La Argentina bajo el signo del neoliberalismo.* Buenos Aires: Alfaguara.

Psicología social comunitaria: intervenciones preventivas y promocionales de salud

HUGO LEALE

La praxis preventivista y promocional de salud está ganando creciente importancia en todos los espacios del campo de la salud; en el campo del trabajo, de la educación, recreación, arte, vivienda y otros; tomando problemas psicosociales complejos –violencias, drogas, situaciones de desamparo–; abordando las dificultades que acaecen en emergencias o en las post-emergencias; entre otras praxis posibles. Ya sea que se trabaje con grupos, instituciones, organizaciones, colectivos sociales o incluso en abordajes individuales.

Los textos de las leyes que conciernen a nuestra práctica profesional y la enmarcan reflejan esta presencia. La Ley de Ejercicio Profesional n°23.277 señala ("…la recuperación, conservación y prevención de la salud mental de las personas"); y la resolución n.°2.477 del Ministerio de Educación de la Nación –de Incumbencias del título de Psicólogo y de Licenciado en Psicología– puntualiza entre otras: "Realizar acciones de orientación y asesoramiento psicológico tendientes a la promoción de la salud y a la prevención de sus alteraciones", "Estudiar, orientar y asesorar sobre motivaciones y actitudes en el ámbito social y comunitario", "Realizar estudios y acciones de promoción y prevención tendientes a crear condiciones más favorables para la adecuación recíproca hombre-trabajo", "Detectar causas y efectos psicológicos de accidentes de trabajo, asesorar y realizar actividades tendientes a la prevención de los mismos", "Participar en la planificación, ejecución y evaluación de planes y programas de salud y acción social".

En el mismo sentido, los conceptos de prevención y de promoción de salud han sido objeto de recomendaciones y de advertencias de organismos internacionales y acrecieron su importancia en la agenda pública, al tiempo que las nuevas leyes que enmarcan nuestra actividad profesional (Ley 448 del GCBA, Ley Nacional de Derecho a la Protección de la Salud Mental 26.657) les dan un lugar de relevancia al subrayar la necesidad del "enfoque de redes de promoción y prevención", y enfatizan la necesidad de proveer acciones preventivas y recursos facilitadores y movilizadores de participación comunitaria.

Sin embargo, es preciso considerar un hecho que condiciona y obstaculiza esta praxis. El desarrollo de la profesión psicológica en nuestro país estuvo estrechamente referenciado en el ejercicio profesional de la medicina; esa relación de especularidad delimitó –delimita aún– un horizonte imaginario de existencia, dentro del cual –y sólo dentro del cual–, los psicólogos podríamos creernos tales. Escribí "estuvo" y veremos cuánto sigue aun estando referenciada en ella. La Ley 17.132 (de Ejercicio Legal de la Medicina, dictada en 1967 por un gobierno dictatorial) incluía las actividades de los psicólogos como "auxiliares de la medicina" lo que planteaba un doble impedimento: en primer lugar limitaba el campo de los psicólogos al ámbito clínico e individual, y en segundo lugar nos negaba autonomía al subordinarnos a la labor de "un médico psiquiatra". Un modelo médico hegemónico, que había creado "la enfermedad" como un objeto ficticio –y lo había separado de la existencia global de las personas y del tejido de relaciones sociales en que esa existencia transcurre– imponía ese mismo paradigma al campo profesional de la psicología. Y la psicología lo aceptaba, en gran medida, acríticamente. Una práctica médica que impuso transitar todas las instancias de la vida –desde el nacimiento hasta la muerte– entre las paredes de los hospitales o de los consultorios ha operado como matriz identificatoria para una psicología que desarrolló, de modo también simétrico, un modelo hegemónico.

La pertinencia del trabajo de la psicología en todos los espacios en los que la vida transcurre será el "hilo rojo" que pretende ordenar el presente artículo y será un modo de encuadrar qué denominamos "intervención".

Contexto

Hace más de 30 años comenzaba otro período de expropiación/concentración del capital: a nivel mundial las políticas neoliberales impusieron reformas (privatización de empresas públicas, reformas tributarias regresivas, reducción del "gasto público", flexibilización/precarización de las relaciones laborales, apertura a la inversión extranjera, etc.). Estas políticas generaron la exclusión social de un enorme sector de la población, y aumentaron el número de quienes viven en condiciones de pobreza e indigencia y deterioraron las condiciones de vida de la inmensa mayoría por el colapso de las instituciones que se encargaban de la salud, la educación, la seguridad social, etc. En este contexto de profundas y violentas modificaciones sociohistóricas, hacen su aparición nuevas políticas sociales que tienen como propósito la intervención en lo social desde una perspectiva enunciada de derechos y con un objetivo central: "resolver la necesidad de gobernabilidad en sociedades estructuralmente desiguales en el acceso a la riqueza y a las oportunidades sociales" (Zaldúa, 2007).

La complejidad de una cuestión exige considerar los elementos contradictorios que participan en ella, en este caso que

> esta intervención del Estado capitalista se implementa con el fin de regular o propiciar las condiciones de manutención o reproducción de un sector poblacional y se constituye en función intrínseca para la configuración de los patrones de derechos sociales propios de cada nación (Fleury, 1997: 89).

Desde hace varios años, por vía de la "transformación del Estado" que llevan adelante las políticas neoconservadoras, vivimos un proceso constante de abandono de las funciones de garante de la solidaridad social, con una tendencia a retirarse tanto de la atención pública en salud como de la protección social. En el sector de la atención pública, ésta se limita a una cobertura de lo imprescindible, dirigida a los sectores más empobrecidos de la población (Galende, 1997: 132).

Encontramos, por un lado una estructura agrietada o colapsada del Estado benefactor −montada a través de décadas, en otra etapa del sistema capitalista−, y por otro lado nuevos o agravados problemas psicosociales complejos que emergen en una tensión entre necesidades y derechos −con grandes dificultades para alcanzarlos−. Estos problemas psicosociales complejos "estallan" en este momento histórico en el cual el mercado aparece como Único Dios Verdadero, en el que la desocupación y la exclusión son las grandes disciplinadoras, y la desafiliación una posibilidad; en el que el orden simbólico y real de la vida cotidiana se presenta como efímero y sin sentido. A su vez, la idea de futuro como incertidumbre, la incidencia de nuevas formas de la pobreza, la pérdida de espacios de socialización y los renovados movimientos migratorios configuran un escenario complejo, en el que los procesos de identificación y subjetivación se dificultan, demandando a la intervención psicosocial comunitaria nuevas miradas y propuestas.

Los dispositivos institucionales clásicos (desfinanciados, pauperizados, precarizada una parte de su fuerza laboral) están en serias dificultades −sea que no pueden/no saben/(o se nieguen)− para atender estos problemas que atraviesan toda la estructura social. Es así que los usos problemáticos de sustancias psicoactivas, las modalidades de vulneración del lazo social, las consecuencias a veces trágicas, siempre dramáticas de las violencias −de género, sobre la niñez, sexuales, la trata de personas−, las situaciones urgentes que deben enfrentar los inmigrantes y los migrantes internos, las cuestiones de emergencias y post-emergencias (socio-ambientales, socio-económicas), como las más significativas, interpelan al trabajo en salud. En algunos casos llegarán a expresarse como demanda manifiesta; en otros se tratará de una demanda latente, no formulada, en cuya construcción podremos participar.

¿A qué llamamos "intervenir"?

Tomaremos la etimología de la palabra, que surge del latín "intervenio": "venir entre", "meterse", también es "venir u ocurrir entre": entre dos momentos –entretanto– o entre dos lugares –intersticio–; es "mediar o tomar parte en alguna cuestión", "interponerse"; también "interceder por alguna persona" o "una disposición administrativa en la cual una autoridad ejerce su poder accionando sobre una instancia inferior en el organigrama institucional"; en este último sentido, se liga directamente con el tema de las políticas públicas estatales.

En el lenguaje corriente es sinónimo de mediación, intercesión, apoyo, ayuda, cooperación. También, y según el contexto, puede ser sinónimo de intromisión, mecanismo regulador, intrusión con intenciones violentas o correctivas. Por ejemplo: hablamos de "intervención quirúrgica", "intervención de las fuerzas de seguridad", "abstenerse de intervenir", "un profesor interviene en su práctica educativa", "un líder de la oposición interviene en el Congreso".

En todos los casos y en todos los sentidos, la intervención aparece como el acto de un tercero que sobreviene en relación con un estado preexistente. Si tomáramos la relación entre un paciente y su analista, la intervención se daría en relación con los fenómenos transferenciales: allí un tercero (el analista) se entromete entre ese paciente y su historia, es decir, en relación con un estado preexistente. En particular para la psico-sociología, "es un procedimiento

clínico aplicado a las 'comunidades prácticas', diferenciadas en grupos, organizaciones e instituciones, que permitirá el conocimiento de las situaciones, de la dinámica de
la evolución y del cambio que podrán derivarse de ella"
(Lourau, 2001: 38).

Intervenir psico-socialmente con un objetivo de pre-
vención/promoción de salud será tomar aquellas cuestiones
que generen sufrimiento psíquico (con afectación individual o colectiva) en las condiciones de proximidad temporal y espacial que resulten más favorables, para trabajar
sobre ellos con las personas concernidas. ¿Quién interviene? "aquellos que toman parte gracias a su capacidad para
poder intermediar" (Ida Butelman). Aludimos a situaciones
conflictivas, en donde se le reconoce al profesional un lugar
de poder o de capacidad para mediar entre los elementos
que participan del conflicto, como por ejemplo entre los
diferentes integrantes de una institución educativa o entre
los afectados por una emergencia y el recuerdo traumático de aquella.

El trabajo en los problemas de la psicología social
comunitaria requiere de personas –profesionales o no– con
actitudes expresadas en el compromiso de la acción, en la
construcción de lo común, en la capacidad de establecer
y sostener relaciones. Esas relaciones se convierten en la
"base de las consideraciones éticas al interior del campo
de la psicología social comunitaria, ya que las personas se
construyen en relaciones, las que, al mismo tiempo, son
creadas por ellos" (Sopransi, 2011: 114). En esta relación
que establecemos, nuestro lugar estará definido por una
posición de interviniente más que de interventor; de ser un
co-constructor que de quién "baja" un lineamiento pensado
en alguna oficina lejos del territorio.

Desde una perspectiva crítica y de metodología participativa, las intervenciones les darán un lugar central a
la voz de los sujetos y a las construcciones narrativas que
otorgan sentido a sus prácticas, a las creencias que determinan y fundamentan su percepción del mundo físico y

social, tanto como a las prácticas cotidianas. Será necesario ligarse a la realidad cotidiana y conocer las expectativas de las personas.

Nos apartamos del paradigma dominante en la disciplina, al ampliar la mirada individualista, la fragmentación de los problemas y la falta de sensibilidad social, y también de modelos asistencialistas, así como de las investigaciones académicas que no intentan resolver las situaciones de la comunidad. Esto implica trabajar con procesos diseñados junto con los grupos y los actores sociales, los cuales se irán reevaluando y sobre los que se irá reflexionando, enfatizando la participación activa de los sujetos (Montero, 2006). Operamos con una concepción de los sujetos como actores sociales capaces de transformar la realidad social, incorporando los saberes de la comunidad, escuchando y respetando sus voces (Freire, 1998, 2006; Martín-Baró, 1986).

Una intervención puede definirse también como una práctica que responde a un proyecto explícito e intencional de cambio o transformación que tiende a explorar las construcciones simbólicas colectivas elaboradas por los sujetos, y en esa exploración, a destacar las que obstruyen o facilitan las prácticas deseadas para corregirlas o reforzarlas. La intervención entonces se orienta hacia los planos de la resignificación de la experiencia de los sujetos, hacia la concientización de los actores y hacia el cuestionamiento de los sistemas de pensamientos hegemónicos (Jodelet, 2007).

El acto fundador de una intervención es la expresión de una demanda de un grupo o de una conducción, que deberá ser identificado; esto es saber quién tiene el poder de originar la intervención y permitir su desarrollo; o bien quién encarga (o paga) y a quiénes se deberá rendir cuentas. R. Lourau (2007) distingue entre "demanda" y "encargo". La demanda es una expresión que está relacionada con las expectativas o las necesidades de quien peticiona. Sería lo expuesto, lo manifiesto. El encargo es la formulación contractual, por lo tanto más jurídica y administrativa. Para ello es preciso elaborar un "contrato" o encuadre metodológico entre las partes, formalizando la demanda inicial, precisando la estrategia, la metodología, las reglas prácticas que regirán las relaciones entre quienes intervienen y quienes participarán. Serán reglas explícitas, que eviten así las proyecciones fantasmáticas. Ese "contrato" tendrá que ser cuestionado periódicamente y modificado o renegociado cuando así se crea necesario y conveniente. En estos puntos Lourau también coincide con Bleger en lo concerniente a pautar el contrato metodológico.

La intervención como dispositivo

Pensamos las tareas del intervenir en esos escenarios complejos desde la idea de dispositivo; allí donde lo macro social se entrecruza inexorablemente con lo micro. El dispositivo plantea para la acción el sentido de instrumento "para", orientado por objetivos, finalidades. Es un artificio complejo, combinado, que se inventa poniendo en combinatoria una serie de componentes con una intencionalidad. Es multifacético, tiene un armado previo general que plantea diversas alternativas que se van decidiendo y modificando, hay elementos que se disponen en el inicio como un tiempo, un horario, las personas, el encuadre de trabajo, entre otros; y sobre esa base se deja desplegar el juego dinámico de las interacciones, la construcción del espacio intersubjetivo, grupal.

Dispositivo,

> de naturaleza esencialmente estratégica, lo que supone que se trata de cierta manipulación de relaciones de fuerza, bien para desarrollarlas en una dirección concreta, bien para bloquearlas, o para estabilizarlas, utilizarlas, etc. [...] El dispositivo se halla pues siempre inscripto en un juego de poder, y también siempre ligado a uno de los bornes del saber, que nacen de él pero, asimismo lo condicionan [...] en primer lugar, es un conjunto resueltamente heterogéneo que

incluye discursos, instituciones, instalaciones arquitectóni-
cas, decisiones reglamentarias, leyes, medidas administrativas, enunciados científicos, proposiciones filosóficas, morales; brevemente, lo dicho y también lo no dicho, éstos son los
elementos del dispositivo. El dispositivo mismo es la red que
se establece entre estos elementos. (Foucault, 1991: 121).

Dispositivo móvil que potencia un encuentro de saberes: los de la comunidad y los de los intervinientes, quienes,
con alguna capacidad diferencial (de organización, tiempo,
recursos, conocimientos científicos), buscan tomar los problemas en su contexto. La tarea de abordar los problemas
en el territorio es lo que les confiere el carácter de móvil,
con lo que los dispositivos adoptan una particularidad de
"patrulla" como son definidos en el ámbito sanitario. La
palabra "patrulla" proviene de un verbo francés "caminar
sobre el barro", lo que sigue siendo una ajustada definición
también hoy día. Existen pocas recomendaciones que se
puedan exportar de un lugar a otro; es por esto que los dispositivos han de ser locales y centrarse en las capacidades,
las posibilidades y las prioridades locales.

Desde una perspectiva académica cabe también preguntarse por el "lugar" de la intervención social como epis-
teme, es decir, por cómo se construye conocimiento en
la línea temporal del a priori y el a posteriori. También
en el "mientras tanto" (Ulloa, 2012). Los saberes provienen de la práctica cotidiana, la intervención se funda en
el hacer y es desde allí de donde debe abrevar el conocimiento y especialmente las preguntas a otros campos de
saber. En esa construcción de conocimiento estará implicada la de-construcción de procesos de estigmatización, desde
un abordaje del padecimiento objetivo y subjetivo. Estará
implicada también la recuperación de la condición sociohistórica del sujeto, de la capacidad de decidir y hacer, de
apropiarse o de re-apropiarse. En tanto construcción social,
la memoria sostiene la configuración de identidades, de allí

que en la recuperación colectiva de la memoria y de los saberes de la comunidad se propicie un proceso de construcción de otras subjetividades.

Cuando decimos "comunidad" nos referimos a lo "en-común" que tenemos. Un "en-común" que muchas veces tenemos que elucidar, ayudar a restablecer, ayudar a establecer. En este sentido la construcción de ciudadanía, los dispositivos de intervención y los procesos de apropiación re-apropiación caminan juntos, superponiendo sus espacios. Es que al trabajar aspectos relacionados con la tensión entre sometimiento y emancipación, la perspectiva crítica en la intervención abre posibilidades de resistencia y construcción de libertad.

De los ámbitos, momentos y modelos de intervención

Cualquier lugar es apto para hacer teatro, incluso un teatro.

Decíamos párrafos arriba que "el acto fundador de una intervención es la expresión de una demanda de un grupo, o de una conducción, que deberá ser identificado; esto es saber quién tiene el poder de originar la intervención y permitir su desarrollo" (Lourau, 2001: 40). Demanda que se produce básicamente cuando una situación ha devenido gravemente conflictiva en instituciones u organizaciones (públicas, sociales o privadas). Esto sucede cuando el gasto de energía psíquica necesario para sostener con éxito los mecanismos de represión o supresión, operando sobre el malestar generado, pone en insoportable tensión a toda la estructura.

O cuando una autoridad, una agencia del estado, un equipo de trabajo, una organización deciden abordar lo que ellos identifican como problema-en-un-territorio, por ejemplo en relación con una crisis o emergencia socio-ambiental, desastre o catástrofe (inundaciones, terremotos, accidentes de todo tipo, incendios, etc.) en que los recursos habituales resultan insuficientes para asistir a los afectados. Decimos "en relación con" ya que estas situaciones tienen claramente un antes, un durante y un después, y en los tres momentos las intervenciones tienen especificidades que señalaremos más adelante.

En todos los casos se buscará establecer algún tipo de acuerdo con algún grupo u organización de la propia institución o del territorio que pueda sensibilizarse alrededor del problema identificado y decida asociarse para co-operar (Leale, 2005). Con estos actores sociales, que habitan el territorio material y simbólico en el que se desarrollarán las acciones, se diseñarán en forma conjunta los planes.

Esa situación/problema que motiva el pedido de ayuda tendrá que ser objeto de un proceso de elaboración conjunta, que algunos denominan "construcción de la demanda". Demanda que se construye sosteniendo un lugar de respeto ante los solicitantes, reconociéndoles que son ellos quienes saben acerca de lo que sucede en su territorio. También sostener un lugar de interrogación para elucidar las creencias que determinan su percepción de la realidad y que fundamentan sus prácticas. Es habitual que los equipos que intervienen centren su actividad en la transmisión de información con la 'creencia propia' que se cumpla la actividad preventiva de esa manera. Cualquier conocimiento que se construya tendrá que interactuar con comportamientos, emociones y prejuicios, y esa construcción requiere de una clara "actitud ética relacional".

Un objetivo será entonces transformar la realidad de cada uno de los grupos con un sentido emancipador, es decir, un espacio de construcción de experiencia trascendental (Agamben, 1978). Así de una intervención en escuelas o colegios pueden surgir interrogantes, inconvenientes y urgencias que trascienden la esfera institucional del campo de la educación. Lo mismo ocurre con un hospital, donde el espectro de la intervención pasa por la salud, la violencia urbana, institucional, las adicciones o la discriminación. Estas cuestiones muestran la necesidad de pensar en escenarios complejos atravesados por múltiples lógicas, con la preeminencia de una u otra desde planos muchas veces azarosos.

Como decíamos en la introducción, los "lugares" en los que se puede intervenir son múltiples –de hecho, casi todos aquellos en los que el sufrimiento aparezca–: en el campo de la educación, de la salud, en la justicia, en movimientos sociales; en los problemas de los trabajadores, de la vejez, de los jóvenes, en la niñez; en cuestiones de migración, de discriminación, la animación sociocultural, la enumeración podría extenderse aún más. Desde hace unos años, organismos internacionales y agencias del Estado (nacional, provincial, municipal) han comenzado a incorporar programas y acciones para atender los daños psicológicos producidos por la aparición recurrente de desastres y emergencias socio-ambientales. Las experiencias y el saber construido al respecto recomiendan trabajar en los dos sectores de población directamente concernidos: por un lado con afectados/damnificados directos e indirectos (familiares), y por otro con aquellos integrantes de equipos de asistencia y/o rescate que atravesaron experiencias de intensa carga emocional por la confrontación con diferentes grados de daños y lesiones o directamente con la muerte. Médicos, enfermeros, bomberos que acudieron a asistir incendios, choques y accidentes viales, derrumbes, etc.; o aquellos que, por estar en el momento de los sucesos prestaron colaboración solidaria, se pueden beneficiar de la posibilidad de elaborar esas experiencias traumáticas.

En todas las circunstancias deberemos reflexionar y conseguir la mayor claridad posible sobre nuestras propias asunciones culturales y personales respecto a lo que vamos a encontrar y hacer. Uno de los objetivos –en todo trabajo, en particular en post-emergencias– debe ser ponernos tan cerca como podamos de las ideas de los afectados para maximizar nuestra capacidad de empatía y enriquecer nuestras formas de ver. Queremos que el mayor número posible de las preguntas que hagamos sean correctas, en el sentido de que detecten lo que aquéllos que respondan consideren importante o urgente. Las personas efectúan siempre intentos de preservar lo que puedan de su forma de vida,

> por ello, es fundamental que las intervenciones se orienten a potenciar dichos esfuerzos. Auto-organización, afirmación (empowerment), trabajo y capacitación, apoyo a las formas tradicionales de resolución de problemas y de sanación... son términos casi tópicos en el léxico del desarrollo social, y nos recuerdan que las personas no pueden recuperar completamente el control de sus vidas como meros receptores de caridad y cuidado (Summerfield, 1999: 59).

El análisis institucional fue una de las modalidades intervinientes precursoras en la historia de la psicología y avanzó en la construcción de modelos conceptuales, metodológicos y de herramientas de enorme importancia para el trabajo con instituciones, organizaciones, movimientos, empresas –incluso privadas–. Lourau ha sido uno de los pensadores de referencia en este campo; ha planteado la tarea como una combinatoria de investigación y acción en la que el interviniente-investigador no debe ni puede mantenerse al margen de su campo de investigación sino que está implicado en eso que investiga, y donde su mera presencia representa ya una intervención implicada. Partimos sabiendo que tenemos supuestos, ideas previas más o menos fundadas sobre la escena a intervenir, y por lo tanto la implicancia deberá ser tenida en cuenta a la hora de trabajar. Lourau sostiene que en vez de hacer esfuerzos para sofocar la subjetividad, la propia implicancia será tomada en cuenta también como objeto de estudio y se deberá considerar su fuerza relativizadora en el conocimiento. La implicancia sostiene un concepto ético de neutralidad. El profesional no está fuera de la escena, es parte de ella. Las palabras clave para Lourau son implicancia por un lado y autogestión por otro:

el análisis institucional está ligado desde un principio a las experiencias de la autogestión (...) lo instituido no es una masa inmóvil o petrificada, un bloque de poder y de alienación. Es (...) un movimiento dialéctico, un proceso; no es sólo reproducción mecánica y fatal. En mi práctica profesional existe un principio de esperanza, por eso me ocupo de la autogestión, que es un intento por cambiar las relaciones sociales. (Lourau, 2001: 125).

El análisis institucional le confiere al desorden otro estatuto. Hay un orden social, cuando no hay orden, algo falla en el sistema y la intervención parece que debe seguir el camino para volver a encausar todo hacia el orden primero. "Para los objetivos de la intervención institucional en esta perspectiva, es menos interesante la rehabilitación de los organismos sociales o el tratamiento de las disfunciones que poder interrogar acerca del sentido, la puesta en evidencia y elucidación de lo que estaba oculto en los fenómenos intitucionalizados debido al juego de los intereses" (Lourau, 2001: 139). Desde esta perspectiva se hará más hincapié en el carácter deliberado y des-ordenante de la intervención que en el cumplimiento de funciones de adaptación, regulación y reducción de tensiones.

Abordar estos ámbitos de trabajo hace referencia a una visión del profesional diferente de la actualmente existente, con una propuesta de una psicología que extienda su horizonte, del hospital/consultorio a la comunidad donde transcurre la vida con sus problemas. Para que esto suceda se requiere:

– Una nueva visión de la formación y del reciclaje o capacitación en servicio de los profesionales hacia una perspectiva comunitaria y preventiva; y además

– Que aparte del conocimiento del campo específico de intervención, por la complejidad de los objetivos, conozcan y sepan poner en práctica el trabajo en equipo, la colaboración y coordinación, la comunicación interdisciplinar e intersectorial.

En algunos países (España entre otros) se ha desarrollado como especialidad la psicología de la intervención social; allí, el Consejo Oficial de Psicólogos ha definido funciones, instrumentos y ámbitos de la intervención psico-social que, aún con cierto sesgo tecnocrático, señalan la importancia otorgada a este campo profesional

Consideraciones últimas, no finales

La singularidad de cada situación dispone que no haya dos intervenciones comparables. Las experiencias permitirán establecer algunas regularidades, sin embargo los procesos siempre serán diferentes. Tampoco nosotros seremos los mismos. En relación con este "nosotros" es importante encarar las tareas en equipo de intervinientes para evitar el riesgo de ser fagocitados de alguna manera por la organización; por ejemplo, que el accionar sea neutralizado por los "establecidos o instituidos" existentes. Alain Badiou dijo que un hecho podía ser considerado político cuando creaba tiempo y espacio; cuando transformaba esas dos dimensiones de nuestra sensibilidad "que le otorgan estructura a las cosas que conocemos". Es decir, un hecho puede ser considerado político cuando transforma el mundo.

¿Una intervención preventivista y promocional de salud podría ser considerada en la misma línea? Un objetivo de propiciar subjetividades más autónomas, creativas y solidarias o de propiciar transformaciones en los colectivos con los que intervenimos ¿admite aquella definición? ¿Hasta dónde tendría que llegar una praxis interviniente? O tal cual lo hemos formulado, considerando objetivos de la psicología preventiva, ¿cuáles son los alcances y límites de una tarea en este terreno? Otra pregunta no menor ¿cuándo termina una intervención?, ¿cuándo cumplimos el tiempo acordado o pactado entre ambas partes? ¿O cuando los procesos de cambio han podido emerger del encuentro? Por último, y a modo de un indicador del proceso, en esa intervención ¿se pudo producir un encuentro?; que tal vez sea una de las pocas cosas que nos permita decir que el trabajo realizado ha sido profundamente humano.

Referencias bibliográficas

Butelman, I. (1991). "El análisis institucional". En *El espacio institucional*. Buenos Aires: Lugar.

Carballeda, A. (2006). *El trabajo social desde una mirada histórica centrada en la intervención*. Buenos Aires: Espacio.

Castoriadis, C. (1983). La Institución Imaginaria de la Sociedad. Vol. I. Barcelona: Tusquets.

— (2004). *El avance de la insignificancia*. Buenos Aires: Eudeba.

Fleury Teixeira, S. (1997). *Estado sin ciudadanos*. Buenos Aires: Lugar.

Foucault, M. (1991) *La Voluntad de saber*. Madrid: La Piqueta.

— (1980). *Microfísica del Poder*. Madrid: La Piqueta.

Galende, E. (2008) *Psicofármacos y salud mental. La ilusión de no ser*. Buenos Aires: Lugar.

Jodelet, D. (2007) "Imbricaciones entre representaciones sociales e intervención". En *Representaciones sociales*. Guadalajara: Universidad de Guadalajara.

Leale, H. (2011). "Por la alegría contra la muerte". En Zaldúa, G. (comp.). *Epistemes y prácticas de psicología preventiva*. Buenos Aires: Eudeba.

Lourau, R. (2001). *Libertad de Movimientos*. Buenos Aires: Eudeba.

— (2007). *El análisis institucional*. Buenos Aires: Amorrortu.

Lourau, R. *et al.* (1988). *La intervención institucional ¿Imaginario del cambio o cambio de lo imaginario?* Buenos Aires: Amorrortu.

Sopransi, B. (2011). "Criticidad y relación: ética en la psicología comunitaria". En Zaldúa, G. (comp.). *Epistemes y prácticas de psicología preventiva*. Buenos Aires: Eudeba.

Summerfield, D. (1999). "Una crítica de los proyectos psicosociales en poblaciones afectadas por guerras". En *Actuaciones psicosociales en guerra y violencia política*. Madrid: ExLibris.

Zaldúa, G. (2011). "Políticas Sociales, ciudadanía y subjetividad". En Zaldúa, G. (comp.). *Epistemes y prácticas de psicología preventiva*. Buenos Aires: Eudeba.

Dignidad y cuidados paliativos

VERÓNICA VELOSO

Para B. Román Maestre (2013) los cuidados paliativos son un buen modelo a extender en todas las áreas asistenciales con ánimo de humanizarlas. Diez fundamentos de la atención paliativa interpelan la práctica fragmentada de los sistemas de salud. Entre los más relevantes menciona la evaluación temprana, la atención integral de la unidad de tratamiento usuario-familia y el diseño de estrategias multidimensionales (física, social, familiar, espiritual, emocional, política, cultural) que ejecuta un equipo interdisciplinario.

Estos elementos constituyen a los cuidados paliativos como un dispositivo preventivo del sufrimiento, capaz de saltear las barreras deshumanizantes de la despersonalización y el reduccionismo que impone el actual modelo dominante en salud.

En 2012 la Asociación Latinoamericana de Ciudados Paliativos (ALCP) se propuso cartografiar los recursos y disponibilidad de cuidados paliativos para cada país de Latinoamérica en el Atlas de cuidados paliativos. Allí se señala que en Argentina estos cuidados no están integrados en la red sociosanitaria nacional. Todas las personas tienen derecho a recibir cuidados paliativos; sin embargo la accesibilidad está limitada por varios factores, como el tipo de subsistema de atención a través del cual se acceda al servicio (público, privado, seguridad social o ninguna cobertura), disponibilidad de profesionales o equipos capacitados en las distintas regiones del país (las urbanas con mayor cobertura que las rurales), la distancia al centro asistencial y factores económicos que impiden el desplazamiento hacia un centro asistencial con cuidados paliativos. Los pacientes con cáncer son los más beneficiados de este servicio y en menor medida otras enfermedades avanzadas que amenazan la vida. Se calcula que menos del 10% de la población con cáncer avanzado accede a cuidados paliativos. Actualmente no están incluidos en el presupuesto nacional de salud y por lo tanto no hay fondos para su desarrollo como componente del cuidado en los programas nacionales (Pastrana *et al.*, 2012).

Partimos de este mapa no equitativo en la distribución y en el acceso a los cuidados paliativos desde una perspectiva crítica del paradigma exitista dominante, el cual considera el proceso de morir como fracaso de la medicina. El modelo de los cuidados paliativos ha redefinido los conceptos de eficiencia, de éxito y de fracaso de la atención sanitaria (Román Maestre, 2013). La eficiencia ya no consiste en curar sino en cuidar, porque cuando ya no hay más nada curativo para hacer, hay que dejar de hacer y cambiar de objetivos para que el paciente muera bien (Tripodoro, 2014). Este movimiento a otros sistemas de ideas y de prácticas convocan a la consolidación del cuidar como una acción transformadora, como una práctica implicada en una producción científica y en la creación de modelos que nos permitan significar nuestra realidad (Martín-Baró, 1998).

La realidad en la cual la expectativa de vida de la población ha aumentado significativamente en las últimas décadas, donde la complejidad y cronicidad de los procesos de enfermedad requerirán de atención paliativa, nos interroga sobre las prácticas de cuidado. La insuficiente planificación estratégica en salud para afrontar estos niveles de atención, tanto en la estructura material como en la formación de recursos humanos, deja en desamparo a población altamente vulnerable como los son los viejos, los pobres, los solos y los enfermos, "subjetividades sacrificables" (Zaldúa, 2010), ante las cuales ponemos el biombo frente a su cama y los invisibilizamos. El modo en que los pacientes perciben la manera en que son vistos es un poderoso mediador de su dignidad (Chochinov, 2009). Confinar a estas personas al no lugar propulsa su sufrimiento por el sin sentido de vivir, por percibirse como una carga para los otros y mutila su dignidad.

Chochinov (2009) va a proponer una atención centrada en la dignidad de la persona, noción emergente a priori de los cuidados paliativos, pero aplicable al amplio espectro de la medicina. Ya sean los pacientes jóvenes o viejos, o cualesquiera que sean sus problemas de salud, el núcleo de valores de bondad, de respeto y de dignidad son indispensables. Cuanto más capaces sean los profesionales de la salud de afirmar el valor del paciente, esto es, de ver la persona que realmente es, en vez de solamente la enfermedad que padece, con más probabilidad se verá conservado su sentido de dignidad.

La íntima conexión entre la afirmación del profesional de la salud y la autopercepción del paciente, subraya la base del cuidado centrado en la dignidad, actitud, comportamiento,[1] compasión y dialogo, el A, B, C y la D del cuidado podría recordar a los profesionales la importancia del cuidar y de preocuparse por los usuarios, sugiere Chochinov (2009).

A continuación se presentan narraciones del trabajo en equipo de cuidados paliativos (ECP) en un hospital público de la Ciudad Autónoma de Buenos Aires (CABA), que pretende desarrollar intervenciones psicosociales desde la atención centrada en la dignidad de las personas.

Actitud

Los profesionales sanitarios deben preguntarse cuestiones básicas con la intención de ayudar a entender cómo las actitudes y las presunciones pueden influir en la manera en que tratan a los usuarios (Chochinov, 2009).

---

[1] La palabra inglesa para comportamiento es "behaviour".

Las percepciones en que se basan las actitudes pueden o no reflejar la realidad del usuario, motivo por el cual se hace ineludible la tarea de ponerle voz a la subjetividad de cada persona. Las percepciones de los profesionales de la salud ante el final de la vida pueden influir en la comunicación con usuarios y familiares. Si bien en cuidados paliativos la muerte es algo esperable y natural, genera emociones de distinta intensidad y pone en evidencia la propia finitud o la de seres amados y pérdidas previas no elaboradas (Tripodoro *et al.*, 2013).

La actitud reflexiva se presenta entonces como plataforma del cuidado centrado en la dignidad. Las preguntas que abre Chochinov (2009) nos invitan a pensar en qué y cómo intervenimos: ¿Puede mi actitud hacia el paciente estar basada en algo que tenga que ver con mi experiencia, ansiedades, o miedos? Mi actitud hacia el hecho de ser un profesional sanitario, ¿me permite o me impide establecer una relación profesional empática y abierta con mis pacientes?

La psicología comunitaria crítica reconoce la necesidad de reflexividad de un investigador que no sólo investigue, sino que se investigue a sí mismo como parte integrada al proceso de construcción de conocimientos de la investigación. La reflexividad se convierte en un elemento central para la posibilidad de una ética relacional. La ética relacional se convierte en una propuesta desde la psicología comunitaria por superar los roles asimétricos socialmente reproducidos entre academia-intelectuales y la comunidad (médico-paciente).

Nilda nos da clase

A Nilda la conocimos en su primera internación. Mujer de 84 años, viuda, madre de tres hijos, uno de ellos fallecido, vivía sola en su departamento. En esa internación se llega al diagnóstico de enfermedad oncológica avanzada, se da lugar a ella y a su familia a las preguntas y a avanzar con la comunicación de la información diagnóstica y pronóstica. Nilda no refiere inquietudes ni necesidad de detalles, claramente se permite "no saber" y retorna a su domicilio.

A las pocas semanas reingresa al hospital. Sus hijos nos comparten el deterioro general que ha sufrido en los últimos días, el miedo que tienen a lo que vendrá y las grandes dificultades para asistirla en el cuidado en la casa.

Nilda reconoce los cambios en su cuerpo y comienza a buscar espacios para preguntar: "¿cómo sigue esto?, ¿estoy muy grave?, ¿voy a salir de esta?". Los pacientes miran a los profesionales sanitarios como a un espejo (Chochinov, 2009). La actitud del ECP frente a Nilda fue desde una escucha activa y lejos de evadir sus preguntas nos permitimos avanzar, de manera progresiva, por sobre el frágil cerco de silencio que se había propuesto mantener semanas atrás. Otros profesionales de salud, frente a estas inquietudes de los usuarios optan por la no respuesta, o el falso optimismo, la desviación de la temática o la tecnicidad de la respuesta, a modo de tomar distancia de la pregunta por la evidencia de la muerte.

La actitud de apertura y reflexividad del ECP permite transformar el acto de salud en un espacio de enseñanza-aprendizaje, donde el paciente ocupa el lugar del maestro y comparte su saber para transformar nuestra forma de actuar. La relativización de los roles asimétricos, médico-paciente, de poder (saber), propuestos por el tradicional modelo de salud, se permiten alinearse en un ida y vuelta de persona a persona desde una ética relacional.

La docencia junto a la cama del paciente (Wee, 2007) es una modalidad de enseñanza-aprendizaje, muy utilizada en la formación de cuidados paliativos, se incluye en contexto de la intervención, con los aportes del usuario como maestro, el condimento de la incertidumbre y la oportunidad frente a los cambios dinámicos del proceso de enfermedad. Una enfermera en formación en cuidados paliativos y una alumna de grado de la carrera de psicología acompañaron en este marco al ECP en la lección de vida que Nilda tenía para ofrecernos.

Nilda comparte sus pensamientos y emociones, según refiere no ha logrado descansar por estar pensando. Reconoce que "el final está cerca", con lucidez y mucha tranquilidad dice "no tener miedo a la muerte". Las percepciones en que se basan las actitudes pueden o no reflejar la realidad del paciente (Chochinov, 2009); en este caso avanzar con los detalles de la enfermedad hubiera violentado la comunicación y la actitud de apertura que Nilda nos estaba proponiendo. Le confirmamos que nuestra percepción coincidía con la suya.

Esta afirmación le fue suficiente para ordenar sus reflexiones y explicitar las necesidades frente a su propia muerte, nos solicitó comunicar a sus hijos que no se preocuparan por ella, que "se siente en paz consigo misma", pero que no dejaran de hacer su voluntad, como vender su casa y llevar sus cenizas a su provincia natal. Solicitó la visita de su sobrina, la presencia de un sacerdote y el acompañamiento de sus hijos. Recibió las visitas durante la tarde, lentamente se quedó dormida, pudo descansar y horas más tarde Nilda falleció.

Sus hijos se hacen presentes en el servicio de cuidados paliativos los días posteriores al fallecimiento. A manera de cierre rescatan que "se ha tratado con dignidad a su madre, como una persona en todos los sentidos" y que se han sentido muy acompañados por el ECP.

Comportamiento

Un cambio en, o como mínimo una conciencia de, nuestras actitudes puede crear el marco para la transformación del comportamiento. Si los profesionales sanitarios fueran conscientes de que juegan un rol importante intercediendo por la dignidad del paciente, varios comportamientos lógicos se derivarían. Esta conexión aumenta también la probabilidad de que el paciente pueda ser directo y franco al darnos información personal, que tan a menudo influye en todo el proceso de los cuidados (Chochinov, 2009).

"Quiero encerrar tu mirada
entre mis manos
luego abrazarte y llenarte de calor
para que el frío de los años no te dañe
y conservarte como una bella flor"

Sandro

Leticia con ELA

Leticia de 70 años está casada con José desde muy joven, tienen 2 hijos (el mayor con sufrimiento mental desde la adolescencia), 4 nietos y una hermana. Jubilada al igual que su esposo, ambos fanáticos del cantor popular Sandro, ella trabajaba en un vivero propio antes de enfermar. Se le confirma el diagnóstico de Esclerosis Lateral Amiotrófica (ELA),[2] en ese momento aun caminaba, no podía hablar, se comunicaba por medio de la escritura, con problemas deglutorios e importante pérdida de peso.

Leticia convivió con esta enfermedad un par de años, con deterioros progresivos que comenzaron a complejizar su cuidado. José se convirtió en su cuidador principal y se entrenó en el manejo del equipamiento y las técnicas de cuidado en domicilio.

---

[2] ELA, Esclerosis Lateral Amiotrófica: enfermedad neurológica progresiva e incurable debida a una degeneración de las motoneuronas superiores e inferiores, encargadas de controlar los movimientos voluntarios, produciendo como resultado debilidad muscular hasta la parálisis total, generalmente con la conservación de sus capacidades cognitivas intactas.

Frente a un agravamiento respiratorio que requiere internación hospitalaria, se incluye la participación del ECP para la toma de decisiones compartidas, y la aceptación de las preferencias que Leticia quería comunicar a su familia y al equipo de salud.

Se dio lugar a un intenso proceso de comunicaciones entre los distintos actores. El Equipo de Salud (ES) conformado por varios especialistas aportó desde su pericia la construcción de lo que serían las propuestas terapéuticas que Leticia debía elegir: 1) Medidas invasivas: realizar traqueotomía (TQT) para asistencia respiratoria mecánica (ARM) como soporte vital, prolongando la sobrevida; o 2) No realizar medidas invasivas, mantener la asistencia del oxígeno y la Ventilación No Invasiva (VNI), con disponibilidad de sedación paliativa en caso de ser necesario.

El ECP comandó las comunicaciones con Leticia y la familia. Leticia resolvió no realizarse la TQT ni aceptar ARM. José no pudo aceptar la decisión tomada por su esposa.

Ciertos patrones de comunicación, realzan la confianza y la conexión entre los pacientes y sus cuidadores. Ciertas intimidades del cuidado requieren tomarse el tiempo (Chochinov, 2009). En este caso, esas intimidades (mejorar el confort de la boca, colocar los anteojos, revisar su escritura, acercar los elementos, movilizarla, etc.), el uso del tiempo "no apurado" y el respeto de las pausas en el dialogo fueron facilitadores en la comunicación entre Leticia y el ECP. Sin embargo es frecuente recoger relatos de usuarios con vivencias muy perturbadoras en procesos de comunicación de malas noticias, o de clausuras de sentidos por parte de los profesionales con poca habilidad comunicacional ante la UT.

El proceso de toma de decisiones y en particular de directivas anticipadas[3] nos ubica frente a la voz y la autonomía de la persona, desplazando gestos paternalistas del ES que operan en detrimento de la subjetividad del paciente.

Cuando el hecho de ser persona no se afirma, el paciente es más proclive a sentir que no está siendo tratado con dignidad y respeto (Chochinov, 2009). En estudios realizados a médicos y enfermeros se destacó la alta respuesta a la intención de respeto a las decisiones del paciente, sin embargo se observó la falta de conocimiento sobre cómo hacerlo y las reglamentaciones vigentes que resguardan los derechos del paciente (Simón-Lorda *et al.*, 2008; Altisent, 2013; Toro Flores *et al.*, 2013).

El ECP se basó en respetar las decisiones de Leticia y en no desconocer que es un derecho de la persona confeccionar su directiva anticipada o explicitar sus preferencias. En este sentido se trabajó en construir una comunicación efectiva salteando su imposibilidad de hablar, con la gestualidad de esperar el desarrollo pausado y por escrito, revisar en detalle sus palabras y releer en voz alta para no equivocar su voluntad. El tiempo se distribuyó también en el acompañamiento del proceso de aceptación de José hacia la finitud de la vida de su compañera. Esta modalidad de la comunicación con el ECP permitió un flujo directo y franco que comenzó a circular entre Leticia y su familia:

- "me pone mal que mi esposo no me entienda" (Leticia).
- "me siento muy egoísta al pensar que desearía tenerla todo el tiempo que sea posible... tenerla conmigo... pero la prolongación en el tiempo implicaría una tortura..." (José).

Fragmentos de una carta de Leticia a José:

---

[3] Tienen el objetivo de alcanzar un conocimiento de los valores y las preferencias del paciente que se refleje en la historia clínica de tal modo que sirva de apoyo para tomar decisiones coherentes con su voluntad si en un momento dado pierde la capacidad de otorgar el consentimiento

"hasta no hace mucho la pasamos muy bien, porque los dos nos queremos mucho.

Hacíamos escapadas, el viaje a Europa, los viernes...

Ahora nos cambió la vida.

Yo sé que sufrís mucho por todo... pero nada hago sintiéndote mi esclavo,

quisiera que siempre estuvieras al lado mío, no puedo verte nervioso, pero yo no hago nada para que te pongas mal.

Esta enfermedad mía cambia todo, te pido que me entiendas y nada hago para mal tuyo.

Te pido que no te pongas mal conmigo.

Que más te puedo decir que vos no sepas...

Tratemos de pasarla lo mejor posible. Esto lo escribí en la cama."

Meses después Leticia falleció en su casa acompañada por José, con internación domiciliaria y el dispositivo de atención telefónica del ECP.

El comportamiento de los profesionales de la salud hacia los pacientes debe estar siempre fundamentado en la bondad y el respeto. Pequeños actos de bondad pueden personalizar el cuidado y a menudo requieren poco tiempo (Chochinov, 2009). Adquirir esa disposición de alerta que hace posible dar y recibir cuidados requiere la labor de maduración emocional, sin la cual la actividad misma fracasa (Izquierdo, 2003). Acompañar a Leticia en este decir sin voz pero con convicción y plena capacidad de tomar sus decisiones nos hizo madurar emocional y técnicamente en la labor de cuidar a "Leticia con ELA".

Compasión

La "C" del cuidado centrado en la dignidad requiere un tratado sobre los sentimientos del profesional de la salud. La compasión se refiere al conocimiento profundo del sufrimiento del otro, junto con un deseo de aliviar ese sufrimiento. La compasión conecta con sentimientos que son evocados a través del contacto con el usuario y cómo estos sentimientos dan forma al modo en que enfocamos el cuidado que ofrecemos (Chochinov, 2009).

Colores para Blanca

> *El amarillo en la naturaleza*
> *es más raro que todos los colores.*
> *Es que ella –pródiga de azul–*
> *lo ahorra para los ocasos.*
> *Mientras derrocha el escarlata*
> *mujer al fin- entrega el amarillo*
> *escasamente y eligiéndolo,*
> *como una amante elige sus palabras.*
>
> Emily Dickinson

El miércoles Blanca ingresa a la guardia con un gran deterioro físico, con dolor no controlado, falta de aire, muchas secreciones y varios días sin dormir. Nos contacta el marido, Jorge, quien se muestra muy nervioso y con gran angustia. Se les propone mejorar las indicaciones para aliviar los síntomas y se sugiere dejar a Blanca internada. Se dialoga con la familia por la tarde, se les comunica que el deterioro de la paciente es por el progreso de la enfermedad, que se intentará optimizar la parte respiratoria con tratamiento antibiótico, pero que probablemente estemos transitando el final de la vida de Blanca. La familia manifiesta su tristeza y comparte la decisión de permanecer en el hospital.

Los días siguientes el equipo de cuidados paliativos visita a la paciente y a la familia, el dolor está controlado, sin embargo Blanca no logra descansar, se angustia mucho y se la observa muy debilitada para dialogar, la familia se muestra muy inquieta.

El viernes cuando nos acercamos a Blanca la notamos muy triste e intranquila. La debilidad que presenta le dificulta dialogar, la invitamos a realizar una visualización. Buscamos con la imaginación un lugar donde ella suele sentirse cómoda y segura, en un momento del día que ella prefiere.

Estamos en la cocina de Blanca, ella se ve tranquila, se prepara un té en su taza. Es por la mañana, cuando inicia el día. Le gusta ese momento del día porque "inicia", da comienzo a algo nuevo, que no sabe cómo será lo que viene pero le da ganas de empezarlo. (Blanca se angustia, Jorge que está presente nos cuenta que Blanca es artista plástica, "profesora"... que desde hace un tiempo guardó los pinceles... se angustia, dice algo "ese es un punto... mi culpa..."). La invitamos a Blanca a tomar su pincel imaginariamente y componer juntos este cuadro: estamos en su cocina, es la mañana, entra el sol por la ventana, ella se prepara el té en su taza, se sienta, está tranquila...

Aparecen los colores, primero el rojo fuerte. Blanca lo pone con enojo. Luego se tiñe de violeta, su pincel se entristece... le ruedan unas lágrimas en sus mejillas pálidas y flacas.

Su cocina está tranquila pero sombría, vemos por la ventana una luz que hace fuerza por entrar y empuja el amarillo, con hilos blancos arrastrando los violetas y rojos... finalmente vemos como Blanca en su ventana pinta unas hermosas flores, "de esas silvestres, son amarillas y blancas, ahí en mi ventana".

Todos vemos esa ventana con flores que iluminan la cocina de Blanca y nos invita a quedarnos a tomar el té junto a ella mirando su bonito cuadro.

La sensación de alivio y placer invadió la habitación. Nos abrazamos con Blanca, la dejamos descansar.

Esa tarde le regalamos unas flores blancas y amarillas. Unos días después Blanca fallece tranquila, acompañada de su familia.

La compasión puede ser expresada a través de cualquier forma de comunicación –verbal o no verbal– que muestre el reconocimiento de las historias humanas que acompañan a la enfermedad (Chochinov, 2009).

En esta intervención el ECP revisa los propios sentimientos, que también se enlazan a la intranquilidad por no lograr el alivio, lejos de negarlos, los expusimos en la paleta de colores de Blanca. La intranquilidad y la gran tristeza se hacen presentes en el centro de la intervención, dado que su despliegue será la clave para aliviarla.

El cuidado centrado en la dignidad invita a reconocer la historia de vida que acompaña a la enfermedad. En varias ocasiones el equipo de salud desiste en recuperar la historia de la persona, en Blanca no hubiésemos podido conocer sus múltiples identidades como trabajadora docente, artista plástica, compañera, madre. No ubicar el recorrido por esta enfermedad, al contextualizar el cuidado en la situación de últimos días de vida, nos hubiera dejado sin herramientas para alcanzar el alivio. La mirada unidimensional nos impone un cuerpo al desnudo, desprovisto de los componentes humanizantes.

No hay compasión posible en la sola objetivación de los síntomas (insomnio, angustia). No se obtiene alivio de los síntomas sin acompañar como es el proceso de subjetivación de Blanca, en tanto mujer/trabajadora/docente/artista/compañera/madre que sufre ante la certeza de su final de vida.

María Jesús Izquierdo (2003) nos recuerda que el otro es una necesidad para nosotros, puesto que sólo es posible desarrollar conciencia de sí en relación con los demás. El cuidado se encuentra en la encrucijada de la razón y la emoción, se trata de una actividad racional originada por un estado emocional. El estado emocional, el temor, sólo es posible si hay conciencia de la propia vulnerabilidad o de la vulnerabilidad de quien es objeto de preocupación.

¿Cuántos colores de la paleta dejamos sin utilizar en nuestros actos de salud? ¿De cuántos gestos amorosos nos sentimos vulnerables y nos desentendemos, desmereciendo las emociones que se presentan en nuestra práctica cotidiana?

Diálogo

El diálogo es elemento crítico del cuidado para la dignidad, un intercambio de información exhaustivo, dentro de una relación de colaboración, el cual se establece a través de reunirse, interpretar y planificar acorde a los nuevos detalles que vayan emergiendo. El diálogo debería usarse sistemáticamente para poner al tanto al profesional sanitario con aspectos de la vida del paciente que necesitan ser conocidos para proporcionar el mejor cuidado posible (Chochinov, 2009).

Llegó el correo

No todos los diálogos son cara a cara, ni podemos reconocer la huella que dejamos con nuestras palabras.

Cecilia, hija de Javier quien padece un linfoma en la etapa terminal de la enfermedad, participa junto a su mamá y su hermano de la entrevista familiar, donde se explicitan el estado de situación delicado de Javier, los elementos de complejidad por la distancia geográfica a su domicilio a más de 300 km del hospital y los escasos recursos sanitarios disponibles en la zona. A los dos días Cecilia regresa a su casa y nos envía una carta por intermedio de su mamá:

"Hola, te quería decir que el día que nos reunimos yo tenía muchas ganas de hablar, pero el llanto no me dejaba, entonces te lo quería escribir en esta carta.

Yo estoy muy triste por lo que le pasa a mi papá.

Yo me quedaría todo el tiempo del mundo y para lo que necesite, yo pensaba que mis sueños eran otros pero en verdad mi sueño sería curar la enfermedad de mi papá y que toda mi familia este bien.

Si a él le pasa algo yo me muero, o también si le pasa algo a mi mamá o a mi hermano.

Hoy jueves a la noche estoy con él a solas y tengo ¡muchas pero muchas ganas de abrazarlo! Y también darle muchos besos.

Era eso nada más cualquier cosa si te quiero decir algo más te mando otra carta. Gracias por todo, gracias por estar siempre y por escucharnos siempre. Si podes contestá la carta y gracias por leerla!!!"

Le confeccionamos una respuesta que dice lo siguiente:

"Gracias por compartir tus pensamientos y emociones, y más por elegir este camino de escribir y animarse a que otros podamos saber qué te está pasando.

Creo que sos muy valiente y que estar a solas con tu papá es un momento muy importante para los dos. Que te puede dar miedo, te pueden venir ganas de llorar y también ganas de abrazarlo y mimarlo, y que todo lo que salga de tu corazón va a ser muy bienvenido por tu papá, aun cuando él no pueda decirlo, porque está dormido o muy débil, su corazón te va a estar abrazando.

Me encantaría decirte que tenemos una "fórmula mágica para curar" como en las pelis pero en este mundo todavía no tenemos ese poder de superhéroe; pero estoy segura que vos tenés una varita mágica, como princesita de Javier, para llenarlo de amor y besos que le van a ayudar para que su dolor le duela menos.

Todos queremos tener siempre cerquita a papá y mamá, pero nuestros papás (y nosotras también) algún día nos toca dormir y despedirnos de todas las personas que queremos mucho. Esa despedida a veces ayuda a que el que se va a dormir (morir) pueda descansar y sentirse aliviado; y los que se quedan, acompañarlo. Por eso, todo esto que vos y tu familia hacen por Javier es tan o más importante que lo que hacen los médicos.

... si bien cuando alguien que queremos mucho se muere, es como si un pedacito de nosotros también se muere, pero todo el resto de nosotros sigue vivo! Y viviendo por todos esos proyectos/deseos que todavía están esperando para ser vividos por vos y que tu papá estará orgulloso de que disfrutes de vivirlos. Te mando un fuerte abrazo. Contá conmigo".

El dialogo con niños y adolescentes nos impone desafíos, nos interroga sobre las habilidades de escucha frente a la sinceridad de sus discursos. Contener en nuestra práctica el respeto a los derechos de los niños, niñas y adolescentes es la brújula para no subestimar sus procesos de elaboración y adaptación frente a la pérdida, para legitimar sus gestos amorosos, registrar el impacto del contexto de enfermedad en su cotidianidad sin marginalizarlos. Obtener este contexto esencial debería ser un elemento estándar e imprescindible del cuidado para la dignidad (Chochinov, 2009).

Defender la ética del cuidado requiere adquirir conciencia de nuestra vulnerabilidad y de la vulnerabilidad del mundo en que vivimos, en sus diversas dimensiones (Izquierdo, 2003). Las intervenciones en psicología comunitaria se igualan a la práctica de cuidados paliativos en la estrategia preventiva que el dispositivo despliega desde la integralidad de la perspectiva, la construcción de redes, el carácter participativo de los procesos de toma de decisiones. Así también como la interdisciplinariedad de un equipo "que construye el conocimiento y las respuestas, que comparte éxitos y fracasos, que aprovecha y valora las distintas especificidades en el momento de la teoría para igualarla en el momento de la práctica" (Cohen y Natella, 1995: 101).[4] Y como elemento fundamental del dispositivo preventivo, su potencia transformadora, al decir de Ignacio Martín Baro (1998), la tarea urgente de consolidar una praxis implicada con nuestra realidad latinoamericana, merece un compromiso para el cambio de cuidar centrado en la dignidad de las personas.

Referencias

Altisent, R. (2013). "Planificación anticipada de la asistencia. Se necesita una revolución educativa". *Aten Primaria*. 45 (8), pp. 402-403.

Baró, M. I. (1998). *Psicología de la liberación*. España: Trotta.

Chochinov. M. (2009). "Dignidad y la esencia de la medicina: el A, B, C y D del cuidado centrado en la dignidad". En *MED PAL*. 16 (2), pp. 95-99.

Cohen, H. y Natella, G. (1995). *Trabajar en salud mental. La desmanicomialización en Río Negro*. Argentina: Lugar Editorial.

Izquierdo, M. J. (2003). "El cuidado de los individuos y de los grupos: ¿quién cuida a quién? Organización social y género". En *Segon Congrés de Salut Mental. Grup de treball: Identitat, génere i salut mental*. Barcelona.

Pastrana, T., De Lima, L., Wenk, R., Eisenchlas, J., Monti, C., Rocafort, J. y Centeno, C. (2012). *Atlas de Cuidados Paliativos de Latinoamérica ALCP*. Houston: IAHPC Press. Argentina, (4): 29-30. Disponible en http://cuidadospaliativos.org/atlas-de-cp-de-latinoamerica/

Román Maestre, B. (2013). "Para la humanización de la atención sanitaria: los cuidados paliativos como modelo". *Med Paliat,* 20 (1), pp. 19-25.

---

4   Agradecimiento especial a mis compañeros del equipo de Cuidados Paliativos coordinado por la Dra. V. Tripodoro, con quienes comparto la gratificante tarea de cuidar en el final de la vida.

Simón-Lorda, P. *et al.* (2008). "Conocimientos y actitudes de los médicos en dos áreas sanitarias sobre las voluntades vitales anticipadas". *Aten Primaria.* 40 (2), pp. 61-68.

Toro Flores, R. *et al.* (2013). "Conocimientos y actitudes de médicos y enfermeras sobre las instrucciones previas". *Aten Primaria.* 45(8), pp. 404-408.

Tripodoro, V. (2013). "El derecho a los cuidados paliativos o el día en que la muerte decidió volver...". *Revista de Medicina.* 73 (6), pp. 601-604.

Tripodoro, V. *et al.* (2013). "Implementación del Liverpool Care Pathway en español en Argentina y en España: exploración de las percepciones de los profesionales ante el final de la vida". En *Med Paliat.* Disponible en http://dx.doi.org/10.1016/j.medipa.2013.07.001

Wee, B. (2007). "Bedside teaching". En *Eucation in Palliative Care.* II (13), pp. 115-126.

Zaldúa, G. (2011). "Vulnerabilidad, turbulencias y posibilidades". En *Epistemes y prácticas de psicología preventiva.* Buenos Aires: EUDEBA.

Intervención psicosocial sobre problemáticas actuales en adolescentes de una escuela media de la comuna 3 de la CABA

Graciela Zaldúa, María Pía Pawlowicz, Roxana Longo, María Malena Lenta, María Belén Sopransi, Hugo Leale, Verónica Veloso y Romina Moschella

Presentación y análisis de la experiencia

La centralidad de la intervención abarcó la población escolar de segundo año por considerarlo un momento clave de la cursada en la escuela media y por presentar algunos conflictos sintomáticos de disrupción escolar. A lo largo del trabajo realizado, compartimos encuentros con los siguientes actores institucionales: alumnos, padres y madres, tutores y docentes de gestión. En el presente trabajo abordaremos solamente la experiencia realizada con los adolescentes. La modalidad privilegiada fue el taller de reflexión. Con el fin de considerar las representaciones, los sentidos y las acciones que los adolescentes del ámbito escolar despliegan ante la emergencia de tensiones y comportamientos perturbadores –de algunos alumnos–, propusimos un diseño que incorporó el mundo de significados para comprender las distintas perspectivas.

Se trata de una propuesta sustentada en una perspectiva cogenerativa, de interacción en situaciones complejas, y de búsqueda de suficiencia interpretativa a partir de dos condiciones: la inclusión de la multiplicidad de voces y la apuesta a la reflexión crítica y transformadora.

Breve contextualización sociodemográfica e institucional de la situación

La escuela media donde realizamos nuestra intervención se encuentra en la Comuna 3 de la Ciudad Autónoma de Buenos Aires (CABA) que agrupa los barrios de Balvanera y de San Cristóbal. La Comuna 3 tiene en su territorio tres marcas catastróficas con cientos de muertos y afectados por las injurias físicas y psíquicas: el atentado a la sede de AMIA (1994), el desastre de Cromañón (2004) y el más reciente de febrero de 2012 el desastre ferroviario de la estación Once. Las víctimas, los familiares y las organizaciones de la sociedad civil siguen insistiendo en la exigibilidad de verdad y de justicia, y en los tres casos inscriben con diferentes modalidades espacios de la memoria. Por otra parte, también es un espacio emblemático en la memoria de las víctimas del terrorismo de estado, expresado en las baldosas en los lugares que vivieron o transitaron como el bar cercano a la Facultad de Psicología.

Es un espacio territorial socialmente heterogéneo, con residentes de sectores medios y otros en situación de pobreza e indigencia, lugar de tránsito y residencia, de espacios culturales tradicionales como escuelas, facultades, teatros, museos y emergencias de espacios de vulneración de derechos (niñas, niños y adultos en situación de calle, prostitución, mercadeo de sustancias, etc.).

Integrantes (efectores, usuarios, instituciones)

La comunidad educativa (estudiantes de segundo año, padres, madres y tutores), perteneciente a una escuela media de la Comuna 3 de la CABA.

Objetivos

Este trabajo tiene el objetivo de presentar los resultados de la intervención realizada por nuestro equipo sobre las características de las problemáticas e intereses de los adolescentes de los segundos años de la escuela media. Y, en particular, respecto de la indagación sobre los tipos y significados del consumo de sustancias psicoactivas y las prácticas de cuidado y autocuidado entre los adolescentes.

La presentación incluye la sistematización de las producciones y su análisis así como algunas consideraciones finales a modo de dialogo abierto.

Metodología de trabajo

La metodología utilizada en todo el proceso de intervención fue participativa. Trabajamos en talleres con instancias grupales y plenarias, y empleamos técnicas con dinámicas lúdicas de dramatización y elaboración de dibujos e historietas, con recursos audiovisuales, y momentos de reflexión e intercambio de puesta en común de las producciones grupales, así como con momentos expositivos dialógicos con problematización de representaciones sociales.

Facilitadores: intereses de los adolescentes con quienes trabajamos

Dentro de los principales gustos de los estudiantes, las respuestas –recolectada con la misma modalidad descrita anteriormente– suman un total de 362, que sistematizamos en 10 categorías.

¿Qué les interesa /gusta?

- SALIDAS, LUGARES, VACACIONES, JUEGOS 19% (fiestas, salir pasar el tiempo libre con amigos, juegos de mesa –truco y chinchón–, ir al cine, la cantina del colegio, excursiones y salir de vacaciones).
- ACTIVIDADES CULTURALES, DEPORTES Y MÚSICA 18% (escuchar música, hacer deportes –especialmente fútbol–, dentro de las actividades artísticas se nombran las que realizan en el IVA –Instituto Vocacional de Arte, Parque Chacabuco–: teatro, danza, tocar instrumentos musicales, pintura, fotografía, entre otras), y leer libros.
- PC, TV Y PELÍCULAS 17% (Internet, redes sociales –Facebook y Twitter–, Playstation y videojuegos, mirar películas y televisión –las series que se nombran son *Doctor House, Two and a half men, The big bang theory, Friends, LosSimpsons, Graduados*–).
- ACTIVIDADES FISIOLÓGICAS (comer, dormir, etc.) 13,5%.
- SEXUALIDAD – NOVIAZGO 8% (el amor, estar de novio/a, el sexo, masturbación).
- ESTADOS AFECTIVOS, SER, ESTAR, HACER 4,5% (ser felices, sentirse bien –reírse, divertirse, expresarse, jugar–).
- RELACIONES INTERPERSONALES 3% (estar con la familia y los amigos).
- DROGAS Y ALCOHOL 3%.
- ESCUELA: les gusta ir 2,5% y les gusta faltar 3%.
- OTROS 8,5% (comprar cosas, las mascotas, la política, etc.).

Obstáculos encontrados: preocupaciones de los adolescentes con quienes trabajamos

Las principales preocupaciones definidas por los estudiantes fueron recolectadas a través de trabajo grupal en talleres. El total de respuestas fueron 227.

¿Qué les preocupa?

- EL RENDIMIENTO ESCOLAR Y LAS CONDICIONES EN QUE SE DESARROLLA LA CURSADA 16% (aprobar o no materias, repetir el año, abandonar el colegio, y los problemas personales que propiciarían estos procesos, y por otro, situaciones relativas a la infraestructura escolar que afectarían directamente los procesos enseñanza-aprendizaje).
- LAS RELACIONES INTERPERSONALES 14% (la mirada de los otros –cumplir con las expectativas de los otros, preocuparse por lo que los otros piensen sobre uno, etc.–, y los miedos a las pérdidas de los otros significativos –familia y amigos–).
- LAS VIOLENCIAS 12% (la discriminación –bullying escolar, discriminación ante elección sexual, racial, religiosa y étnica–, los abusos de poder y las peleas juveniles, y por último, la violación sexual).
- LOS PROBLEMAS SOCIALES 11% (la exclusión social, problemas económicos, políticos y ecológicos).
- LAS ADICCIONES 10% (el exceso en los consumos, especialmente ligado al alcohol y marihuana, y también la adicción a las redes sociales como forma de aislamiento).
- LOS PROBLEMAS BARRIALES 10% (las problemáticas del contexto inmediato del colegio en donde aparecen temas relacionados a la inseguridad y los robos, la gente en situación de calle, la prostitución y la trata de personas).

- LA SEXUALIDAD 9% (iniciación sexual, embarazo adolescente, ITS –infecciones de trasmisión sexual– y aborto).
- EL FUTURO Y EL CRECIMIENTO 5% (la incertidumbre que genera el futuro y las molestias por depender de otros –familia, tutores, etc.–).
- LA SALUD 3% (especialmente, a la conservación de la salud mental y los problemas alimentarios como la bulimia y la anorexia).
- La categoría OTROS agrupa el 10% de las respuestas (la mayoría de las respuestas son referidas al fútbol, la música, etc.).

Resultados

Las significaciones e imaginarios sociales vigentes de la cultura no pueden soslayarse para comprender las subjetividades adolescentes y las prácticas escolares. El aporte de la escuela como espacio para entender la complejidad psíquica y la construcción de un proyecto identificatorio de los chicos posibilita alternativas elaborativas y posibilidades creativas. Preguntarse y tratar de generar propuestas que enfrenten el "avance de la insignificancia" -en la doble dimensión de una existencia y subjetividad poco significativa y vacía de sentido (Castoriadis, 1998)- es una demanda legítima y expresa una actitud de responsabilidad institucional. En un momento de cambios tecnológicos, de reconfiguración de las organizaciones familiares, de cuestionamiento de los mandatos tradicionales, los adolescentes se encuentran frente a un porvenir incierto e imprevisible y se requiere del acompañamiento de las instancias en las que transcurre la existencia. Este momento vital que exige apuntalamientos para la salida exogámica y la construcción de nuevos lazos vinculares, por ejemplo, entre pares en la escuela con sus semejanzas y diferencias. En este sentido, nuevos soportes identificatorios y de compromiso con el grupo pueden propiciar valores socialmente considerados como el estudio, la pertenencia a grupos artísticos, culturales, políticos, deportivos, amistosos y abren posibilidades a deseos y proyectos. Asimismo, proveen de sostenes y de lazos sociales en la autoconstrucción de subjetividades abiertas al porvenir. En estos complejos procesos de tramitación psíquica, con frecuencia pueden aparecer atajos como se refleja en la clínica actual: procesos adictivos o problemáticos con sustancias, trastornos alimentarios, depresiones o impulsiones. Apostar a que se pueda investir el futuro y frente a la preminencia de un vacío que se impone y que reclama ser llenado con objetos de consumo varios o anudado a desencuentros escolares o de los afectos, es un desafío para padres y madres y también educadores y otros efectores institucionales.

Los trabajadores ferroviarios y el efecto traumático del desastre de Once

Graciela Zaldúa, María Malena Lenta y Hugo Leale

Este trabajo presenta algunas reflexiones acerca de las intervenciones psicosociales junto a colectivos humanos que han vivido situaciones traumáticas por cercanía con la muerte ya sea porque ellos estuvieron ahí o porque tuvieron que asistir a quienes ahí estuvieron. Cada vez que estamos próximos a la muerte –o que ella encuentra su trabajo facilitado por las lógicas del capital y la ganancia a cualquier costo, combinadas con políticas que priorizan otros objetivos en vez del cuidado– aparecen magnitudes extremas de sufrimiento. En esas circunstancias, dos funciones centrales del psiquismo: percibir y pensar, quedan inhibidas y pueden ser fácilmente reemplazadas por el alucinar o el delirar.

Planteamos dos tareas como centrales en las post-emergencias: ayudar a la elaboración del impacto emocional y el sufrimiento aparejado; y la recuperación de la capacidad de percibir y pensar. Ha llevado mucho tiempo que sea jerarquizada y tenida en cuenta la dimensión psíquica junto a los aspectos bio-médicos, tanto en la consideración de las leyes y políticas públicas, como en las significaciones imaginarias sociales del conjunto de la población. En torno al desastre de la estación de Once, de la Ciudad Autónoma de Buenos Aires (CABA), Argentina, el 22 de febrero de 2012, en el que murieron 52 personas, proponemos debatir la pertinencia y los objetivos de las intervenciones psicosociales en tales acontecimientos.

El desastre de la estación de Once no soporta la denominación de "accidente". No fue un accidente la política desinversión, los desvíos de fondos hacia otras empresas de los mismos

413

grupos –o cuentas de funcionarios/políticos/etc.–, la no reno-vación de equipos, la no-provisión de repuestos, las presiones sobre los trabajadores para que operasen en condiciones inse-guras bajo amenaza de despido, etc.

La intervención psicosocial se realizó junto con los trabajadores ferroviarios que –asignados a diferentes tareas en la estación de Once– fueron los primeros en acudir al rescate durante el desastre acaecido el 22 de febrero. La perspectiva metodológica que adoptamos combinó la inves-tigación participativa con el monitoreo estratégico. Se trata de un conjunto de dispositivos de evaluación estratégica de salud, construidos desde las experiencias y los saberes colectivos en procesos de trabajo. El objetivo es la preven-ción profunda y la promoción real, activa, crítica y reflexiva de las condiciones que moldean el bienestar y la salud, en contexto de trabajo.

Es una modalidad alternativa a los enfoques tradicionales que ponen el acento en la salud y la enfermedad como respon-sabilidad individual y que hacen recaer los efectos del deterio-ro laboral sobre los mismos trabajadores. En esta oportunidad se trabajó en la reelaboración de la demanda de intervención que hicieron los delegados ferroviarios al colectivo universita-rio. La empresa había ofrecido entrevistas terapéuticas indivi-duales, ya que "los problemas son de cada uno, y cada uno debe resolverlos", y el cuerpo de delegados –enfrentado tanto a la empresa como a las direcciones sindicales de La Fraternidad y la Unión Ferroviaria, cómplices de las empresas concesionarias– entendió que algo vivido colectivamente debía tener un afron-tamiento colectivo.

En reuniones de trabajo conjunto con el equipo univer-sitario se desarrolló una propuesta cogenerativa que inclu-yó: 1) implementación de dispositivo de relato integrado; 2) registro de cargas físicas, psíquicas y mentales; 3) desarrollo de estrategias creativas; y 4) derivación de casos graves.

El dispositivo de relato integrado ubica como eje el diá-logo, sin importar cual técnica de comunicación se emplea. Se desarrolla en un contexto grupal que favorezca los intercambios y la expresión de solidaridad y ayuda recíproca (Perren-Klingler, 2003) de manera que la tranquilidad y la estabilidad (extraviadas por lo caótico de la situación) retomen poco a poco su lugar y la existencia recobre sentido.

El registro de cargas físicas, psíquicas y mentales es una de las técnicas que se emplea en el relevamiento de las CyMAT (Condiciones y Medio Ambiente de Trabajo), implica el reconocimiento y la objetivación de los esfuerzos y tensiones que las tareas realizadas les demandan a los trabajadores. Ese "mirarse desde afuera" facilita la desnaturalización de las funciones y las posiciones ocupadas en forma cotidiana.

El desarrollo de estrategias creativas tiene como objetivo vehiculizar, a través de múltiples expresiones (dibujo, escritura, canto/música, otras) una emocionalidad que quedó detenida; tarea sublimatoria que contribuye a resumir el desborde pulsional.

Durante el proceso de intervención se trabajó con 26 trabajadores (2 mujeres y 24 varones) de distintos sectores y cargos. Las dimensiones abordadas incluyeron la resignificación colectiva de lo traumático, las amenazas a la identidad frente a las tensiones sociales de gratificación y enfrentamiento, las tensiones sobre el propio cuerpo y la elaboración de una demanda colectiva frente a lo ocurrido. Finalmente, se trabajó en un camino conjetural que implicó discusiones sobre: a) la emancipación de la "coerción de la verdad" del poder empresarial y gubernamental; b) la construcción de discursos desde los trabajadores y corrimientos de posicionamientos subjetivos de mortificación, amedrentamiento o resignación; y c) la visibilización en la agenda pública de la deuda de la democracia con el transporte público y el cuidado de la vida de los ciudadanos.

La dimensión psicosocial del diálogo posibilitó la reconstrucción de un evento de indudable impacto emocional, y su inclusión en la historia personal y colectiva del grupo de trabajadores, afrontando la violencia, la marginalización y la mentira institucional, tres elementos que provocan daño psíquico y conducen a la traumatización (Martin-Baró, 1994).

Hacer esta experiencia despertó en varios trabajadores la inquietud de conformar una comisión de salud reclutando integrantes entre aquellos trabajadores, con el objetivo de reconocer y relevar los problemas de salud y las condiciones medio-ambientales del trabajo.

Bibliografía

Martín-Baró, I. (1998). *Psicología de la liberación.* Madrid: Trotta.

Perren Klinger, G. (2003). *Debriefing. Modelos y aplicaciones.* Suiza: Instituti de Psicotrauma Suiza.

Intervenciones en emergencias socio-ambientales

HUGO LEALE

Abordamos las diferentes dimensiones del proceso salud/ enfermedad/atención/cuidado en los territorios en que acontecen, en los espacios en que se desarrolla la cotidianidad de las personas y en los momentos que lo ameritan; en este caso, cuando irrumpe la muerte con alguna de sus múltiples manifestaciones. Nuestra presencia es, además de pertinente, necesaria.

Los días 2 y 3 de abril de 2013 un evento climático extremo afectó a la zona metropolitana; sobre la zona de La Plata hubo un registro de precipitaciones que marcó un record histórico, casi 400 mm. Este evento climático extremo no fue ni un desastre ni una catástrofe natural. De "natural" no tuvo ni tiene nada, la naturaleza está exenta absolutamente de responsabilidades. ("La naturaleza se declara inocente", dijo, en la evaluación de las sequías a fines de los años sesenta, Rolando García). Hace años que desde la salud colectiva latinoamericana venimos trabajando en la concepción de emergencias socio-ambientales y en la necesidad de una gestión integral; ya que consideramos que la destrucción del ambiente y el subsecuente cambio climático impacta negativamente en la vida y en la salud de nuestras sociedades, lo que genera cada vez más emergencias. Las descripciones que intentan "naturalizar" este tipo de emergencias expresan sólo relatos de la impotencia y las limitaciones respecto de cómo enfrentarlas en cuanto a su gestión integral de prevención, preparación y respuesta. En esta emergencia, como en otros eventos similares, se habló de la "ausencia del Estado". Eso es falso. "Ausencia" sería que "el Estado no estaba", cuando en realidad se encontraba muy presente pero priorizando otras políticas como un Estado penal con más fuerzas seguridad y patrulleros, o un Estado del marketing permanente con carreras deportivas y campañas de visibilidad-propaganda, o un Estado promotor del rentismo-inmobiliario que colapsa la infraestructura socio-sanitaria (agua, saneamiento, suelo-tierra), y deja la planificación del espacio público urbano librada al mercado. Aquí vimos sus resultados más crudos y desgarradores.

Y a muchos meses de esa inundación, no se sabe aún cuántos muertos hubo; entre otras cosas porque si el número de muertes supera la centena, el desastre pasaría a una categoría mayor.

Nuestras intervenciones se inscriben en una perspectiva de epidemiología territorial participativa, que busca visibilizar el registro histórico de desastres sociales en el territorio donde convergen tanto las lógicas del capital y la ganancia a cualquier costo, como las políticas públicas que habilitan la vulneración de los derechos de sectores sociales desplazados: sectores populares y trabajadores informales o precarizados.

El barrio de Villa Elvira se ubica en el sudeste del partido de La Plata, es atravesado de sur a norte por el arroyo Maldonado, un curso de agua normalmente de caudal mínimo. Es un barrio urbanizado en su mayoría, con algunas calles asfaltadas –en mal estado– y otras "afirmadas". Todos los terrenos están demarcados y hay servicio de luz eléctrica y red de agua potable, no así de cloacas. La construcción es heterogénea, coexisten casas de ladrillos con casas de chapa y madera. En la zona de "camino de sirga" en los terrenos adyacentes al arroyo –zona no apta para viviendas–, la construcción es de marcada precariedad. La desigualdad en las relaciones de poder fuerza a quienes tienen pocos recursos a residir en entornos peligrosos.

En anteriores inundaciones, el arroyo desbordó su cauce y alcanzó una altura de unos 20 cm en las casas aledañas. El 2 y el 3 de abril, la extraordinaria precipitación generó una inundación repentina o dinámica, con una correntada de violencia inusitada (arrastró casillas, algunos comentarios dicen que también personas, aunque no en la zona en que intervinimos) que alcanzó en las casas aledañas una altura de 150 cm.

Fallaron los sistemas de alerta temprana, y la mayoría de las familias y las personas afectadas en general no sólo no contaban con planes de contingencias, sino que tuvieron una especie de "agujero negro" de entre 10 a 12 horas en el que estuvieron solos respondiendo al temporal como a ellos se les ocurría (por ejemplo: algunos se encerraron en los autos, se quedaron en la casa, no evacuaron y murieron ahogados). El Estado (ciudad-provincia) se comenzó a movilizar en forma "espontánea" e "improvisada" entre 12 a 24 horas después. Eso es mucho tiempo en una emergencia de este tipo. El sistema de salud pública tampoco estuvo a la altura de las necesidades y circunstancias. Sólo se encargó de "atender" con su sistema de emergencias médicas clásico en hospitales; hizo "enfermología" de traslados pero no tuvo –ni tiene–políticas de prevención, de preparación ni de respuesta ante emergencias socioambientales donde no hay que "esperar" a los enfermos-damnificados sino ir a los territorios, barrios y lugares a trabajar directamente con la población en el momento de lo ocurrido, tanto en una dimensión preventivo-promocional y de vigilancia de la salud, como en atención rápida.

Nuestra intervención se instaló allí, en convergencia con una asociación civil de voluntariado (Médicos del Mundo). En el primer momento de la post-emergencia se trabajó con un móvil sanitario para atención rápida y con equipos móviles recorriendo casa por casa, relevando socio-sanitariamente las urgencias y dialogando con los vecinos, indagando las afectaciones emocionales surgidas. Ese "diálogo" consistía en la escucha atenta y paciente del relato de la experiencia vivida por /los narradores. Una descripción pormenorizada de los hechos, que portaba una carga emocional desmesurada. (La mayoría eran relatos del peor terror, por ser la confrontación del ser humano en forma súbita y sorpresiva con su vulnerabilidad y desvalimiento con su propia finitud).

En el segundo momento, se realizaron reuniones de vecinos adultos y niños para crear espacios de intercambios de la experiencia y de producción gráfica, lúdica y discursiva como elaboración del impacto psíquico vivido. Luego comenzamos a buscar otros mecanismos de convocatoria y participación para definir necesidades, problemas y prioridades locales. En forma congruente con lo observado por otros equipos intervinientes en emergencias, encontramos que la mayor parte de la población no menciona las "amenazas graves" cuando se indaga sobre los riesgos que enfrentan, y le asigna mucha más importancia a otros problemas cotidianos (en Villa Elvira: violencias, consumo de sustancias, embarazo adolescente, entre otros).

Desde una perspectiva crítica y metodología participativa, la intervención le da un lugar central a la voz de los sujetos y a las construcciones narrativas que otorgan sentido a sus prácticas. Esto implica trabajar con procesos diseñados junto con los grupos y actores sociales, los cuales se irán reevaluando y sobre los que se irá reflexionando, enfatizando la participación activa de los sujetos. Operamos con una concepción de los sujetos como actores sociales capaces de transformar la realidad social, incorporando los saberes de la comunidad, escuchando y respetando sus voces.

Estamos trazando una cartografía social participativa que permita visualizar la representación que quienes viven allí tienen de ese territorio; y de esa manera identificar puntos de problema, riesgos, y también recursos movilizables y recursos faltantes. El trabajo conjunto permitirá encarar la producción creativa de patrones de desarrollo protectores y saludables de las emergencias socioambientales, como sería establecer un plan de contingencia barrial/municipal. O sea, un plan conocido por todos, donde quede claro lo que hay que hacer y lo que no, cuáles son las rutas de evacuación, cuáles son refugios disponibles y seguros.

¿Cuáles son las instituciones o grupos con quienes coconstruir planes de contingencia, sistema de alarma temprana, programas de respuesta y mitigación, y gestión de los recursos? Numerosas experiencias en intervenciones socio-comunitarias señalan la necesidad de considerar la cultura de las poblaciones concernidas. Un fuerte obstáculo encontrado en nuestra experiencia (y relatado por vecinos y otros trabajadores) es la que algunos denominan "cultura clientelar": asumir una posición de receptor (bajo la forma pasiva o de demanda activa). Esta modalidad de gestionar los recursos estatales, utilizada por los partidos políticos mayoritarios, devalúa o hasta impide la construcción de ciudadanía y deja a las poblaciones cautivas o sometidas a los gobiernos de turno. Desarrollar y consolidar la participación se convierte en un desafío democrático igualador.

Una alternativa a explorar en la intervención será la continuidad de la intervención bajo la forma de aprestamiento preventivo, iniciando desde la escuela barrial el trabajo con niños, niñas y adolescentes; quienes, por lo demás, sufrieron de modo intenso un miedo que reaparece cuando el cielo se cubre con nubes negras.

Abriendo nuevos posibles

Una experiencia de acompañamiento familiar y el quehacer comunitario

VALERIA PIPO

A Fernando y Liliana,
A su historia y su derecho a ser niño
A Vale y Ulises, por su apuesta y dedicación
A Diego, por su presencia y escucha

———————

Un complejo habitacional –edificios, escaleras, pasillos, gente y más gente, perros y contenedores de basura sin descargar–, un grupo familiar, vulnerabilidades de derechos varias, un complejo mundo de instituciones y profesionales interviniendo –incluso de acompañamiento familiar– como cara visible del Estado.

Ezequiel tiene 13 años. Vive en uno de esos barrios con escasos recursos en el escenario urbano, junto a su mamá María, sus hermanos –mayores que él– Marcos y Lucila, y sus abuelos maternos. Un grupo familiar complejo, roles confusos al interior, atravesado por distintos padecimientos mentales, historias de violencia de género en los distintos vínculos y generaciones, escasos vínculos comunitarios e instituciones diversas con distintas miradas respecto de cómo atender las necesidades y los derechos de los niños y los adultos. Y allí, un equipo de acompañamiento familiar.

El presente escrito tiene por objetivo presentar una experiencia de trabajo en el acompañamiento familiar de un niño y su grupo, en el marco de un programa dependiente del área de Niñez en Promoción social del Estado de la Ciudad Autónoma de Buenos Aires. A su vez, se busca reflejar aquí fragmentos del proceso de reflexión crítica que estuvo presente en el equipo a lo largo de todo el desarrollo de la intervención y que generó una reformulación permanente de objetivos, estrategias y líneas de acción abordando la complejidad de la situación familiar desde el múltiple atravesamiento de dimensiones subjetivas, vinculares, comunitarias, habitacionales, institucionales y ético profesionales.

El programa; nuestro equipo

El programa que da marco a esta intervención de acompañamiento familiar se desarrolla bajo el paradigma de la protección integral de derechos de niños, niñas y adolescentes (Ley 114, CABA, y Ley 26.061, Nacional), y constituye en sí mismo una medida de protección integral de derechos, con el objetivo principal de resguardar y de restituir aquellos derechos, priorizando el derecho a la convivencia familiar y comunitaria (Ley 114, arts. 25 y 26). Se trata de varios equipos zonales interdisciplinarios de psicólogos, trabajadores sociales y trabajadores de otras disciplinas afines que realizan un abordaje familiar desde lo territorial y lo comunitario.

La dimensión de la cotidianeidad es el escenario privilegiado de este trabajo desde donde se abordan los vínculos, los imaginarios, las necesidades y los derechos, y se despliega el quehacer profesional de quienes trabajan en las instituciones como efectores de la política pública.

Este proceso de acompañamiento se desarrolló a lo largo de aproximadamente cuatro años (lo que superó ampliamente los plazos inicialmente establecidos). Y podrían identificarse tres grandes etapas, y la intervención de dos operadores familiares diferentes en forma consecutiva: una inicial, signada por el fortalecimiento de la inclusión de

Ezequiel en las instituciones y el reconocimiento de María en su rol de mamá y su condición de mujer; una segunda, en la que el objetivo central estuvo orientado a acompañar a Ezequiel y a su familia frente a cambios y movimientos institucionales, que pusieron en cuestión las intervenciones que se venían realizando, priorizando la tensión incapacidad/encierro-posibilidades/convivencia familiar y comunitaria, y a la vez, el acompañamiento tanto a la familia como a las instituciones a fin de que pudieran atender los desafíos que presentaba el crecimiento de Ezequiel, de la mano del empoderamiento de su mamá en su rol y en su posibilidad de la palabra; y otra posterior, en la que Ezequiel está lanzado a su más plena pubertad e ingreso a la adolescencia, y se produce una reconfiguración de los vínculos y roles al interior del grupo familiar, junto a los desafíos, las necesidades y los derechos que la situación presenta tanto para los adultos como para las instituciones.

La tarea del acompañamiento familiar es de carácter complejo y multidimensional. El operador familiar interviene en la cotidianeidad de la vida familiar y comunitaria, buscando generar condiciones de posibilidad para el despliegue de un rol protagónico de quienes se pretende acompañar, tendiendo así hacia procesos de autonomía y empoderamiento desde una perspectiva de defensa y promoción de los derechos de niños, niñas y adolescentes.

Hay que señalar que, paradojalmente, las intervenciones se suponen orientadas a la dimensión familiar, arrastrando resabios quizás de un viejo modelo de patronato donde la familia se identificaba como culpable y principal responsable de la vulneración de derechos de los niños. Desde un posicionamiento de protección integral de derechos nos permitimos problematizar dicha cuestión para interrogar incluso al diseño de la política pública, en muchos casos, como responsable de la expulsión social que desde otras áreas se busca restituir o reparar.

La metodología de intervención en domicilio y en territorio admite un sinfín de posibilidades del quehacer profesional. Las intervenciones son *in situ*, allí mismo donde las cosas acontecen. Y las intervenciones no son sólo del orden de la palabra, muchas veces son de acción concreta, del quehacer, donde el respeto por la cultura, las costumbres y las creencias del otro debe ser el punto de partida.

Los escenarios son de lo más variado. Una casa, un encuentro en la puerta, jugar en la canchita, compartir el momento del comedor comunitario, una entrevista en un centro de salud, un viaje en colectivo, un acompañamiento a sacar un turno... tantas opciones como la vida cotidiana plantea, manteniendo una mirada y un posicionamiento ético relacional (Montero, 2003) y sin perder de vista el rol profesional.

Los protagonistas y sus vínculos

Cuando recibimos la derivación de esta situación familiar para su acompañamiento familiar, se solicitaba el puntual acompañamiento a la Sra. María en la utilización y la administración del dinero en su economía familiar, particularmente luego de un período de seis meses de internación en un hospital monovalente por una crisis de salud mental a raíz de una fuerte pelea y enfrentamiento con su padre.

En ese período María había sido desvinculada de sus hijos, pequeños, durante su internación, con lo cual el fortalecimiento de esos vínculos resultaba central. A su vez, esta mujer que había sido víctima de violencia por parte del padre de sus hijos –lo que motivara su separación años atrás–, también recibía por parte de su propio padre un trato con un sesgo de gran desvalorización y malos tratos, al igual que de su madre –aunque en menor grado–, quien también era históricamente víctima de maltrato por parte de su marido.

Ezequiel, con sus entonces 10 años, comenzaba a constituirse en portavoz de esta conflictiva familiar haciéndose visible a través de sus conductas disruptivas dentro de la escuela, razón por la cual se había solicitado un cambio de modalidad de "escuela común" a "escuela de recuperación". Sus hermanos, por el contrario, realizaban un tránsito silencioso por las respectivas instituciones educativas.

Las instituciones, los profesionales y sus miradas

En una primera etapa el trabajo estuvo centrado en promover un acogimiento institucional para Ezequiel tanto en la escuela como en las instituciones de salud (CeSAC y tratamiento psicológico), acompañado por una presencia cada vez más protagónica de su mamá.

La escuela contaba con un equipo profesional de "gabinete" que asumió vigorosamente el proceso de inclusión del niño en la institución educativa, promoviendo el despliegue de herramientas institucionales a fin de estimular el desarrollo de habilidades y de competencias del niño. De este modo, Ezequiel pasó de una modalidad con horario reducido y salteado en un espacio individual con una maestra a compartir el espacio áulico con el grupo de chicos de su edad, compartir los momentos de recreo y de salida institucional, además de poder concurrir a actividades por fuera de la institución, como natación. Las instancias de socialización en el proceso de aprendizaje resultaban cruciales para un proceso de subjetivación en Ezequiel.

Las reuniones periódicas que manteníamos ambos equipos favorecían un intercambio de miradas respecto de la situación familiar y particularmente de Ezequiel, buscaban generar condiciones que le permitieran desplegar sus potencialidades y básicamente sostener la apuesta a aquello por venir, "que la realidad existente niega, pero que sería históricamente posible si se dieran otras condiciones"

(Martín Baró, 1998: 290), priorizando una mirada de niño respecto de él y sus "conductas" y el respeto profundo por su derecho a la educación, haciendo efectiva su accesibilidad.

A la vez, el acompañamiento que desde nuestro equipo se realizaba con María, tenía como objetivos principales el reconocimiento de ella como madre de sus hijos –con sus posibilidades y sus limitaciones–, promoviendo su lugar protagónico y presente, a la vez que acompañar su propia inclusión comunitaria dando lugar a sus intereses y también a sus posibilidades de inclusión sociolaboral.

El trabajo minucioso, casi invisible, de abordar el mundo de las representaciones, tanto con María como con Ezequiel, y por qué no, al interior de la institución con los otros profesionales y docentes, se convirtió en una intervención permanente y clave. Devolverle al niño una mirada de niño, capaz, con muchos recursos y posibilidades por desarrollar, era significado por él en todo un potencial subjetivante, y se generaban procesos de subjetivación (Duschatzky y Corea, 2002). Del mismo modo sucedía con la mamá, tanto en lo que refería a su hijo como a ella misma.

El valor de estas intervenciones –visitas al domicilio, juegos, acomodar la mochila, ayudar con la cocina, abrir las ventanas, mantener conversaciones...– residía justamente en hacer mella en la dimensión simbólica cotidiana, en el quehacer cotidiano de sus vidas. Y estas intervenciones no sólo se daban en el plano de la palabra, en entrevistas y conversaciones, sino también en el plano de la acción, abriendo nuevos posibles (Duschatzky y Corea, 2002).

Almeida Filho (2005) aborda especialmente la dimensión de la cotidianeidad en su categoría "modo de vida", como central para la epidemiología crítica y la reflexión respecto de la distribución de los procesos de producción de salud-enfermedad- atención a nivel poblacional. Entiende que las condiciones de vida de la población deben complejizarse con una mirada sobre el estilo de vida, incluyendo la dimensión simbólica de la cotidianeidad, donde se ponen en juego los significados, los sentidos y los valores que cada cultura y comunidad construye y asigna.

Los logros de la primera etapa fueron añoranza de la segunda. Se produjeron cambios en los planteles institucionales, la inclusión de Ezequiel en un tratamiento de salud mental en un hospital monovalente con nuevos profesionales y diferentes miradas, lo que se sumó al esperable crecimiento de Ezequiel que abría nuevos desafíos en sus procesos educativos y de socialización.

Allí la tensión entre el encierro, por un lado, y la convivencia familiar y comunitaria, por otro, atravesaron esta etapa de intervención.

El equipo profesional de la escuela cambió y, en el nuevo equipo, primó una mirada disfuncional respecto del niño. Ezequiel volvió a una jornada extremadamente reducida que ponía en cuestión una real inclusión educativa. Cada situación disruptiva del niño, que antes era contenida en el "gabinete", ahora lo era mediante el SAME. La patologización del niño se iba instalando cada vez más en el imaginario institucional sin posibilidad de interrogarse sobre tal situación. Desde las intervenciones de nuestro equipo en el trabajo interinstitucional no se logró conmover aquello que se asemejaba a un destino anunciado. Y de este modo las prácticas institucionales-profesionales expresaban el imaginario institucional e instituían subjetividad y realidad (Castoriadis, 1983); el niño era cada vez más "incontrolable" para la institución y él mismo comenzó a considerarse así.

Las intervenciones de la escuela para con Ezequiel incidían también en la confirmación de aquellos viejos supuestos que los abuelos tenían respecto del niño y que insistían en todas sus lecturas.

Y parte de estas miradas fueron reforzadas por algunos profesionales del hospital monovalente donde el niño realizaba su tratamiento en salud mental. Allí la internación, hospitalaria primero y en un hogar después, era la única estrategia propuesta por una parte del equipo tratante, mientras otros intentaban abrir pequeñas alternativas haciendo hincapié en las potencialidades que presentaba el niño en distintas especificidades profesionales (psicomotricidad, psicopedagogía, terapia ocupacional).

La tensión entre las distintas miradas, lecturas y posicionamientos ético profesionales (Montero, 2003) respecto de las estrategias de intervención estuvo presente en cada reunión, y la posibilidad de trabajar sobre aquellas tensiones fue el desafío que asumimos como equipo profesional. El cómo de la atención de las necesidades en salud mental que presentaba Ezequiel, de la mano de su derecho a la educación, recreación y convivencia familiar y comunitaria, eran el mar que nos dividía.

"El interés superior del niño", eje central del paradigma de la protección integral de derechos, era fundamento de ambas posiciones, contrapuestas.

Finalmente, en un período de licencias profesionales de parte del equipo de salud mental tratante, se efectivizó una internación. Ésta, justamente por tratarse de una internación innecesaria, mostró sus limitaciones. Al poco tiempo Ezequiel era dado de alta por "no tener criterio de internación", según afirmaba otro equipo profesional de la misma institución. Pero la internación en el hospital monovalente quedaba registrada en la vida de Ezequiel y su familia, y en la "etiqueta" de presentación para las nuevas instituciones.

"Si algo falla, reciben (las mujeres madres) –frente a los "descuidos"– las miradas culpabilizantes de las instituciones educativas, sanitarias, familiares", dirá Zaldúa (2011: 157).

Pero en toda esta etapa María había logrado posicionarse desde un lugar diferente. Preguntar lo que necesitaba saber, lograr acompañar a su hijo en cada día de su internación, cuestionarse también esa modalidad, reconocer todo lo que su hijo sí podía y, básicamente, tomar ella misma la palabra.

Más tarde, desde la intervención de nuestro equipo se logró la derivación y la admisión de Ezequiel en una nueva escuela de recuperación. Esta vez, cercana al barrio donde vivía, con niños y niñas de su misma realidad comunitaria. El niño ingresó allí con una evaluación que lo consideraba ser "casi analfabeto y con graves problemas de conducta". Al cabo de dos meses, Ezequiel se encontraba en un nivel de tercer grado, con manejo de lecto-escritura y en un proyecto de integración en el aula con su grupo de pares.

Una vez más, habilitar a la interrogación, dar lugar a lo posible por emerger y una lectura crítica de los procesos de enseñanza y aprendizaje, reconociendo el contexto socio-histórico y territorial en el que se dan, resultó central en este proceso de acompañamiento familiar que abría múltiples y diversas áreas de intervención: la singular con Ezequiel y su mamá, la familiar con sus hermanos y abuelos, la institucional realizando articulaciones y gestiones, y la particular con los profesionales y trabajadores en tanto portadores de un imaginario social que llevan a sus prácticas institucionales, que además, son de carácter público estatal.

El diseño de los objetivos mutando en el proceso

El diseño y la reformulación de objetivos han acompañado todo el proceso de intervención. La planificación estratégica (Rovere, 1997) se convierte en una modalidad obligada al tratarse de intervenciones en territorio. La complejidad del escenario social y comunitario requiere un replanteo permanente de objetivos, metodologías y estrategias.

Partimos de un objetivo inicial que estuvo muy lejos del que nos presentó la realidad familiar, comunitaria e institucional. Se necesitó reformular los objetivos y convocar a nuevos actores en su función de corresponsabilidad para el cumplimiento de los derechos, según establece la legislación de niñez y adolescencia (Ley 114, CABA, y Ley 26.061, Nacional).

Muchos interrogantes acompañaron todo el proceso de intervención. Posiblemente esta familia continúe necesitando de un acompañamiento. La apuesta por su autonomía y circulación autónoma por las instituciones de la comunidad se nos presentó como un dilema ético político. ¿Hasta cuándo continuar con el acompañamiento? ¿Cuál es el momento propicio para cesar esta intervención?

Las instituciones tradicionales de la política pública tienen fuertes limitaciones para flexibilizar las normas institucionales en la tensión exclusión-inclusión, y priorizar la segunda por sobre la primera. Fundamentaciones de lo obvio sirven de razón suficiente: "no concurrió", "llegó tarde", "viene sucio", "le dio mal la medicación".

Estas razones, posiblemente reales, son enunciadas y sostenidas por profesionales que conforman dichas instituciones. Y en muchas ocasiones puede significar la expulsión del sistema de un niño o de un grupo familiar que queda invisible e invisibilizado. ¿Cómo saldar esta tensión entre la rigidez de la norma y la inclusión social? ¿Dónde pensar la relación entre la política pública y los derechos? ¿Cuál es el rol que nos corresponde como profesionales en el quehacer de la política pública?

A su vez, el acompañamiento territorial es casi inexistente en las modalidades de intervención de las instituciones tradicionales. Entonces, ¿cómo atender las necesidades-derechos de quienes no concurren por sí mismos a las instituciones?

Interrogantes y turbulencias que insisten para no callar.

Turbulencias por los cambios en las realidades sociales y subjetivas y también en nuestro modos de interrogarnos ante los problemas emergentes desafían a los paradigmas tradicionales y exigen otras aperturas interdisciplinares y desafíos ético-políticos. Es urgente la dialogicidad y pensamiento crítico en los encuadres y las propuestas frente a las situaciones de turbulencias. (Zaldúa, 2011: 322).

Referencias bibliográficas

Almeida Filho, N. (2005). *La ciencia tímida. Ensayos de deconstrucción de la Epidemiología*. Buenos Aires: Lugar Editorial.

Baró, M. I. (1998). *Psicología de la liberación*. Madrid: Trotta.

Castoriadis, C. (1983). *La institución imaginaria de la sociedad*, 1. Barcelona: Tusquets.

Dustchazky, S. y Corea, C. (2002). *Chicos en banda*. Buenos Aires: Paidós.

Montero, M. (2003). *Introducción a la psicología comunitaria*. Buenos Aires: Paidós.

Pipo, V. (2000). "Desafiando al destino. Chicos y chicas en situaciones de calle y vulnerabilidad". En Zaldúa G. (coord.). *Epistemes y prácticas de psicología preventiva*. Buenos Aires: Eudeba.

Rovere, M. (1997). "Planificación estratégica en salud; acompañando la democratización de un sector en crisis". En *Cuadernos médico sociales*, 75; pp. 31-63.

Zaldúa, G. (2000). "Políticas sociales, ciudadanía y subjetividad". En Zaldúa G. (coord.). *Epistemes y prácticas de psicología preventiva*. Buenos Aires: Eudeba.

— (2011a). "Debates sobre el ethos de cuidado y las cuestiones de género". En Zaldúa G. (coord.). *Epistemes y prácticas de psicología preventiva*. Buenos Aires: Eudeba.

— (2011b). "Vulnerabilidades, turbulencias y posibilidades". En Zaldúa G. (coord.). *Epistemes y prácticas de psicología preventiva*. Buenos Aires: Eudeba.

Estrategias creativas en salud mental

La experiencia del Frente de Artistas del Borda

ESTEFANÍA RUFFA

A mis compañeros y compañeras del Frente de Artistas del Borda

*Una vez en un programa de radio alguien dijo que lo que siempre
envidió de la música es que ella viaja por sí sola, que no muere en
un recital ni en un taller, sino que es una obra que siempre está
viva, que es un modo de libertad expresiva que derriba muros*[1].

El objetivo del siguiente trabajo es acercar una experiencia
creativa en salud mental como una práctica posible para la
conformación de dispositivos artísticos y promocionales de
salud. Presentaremos entonces el trabajo del taller de música del Frente de Artistas del Borda (FAB),[2] organización

---

[1] Extracto de los decires de un ex coordinador del taller de periodismo del
FAB durante un programa radial en el que se presentó la experiencia del
taller de música.

[2] Las actividades del FAB se desarrollan en un galpón ubicado en los patios
del Hospital Borda de lunes a domingo e incluyen doce talleres de diferentes
disciplinas artísticas, gratuitos y abiertos al público en general, donde se trabaja día a día en la producción colectiva de obras de calidad. Los talleres se
encuentran cocoordinados por un equipo conformado por artistas y profesionales del campo de la salud. Una vez al mes los coordinadores comparten
un espacio de supervisión y todos los integrantes del FAB participan quince-
nalmente de asambleas. También existe un equipo de coordinación general
conformado por representantes de coordinación artística, psicológica, talleristas internados y talleristas que no se encuentren en situación de internación (la nominación "talleristas" intenta transformar la nominación de

independiente que surge en el año 1984 con el objetivo de utilizar el arte como herramienta de transformación social y creación colectiva.

Los talleres del FAB se encuentran abiertos al público en general, entendiendo por esto que las personas que asisten son aquellas con intereses artísticos que pueden estar atravesando una situación de internación hospitalaria; que realizan tratamientos ambulatorios; que se encuentran externadas del hospital; y además, desde el año 1998, personas de la comunidad en general a las que les interesa el arte y que no han hecho uso del sistema de salud mental. El FAB no se limita a la realización de actividades intrahospitalarias, sino que genera un puente con la sociedad. Esta modalidad de trabajo permite que se estrechen lazos sociales entre diversas personas, pasando a ser parte constitutiva de las redes sociocomunitarias y permitiendo que sea en estos intercambios en donde cada uno pueda ir realizando un proceso de recuperación de sus potencialidades creativas y de sus capacidades de vincularse con otros; así el arte se vuelve una herramienta para la integración social. El modo de pensar la relación entre salud mental y comunidad se encuentra enmarcado en la historia de las luchas por la desmanicomialización, las cuales le otorgan sustento ideológico a las prácticas.[3]

Podemos decir que las prácticas del FAB han marcado un antecedente local en lo que hace al contexto de cambios normativos y legislativos en salud mental.[4] Teniendo como antecedente la Ley de Salud Mental de la Ciudad Autónoma

---

"pacientes" propia del paradigma clásico de salud que conlleva una dimensión pasiva en la atención, hacia una propuesta que incluya dimensiones de derechos y de participación ciudadana).

3 Ver Sava, 2008. Sobre reformas en salud mental y desmanicomialización ver Tisera, 2011; Cohen y Natella, 2013.

4 En el año 2010 se promulga la Ley Nacional de Salud Mental N.º 26.657, que cambia el paradigma de un sujeto de tutela hacia un sujeto de derechos, a la vez que legitima prácticas, como el FAB, que se venían desarrollando en el territorio argentino con anterioridad a la promulgación de la ley. Se presenta un momento esperanzador para dispositivos alternativos en salud

de Buenos Aires N.º 448 y las Declaraciones de Derechos en Salud Mental, entendemos que la Ley Nacional de Salud Mental N.º 26.657 instala en el territorio Argentino la necesidad de revisar los dispositivos actuales de atención y promoción en salud mental, para presentar un marco legal para la conformación de dispositivos alternativos al modelo asilar, con un enfoque comunitario de atención y de promoción de la salud a desarrollarse en los contextos y territorios de origen de las personas con padecimiento mental.

El arte sería entonces una herramienta legítima, que genera espacios de reflexión y de organización en favor de procesos hacia la desmanicomialización (Sava, 2008). Un enfoque de derechos en salud mental torna fundamental el fortalecimiento de los dispositivos comunitarios ya existentes y la creación de nuevas alternativas en salud que cuestionen el orden manicomial a partir de procesos reales de transformación social e institucional.

Desde el taller de música tenemos el desafío de seguir trabajando, como lo viene haciendo desde hace ya treinta años el FAB, en pos de la transformación del sistema de salud, hoy con un presente en el que se vislumbran nuevas herramientas legales.

Taller de música del FAB

Qué hacemos

El taller de música del FAB se plantea como un espacio en el que, a partir de una participación activa en la experimentación sonora a través del canto y la ejecución de diversos instrumentos, las personas van encontrando un lugar de expresión singular. Se propone que los que quieran

mental que intentan cuestionar el imaginario social con respecto a la locura y que proponen modalidades de trabajo colectivo, y que así se constituyen en alternativas a las estrategias de institucionalización y de encierro.

acerquen al taller canciones que les interese trabajar o bien, si tienen temas de autoría propia, se animen a compartirlos. De esta forma se da lugar a la exploración abriendo a las posibilidades creativas de cada uno en comunión con otros. Se propicia desde el equipo de coordinación, la construcción y la constitución grupal de un espacio para el despliegue de potencialidades, trabajando y acompañando no sólo en la producción artística sino además implementando diversas estrategias de intervención frente a situaciones o problemáticas que puedan aparecer en el quehacer del taller y en las movilizaciones personales y grupales. Estas estrategias a su vez permiten abordar tanto aspectos subjetivos y sociorrelacionales como obstáculos y posibilidades teniendo en cuenta el contexto institucional en el que se desarrollan los talleres.

Los saberes y los intereses musicales de los participantes son diversos y en el hacer semanal y propiciando procesos de continuidad y permanencia en el espacio, van surgiendo modificaciones y nuevas posibilidades impensadas hasta el momento. Se crean condiciones de posibilidad para recrear nuevos roles, experimentar nuevas posibilidades de estar y de inventar, de construir nuevos vínculos a través del arte, trabajando lo propio junto con otros, construyendo entre todos y de forma horizontal diferentes saberes.

Cómo lo hacemos

En las canciones existe una rotación de los instrumentos con el objetivo de que los saberes y los roles circulen y sean reapropiados por otros. Se considera fundamental respetar los tiempos singulares y colectivos, valorizando los hallazgos, dando lugar "a la sorpresa, a la disidencia, a la contradicción, a la corrección y a la duda" (Montero, 2004: 179). Los saberes y las producciones artísticas son entonces el resultado de relaciones dialógicas en las cuales "las diversas voces, con su variedad de acentos, tengan la misma oportunidad de hacerse oír, de intervenir, de ser oídas y de recibir respuesta. Es esa interacción viva y fructífera la que permite que todos aprendamos de todos, enseñándonos mutuamente" (Montero, 2004: 180-181).

De a poco se van delimitando los intereses individuales y colectivos para profundizar en lo que será el material de trabajo anual, dejando abierta la posibilidad de que en el transcurso del año se sumen nuevos materiales y participantes. Luego del momento de experimentación y hallazgo musical se propone un trabajo de composición, de construcción de las obras y las estructuras que permitirán que las canciones sean ensayadas hasta que estén listas para presentarse ante un público.

Existe un movimiento dialéctico entre el taller y las presentaciones que habilita que las obras se encuentren en permanente construcción. Los espacios de reflexión y evaluación de las salidas permiten que las obras vuelvan al espacio de taller en donde se comparten los comentarios y las devoluciones del público como también los sentires y los obstáculos que cada uno encuentra en el momento de estar en escena, lo que permite una continuidad con el trabajo en la confianza y el autoestima, como también en el crecimiento técnico, interpretativo y escénico. Se considera fundamental la construcción de una mirada crítica y constructiva tanto de los aspectos positivos como de aquellos en los que hay que seguir profundizando, lo que le da "un lugar central a la voz de los sujetos y a las construcciones narrativas que otorgan sentido" (Leale, 2013: 3) al quehacer del espacio de taller.

Taller tras taller se visualizan diversos cambios en las personas que participan del proceso de creación. Existe una tarea que ordena y convoca a formar parte de una obra colectiva en la que a partir de diversas estrategias creativas los participantes sean los protagonistas. Se trata de un dispositivo "con modalidades de trabajo promotores de subjetividades autónomas" (Zaldúa, Bottinelli, Longo, Sopransi y Lenta, 2012: 12).

Las formas de trabajo fueron construidas colectivamente en el andar de los talleres, a través del pasaje de diversos participantes que fueron dejando sus huellas y las de diversos profesionales y artistas que hemos conformado el equipo de coordinación del taller. Casi sin darnos cuenta fuimos armando un trabajo basado en los pilares, los fundamentos y los objetivos generales del FAB: un trabajo horizontal, de producción de obras artísticas de calidad que se presenten en diversos teatros y escenarios de las comunidades, un trabajo en salud mental desde la construcción de prácticas desmanicomializadoras.

La paciencia impaciente. Una estrategia colectiva de trabajo en salud mental a través de la música

La historia del taller de música del FAB -que nació en el año 1984 y cuyos antecedentes llevan la marca de la grabación del disco *Canciones para la oreja izquierda* (2006-2008)- abrió caminos para un nuevo proceso grupal que situaremos en el período 2008-2014 y que puede sintetizarse en la culminación de la grabación del segundo disco y su presentación oficial en un reconocido teatro de la Ciudad Autónoma de Buenos Aires.

Para entender este proceso podemos empezar situando una anécdota del año 2010, en la cual un tallerista regala una canción de su autoría titulada "Bendita seas por demás", que da nacimiento al primer candombe del taller. A su vez, en ese mismo período, una mujer trae sus poemas para trabajar en la composición musical. Éstos fueron los primeros pasos en el camino de construcción de canciones colectivas.

En abril del año 2011 cortaron el suministro de gas en el Hospital Borda, situación institucional que impactó de manera negativa en las prácticas cotidianas de las personas que se encontraban en situación de internación. Desde el taller surgió la necesidad y el interés de realizar una intervención artístico musical, proponiendo una actividad de cadáver exquisito[5] para construir, entre veinte personas, la letra de lo que luego sería el primer tema de autoría colectiva, "Mundo Gas".

En junio de ese mismo año, en un viaje a la Provincia de Salta, se propone inventarle un nombre al grupo –Acuerdos entre Cuerdas y las Vueltas del Tambor– y allí surgieron las ganas de grabar un segundo disco.

En lo que restó del año 2011 y durante el año 2012 se sumaron nuevos integrantes al taller y se lograron componer tres temas colectivos, trabajar en arreglos instrumentales y corales de siete temas de autoría individual y sumar al repertorio tres *covers*.[6]

La metodología de trabajo para el armado de las canciones se dividió en dos momentos. En un primer momento se trabajó en la elaboración de las letras. Para ello se propusieron diferentes temáticas y problemáticas planteadas tanto por el equipo de coordinación como por los integrantes del grupo; los ejes de trabajo fueron: 1. vivencias y sentires en las situaciones de internación hospitalaria; 2. problemática de falta de suministro de gas en el hospital Borda durante el año 2011; 3. robo de materiales de trabajo del taller como disparador para pensar en quiénes somos, qué hacemos y para qué lo hacemos. Se pretendía poder pensar, reflexionar y resignificar diversas situaciones y problemáticas en salud mental desde una poética, poniendo en juego distintas narrativas que al cantarlas o escucharlas por personas que han atravesado situaciones similares, permitieran resignificar lo destinado a vivirse como única posibilidad.

---

5   Técnica grupal de ensamble de palabras a partir de un tema en común. En ronda, cada participante escribe una frase en una hoja de papel, realizando un doblez y dejando la última palabra en el renglón siguiente, que será utilizada por la persona de al lado. El papel circula hasta el último participante de la ronda, quien finalmente lee de corrido el texto creado.

6   Nueva interpretación de una canción grabada previamente por otro artista.

A partir de ese proceso, observamos cómo el arte habilita y es vehículo para enunciar cosas que de otro modo no serían escuchadas, y que las intervenciones, como plantea Jodelet (2007), se orientan hacia los planos de la resignificación de la experiencia de los sujetos, la concientización de los actores y el cuestionamiento de los sistemas de pensamientos hegemónicos.

En un segundo momento se les agregó la música. Un integrante del equipo de coordinación realizó propuestas sonoras a partir de las insistencias musicales del grupo que luego fueron trabajadas y reinventadas en lo colectivo. Los temas hasta el momento creados se titulan: "Mundo Gas", "El Junco", "Huaynito de Dani", "La sangre borda" y "Un basta canción" (los dos últimos temas no se encuentran registrados en el disco y hablan sobre la represión policial dentro del Hospital Borda en Abril del año 2013).

Durante todos estos años se realizaron recitales en centros culturales, teatros, se participó de encuentros de arte y salud mental, entre otros, lo que permitió que las canciones se afianzaran y que los nuevos integrantes del taller pasaran por la experiencia de las salidas.[7] Finalmente, durante el período 2012-2013, se realizó la producción y la grabación del segundo disco del taller.

Al llegar el momento de grabación surgieron diversos interrogantes que fueron transformándose en las acciones y las actividades a seguir para su confección. En una primera etapa, para la recaudación del dinero, durante un año y medio se organizaron diversos recitales.[8] Mientras tanto en dos estudios se llevó adelante la grabación por secciones

---

[7] Subir a un escenario da la posibilidad de presentarse como artistas frente a un público que se encuentra fuera del hospital, momento en el que se ocupa un lugar protagónico. Al mostrar la obra terminada, hay otros que observan y reciben una producción viva. Se produce, en términos de Dessors (1994), un reconocimiento de lo hecho, donde me vuelvo lo que soy en la expresión renovada del juicio de los otros. De este modo, se constituye un reconocimiento del ser, dador de identidad. Una mirada del otro que dignifica.

[8] Un integrante del grupo manifestó que como artistas podríamos juntar el dinero de manera independiente y así gestionar el proyecto.

de instrumentos.[9] En el año 2013 se terminó con la grabación, y luego un compañero del taller realizó el trabajo de mezcla y masterización. En lo que respecta a la creación del arte de tapa, se resolvió armar un equipo pequeño de trabajo[10] que pudiera plasmar las ideas colectivas y semanas más tarde, junto con un diseñador gráfico, se compaginó y editó el material. Se realizó la elección del nombre del disco: "La paciencia impaciente", frase contenida en la letra de "Mundo Gas".

Finalizada esta primera etapa, resultó importante acompañar en los trámites para registrar las obras.[11] En febrero del año 2014 se logró el producto terminado: un disco con trece canciones, en su mayoría composiciones individuales y colectivas.

En una segunda etapa, a cada participante del proyecto se le entregaron ejemplares de regalo. Cada uno se convirtió en vendedor del material producido, y a partir del año 2014 comenzó un período de distribución y venta, que ya lleva entregados más de quinientos ejemplares. Finalmente se consiguió un teatro para la presentación del disco. La difusión del material y de la fecha de lanzamiento se confeccionó de forma colectiva.[12] Se esperaba que el disco no fuera un producto acabado sino que sirviera como disparador de nuevas posibilidades de movimiento entre los integrantes del taller, convocándolos a ocupar una posición activa.

---

[9] Se eligió esta modalidad de trabajo con el objetivo de que los participantes tuvieran que trasladarse hasta las salas de grabación, de manera tal que no se montara un estudio dentro del hospital. Se buscaba hacer de la experiencia de grabación un acto desmanicomializador, dignificante y subjetivante.

[10] En el grupo había personas con diferentes saberes, ideas y habilidades plásticas.

[11] Registrar las obras, en términos subjetivos, genera un impacto positivo en las personas implicadas siendo una práctica de reconocimiento de lo que han creado.

[12] Se armaron spots publicitarios, se publicaron propagandas en diarios y se participó de distintos programas de radios en donde se contó sobre la experiencia de grabación y del trabajo del FAB.

La presentación oficial del disco "La paciencia impaciente" fue en noviembre del año 2014 en el Teatro Margarita Xirgu ante 200 personas. Esta actividad fue el cierre de un proceso y la apertura de nuevos posibles para el porvenir del taller.

"La paciencia impaciente" es el resultado de un trabajo realizado entre más de veinte personas y demostró ser una estrategia creativa posible de ser implementada en dispositivos alternativos en salud mental. Este disco representa las voces acalladas por las prácticas manicomiales, que en un acto desmanicomializador dignifica y construye puentes con la comunidad, lo que permite transformar el malestar y la incomodidad en potencia y en oportunidad.

A modo de cierre

Para finalizar me gustaría compartir la siguiente reflexión: es en las prácticas cotidianas en donde surgen los interrogantes más ricos, donde aparece la necesidad de estar en constante movimiento, buscando, inventando, probando, armando y desarmando caminos posibles. Los modos de intervenir y de trabajar en salud mental necesitan de la articulación entre la acción y la reflexión, en donde en un movimiento dialéctico podamos hacer y pensar, sin que nos distraiga la urgencia y la inmediatez.

Esperamos que este trabajo de sistematización de la experiencia del taller de música del FAB pueda servirle a otros que quieran aventurarse en la articulación entre el arte y la salud mental, en donde puedan seguir construyendo y proponiendo dispositivos de atención y de promoción alternativos a las modalidades hegemónicas en el campo de la salud mental.

Bibliografía

Cohen, H. y Natella, G. (2013). *La desmanicomialización. Crónica de la reforma en el sistema de salud mental en Río Negro*. Buenos Aires: Lugar.

Castoriadis, C. (1997). "Crisis del proceso identificatorio". En *El avance de la insignificancia*. Buenos Aires: EUDEBA.

Dessors, D. y Molinier, P. (1994). "La psicodinámica del trabajo". En *Psicopatología y psicodinámica del trabajo*. Buenos Aires: PIETTE-CONICET.

Duschatzky, S. y Corea, C. (2002). *Chicos en banda*. Buenos Aires: Paidós.

Frente de Artistas del Borda (2008). *Frente de Artistas del Borda. Una experiencia desmanicomializadora. Arte, lucha y resistencia*. Buenos Aires: Ediciones Madres de Plaza de Mayo.

Jodelet, D. (2007). "Imbricaciones entre representaciones sociales e intervención". En *Representaciones sociales. Teoría e investigación*. México: Universidad de Guadalajara.

Leale, H. (2013). *Intervenciones preventivas y promocionales en salud*. Ficha de cátedra.

Leale, H. (2011). "Por la alegría contra la muerte. El arte interviniente y movilizante". En Zaldúa, G. (comp.). *Epistemes y prácticas en psicología preventiva*. Buenos Aires: EUDEBA.

Montero, M. (2004). "El quehacer comunitario". En *Introducción a la psicología comunitaria*. Buenos Aires: Paidós.

Sava, A. (2008). "Introducción". En *Arte y desmanicomialización. Una puerta a la libertad en hospitales psiquiátricos públicos de Argentina*. Buenos Aires: Ediciones Artes Escénicas.

Sopransi, B. (2011). "Criticidad y relación: dimensiones necesarias de la ética en la psicología comunitaria". En Zaldúa, G. (comp.). *Epistemes y prácticas en psicología preventiva*, Buenos Aires: EUDEBA.

Tisera, A.; Leale, H.; Lohigorry, J.; Pekarek, A. y Joskowicz, A. (2013). "Salud mental y desinstitucionalización: resistencias y obstáculos en los procesos de externación en un hospital monovalente de la zona sur de la Ciudad de Buenos Aires". En *Anuario de Investigaciones de la Facultad de Psicología*, Buenos Aires.

Tisera, A. (2011). "Transformación institucional y salud mental". En Zaldúa, G. (comp.). *Epistemes y prácticas en psicología preventiva.* Buenos Aires: EUDEBA.

Zaldúa, G.; Bottinelli, M.; Longo, R.; Sopransi, M. B. y Lenta, M. (2012). "Exigibilidad y justiciabilidad desde la epidemiología territorial: una construcción inicial con actores/as comunales". En *XIX Anuario de Investigaciones de la Facultad de Psicología*, Buenos Aires.

Zaldúa, G. (2011). "Políticas sociales, ciudadanía y subjetividad. Consideraciones para una praxis crítica en salud mental". En Zaldúa, G. (comp.). *Epistemes y prácticas en psicología preventiva.* Buenos Aires: EUDEBA.

Zaldúa, G. (2011a). "Prevención y promoción de la salud comunitaria. Tensiones, paradojas y desafíos". En Zaldúa, G. (comp.). *Epistemes y prácticas en psicología preventiva.* Buenos Aires: EUDEBA.

Ley de Salud Mental de la Ciudad Autónoma de Buenos Aires N.º 448, año 2000, Reglamentación, año 2004.

Ley Nacional de Salud Mental N.º 26657. Ministerio de Salud. Presidencia de la Nación.

Relaciones de género y subjetividad en los talleres de un espacio asambleario

Graciela Zaldúa, Roxana Longo y María Belén Sopransi

El objetivo de esta presentación es transmitir una intervención-investigación-acción participativa, que facilitó nuevos modos de hacer y de pensar las relaciones de género y subjetividad. Se trató de un proyecto reflexivo sobre las significaciones y las representaciones sociales de las identidades femenina y masculina y un emprendimiento colectivo que pretendió dar sentido a las prácticas cotidianas y posibilitar la reflexividad crítica de las acciones y las políticas cotidianas que opacan las discriminaciones y las restricciones a las mujeres. Se intentó revisar los condicionantes societales y culturales de la realidad psíquica y las diferencias corporales posibilitando otras posiciones subjetivas frente a las asimetrías entre los sexos y las relaciones de poder y de desigualdad. Esta perspectiva permitió descubrir lo social en lo singular, lo universal en lo particular, lo personal en lo íntimo en las trayectorias del colectivo de mujeres (Bourdieu, 2005). Asimismo, las nociones de *habitus* -como lo social encarnado- y las de autonomía y de performatividad, potenciaron efectos de impugnación a las dominaciones-hegemonías y acciones creadoras y transformadoras. La praxis comunitaria de los talleres de mujeres de una asamblea barrial de la Ciudad Autónoma de Buenos Aires (CABA) propició la producción de conocimientos y de transformaciones cotidianas desde dimensiones éticas y políticas. Esta modalidad de actividad científica (IAP) se sostiene en la participación activa de actores externos e internos, es un proceso crítico y constructivo. La praxis psicosocial desarrollada partió de problemas y de temas acordados y favorecidos por la proximidad grupal y barrial, los múltiples saberes de las participantes y la historicidad. Se analizaron los corpus discursivos de los talleres y las modalidades de planificación y gestión desde una perspectiva metodológica dialogal/dialéctica, con criterios de validez epistemológica y psicopolítica. Los espacios, la participación, los dispositivos y algunas secuencias son parte y momentos del proyecto participativo.

El espacio asambleario

Las asambleas populares irrumpen en 2001 con la intencionalidad del ejercicio del estatuto de ciudadanía, de visibilidad como sujetos sociales que enuncian y demandan participación en lo público frente a la catástrofe social. Los procesos de exclusión social se aceleraron con los planes económicos de la última dictadura militar -que disciplinó con el terror- y los procesos democráticos posteriores continuaron los endeudamientos sistemáticos, la desocupación y la vulnerabilidad laboral y social del ajuste neoliberal. Estas operatorias de destitución de ciudadanía afectaron las condiciones de vida y la producción de subjetividades (Zaldúa, 2002). La conjugación histórica de dictadura-neoliberalismo instó a que los ciudadanos y las ciudadanas argentinos se reservaran toda actitud crítica, colectiva de resistencia y compromiso social, además de poseer una capacidad instrumental de penetrar y moldear el imaginario social, la vida cotidiana y los valores que orientan nuestro compartimientos en la sociedad (Rebellato, 1999). Pero si bien este nuevo tipo de colonización fue y es difícil de resistir, a partir de diciembre de 2001 se inauguraron o se consolidaron nuevos tipos de organizaciones y de movimientos sociales, de los cuales el surgimiento de las asambleas barriales o populares son un ejemplo.

Las asambleas no sólo ensayaron nuevas formas de pensar y hacer política, sino que sus prácticas fueron o son un observatorio/laboratorio local, donde se proponen asumir nuevas relaciones que van desde su trabajo comunitario en el barrio hasta el cuestionamiento de determinados estereotipos de roles asignados tradicionalmente desde la cultura dominante. En las asambleas los nuevos protagonismos ponen en cuestión el sentido habitual de la participación y esta situación formó parte del surgimiento de las denominadas "nuevas formas de protesta social" y "nuevos sujetos sociales" que desplegaron novedosas estrategias de lucha para hacer escuchar sus reclamos y enfrentar los sucesivos "ajustes". En estos puntos de resistencia nos encontramos con nuevos instituyentes, que en la mayoría de los casos son protagonizados por mujeres. La presencia de las mujeres en estos movimientos sociales propone la reflexión de la configuración, la dinámica, las necesidades y las prácticas de los sujetos involucrados en este proceso.

Las mujeres han sido protagonistas en los movimientos de trabajadores desocupados y de numerosas tomas de fábricas, así como en las asambleas barriales. No se puede dejar de mencionar la existencia del Movimiento de Mujeres Agropecuarias en Lucha (MML) -que nació en la provincia de La Pampa, Argentina, en el año 1995 resistiendo la expropiación de las tierras embargadas por procesos de endeudamientos con las bancas oficiales y privadas-, y que está conformado por mujeres pequeñas y medianas productoras o esposas de productores agropecuarios. La presencia de las mujeres es significativa y enhebra nuevos desafíos sociales, políticos y culturales al calor de luchas emancipatorias. En lo que respecta a las asambleas barriales, son las mujeres quienes desde el comienzo impulsaron la conformación de las asambleas como espacios donde canalizar inquietudes y vehiculizar soluciones a múltiples problemáticas, construyendo, no sin dificultades, un lugar donde motorizar acciones para el cambio político, social y cultural. Estas transformaciones incluyen una modificación en el imaginario social relacionado con el lugar que ocupa la mujer dentro de la sociedad. Al decir de Burin:

a lo largo de la historia, según el modelo de análisis que describe a la ideología patriarcal (…) [se ha impuesto] una rígida división de áreas de despliegue y configuración de la subjetividad: las mujeres en el ámbito privado, íntimo, doméstico, –en el 'reino del amor'–, el poder de los afectos; los hombres en el ámbito público, extra-doméstico, –en el 'reino de la razón'–, el poder racional y económico (Burin, 2002).

Las mujeres desafían, en muchos casos sin saberlo, un mandato social impuesto que intentan desarmar desde su accionar en la cotidianeidad asamblearia. La participación de la mujer en los escenarios públicos es uno de los aspectos que caracterizan los contextos actuales, frente a la ausencia de respuestas estatales, donde la potencia "soberana del Estado" fue sustituida por la potencia soberana del mercado (Duschatzky, 2002).

Cabe señalar que si bien las asambleas populares han decrecido cuantitativamente, algunas han construido nuevas relaciones comunitarias, nuevos vínculos y nuevas formas de sentir y hacer política rompiendo con estructuras tradicionales. Es el caso de la Casona de Colombres que en el proceso de todos estos años se consolidó como un espacio cultural en donde se realizan diversas actividades incluido nuestro taller de la mujer, pero también otras iniciativas educativas y comunitarias.

Taller de mujeres

Se trata de un proceso de trabajo de varios años; en este trabajo recortaremos el proceso de intervención y nos enfocaremos en un periodo de dos años de trabajo en el que fuimos abordando, analizando y compartiendo distintas temáticas vinculadas con las problemáticas que se nos presentan como mujeres.

El proceso que abordamos con el grupo de mujeres de la asamblea tuvo la intención de trabajar el fortalecimiento de las mujeres, problematizando el universo simbólico que define las identidades femeninas y masculinas y que opera para definir la identidad, los roles y las relaciones de poder que hay en la sociedad (Pousada Teresa, 2000), ya que es posible que el proceso de participación produzca en las mujeres un fortalecimiento subjetivo que permita el desarrollo de capacidades y de recursos para controlar las diversas situaciones de vida, actuando comprometida, crítica y conscientemente buscando lograr la transformación del entorno y de ellas mismas (Montero, 2003). Dicho proceso fue acompañado por un trabajo de reflexión, de elaboración grupal a través del cual se intentó generar un fortalecimiento subjetivo consiente. Considerando que el proceso de fortalecimiento puede desembocar en la exigibilidad de derechos, a partir del análisis grupal se focalizó en las redefiniciones que están sufriendo las identidades de género tradicionales y en visualizar, en aceptar y en reconocer las transformaciones existentes (Vargas, 2001). Desde este aspecto se apuntó a acciones cotidianas desde lo micropolítico que cuestionen dicho dominio de las relaciones de género y de poder. Como sostiene Foucault (1996), las micropolíticas "apuntan a conseguir transformaciones a nivel molecular: instituciones, relaciones personales, prácticas grupales no piramidales. Se trata de lograr aplicaciones no coercitivas del poder, resistencias creativas, acciones liberadoras mínimas, cotidianas, constantes, personales y sociales." Y de esta manera, poder generar instituyentes que desdibujen poco a poco las relaciones de poder que no posibilitan el protagonismo de las integrantes del taller.

Perspectiva de trabajo: participación en cogestión

Nos posicionamos para realizar este proceso desde una ética dialógica, que supone ubicarnos desde el punto de vista del otro y recorrer un camino donde colectivamente se lee y se construye la realidad: codescubrimiento y cotransformación. Los temas a tratar en cada encuentro surgieron de los intereses del grupo.

La planificación del taller fue horizontal, compartida y consensuada conjuntamente con las integrantes de la asamblea una semana antes del taller. Allí se definió la modalidad y también se elaboraron las convocatorias para el taller. El taller generalmente era publicitado en el diario, en los negocios del barrio, de boca en boca.

La modalidad de los talleres fue mensual (primer lunes de mes), de 3 horas de duración. Todos los años se inauguran el 8 de marzo con una actividad en conmemoración del día internacional de la mujer y culminan en diciembre con una síntesis de los temas abordados y un festejo de fin de año.

Objetivos de la intervención

- Contribuir a la reformulación práctica de la participación y de las relaciones de género.
- Reconocer, valorar y afirmar elementos significativos de las mujeres para su cotidianidad.
- Potenciar la autoestima de las participantes de la experiencia.
- Revalorizar la experiencia individual y colectiva.
- Propiciar la articulación entre las participantes y grupos.
- Promover análisis críticos de las prácticas cotidianas concernientes al género.
- Propiciar una interpretación crítica del proceso vivido.

- Contribuir a la construcción de capacidades de articulación y gestión colectiva de proyectos y experiencias de trabajo comunitario desde una perspectiva de género.

Modalidad taller

Metodología dinámica, flexible, participativa y dialógica. Desde esta modalidad se respetaron las diferencias y se establecieron momentos de problematización y retroalimentación. Se tuvo en cuenta la práctica y el contexto de las participantes, como su etapa vital y trayectoria personal. En el proceso de trabajo se apeló a integrar lo individual y lo colectivo.

Dispositivo

Los talleres implementados se abordaron con diversos dispositivos, se trabajó en dos modalidades: instancias individuales y grupales-plenarias.

Se recurrió a diversas técnicas como herramientas que facilitaban el abordaje de la problemática trabajada. Su utilización fue en función de los objetivos que nos proponíamos en el proceso y en el taller específico. Al momento de la propuesta de la técnica a utilizar evaluamos sus posibilidades y sus límites.

Técnicas que implementamos en los talleres

- Vivenciales: dinámicas de presentación, de comunicación
- Con actuación sociodramáticas, teatro foro
- Auditivas y audiovisuales: canciones, poemas, videos
- Visuales: afiches, artículos de diarios, papelógrafo, relatos biográficos, dibujos, imágenes
- Escritura: elaboración de auto-retrato, autobiografía

Temas abordados

- Autoestima y autoimagen
- La mujer y el poder del dinero
- Las culpas y los mandatos sociales
- Mujer y participación política
- Mujer y memoria histórica
- El espacio propio, subjetividad y narcisismo
- Derechos reproductivos y aborto
- Mujer y trabajo
- Violencias de género
- Historia laboral
- Acoso laboral
- El cuerpo y los placeres
- Decisiones y autonomía
- Autonomía y subjetividades

Comentarios finales y abiertos

Con un criterio de devolución sistemática de la experiencia e información producida (Fals Borda, 1985; Montero, 1994; Gonzalves de Freitas, 1997) se conjugó este momento de divulgación que no sólo es de las autoras, sino de las mujeres que participaron de los talleres. Sus testimonios, sus gestiones, sus fantasías, sus festejos, sus duelos retroalimentan las iniciativas y la validez epistemológica y psicopolítica de la investigación-acción participativa comunitaria. Estos dos subcriterios acuñados por Prilleltensky (2004) pueden lograrse cumpliendo con la validez epistémica que "se alcanza por el informe sistemático del rol que juega el poder en las dinámicas políticas y psicológicas que afectan los fenómenos de interés" y la validez de transformación que deriva del "potencial de nuestras acciones para promover bienestar personal, relacional y colectivo, reduciendo las desigualdades de poder e incrementando la acción, participación y compromiso político".

Bibliografía

Bourdieu, P. y Wacquant, L. (2005). *Una invitación a la sociología reflexiva*. Buenos Aires: Siglo XXI.

Burin, M. (2002). *Estudios sobre la subjetividad femenina. Mujeres y salud mental*. Buenos Aires: Editorial Librería de Mujeres.

Castoriadis, C. (1983). *La institución imaginaria de la sociedad*. Barcelona: Tusquets.

— (1988). *Los dominios del hombre: las encrucijadas del laberinto*. Barcelona: Gedisa.

Duschatzky, S. y Correa, C. (2002). *Chicos en banda*. Buenos Aires: Paidós.

Foucault, M. (1996). *Las redes del poder*. Buenos Aires: Almagesto.

Guerrero, M. (2002). "Emergencia y desafíos de las asambleas barriales". En *Revista Herramienta*.

Montero, M. (2003). *Teoría y práctica de la psicología comunitaria. La tensión entre comunidad y sociedad*. Buenos Aires: Paidós.

Prilleltesky, I. (2004). *Validez psicopolítica: el próximo reto de la psicología comunitaria*. Mimeo.

Rebellato, J. L. (1999). "Ética, derechos humanos y salud. Reflexiones finales". En Osimani, M. L. *Derechos humanos y salud integral*, IDES, Montevideo.

Seoane, J. (2001). "Protesta social, ajuste y democracia. La encrucijada latinoamericana". En Observatorio Social de América Latina.

Vargas, V. (2001). "Los feminismos latinoamericanos en su tránsito al nuevo milenio. (Una lectura político personal)". Perú: Centro de la Mujer Peruana "Flora Tristán".

Zaldúa, G. (2000). *Género y salud*. Buenos Aires: EUDEBA.

Salud y comunicación

Promoción, prevención y educación para la salud en medios de comunicación

María Marcela Bottinelli, Marcela Pérez Blanco, Mariela Nabergoi, Sergio Remesar, Francisco Díaz, Andrea Albino y Carolina Maldonado

La experiencia que se presenta a continuación surge en el marco de un proyecto multicéntrico denominado "Contenidos audiovisuales de educación y/o promoción de la salud producidos por organismos oficiales difundidos en televisión abierta. Estado de situación e identificación de áreas de vacancia respecto de las necesidades locales prioritarias en salud". Este proyecto se llevó a cabo con el apoyo del programa de becas "Ramón Carrillo-Arturo Oñativia" (2013-2014), otorgadas por el Ministerio de Salud de la Nación, a través de la Comisión Nacional Salud Investiga, en la que participaron investigadores de la Universidad de Buenos Aires, de la Universidad Nacional de Lanús, de la Universidad Nacional de Quilmes, de la Universidad Nacional de San Martín, del Hospital Evita Pueblo de Berazategui y dos becarias (una de doctorado UNTREF-UNLa y otra del Consejo Interuniversitario Nacional). El equipo de trabajo quedó conformado por psicólogos, terapistas ocupacionales, enfermeros, licenciados en ciencias de la educación, licenciados en audiovisión, especialistas en metodología de la investigación y doctores en salud mental comunitaria. Los resultados de la investigación articulan y potencian los aportes desde las diversas disciplinas y actores en el campo de la salud para el trabajo en promoción y en educación de la salud.

Contextualización

En las últimas décadas se observa un desplazamiento cualitativo en la salud y la comunicación en salud desde un enfoque efectista, individualista, bio-médico hacia uno en el que las culturas, las relaciones sociales y la participación activa de las personas afectadas por el problema se constituyen en referentes para el diseño de programas de comunicación en salud (Bottinelli, Díaz, Remesar y Nabergoi, 2013).

La promoción de la salud es un proceso que les permite a las personas mejorar su salud y adquirir mayor control sobre aquella y sobre su medio ambiente, lo que acentúa los recursos sociales y personales y subraya la necesidad de que las personas incrementen sus oportunidades de realizar elecciones saludables. En los últimos desarrollos en materia de promoción y educación para la salud se tiende a promover la implementación de programas que se sustenten sobre todo en la posibilidad de gestión conjunta, de compromiso y de participación integrada de la comunidad. En la Carta Ottawa y en la Declaración Mundial sobre Educación para Todos de Jomtien, se sostiene un enfoque de salud centrado en las personas, lo que traslada el eje de las estrategias de salud del proveedor de servicio al sujeto de la salud y pone el foco en la satisfacción de necesidades y de demandas de salud de las personas contextuadas en espacio y tiempo. Tanto internacional como nacionalmente, la promoción y la educación para la salud es reconocida como un desafío a la vez que un compromiso explícito que constan tanto en documentos internacionales, como en el Plan Federal de Salud de nuestro país (MSAL 2010-2015) y en los planes de diferentes jurisdicciones de nuestro país en los que se la reconoce como una de las prioridades. Asimismo la reciente inclusión del derecho a la salud en nuestra Constitución Nacional enmarca dicho derecho como una responsabilidad del Estado.

Uno de los elementos necesarios para la planificación de programas y de proyectos en el área es la variedad de opciones que la gente vislumbra en situaciones problemáticas, pues de ello depende su posibilidad de tomar decisiones, el tipo de información que maneje y las fuentes por las que obtuvo dicha información, así como también los argumentos, los sentimientos y los contextos a los que asocian dichas decisiones. El inestimable valor simbólico de las diversas obras audiovisuales, ya sean consagrados filmes que se incorporan a los cánones académicos, obras audiovisuales de culto o incluso simples micro-audiovisuales (en términos de Pezzini, 2013) que circulan por la diferentes redes sociales hasta convertirse –algunos– en el anhelado "video viral", posicionan a este tipo de producciones en un lugar de privilegio para el diseño, la implementación y la consolidación de estrategias de promoción, de prevención y de educación para la salud.

El mayor y mejor empleo de medios masivos, la tendencia a someter la producción de mensajes a un régimen de rigurosa programación [...] y la facilidad de acceder a formatos participativos derivados de la comunicación democratizante, fueron los aspectos que caracterizaron a la comunicación para la salud como un aspecto de extrema importancia en la planeación de proyectos para la salud (Mosquera, 2003).

Las decisiones sobre qué contenidos de promoción de salud se producen y sobre cómo se difunden en los medios es una responsabilidad que nos convoca coparticipativamente convocando a los diferentes actores de la comunidad así como a expertos en comunicación, audiovisión, promoción, salud, educación, etc. En este marco, los medios de comunicación audiovisual constituyen una de las fuentes de mayor alcance en muy diversas poblaciones. Por otra parte, en Argentina, a partir de la Ley de Servicios de Comunicación Audiovisual (SCA) N.º 26.522, las instituciones de educación superior y los centros de producción científica y tecnológica son interpelados desde su responsabilidad formativa y función social de producción y de transferencia de conocimientos. El espíritu de esta ley comprende entre sus objetivos "la participación de los medios de comunicación como formadores de sujetos, de actores sociales y de diferentes modos de comprensión de la vida y del mundo, con pluralidad de puntos de vista y debate pleno de las ideas" (art. 3º, inc. i). La aprobación de esta ley constituye un hito en materia de políticas públicas impulsadas por el Estado Nacional que transforman el campo de la comunicación audiovisual, al promover la democratización de voces y actores en el área, al volver de fundamental importancia la producción de contenidos audiovisuales de calidad y adecuados tanto a nivel nacional como provincial y local. Así, tanto las propuestas en salud como la legislación en materia de comunicación audiovisual implican un cambio de paradigma con respecto al lugar de los actores, al descentralizar el rol del efector-productor hacia el de usuario-espectador como protagonista en la producción, tanto de los procesos de salud-enfermedad-atención-cuidado, como de información en la materia.

Objetivos y metodología

En este contexto, nos propusimos como objetivos generales:

- Caracterizar los contenidos audiovisuales de educación o promoción de la salud producidos por organismos gubernamentales de nivel nacional y provincial (Bs. As.) difundidos en los últimos 5 años por la televisión abierta.
- Contextualizar la adecuación de los contenidos audiovisuales en educación y promoción de la salud en función de las necesidades prioritarias establecidas en los

planes y programas de salud, y la perspectiva de usuarios, efectores y gestores a nivel nacional, regional y local.

Para el abordaje de estos objetivos se propuso un diseño exploratorio-descriptivo cuali- y cuantitativo. Por un lado, se analizaron 144 micro-audiovisuales (spots) destinados a difusión masiva de hasta 5 minutos de duración de un total de 532 publicados por el Ministerio de Salud de la Nación en su canal de Youtube y 168 de la Provincia de Buenos Aires publicados en su sitio oficial, ambos entre 2010 y 2014. Por otro lado, se analizaron 79 documentos entre los que se contaban 6 planes y 32 programas del Ministerio de Salud de la Nación,[1] y 1 plan y 40 programas de la Provincia de Buenos Aires. Por otra parte, se administraron 410 cuestionarios de Procedimiento de Asesoría o Evaluación Rápida (RAP) cuya estrategia de selección fue accidental y por bola de nieve. La delimitación de la muestra fue por saturación teórica.[2] Por último, se realizaron 3 sesiones de auditoría comunitaria con gestores, expertos y usuarios del sistema de salud en las que se presentaron los hallazgos más relevantes del estudio y se construyeron y se discutieron las interpretaciones posibles, profundizando la lectura de los resultados alcanzados.

---

[1] A 7 de los 32 programas nacionales no se tuvo acceso ni se encontró información disponible.

[2] Del total, el 51% resultó sólo usuarios del sistema de salud; el 40%, efectores y el 9% gestores. De los participantes que trabajan en el sistema de salud (N= 225), el 48,9% lo hace en el subsistema público; el 39,1%, en el privado; el 9,5%, en obras sociales y el 3,6%, en el subsector prepago.

Resultados principales

En primer lugar, la caracterización de contenidos audio-visuales se realizó en función de tres conjuntos de variables organizadas en función de aspectos centrados en tres dimensiones diferentes: promoción/educación, salud y comunicación.

Respecto de las variables sobre aspectos promocionales/educacionales de los spots, la inmensa mayoría (cerca del 96%) de los contenidos apelan a espectadores pasivos para que incorporen mecánicamente el contenido del mensaje buscando la adquisición de conductas específicas. Casi el 90% de los spots parece dirigirse a un sujeto de aprendizaje sin saberes previos (excepto los requeridos para comprender la complejidad gramatical y sintáctica de la lengua estándar). En los pocos audiovisuales que expresan algún reconocimiento de saberes previos en los sujetos destinatarios, estos saberes pertenecen al ámbito de lo informal dentro de un universo simbólico atribuible a la clase media urbana. Respecto al proceso de aprendizaje, poco más del 4% de los audiovisuales plantea un proceso de interacción entre el mensaje del spot y los saberes previos del sujeto. Respecto de los indicadores en cuestiones de salud en los micro-audiovisuales, los resultados indican predominio del modelo hegemónico de la salud con un enfoque preventivo por sobre uno promocional. El análisis de los spots permite inferir que las concepciones de salud en que se sustentan los contenidos audiovisuales responden al modelo de atención hegemónico donde aparece el médico como único agente de salud de referencia (44,1 % de los spots) o se menciona al personal de salud, hospitales, salas, unidades móviles, programas específicos pero nunca a los diferentes agentes de salud que intervienen en los procesos ni al trabajo interdisciplinario. Asimismo, no se reconocen otros recursos humanos que no sean del sistema de salud a excepción de sólo un audiovisual que menciona grupos de actividad física de adultos mayores como acciones de prevención y promoción de la salud. Respecto de los aspectos comunicacionales de los spots, el abordaje analítico de los audiovisuales permitió clasificar el relato a partir de las funciones del lenguaje predominantes. En este sentido se observa que en un 87% de los casos se recurre principalmente (sin ser excluyente) a la función informativa, en un 50% recurre a la función imperativa y sólo en un 35,6% de los casos se recurre a la función poética. Por otra parte el 12,7% de los casos presenta la función autorreferencial (en su mayoría son micro-audiovisuales que informan logros de gestión). En estos últimos dos grupos, las funciones autorreferenciales y poéticas suelen utilizarse generalmente de manera predominante, mientras que tanto el modo informativo como imperativo suelen incorporarse como recursos secundarios de dichos grupos. Además, se identificó una correlación entre el uso de la voz en off y la presencia de la función imperativa del lenguaje.

En segundo lugar, respecto de la adecuación de los contenidos audiovisuales en función de las temáticas identificadas como necesarias de estar presentes en los spots por usuarios, gestores y efectores del sistema de salud, se observan tres situaciones. Por un lado se encuentran temas identificados como necesarios de ser abordados en audiovisuales y que tienen amplia cobertura, tales como enfermedades transmisibles, vacunación, igualdad derechos y equidad, salud materno-infantil, y en menor medida enfermedades no transmisibles, agua y medioambiente, e insumos y equipamiento. Por otro lado se observan temas que son tratados por debajo de lo señalado como necesario: alimentación, adicciones, prevención, atención primaria de la salud, promoción, salud mental, higiene y accesibilidad, salud sexual y reproductiva, violencia y violencia de género; y en menor medida discapacidad, adultos mayores, urgencias y emergencias, y política y gestión. Por último, la categoría trasplante/donación fue abordada en los audiovisuales mientras que no fue identificada por los encuestados.

En tercer lugar, se estudió la adecuación de los contenidos audiovisuales en función de las prioridades y de las necesidades señaladas en los planes y en los programas analizados de los Ministerios de Salud de la Nación y de la Provincia de Buenos Aires. En esta línea se distinguieron las categorías relacionadas con la gestión de aquellas que mencionan problemáticas de salud específicas y que a su vez coinciden con las que fueron identificadas como potencialmente abordables en audiovisuales por los encuestados. Del mismo modo que el estudio de adecuación con usuarios, gestores y efectores, aquí también se encontraron tres situaciones. Para empezar, se identificaron los temas que están tratados en proporciones similares en los spots y en los planes y los programas: enfermedades no transmisibles, violencia y violencia de género, urgencia y emergencia, alimentación, pediatría, discapacidad y adultos mayores. Entre estos, enfermedades no transmisibles constituye el 7% de los micro-audiovisuales analizados; mientras que el resto no alcanza el 2%. Seguidamente, se identificaron los temas que se encuentran mayormente trabajados en los audiovisuales respecto de los priorizados en planes y en programas: enfermedades transmisibles, vacunación, salud sexual y reproductiva y, en menor medida, trasplante/donación, derechos y equidad, adicciones, salud materno-infantil, y agua y medio ambiente. Para terminar, se identificaron los temas presentes en planes y en programas no abordados en spots (o abordados muy escasamente): pediatría; salud mental; accidentes y lesiones y problemáticas sociales; así como también las referidas a aspectos de gestión tales como política y gestión, accesibilidad, insumos y equipamiento, infraestructura, presupuesto, distribución de recursos, turnos y tiempos de atención, RRHH y condiciones laborales (todos con una presencia menor al 2% de spots). Por último, el único tema que no está contemplado en los planes y en los programas y que está presente en los contenidos audiovisuales es higiene, aunque en un único spot.

Finalmente, las sesiones de auditoría comunitaria realizadas con usuarios, efectores y gestores del sistema de salud permitieron profundizar la lectura de los resultados alcanzados, explicitar interpretaciones contextuales desde los actores y proponer nuevas hipótesis y líneas de acción. En este sentido, algunos de los aportes realizados consistieron en identificar, por un lado, la aparente disparidad entre lo que señalan los indicadores de mortalidad como principal causa de muerte y las temáticas abordadas en los contenidos audiovisuales. Puntualmente se hizo referencia a causas vinculadas con patologías cardiovasculares, obesidad, higiene y alimentación, escasamente abordadas en los spots. Por otra parte se llamó la atención respecto del conjunto de temáticas abordadas en los contenidos audiovisuales en general, haciendo hincapié en que se tratan de temas de enfermedad en lugar de temas de salud. Esto permite pensar que, de algún modo, las temáticas se encuentran circunscriptas a problemas acerca de enfermar y la atención, y no permitirían ampliar los contenidos audiovisuales hacia una perspectiva de derechos y de empoderamiento de los ciudadanos respecto de su propia salud.

Conclusiones

La puesta en marcha de cualquier proceso comunicativo no debe ni puede ser ajena al contexto y a la necesidad en función de la cual dicho proceso ha sido puesto en marcha en primer lugar. Involucrar a los diferentes actores implicados es, en definitiva, el propósito de cualquier comunicación. En este sentido, las decisiones sobre qué se producen y sobre cómo se difunden los contenidos audiovisuales en salud no pueden permanecer ajenas a las necesidades en función de las cuales estos contenidos se erigen. Entendemos por ende que incluir la perspectiva de usuarios, de efectores y de gestores del sistema de salud es democratizar la comunicación en salud.

Bibliografía

Bottinelli, M. M.; Díaz, F.; Remesar, S.; Nabergoi, M. (2013). "Tensiones y desafíos en las relaciones entre salud y comunicación". En *X Jornadas Nacionales de Debate Interdisciplinario en salud y población*.

Honorable Congreso de la Nación Argentina. Ley 26522 Servicios de Comunicación Audiovisual. Publicada en el Boletín Oficial el 10 de octubre de 2009, República Argentina

Mosquera, M. (2003). *Comunicación en salud: conceptos, teorías y experiencias*. Disponible en http://goo.gl/ftzEPi

Pezzini, I. (2013). "Estrategias de condensación en los relatos breves". Conferencia en la Universidad Nacional de Colombia. "Comunicación, cultura y poder en la era digital".

Este libro se terminó de imprimir en mayo de 2016 en Imprenta Dorrego (Dorrego 1102, CABA).

www.ingramcontent.com/pod-product-compliance
Lightning Source LLC
Chambersburg PA
CBHW021806270326
41932CB00007B/72